IMPERATRIZ,
ADÚLTERA,
LIBERTINA

MESSALINA

A VIDA DA MULHER MAIS ESCANDALOSA DA ROMA ANTIGA

HONOR CARGILL-MARTIN

CRÍTICA

Título original: *Messalina: a Story of Empire, Slander and Adultery*

Preparação: Leandro Ranieri
Revisão: Ana Maria Barbosa e Ligia Alves
Diagramação: Negrito Produção Editorial
Capa: Renata Spolidoro
Imagem de capa: Federico Faruffini. *The orgies of Messalina* (1867). Wikimedia Commons

Dados Internacionais de Catalogação na Publicação (CIP)
Angélica Ilacqua CRB-8/7057

Cargill-Martin, Honor
Messalina : imperatriz, adúltera, libertina : a vida da mulher mais notória da Roma Antiga / Honor Cargill-Martin ; tradução de Ana Maria Fiorini ; revisão técnica de Sarah Azevedo. -- São Paulo : Planeta do Brasil, 2025.
384 p. : il.

Bibliografia
ISBN 978-85-422-3171-7
Título original: Messalina: a Story of Empire, Slander and Adultery

1. Messalina, Valéria, -48 2. Imperatrizes – Roma – Biografia 3. Roma – História – Cláudio, 41-54 I. Título II. Fiorini, Ana Maria III. Azevedo, Sarah

25-0121 CDD 937.07092

Índice para catálogo sistemático:
1. Imperatrizes – Roma – Biografia

2025
Todos os direitos desta edição reservados à
EDITORA PLANETA DO BRASIL LTDA.
Rua Bela Cintra 986, 4º andar – Consolação
São Paulo – SP CEP 01415-002
www.planetadelivros.com.br
faleconosco@editoraplaneta.com.br

Para minha mãe, Perdita, que me ensinou a escrever e a pensar.

SUMÁRIO

Roma em meados do século I d.C.

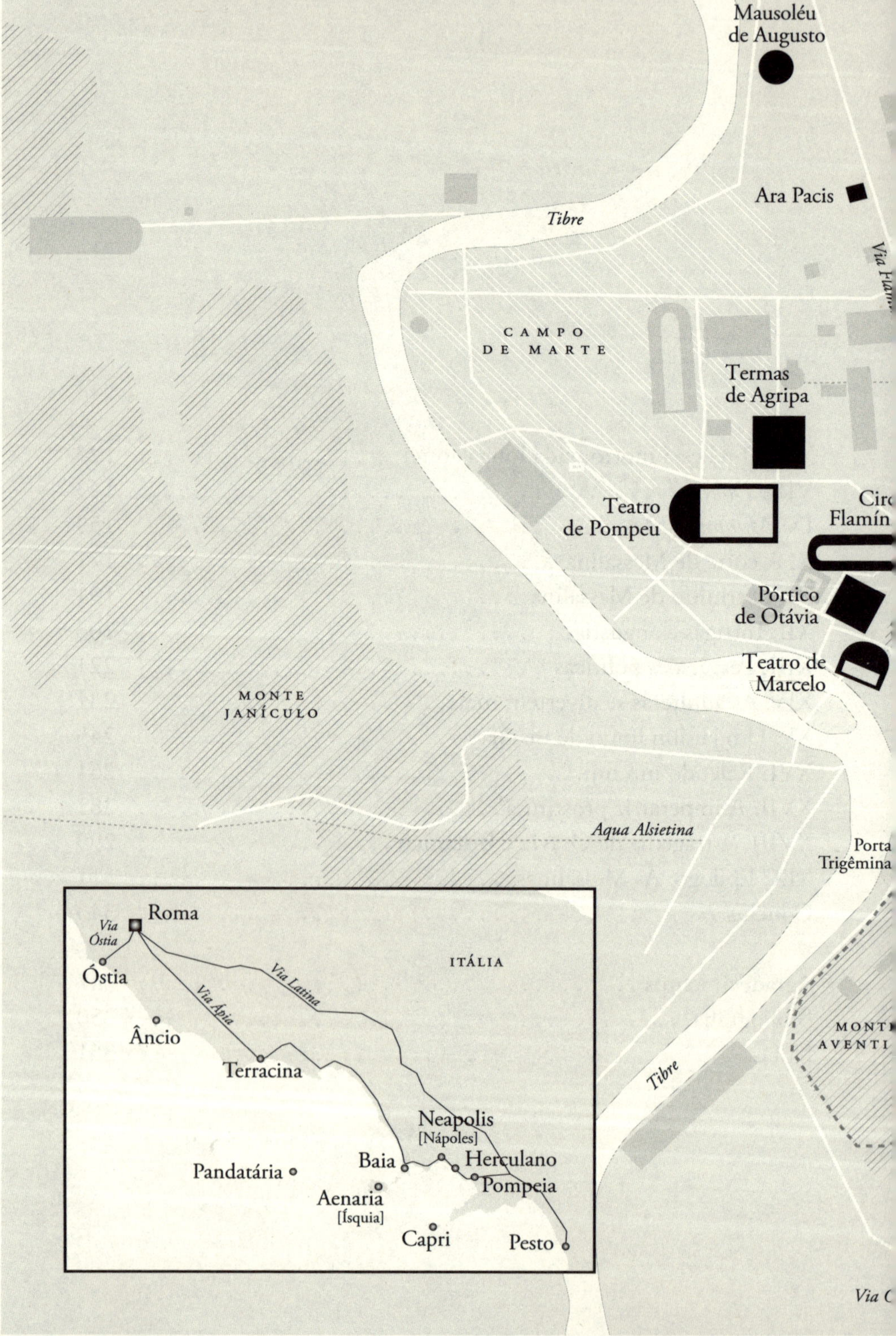

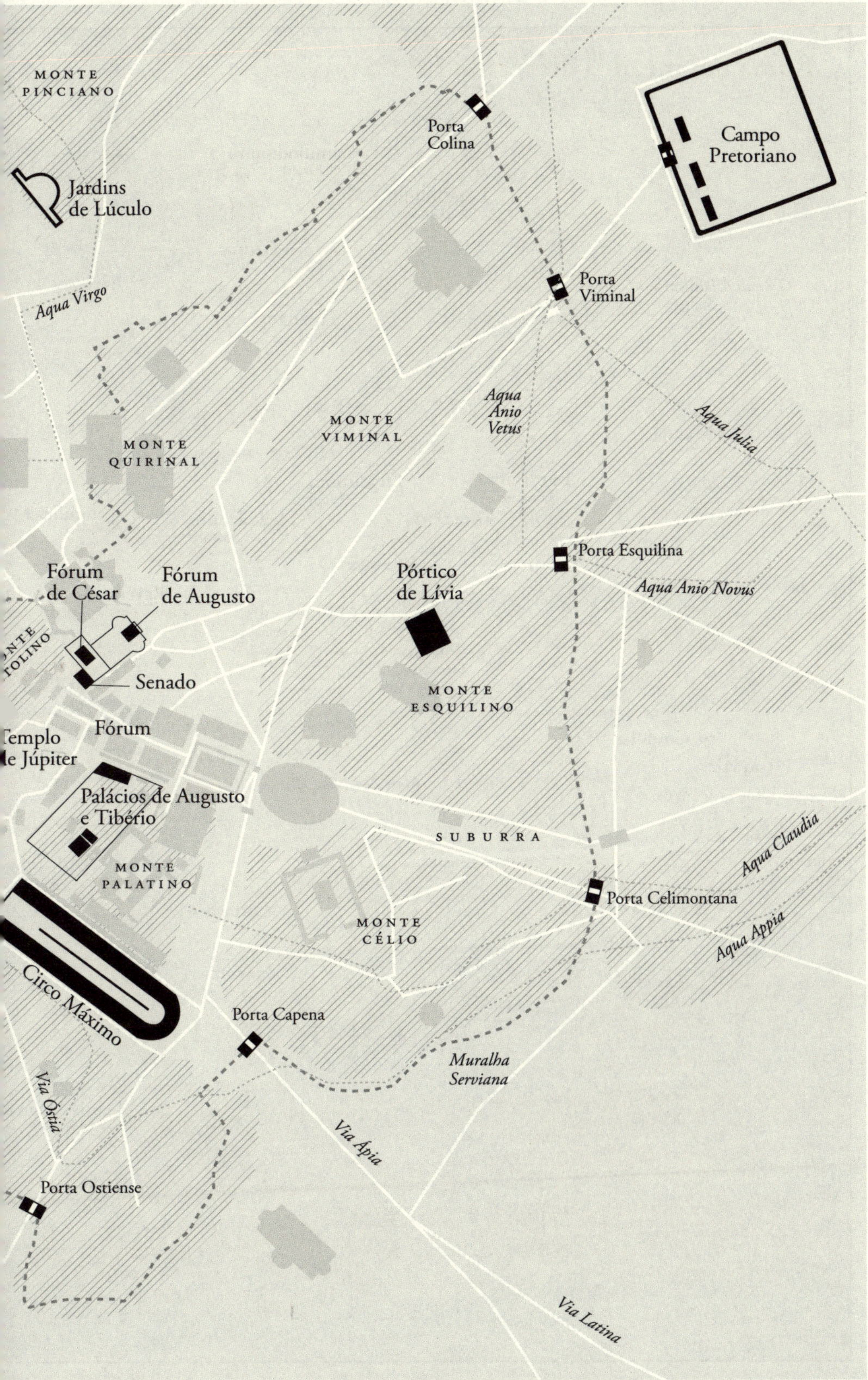

MONTE PINCIANO
Porta Colina
Campo Pretoriano
Jardins de Lúculo
Porta Viminal
Aqua Virgo
Aqua Anio Vetus
Aqua Julia
MONTE VIMINAL
MONTE QUIRINAL
Porta Esquilina
Aqua Anio Novus
Fórum de César
Fórum de Augusto
Pórtico de Lívia
Senado
MONTE ESQUILINO
Fórum
Templo de Júpiter
Palácios de Augusto e Tibério
SUBURRA
Aqua Claudia
MONTE PALATINO
Porta Celimontana
MONTE CÉLIO
Aqua Appia
Circo Máximo
Porta Capena
Muralha Serviana
Via Óstia
Via Ápia
Porta Ostiense
Via Latina

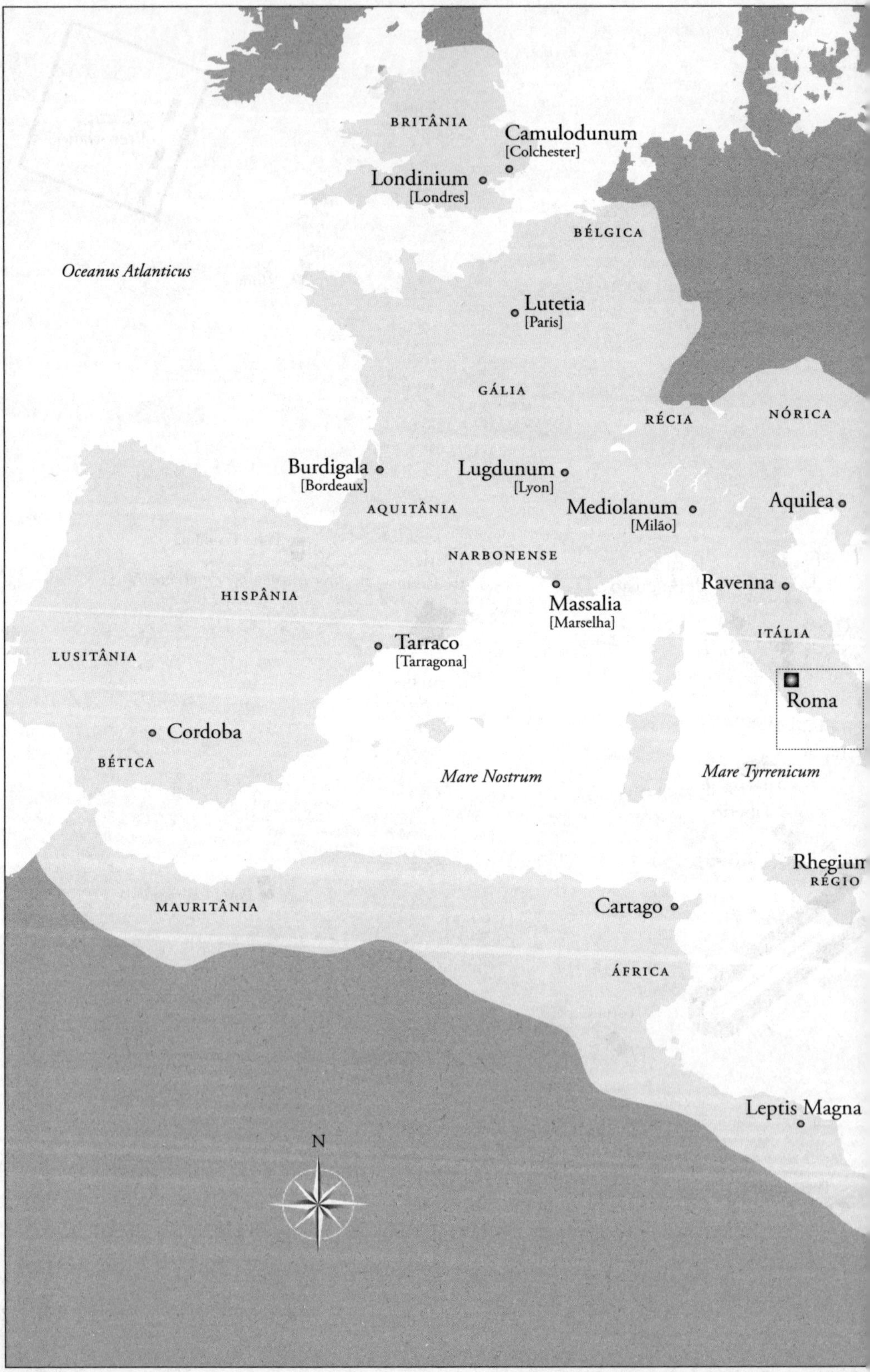
BRITÂNIA
Camulodunum
[Colchester]
Londinium
[Londres]
BÉLGICA
Oceanus Atlanticus
Lutetia
[Paris]
GÁLIA
RÉCIA
NÓRICA
Burdigala
[Bordeaux]
Lugdunum
[Lyon]
AQUITÂNIA
Mediolanum
[Milão]
Aquilea
NARBONENSE
HISPÂNIA
Massalia
[Marselha]
Ravenna
ITÁLIA
LUSITÂNIA
Tarraco
[Tarragona]
Roma
Cordoba
BÉTICA
Mare Nostrum
Mare Tyrrenicum
Rhegium
RÉGIO
MAURITÂNIA
Cartago
ÁFRICA
Leptis Magna
N

O Império Romano em meados do século I d.C.

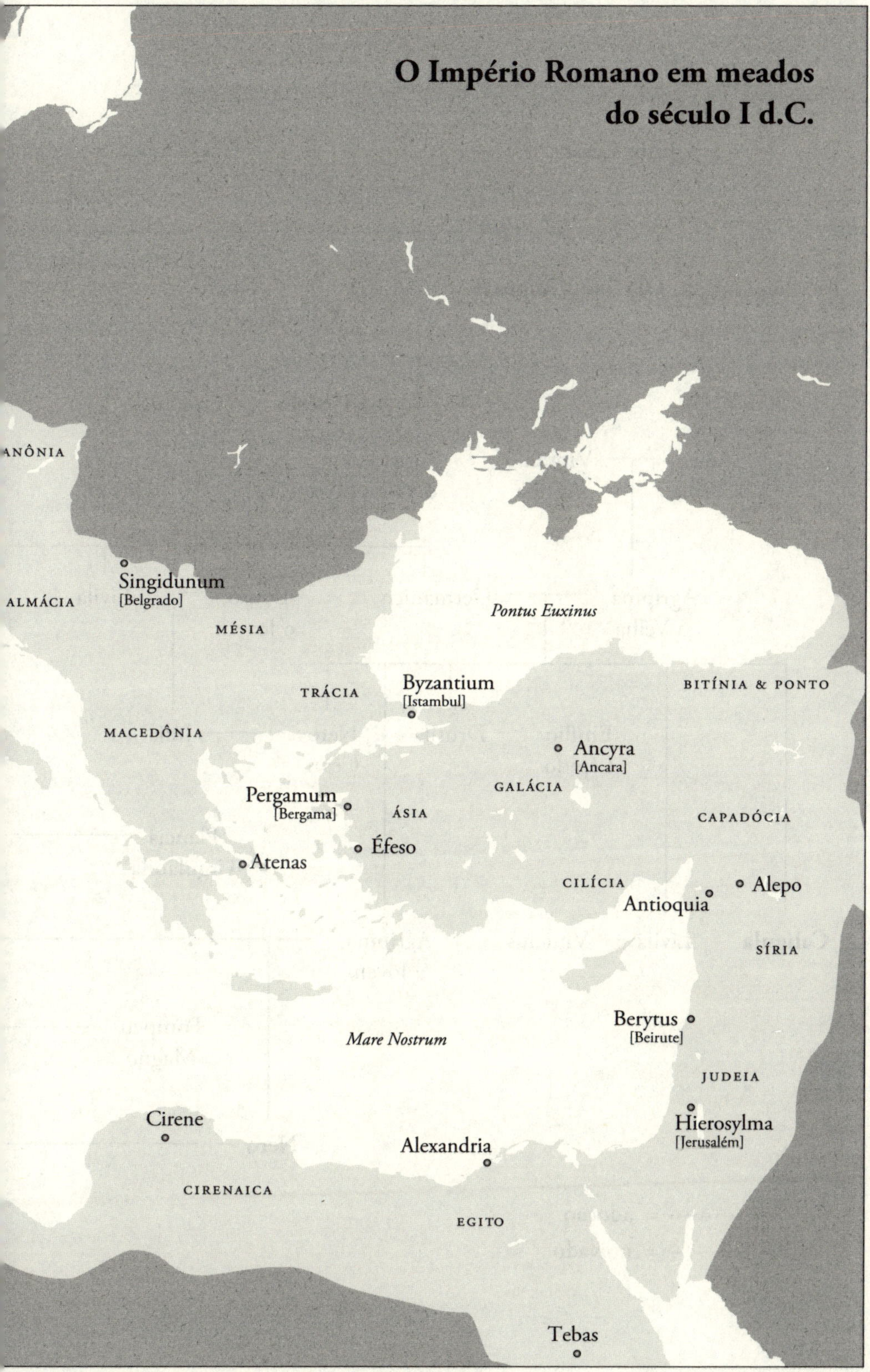

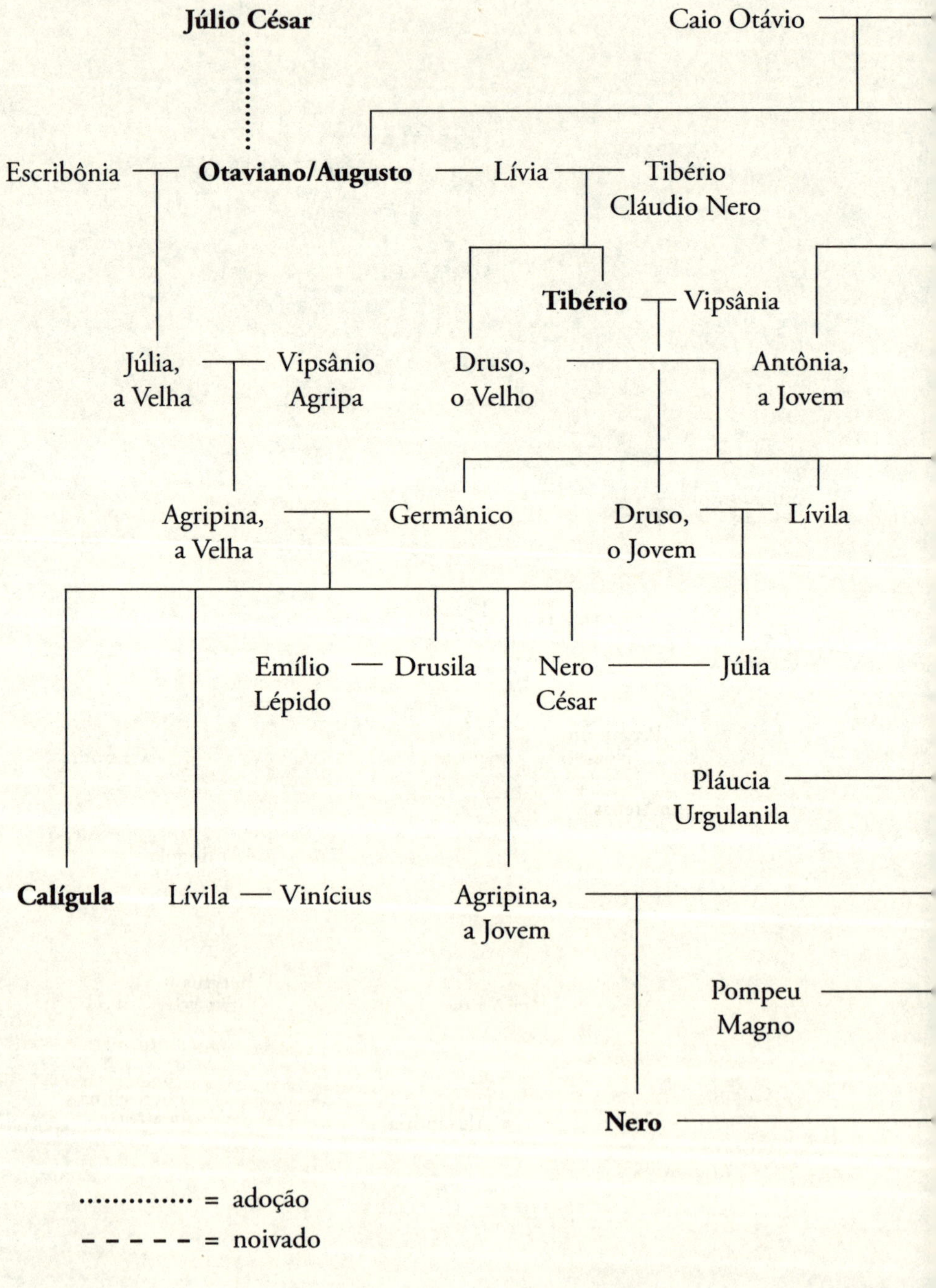
Júlio César
Caio Otávio
Escribônia
Otaviano/Augusto
Lívia
Tibério
Cláudio Nero
Tibério
Vipsânia
Júlia,
a Velha
Vipsânio
Agripa
Druso,
o Velho
Antônia,
a Jovem
Agripina,
a Velha
Germânico
Druso,
o Jovem
Lívila
Emílio
Lépido
Drusila
Nero
César
Júlia
Pláucia
Urgulanila
Calígula
Lívila
Vinícius
Agripina,
a Jovem
Pompeu
Magno
Nero
.... = adoção
– – – – – = noivado

A dinastia júlio-claudiana

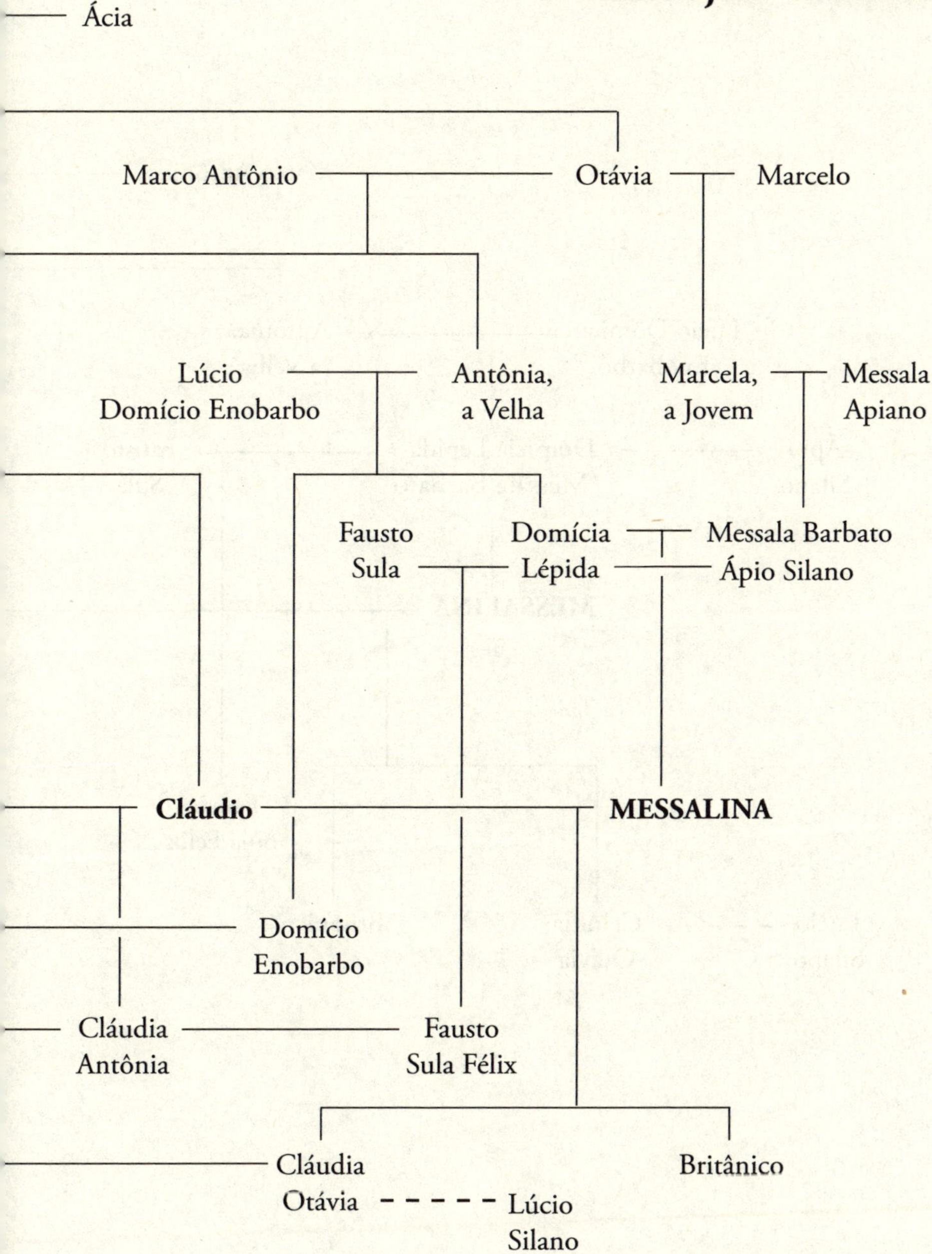

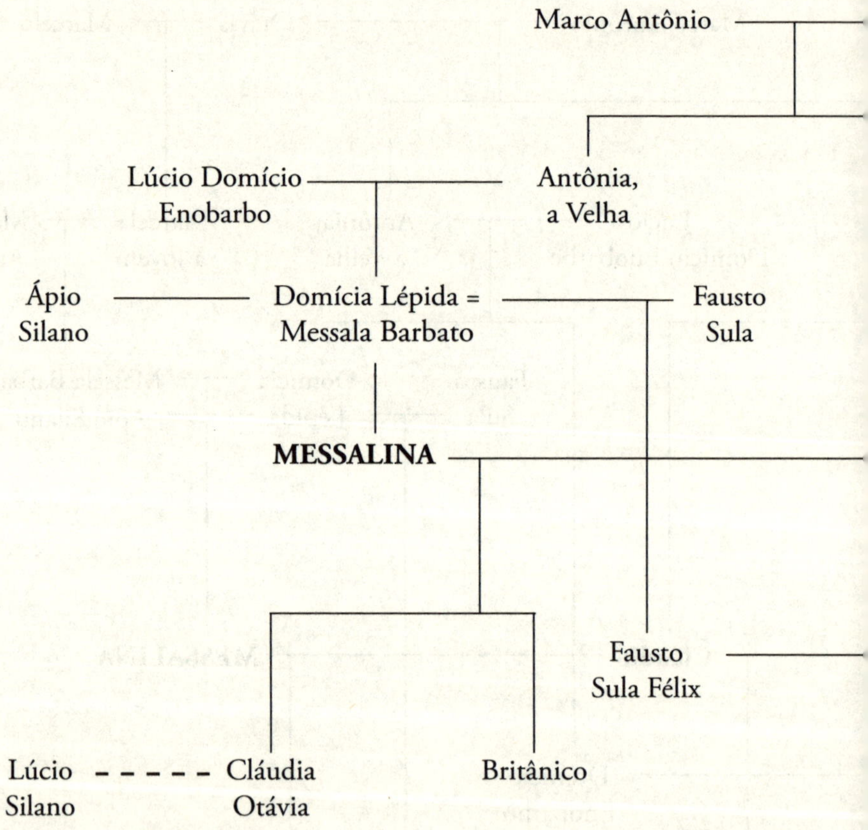
Marco Antônio
Lúcio Domício Enobarbo
Antônia, a Velha
Ápio Silano
Domícia Lépida = Messala Barbato
Fausto Sula
MESSALINA
Fausto Sula Félix
Lúcio Silano
Cláudia Otávia
Britânico

A família de Messalina e Cláudio

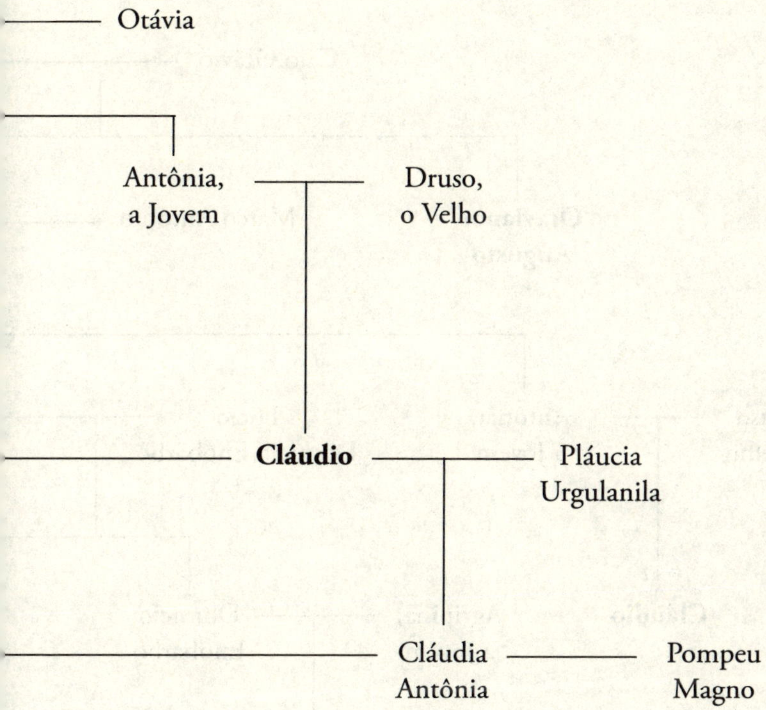

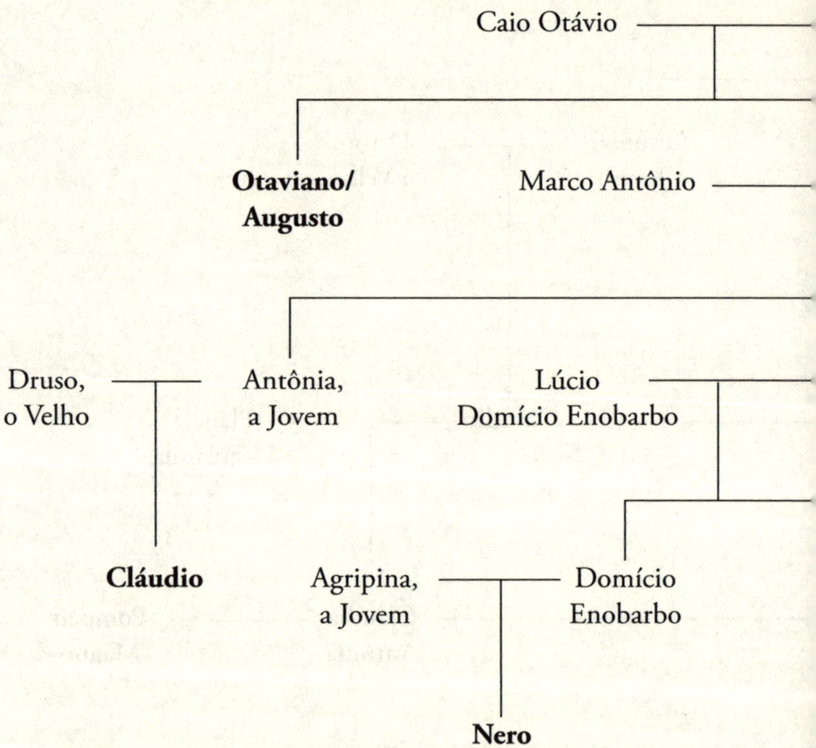
Caio Otávio
Otaviano/
Augusto
Marco Antônio
Druso,
o Velho
Antônia,
a Jovem
Lúcio
Domício Enobarbo
Cláudio
Agripina,
a Jovem
Domício
Enobarbo
Nero

As conexões familiares de Messalina no momento de seu casamento

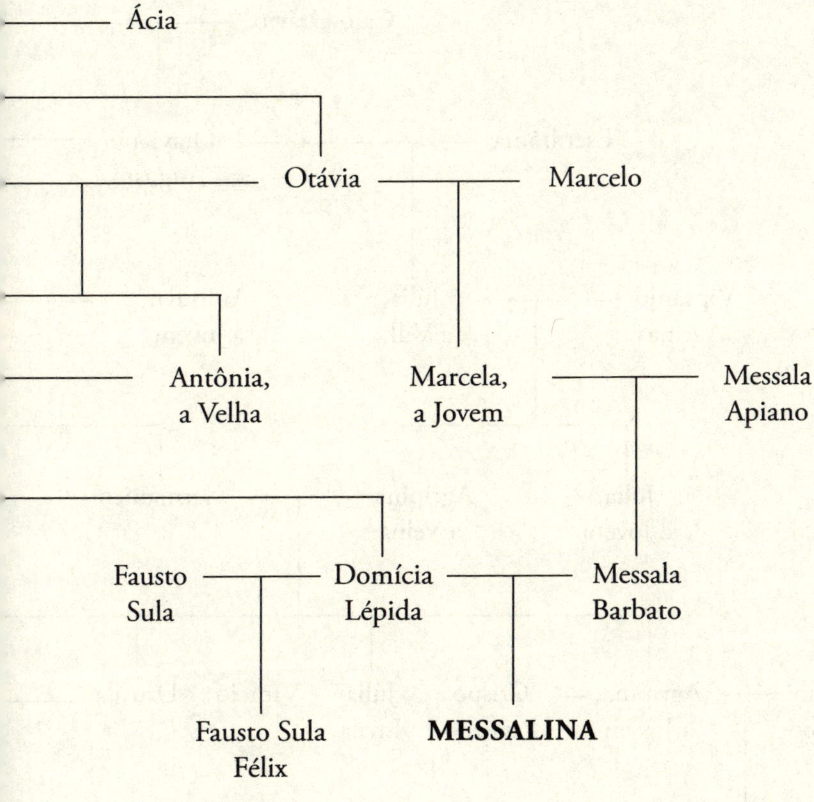

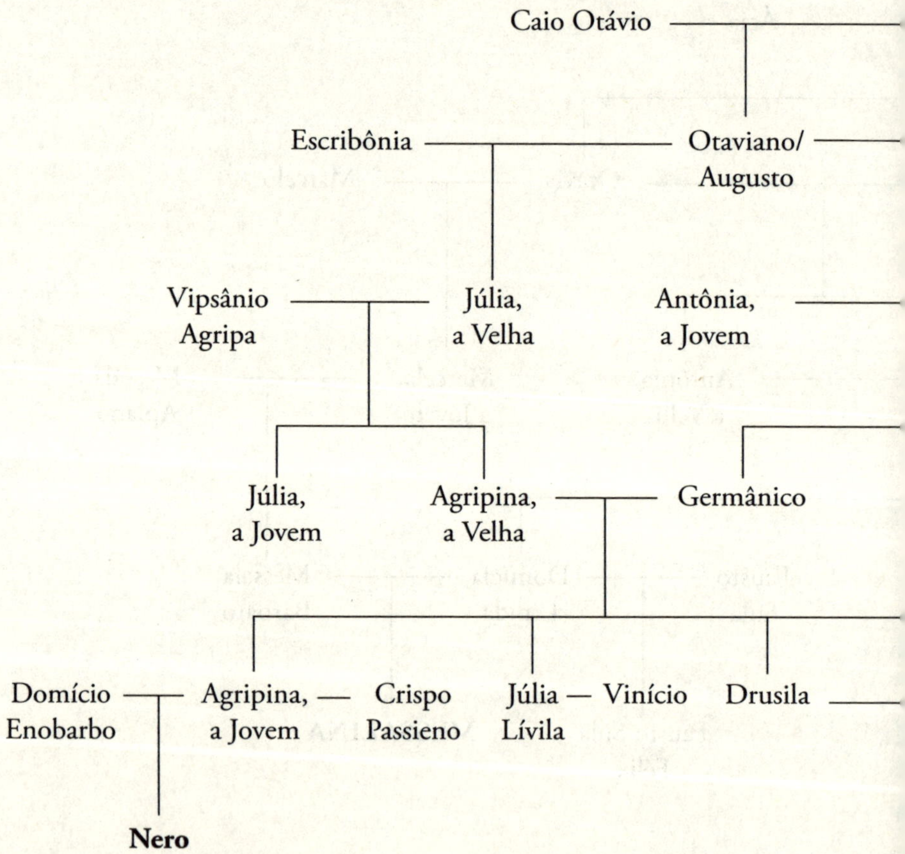
Caio Otávio
Escribônia
Otaviano/
Augusto
Vipsânio
Agripa
Júlia,
a Velha
Antônia,
a Jovem
Júlia,
a Jovem
Agripina,
a Velha
Germânico
Domício
Enobarbo
Agripina,
a Jovem
Crispo
Passieno
Júlia
Lívila
Vinício
Drusila
Nero

As princesas imperiais e seus consortes

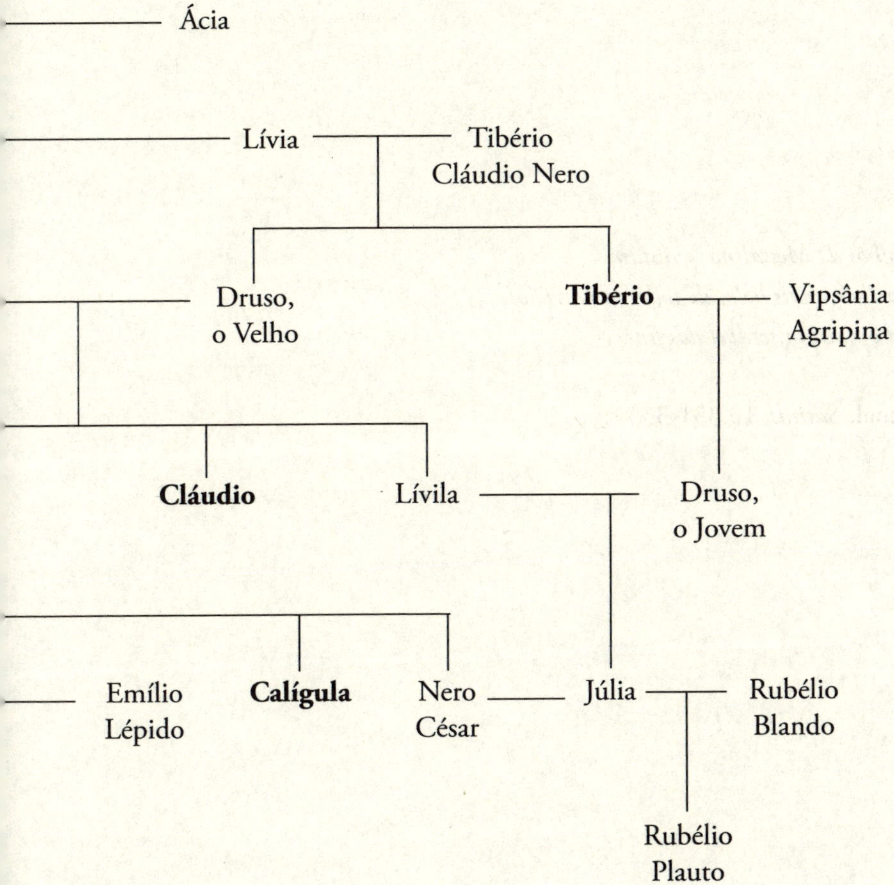

Os olhos de Messalina arrastam
O melhor, mais belo, de todos os patrícios
Para o mais miserável dos fins.

Juvenal, *Sátiras*, 10.331-333

LINHA DO TEMPO

31 a.C.: Augusto triunfa sobre Antônio e Cleópatra no Ácio, tornando-se efetivamente o único governante do Império Romano; tem início a dinastia júlio-claudiana.

27 a.C.: Augusto aprova o acordo constitucional que confirma sua supremacia.

1º de agosto de 10 a.C.: nasce o futuro imperador Cláudio.

19 de agosto de 14 d.C.: morre Augusto; Tibério se torna imperador.

***c.* 20 d.C.:** nasce Messalina.

16 de março de 37 d.C.: Tibério morre; o império passa para Calígula.

37 d.C.: Cláudio assume seu primeiro consulado.

38 d.C.: Messalina se casa com Cláudio.

Outono de 39 d.C.: a suposta conspiração de Getúlico resulta no exílio das irmãs de Calígula.

Inverno de 39/40 d.C.: Messalina dá à luz Cláudia Otávia, sua primeira filha.

24 de janeiro de 41 d.C.: Calígula é assassinado junto a sua esposa Milônia Cesônia e sua filha bebê.

25 de janeiro de 41 d.C.: Cláudio se torna imperador.

12 de fevereiro de 41 d.C.: Messalina dá à luz Britânico.

41 d.C.: o Senado aprova em votação que Messalina receba o título de Augusta, mas Cláudio recusa a homenagem em nome dela.

41 d.C.: a princesa imperial Júlia Lívila e o filósofo Sêneca são acusados de adultério e exilados.

42 d.C.: cai Ápio Silano, padrasto de Messalina.

42 d.C.: Escriboniano articula um golpe, apoiado por alguns homens proeminentes; a revolta é esmagada.

43 d.C.: Cláudio invade a Britânia.

43 d.C.: cai Catônio Justo, prefeito da Guarda Pretoriana.

43 d.C.: cai a princesa imperial Júlia.

44 d.C.: Messalina é beneficiada pelo triunfo de Cláudio, e o Senado confere a ela honras adicionais.

47 d.C.: cai Pompeu Magno, marido de Cláudia Antônia; Cláudia Antônia se casa com o meio-irmão de Messalina.

47 d.C.: cai Valério Asiático.

47 ou 48 d.C.: cai o liberto imperial Políbio.

Outono de 48 d.C.: Messalina supostamente contrai matrimônio bígamo com seu amante Caio Sílio, resultando na execução dela e de diversos de seus aliados.

1º de janeiro de 49 d.C.: Cláudio se casa novamente, dessa vez com Agripina.

53 d.C.: Otávia, filha de Messalina, é casada com Nero, filho de Agripina.

13 de outubro de 54 d.C.: Cláudio morre, e Nero se torna imperador.

Início de 55 d.C.: Britânico, filho de Messalina, morre em circunstâncias misteriosas.

62 d.C.: Otávia, filha de Messalina, é exilada e assassinada.

DRAMATIS PERSONAE

Família de Messalina

Domícia Lépida: mãe de Messalina.

Messala Barbato: pai de Messalina, morto durante a infância dela.

Fausto Sula: segundo marido de Domícia Lépida, padrasto de Messalina.

Fausto Sula Félix: meio-irmão de Messalina. Casa-se mais tarde com a enteada dela, Cláudia Antônia.

Cláudio: marido de Messalina. Imperador de Roma.

Cláudia Otávia: filha de Messalina e de Cláudio. Torna-se mais tarde esposa do imperador Nero.

Britânico: filho de Messalina e de Cláudio.

Família de Cláudio

Antônia, a Jovem: a mãe difícil de Cláudio.

Druso, o Velho: o pai morto de Cláudio.

Germânico: o irmão-prodígio de Cláudio. Morreu em circunstâncias misteriosas. Casado com Agripina, a Velha, e pai do imperador Calígula e das irmãs dele.

Lívila: irmã de Cláudio. Acusada de ajudar seu amante Sejano a assassinar Druso, seu marido.

Pláucia Urgulanila: primeira esposa de Cláudio. Divorciaram-se em meio a um escândalo envolvendo alegações de incesto e assassinato.

Cláudio Druso: filho de Cláudio com sua primeira esposa. Morreu em um acidente durante a adolescência, engasgado com uma pera.

Élia Pecina: segunda esposa de Cláudio. Divorciaram-se por razões menores.

Cláudia Antônia: filha de Cláudio com sua segunda esposa. Enteada de Messalina.

A corte de Augusto

Otaviano/Augusto: primeiro imperador de Roma. Chama-se Otaviano até assumir o nome honorífico de Augusto em 27 a.C.

Otávia: a amada e poderosa irmã de Augusto. Ancestral direta de Messalina.

Lívia: esposa de Augusto. Tinha poder e prestígio sem precedentes como a primeira "imperatriz" verdadeira de Roma. Mãe de Tibério, sucessor de Augusto.

Júlia, a Velha: filha de Augusto. Segunda esposa de Tibério. Exilada após escandalosas acusações de adultério.

Júlia, a Jovem: filha de Júlia, a Velha. Neta de Augusto. Mais tarde, seguiu a mãe no exílio, também sob acusações de adultério.

A corte de Tibério

Tibério: filho de Lívia. Enteado de Augusto. Segundo imperador de Roma.

Sejano: poderoso prefeito da Guarda Pretoriana sob Tibério. O arquétipo do conselheiro sinistro.

Druso: filho de Tibério. Acredita-se que, mais tarde, tenha sido envenenado por sua esposa Lívila e por Sejano.

Agripina, a Velha: esposa de Germânico, irmão de Cláudio, e mãe de Calígula e das irmãs dele. Tornou-se um polo de oposição a Tibério e foi exilada.

A corte de Calígula

Calígula: o jovem e notoriamente volátil terceiro imperador de Roma. Sobrinho de Cláudio.

Drusila: a irmã favorita de Calígula e, segundo rumores, sua amante. Adorada como uma deusa após sua morte.

Emílio Lépido: marido de Drusila. Supostamente teve casos com os três irmãos de sua esposa: Calígula, Júlia Lívila e Agripina. Executado após acusações de conspiração e adultério.

Getúlico: governador da Germânia Superior. Executado por sua participação em uma suposta conspiração contra Calígula.

Lívia Orestila: segunda esposa de Calígula, com quem ele se casou durante o casamento dela com outro homem.

Lolia Paulina: a abastada terceira esposa de Calígula.

Milônia Cesônia: quarta esposa de Calígula e mãe de sua filha. Assassinada junto ao marido e à filha bebê.

Os pretorianos

Cássio Quereia: distinto oficial pretoriano com convicções republicanas. Um dos líderes da trama contra Calígula.

Cornélio Sabino: oficial pretoriano de alto escalão, envolvido na trama contra Calígula.

Catônio Justo: prefeito pretoriano durante os anos iniciais do reinado de Cláudio. Executado, supostamente por ordem de Messalina.

Rúfio Crispino: prefeito pretoriano. Um apoiador leal de Messalina.

Lúcio Geta: prefeito pretoriano. Discursou contra Messalina durante a queda da imperatriz, mas depois foi considerado demasiadamente leal à memória dela e afastado.

A corte palatina no tempo de Messalina

Homens libertos, escravos e criados

Narciso: um poderoso liberto, encarregado da correspondência do imperador. Aliado mais próximo de Messalina, tornou-se seu inimigo mortal.

Calisto e Palas: dois poderosos libertos na corte de Cláudio.

Calpúrnia e Cleópatra: duas das amantes do imperador.

Sosíbio: tutor de Britânico e aliado de Messalina.

A família imperial estendida na corte de Cláudio

Júlia Lívila: uma das irmãs de Calígula. É chamada de volta após a ascensão de Cláudio. Acusada de adultério com Sêneca e exilada após a suposta instigação de Messalina.

Marco Vinício: marido de Júlia Lívila. Boatos posteriores acusam Messalina de tê-lo envenenado.

Júlia Lívia: filha de Lívila e Druso. Supostamente morta por instigação de Messalina.

Pompeu Magno: casado com Cláudia Antônia, enteada de Messalina, em 41 d.C., mas posteriormente executado.

Lúcio Silano: prometido à filha bebê de Messalina, Cláudia Otávia. Forçado a cometer suicídio por Agripina.

Ápio Silano: terceiro marido da mãe de Messalina, Domícia Lépida. Executado, supostamente, com base em um falso sonho inventado por Messalina e Narciso.

Agripina, a Jovem: uma das irmãs de Calígula. Mãe do imperador Nero. Casada com seu tio Cláudio após a queda de Messalina. Foi acusada de planejar a morte dela.

Crispo Passieno: segundo marido de Agripina, a Jovem. Famoso por sua astúcia e seguramente leal ao regime de Cláudio.

Mulheres da corte

Popeia Sabina, a Velha: dona de uma célebre beleza, era supostamente rival de Messalina pelo afeto do dançarino Mnester. Forçada a se suicidar por seu suposto caso com Valério Asiático. Sua filha, de mesmo nome, substituiu Otávia como esposa de Nero.

Árria: amiga próxima de Messalina. Cometeu suicídio junto a seu amado marido, Aulo Cecina Peto.

Pompônia Grecina: esposa de Pláucio, general de Cláudio. Enlutou-se pelo resto da vida em protesto contra o tratamento dispensado por Messalina a Júlia Lívia.

Júnia Silana: a nobre e inocente esposa de Caio Sílio. Divorciada, aparentemente devido ao caso dele com Messalina.

Júlia Calvina: a bela irmã de Lúcio Silano. Acusações de incesto levaram seu irmão ao suicídio e ela, ao exílio (temporário).

Senadores

Públio Suílio: orador habilidoso e acusador notório. Aliado de longa data de Messalina.

Lúcio Vitélio: aliado senatorial de Messalina durante a maior parte do reinado dela. Seu filho, de mesmo nome, foi mais tarde imperador por um curto período.

Sêneca: cortesão e filósofo estoico. Acusado de adultério com Júlia Lívila e exilado, supostamente por instigação de Messalina. Mais tarde, foi tutor de Nero.

Camilo Escriboniano: governador da Dalmácia. Articulou uma breve rebelião contra Cláudio e morreu por suicídio ou assassinato.

Cecina Peto: forçado a cometer suicídio por seu envolvimento na revolta de Escriboniano. Uniu-se a ele sua devotada esposa Árria.

Aulo Pláucio: general mais proeminente de Cláudio. O cérebro por trás da campanha britânica.

Valério Asiático: senador vastamente abastado da Gália. Forçado a cometer suicídio após ser condenado por conspiração e por mau comportamento sexual, supostamente por instigação de Messalina.

Os supostos amantes e aliados de Messalina

Caio Sílio: o mais belo jovem aristocrata de Roma. Supostamente amante, marido bígamo e conspirador com Messalina.

Mnester: irresistível estrela da pantomima romana. Supostamente amante de Calígula e, mais tarde, de Messalina.

Políbio: um poderoso liberto, conselheiro literário de Cláudio. Supostamente um dos amantes de Messalina, morto por ordem dela.

Traulo Montano: jovem e inocente equestre de beleza notável. Dizem que, em uma mesma noite, foi chamado por Messalina, se deitou com ela e terminou dispensado pela imperatriz.

Vécio Valente: um médico de renome. Supostamente um dos amantes da imperatriz.

Tício Próculo, Pompeu Úrbico, Saufeio Trogo, Junco Virgiliano, Sulpício Rufo, Décio Calpurniano: outros supostos amantes e associados de Messalina.

Hélvia, Cota e Fábio: outros três homens que talvez tenham caído junto a Messalina.

Pláucio Laterano: sobrinho do general mais poderoso de Cláudio. Acusado junto a Messalina, mas perdoado.

Suílio Cesonino: filho do temido acusador Públio Suílio. Acusado junto a Messalina, mas perdoado.

As mulheres de Nero

Cláudia Acte: liberta com quem Nero teve um caso amoroso.

Popeia Sabina, a Jovem: amante de Nero e filha da antiga rival de Messalina, Popeia Sabina, a Velha. Nero se divorciou de Otávia para se casar com ela.

INTRODUÇÃO

Em 1798, um editor parisiense de nome Pierre Didot decidiu se lançar no gênero pornográfico. Encomendou dezesseis luxuosas gravuras retratando posições que iam do básico ao incrivelmente atlético. Para manter o ar requintado, ele revestiu o projeto todo com duas camadas de respeitabilidade histórica.* O título alegava (erroneamente) descender da mais célebre das obras eróticas renascentistas: *I modi*, ou *As posições*. Essa coleção de dezesseis gravuras e dezesseis sonetos foi considerada tão perigosamente explícita pela Igreja Católica que duas tiragens inteiras foram confiscadas e destruídas, de modo que a obra sobrevive hoje apenas em fragmentos pouco satisfatórios e na reputação escandalosa.[1] Didot também atribuiu a cada uma de suas posições tanto um título clássico retirado da mitologia ou da história greco-romanas como umas poucas páginas de explicação histórica quase intelectual. Por exemplo, na prancha VI, Hércules coloca sua célebre força em uso erguendo completamente Deianira do chão, enquanto a prancha X retrata Baco fazendo amor com Ariadne, esta de ponta-cabeça, e na prancha XVII vemos Eneias enfiando o dedo em Dido por trás, estando ela ajoelhada.

A posição XIV é intitulada "a Messalina". Estamos em um bordel romano, e Messalina, imperatriz de todo o mundo conhecido, esposa do imperador Cláudio, está deitada em uma cama com pés de leão,

* O livro foi publicado com o título de *L'Arétin d'Augustin Carrache, ou recueil de postures érotiques*, com gravuras do artista Jacques-Joseph Coiny.

passando-se por uma prostituta comum. Mal vemos o rosto do cliente anônimo e musculoso que se prepara para penetrá-la, mas isso não importa. A perna de Messalina está sobre o ombro dele, e a mão dela nas costas dele, puxando-o para si. A gravura ilustra uma famosa passagem da *Sátira seis* do poeta Juvenal, do início do século II d.C., na qual ele afirma que a imperatriz, desesperada para alimentar seu insaciável desejo sexual, esperava o marido cair no sono para então se fantasiar com uma peruca loira e um manto e fugir do luxuoso palácio palatino para as ruas sombrias de Roma, para um bordel de quinta categoria.[2] Lá, ela supostamente ocupava um quarto, abafado e malcheiroso, onde, nua, se colocava à venda sob o nome falso de "Lycisca" – "Lobinha". Ela flertava e fazia sexo por umas poucas moedas, e só na manhã seguinte, quando, ao nascer do sol, o cafetão começava a se irritar, finalmente concordava em partir, não sem relutância. Voltava ao palácio suja, com o suor de seus amantes e a fuligem das lamparinas baratas ainda na pele, e mais feliz, ainda que, segundo Juvenal, não inteiramente satisfeita.

O texto que acompanha a prancha XIV descreve a prodigiosa vida sexual de sua personagem. Pelo que se conta, Messalina dormia com todos os oficiais do palácio do marido. De fato, mal havia homem em Roma que não pudesse se gabar de ter possuído a imperatriz. O texto alega que ela levianamente assassinava homens que, esgotados por suas demandas sem fim, não tinham mais a energia ou a capacidade de satisfazê-la. Termina com a afirmação de que o nome de Messalina jamais morreria: ele perduraria, através dos séculos, como rótulo para qualquer mulher de incontrolável apetite sexual e de insuperável reputação como devassa.[3]

Ao menos nesse aspecto, Didot não estava errado. Nos séculos que se seguiram à execução de Messalina, em 48 d.C., o nome dela se tornou metonímia para a ninfomaníaca, a *femme fatale*, a mulher que ousava expressar o desejo sexual. Em um manuscrito com iluminuras da França medieval, encontramos uma notavelmente relaxada Messalina ardendo nas chamas da danação eterna, envolvida em um furioso debate com os imperadores Tibério e Calígula sobre qual deles era mais pecador. Os panfleteiros revolucionários franceses condenavam Maria Antonieta como uma nova Messalina, enquanto a irmã dela, a poderosa rainha de Nápoles, Maria Carolina, era descrita por um observador como alguém que combinava "toda a lascívia de uma Messalina e os gostos não ortodoxos de uma Safo".[4] Nos subúrbios britânicos da década de 1920, uma mulher condenada por conduzir o amante a assassinar seu marido foi imortalizada como a "Messalina dos Subúrbios", e, nos anos 1930, a fabricante de cigarros Player's produziu cartões para os maços (como parte de uma série que retratava "mulheres famosas pela beleza") mostrando uma Messalina de batom vermelho estendida sobre um sofá, com o vestido escorregando de um dos ombros e sua arrogância e autocontrole visíveis, enquanto ela esvazia uma taça de vinho no chão. O cartaz do filme *Messalina, Messalina!*, de 1977, mostra a imperatriz do título em uma túnica negra com uma abertura que vai até o alto de suas coxas, e seu slogan promete aos espectadores "as variadas aventuras amorosas da mais insaciável devoradora de homens". Messalina tinha se tornado o arquétipo da "mulher má", uma personificação monstruosa da intersecção entre a fantasia e o temor dos homens.

O legado de Messalina na consciência cultural ocidental não pode ser visto como uma surpresa se considerarmos o tratamento dado a ela nas fontes antigas. Após sua execução, a imperatriz sofreu *damnatio memoriae*; seu nome foi apagado a golpes de cinzel dos monumentos, suas estátuas foram destruídas e sua reputação foi deixada desprotegida. Entregues ao seu pior, historiadores, poetas, até mesmo cientistas, todos homens, se esbaldaram, acusando Messalina de adultério, ganância, prostituição, bigamia e assassinato, e se ocupando, na mesma linha, de suas angústias quanto à moralidade e ao poder das mulheres.

Combinadas, a destruição e a deturpação de sua história dificultam a reconstrução de um preciso relato "factual" da vida de Messalina. Muitas coisas são discutíveis, e mesmo os fatos mais básicos são objeto de debates. Para citar apenas um exemplo: as estimativas da data de nascimento de Messalina vão de 17 a 26 d.C. Para uma mulher que muito provavelmente não chegou a seu aniversário de 30 anos, a diferença de quase uma década é crucial. Se você tomar 17 d.C. como o ano de nascimento de Messalina, ela tinha cerca de 21 anos quando se casou com Cláudio, em 38 d.C., e cerca de 31 quando morreu, em 48 d.C. Se, no entanto, você sustentar que ela nasceu em 26 d.C., ela só tinha 13 anos quando se casou e apenas 21 quando morreu. As consequências disso para nossa análise da mulher e de seus atos são óbvias. Ela foi uma virgem casada com um homem com mais do que o triplo de sua idade? Foi uma adolescente explorando sua sexualidade? Foi uma menina sem nenhuma habilidade para lidar com uma corte repleta de intrigas políticas que ela não conseguia compreender? Ou ela foi uma jovem mulher ciente de seu poder sexual e perfeitamente capaz de conspirar com os melhores?

*

Então, Messalina é uma causa perdida para um historiador? Posso estar sendo tendenciosa, mas eu diria que não, ela não é.

Pelos padrões do mundo antigo, Messalina viveu em um lugar e em um tempo dos quais possuímos uma enorme quantidade de informações. Os cerca de cem anos que precedem e sucedem seu nascimento constituem talvez a fase mais bem documentada da história ocidental antes do Renascimento. A sociedade romana nesse período era imensa, aberta e notoriamente letrada. As pessoas habitavam uma paisagem urbana saturada de escrita: leis e decretos eram inscritos em pedra ou bronze; elogios aos mortos eram esculpidos nas tumbas que ladeavam as ruas; placas nomeavam personagens de estátuas públicas e enumeravam seus feitos; grafites pintados cobriam cada parte livre das paredes dizendo a você quem evitar, em quem votar – e com quem transar.

Os instruídos sabiam ler e escrever, tanto em latim como em grego. Sabiam de cor obras literárias completas – os épicos de Homero, as tragédias de Ésquilo, os discursos de Demóstenes – e soltavam citações com uma familiaridade presunçosa nas cartas que trocavam. E essa troca era constante. As cartas formavam a espinha dorsal do império administrativo. Foi o novo serviço postal imperial (o *cursus publicus*), criado por Augusto para levar diretivas e relatórios por todo o império, que possibilitou centralizar o governo das vastas extensões sob domínio romano. Ao mesmo tempo, a escrita epistolar começou a ser considerada uma forma de arte quando Cícero e Plínio, o Jovem, compilaram e publicaram vastos volumes de correspondência privada. No Capitólio, arquivos senatoriais preservaram minutas, julgamentos e decretos para referência futura.

A literatura latina também prosperou: em sua *Eneida*, Virgílio finalmente deu a Roma um épico capaz de rivalizar com os dos gregos; Catulo e Ovídio compuseram anseios elegíacos por amores proibidos; Horácio, Pérsio e Juvenal aperfeiçoaram a sátira, gênero novo e angustiante, peculiarmente romano. Logo reconhecidos como parte de uma era de ouro literária, os textos dos séculos I a.C. e I d.C. seriam preservados para a posteridade nas bibliotecas dos mosteiros, através dos séculos da Idade Média cristã, como cópias de cópias de cópias feitas por monges que respeitavam sua importância literária ou precisavam de material didático para "o latim propriamente clássico".

O tempo de Messalina deixou na paisagem física rastros tão indeléveis quanto os deixados na paisagem literária. A elite imperial ergueu monumentos projetados para suportar os estragos do tempo. Muitos foram posteriormente retrabalhados na tessitura da Cidade Eterna da Igreja Católica; os templos dos velhos deuses foram transformados em igrejas ao novo Deus; arcos e colunas ganharam nova função como adornos nos *palazzos* nobres. Em outros lugares, a preservação da paisagem da Itália de Messalina foi mais casual. A erupção do Vesúvio, em 79 d.C., embora um evento infeliz para os habitantes de Pompeia, congelou uma cápsula do tempo da vida cotidiana nas cidades e vilas romanas como ela realmente *era* – e não como era desenhada e empacotada para eventos comemorativos – em meados do século I d.C.

A partir dessas fontes díspares podemos criar uma tapeçaria notavelmente rica do mundo onde Messalina habitou; suas leis, normas sociais, instituições políticas e redes familiares, sua economia, aparência, ideais e angústias. Quando compreendemos o ambiente no qual Messalina viveu – e no qual as primeiras histórias sobre a vida dela foram escritas –, podemos trabalhar de trás para a frente, perguntando se as histórias que nos contam são plausíveis e, quando não são, examinando os preconceitos e motivos posteriores que podem ter levado a sua criação.

Esse processo é exigente, mas também é valioso. Às vezes as ficções que uma sociedade forja sobre si mesma nos dizem dessa sociedade tanto quanto os fatos. Talvez nos digam ainda mais. Os eventos podem ocorrer ao acaso, mas, em um mundo onde a história oral era abundante e os insumos para a escrita eram caros, a criação de uma história exigia um esforço conjunto, consciente ou inconsciente, de invenção e seleção.

As histórias que se contam sobre Messalina são as mais alucinadas. Ela mata um dos homens mais ricos e poderosos de Roma porque gosta do jardim dele; assassina homens que se recusam a dormir com ela; desafia a mais notória prostituta de Roma para uma competição de energia sexual com duração de 24 horas – e vence; trama um golpe para derrubar o imperador e *se casa* publicamente com o amante enquanto seu marido está fora da cidade.

Em contraste com a personagem da "Messalina" – a mulher definida inteiramente por sua sexualidade, que se desenvolve mais tarde na tradição cultural ocidental –, a verdadeira Messalina era uma força política, além de sexual. As supostas intrigas da imperatriz, sua queda repentina e o processo bastante efetivo de assassinato de seu caráter ocorrido após sua morte são muito reveladores das engrenagens internas da nova política de corte que emergiu quando Roma passou da República para o Império, um processo de desenvolvimento no qual, argumentarei, Messalina desempenhou um papel fundamental. Foi uma mudança que aterrorizou os historiadores da época, membros da velha classe senatorial. A política estava agora fora do controle deles: uma coisa obscura e escorregadia que ocorria a portas fechadas, definida por rivalidades pessoais e sectarismo interno, que se desenrolava por meio de envenenamentos suspeitos e falsas acusações, em vez de assembleias e debates públicos.

É um processo que hoje igualmente nos diz respeito. A eleição de Donald Trump em 2016 deveria pôr em causa o mito, tão em voga no século XX, de que a história pode ser explicada sistemicamente, sem nenhum recurso ao individual, ao irracional e ao emocional. Não há dúvida de que, na Casa Branca de Trump, caráter, ego e relações pessoais alteraram o curso da presidência. Não vou tentar fazer uma afirmação rasa sobre como os clássicos continuam sendo vitalmente relevantes para a nossa compreensão da política moderna; não são vitalmente relevantes, são interessantes (o que é melhor), e, em sua maior parte, os novos problemas globais que enfrentamos hoje exigem novas soluções. Em vez disso, nossa experiência com a atual política da personalidade deveria nos lembrar de que não devemos subestimar o poder do temperamento pessoal, do amor, da luxúria, dos laços familiares, do ciúme, do preconceito e do ódio como motores de mudanças históricas verdadeiras. Os acadêmicos, em sua maioria homens, por muito tempo ignoraram Messalina como um tema de estudo sério, rejeitando os relatos históricos de sua vida como pouco confiáveis e a própria mulher como uma meretriz inconsequente. No entanto, defendo que sua história é central e indissociável da história de seu tempo e nos obriga a confrontar todas as irracionalidades não quantificáveis que definem esse período da história política romana.

Os problemas que encontramos ao tentar compreender Messalina devem ser reconhecidos como parte de sua história e parte da história da antiga condição feminina em geral. Por mais rico que seja o *corpus* literário que sobrevive do mundo clássico, ele quase não inclui vozes femininas. Há fragmentos das poetisas Safo e Sulpícia, mas, de modo geral, as "palavras" das grandes mulheres da história e da mitologia antigas – mulheres formidáveis e poderosas como Helena, Medeia, Antígona, Pentesileia, Artemísia, Lucrécia, Cleópatra, Lívia, Boudica – são escritas por homens. O lamento amargo de Medeia de que, "de todas as criaturas que podem sentir e pensar, nós, mulheres, somos as coisas vivas mais maltratadas" saiu da mão de Eurípides, e o apelo às armas de Boudica foi composto por Tácito.[5] Uma e outra vez encontramos essas personagens femininas transformadas ou em referências, ou em pesadelos de feminilidade a serviço da mensagem do autor masculino.

É uma tendência da qual não nos livramos totalmente nos últimos 2 mil anos – nossa cultura ainda acha difícil enfrentar a complexidade feminina. As personagens femininas modernas ainda tendem, muito mais que suas congêneres masculinas, para o preto e branco; ainda há menos espaço na consciência cultural para a heroína complexa do que para o herói complexo.

As mulheres que têm palavras escritas para elas por autores masculinos são exceções; no mais das vezes, as mulheres da história antiga não falam, e nem delas se fala. O ideal feminino no mundo antigo era silencioso, despretensioso e privado; nos tribunais gregos, o simples fato de *citar* uma mulher em um discurso público equivalia a chamá-la de prostituta.[6] No início do século I d.C., inscreveu-se o seguinte no túmulo de uma mulher chamada Murdia:

> o elogio de todas as boas mulheres tende a ser simples e similar, porque suas boas qualidades naturais [...] não exigem uma grande variedade de descrições. Fazer aquelas mesmas coisas que todas as

> boas mulheres fazem deve ser suficiente para lhe valer uma reputação digna. Afinal, é mais difícil para as mulheres ganharem novos louvores quando a vida delas é perturbada por tão pouca variação. Por isso, devemos celebrar suas virtudes comuns... minha querida mãe mereceu o maior louvor de todos, porque, em modéstia, honestidade, castidade, obediência, trabalho com a lã, diligência e fidelidade, ela era igual e, de fato, a imagem de todas as outras mulheres íntegras.[7]

A "boa" mulher, ocupada com seus deveres domésticos, simplesmente não interessava à maioria dos escritores gregos e romanos, e por isso eles simplesmente não a mencionam. Esse silêncio redobra-se para além do mundo da elite. A nós resta reconstruir a vida das mulheres mais pobres – fossem elas escravas, esposas de artesãos ou prostitutas – a partir de cerâmicas quebradas, fusaiolas gastas, marcas de queimado deixadas em pisos antigos pelo fogo das lareiras e fragmentos de grafites ofensivos.

O fato de sabermos tão pouco sobre a vida de Messalina antes de seu casamento – tão pouco que nem sequer conseguimos datar seu nascimento com total confiança – não é um acidente anômalo de descuido histórico; é indicativo de um pressuposto cultural: o de que as mulheres simplesmente não eram interessantes até a vida delas se cruzar, seriamente, com as dos homens. Esse pressuposto estava tão enraizado que foi incorporado à língua: nem o grego antigo nem o latim têm um termo distinto para a mulher adulta solteira. A obscuridade e a falta de voz da "*verdadeira* Messalina" – a quem, em todos os relatos de sua vida, nunca se dá um momento de discurso direto – refletem a obscuridade e a falta de voz da vasta maioria das mulheres antigas.

O aviltamento de Messalina é a melhor introdução que se pode ter aos perigos de navegar pela condição feminina no patriarcado misógino a que chamamos o berço da civilização ocidental, da racionalidade e da liberdade. Mas as angústias sobre uma mulher poderosa – ou pior, uma *jovem* mulher poderosa; ou, pior ainda, uma mulher jovem, poderosa e *sensual* – que se infiltram, perceptivelmente, em cada frase escrita sobre Messalina são mais do que apenas uma boa introdução às realidades do preconceito antigo. Permanecem reconhecíveis para o leitor moderno. Também familiares são as reações automáticas que essas angústias provocam: escândalo sexual, tachar de vagabunda, apresentar a mulher como emocionalmente irracional. Até onde podemos reconstruir, a história de Messalina é, em alguns aspectos, bastante moderna: é a história de uma mulher que se atreveu a exercer o poder em um mundo masculino e que sofreu as consequências dessa escolha.

Mais importante do que qualquer relevância que Messalina possa ter para o mundo moderno é a recuperação de seu devido lugar na narrativa histórica. Sua história não é a parábola de uma mulher injustiçada; Messalina não é simplesmente a vítima feminina inocente em uma narrativa misógina. Ela foi moldada pelo patriarcado brutal no qual viveu, no qual operou e o qual, algumas vezes, perpetuou.

Sua história é, de certa forma, a história da consolidação do poder imperial em meados do século I d.C. e da transformação constitucional de Roma, de uma República para o que era uma monarquia em tudo, menos no nome. Augusto havia estabelecido uma autocracia e lançado as sementes de um sistema dinástico, mas seu verdadeiro golpe de mestre foi moderar a velocidade dessa transformação e sua revelação. As coisas ainda estavam mudando quando Messalina e Cláudio chegaram ao poder, em 41 d.C., cerca de 25 anos após a morte do primeiro imperador, Augusto. Como imperatriz, Messalina viria a se tornar uma participante ativa na lenta revolução da paisagem política romana, sendo pioneira em novas formas de exercer o poder que exploravam ou contornavam as antigas instituições exclusivamente masculinas da vida pública romana. Ela criou modelos para o poder feminino, que seriam usados por suas sucessoras e que ajudariam a definir as ideias romanas sobre o que significava ser "imperatriz".

Messalina, eu afirmo, foi uma personagem crucial na história do primeiro século da Roma imperial. Nossa obsessão por sua vida sexual obscureceu isso, em detrimento não só da memória *dela*, mas também da *nossa* compreensão do período.

PRELÚDIO

OS CRONISTAS ANTIGOS DE MESSALINA

A maior parte do que sabemos sobre a vida de Messalina vem de uma série de fontes escritas, compostas em latim e em grego, nos séculos que se seguiram a sua morte: as mais importantes delas são os *Anais*, de Tácito; as *Vidas dos doze césares*, de Suetônio; e a *História romana*, de Dião Cássio. Tácito e Suetônio foram quase contemporâneos, por volta do século II d.C.; Dião Cássio escreveu cerca de um século depois, perto da virada de III d.C. Cada obra é escrita em um formato diferente, e cada autor tem vieses próprios, que precisamos compreender antes de começar a examinar suas apresentações de Messalina. É claro que existem outras fontes que mencionam Messalina, mas elas serão introduzidas quando se tornarem relevantes.

Públio Cornélio Tácito nasceu uns poucos anos depois da morte de Messalina, em meados da década de 50 d.C. Suas origens são um tanto obscuras, mas ele parece ter vindo de uma família da nobreza provinciana no que hoje é o Norte da Itália ou o Sul da França. Eles eram certamente ricos e bem relacionados o bastante para dar ao filho a melhor educação na própria cidade de Roma. Tácito se revelou promissor e rapidamente embarcou na carreira pública sob o imperador Vespasiano, conseguindo um casamento vantajoso, ganhando cargos na magistratura e provavelmente entrando para o Senado durante o reinado do imperador Tito, no início dos anos 80 d.C. Ele ascendeu gradualmente – desimpedido pela tirania de Vespasiano – e foi cônsul em 97 d.C.

Como muitos de seus colegas senadores, Tácito, por um longo período, nutriu pretensões literárias, mas, após seu consulado, voltou-se seriamente para a história. Seu primeiro trabalho, *Historiae* [*Histórias*], cobriu o período entre a queda de dois tiranos: Nero, em 69 d.C., e Domiciano, em 96 d.C. Na introdução de sua obra, Tácito promete que seu volume seguinte trataria da história mais contemporânea dos reinados de Nerva e Trajano, mas quando chegou a hora de escrevê-lo, mudou de direção, voltando sua atenção mais para o passado, para escrever aquele que ainda é o melhor relato sobre os júlio-claudianos, a primeira e mais notória dinastia de Roma.

Os *Anais*, como essa obra foi chamada, foi composta após o período de Tácito como governador da província da Ásia, talvez no final dos anos 110 d.C. e início dos anos 120 d.C. Quando foram concluídos, seus dezesseis ou dezoito livros apresentavam uma narrativa sem quebras do período entre a ascensão de Tibério e a queda de Nero. Na introdução, Tácito reconhece que "as histórias de Tibério, Calígula, Cláudio e Nero foram falsificadas por medo enquanto floresciam e por todo o calor do ódio recente após terem caído". Agora, alegava Tácito, ele escreveria a história daqueles tempos "sem raiva ou parcialidade zelosa – mantenho distância de qualquer motivo para ambas".[1]

A aspiração de Tácito à imparcialidade é admirável, mas é impossível aceitá-la. Quando se sentou para compor os *Anais*, Tácito havia sido senador por quase quarenta anos, bem mais do que metade de sua vida. O status senatorial era uma parte central de sua identidade, particularmente porque esse era um status que ele tinha ganhado para *si mesmo* como um *novus homo* (um homem novo) vindo de uma família de equestres provincianos. Também havia tido suas próprias experiências com a tirania, sob o despotismo de Domiciano; no entanto, era a esse imperador que Tácito devia seus maiores avanços na carreira, um fato que precisava reconhecer e que deve tê-lo feito se sentir repetidamente culpado. A história dos júlio-claudianos foi a história da transformação de Roma de uma República senatorial em uma autocracia; não havia como Tácito ser neutro.

Os temas de Tácito, tirania, dinastia e corrupção constitucional, estão costurados na própria estrutura dos *Anais*. Ele começa sua narrativa não com o reinado de Augusto, mas com a ascensão de seu sucessor, Tibério – o momento em que fica claro, para além de qualquer dúvida, que

Augusto criara não só uma dominação pessoal, mas uma dinastia quase monárquica. O mesmo tema se apresenta no contraste entre o conteúdo de Tácito e sua estrutura. Os *Anais* são escritos, como seu nome sugere, no formato analístico, e a narrativa é dividida em anos introduzidos pelos nomes dos cônsules presidentes. Era a forma mais tradicional de escrita romana sobre história, um tipo de escrita destinado a um tempo em que os magistrados senatoriais eleitos controlavam os eventos do ano. Ao usar essa estrutura para contar uma história cada vez mais dominada por caprichos pessoais e pela política de corte, Tácito chama nossa atenção, uma e outra vez, para as mentiras e as hipocrisias da fase inicial do império.

Tácito tinha um ponto a provar, e a história de Messalina tinha potencial para lhe ser muito útil. Seu poder como imperatriz (uma posição inteiramente inconstitucional, sem precedentes na República) demonstra quão próxima estava Roma da monarquia e o quanto se afastara da lei senatorial. Os boatos de que ela havia usado esse poder para satisfazer sua própria cobiça, caprichos e instabilidade sexual eram exemplos perfeitos da perigosa instabilidade e corrupção da nova política de corte. As histórias sobre Messalina eram simplesmente um estudo de caso tentador demais para que Tácito as contasse com imparcialidade.

Existe também um impedimento mais prático para usarmos Tácito como fonte: só uma parte dos *Anais* sobreviveu, e os livros 7 a 10, que cobrem toda a história do reinado de Calígula e o início do de Cláudio, se perderam completamente. Tácito não nos deixa sequer um vislumbre da ascensão de Messalina. No que sobreviveu da narrativa, encontramos Messalina pouco antes de sua queda.

O mais provável é que Suetônio tenha nascido em uma família equestre, ao que parece originária de Hippo Regius (atual Argélia), em cerca de 70 d.C. Era só uma geração mais jovem que Tácito – e, como *protégé* de seu amigo Plínio, o Jovem, pode até tê-lo conhecido –, mas suas carreiras, e suas produções literárias, seguiram trajetórias bastante diferentes. Em vez de embarcar em uma carreira pública senatorial, Suetônio entrou para a administração imperial, servindo como conselheiro literário, bibliotecário e secretário de correspondência para os imperadores Trajano e Adriano antes de ser dispensado (por alguma infração desconhecida) do serviço imperial nos anos 120 d.C.

Os interesses intelectuais de Suetônio eram amplos, e ele escreveu monografias tão diversas como "Sobre cortesãs famosas" e "Sobre os nomes dos ventos". Contudo, seu principal interesse era a biografia, e é o seu *Vidas dos doze césares* – um conjunto de doze biografias dos imperadores, de Júlio César a Domiciano – que nos interessa aqui. Naquela época, talvez ainda mais do que agora, a biografia era um gênero distinto de escrita histórica. Essas histórias sobre homens famosos, tanto bons como maus, tinham propósitos didáticos, e a forma de contá-las era regida por convenções estruturais prescritivas e estabelecidas de longa data.

Como biógrafo, o principal interesse de Suetônio residia em seus biografados. Ele era famoso por seu pendor para o anedótico, e *Vidas* é tanto estudo de personagens como relato histórico. Seu conteúdo também é definido por ideias antigas sobre o que fazia um homem, e as mulheres só aparecem quando afetam diretamente ou revelam o desenvolvimento do imperador em questão. Enquanto Tácito se interessa por Messalina pela maneira como ela reflete as condições morais e políticas de seu tempo, Suetônio se interessa, sobretudo, pelo modo como ela reflete a moralidade e a personalidade do marido.

Embora o senador Tácito e o secretário imperial equestre Suetônio devam ter concebido suas identidades, lealdades e objetivos literários de maneiras bastante diferentes, ambos escreviam em um contexto semelhante. Frequentavam os mesmos círculos sociais – conectados a Plínio, o Jovem, e às cortes imperiais de Trajano e Adriano – durante o início do século II d.C., uma época em que o discurso sobre a tirania e o bom governo era comum, e a nova dinastia governante procurava ativamente se definir em oposição ao despotismo e à instabilidade de seus antecessores.

Nossa terceira fonte principal, Dião Cássio, escreveu em um contexto completamente diferente. Nascido em meados dos anos 160 d.C. em Niceia (no Noroeste da atual Turquia), só começou a escrever sua *História romana* no início do século III. Viveu em tempos menos estáveis do que aqueles que deram a Tácito e Suetônio espaço para a erudição: enquanto os dois últimos assistiram ao início do período de Roma sob seus famosos "Cinco Bons Imperadores", Dião Cássio viu o seu fim, com a morte de Marco Aurélio, em 180 d.C.* Os anos que se seguiram foram marcados por uma sucessão de tiranias, guerras civis e crises provinciais, e durante grande parte desse período a carreira de Dião Cássio o manteve no centro da ação.

Embora fosse oriundo de uma poderosa família da Bitínia, Dião Cássio (tal como seu pai antes dele) construiu uma proeminente carreira senatorial em Roma, servindo como general militar, governador de província e cônsul, cargo ocupado duas vezes antes de regressar a sua província natal, Bitínia e Ponto, para se aposentar, em 229. A complexidade da identidade cultural de Dião Cássio está refletida na natureza de sua obra: essa é uma história de Roma – frequentemente conduzida por preocupações senatoriais sobre a constituição, a liberdade e a tirania – escrita na língua e na tradição literária do grego clássico.

Diferentemente de Tácito e de Suetônio, Dião Cássio não escolheu um subgênero da escrita histórica (anais, biografias etc.) que impusesse restrições a seu escopo ou estrutura. Em vez disso, propôs-se a escrever uma história de Roma desde a chegada do lendário Eneias à Itália até sua própria reforma, no final da terceira década do século III d.C. A obra, que viria a totalizar oitenta livros, levou cerca de 22 anos para ser escrita: dez de investigação e doze de redação. A estrutura é em grande parte cronológica, mas Dião Cássio concedeu a si próprio mais flexibilidade que Tácito – introduzindo anedotas não datadas quando estas são mais úteis para os arcos de desenvolvimento das personagens, ou combinando fios narrativos que abarcam vários anos em uma única seção, para fins de concisão e clareza.

Nem toda a *História romana* de Dião Cássio sobreviveu. A parte da obra que cobre o período de 69 a.C. a 46 d.C. (e que, portanto, inclui a maior parte do reinado de Messalina) sobrevive nas palavras do próprio Dião Cássio, preservadas em uma tradição de manuscritos continuamente copiados. O resto existe apenas parcialmente, em citações e resumos feitos por autores posteriores.

Nenhum de nossos três principais historiadores foi contemporâneo direto de Messalina, de modo que, obviamente, os relatos sobre as façanhas

* Os "Cinco Bons Imperadores" são Nerva, Trajano, Adriano, Antonino Pio e Marco Aurélio.

dela não são em primeira mão. Em vez disso, esses escritores se basearam em uma rede de fontes perdidas, às quais raramente fazem referência explícita e com uma inconsistência elevada. Algumas dessas fontes eram oficiais: a *acta diurna*, por exemplo, que constituía um registro diário de compromissos oficiais, bem como de processos judiciais e discursos; e a *acta senatus*, um arquivo das atas das reuniões senatoriais ao qual Tácito e Dião Cássio teriam tido acesso devido ao status de ambos como senadores. O equestre Suetônio pode não ter tido acesso direto à *acta senatus*, mas contava com outra vantagem: era secretário e arquivista dos imperadores Trajano e Adriano, função que lhe dava acesso privilegiado a anotações e correspondência imperial privada, que, por vezes, ele cita diretamente. Os três também podem ter recorrido a relatos escritos contemporâneos – discursos transcritos, histórias recentes e autobiografias – e a tradições orais.* Ao contar a história da queda de Messalina, Tácito, por exemplo, declara: "Na verdade, transmito apenas o que foi dito ou escrito por meus anciãos".[2]

Por fim, é importante notar que a visão romana da história em si era fundamentalmente diferente da nossa. Esperava-se da escrita da história no mundo antigo que fosse um exercício de criação literária tanto quanto de reconstrução da realidade histórica, e esses são textos descaradamente preocupados com as personagens, a narrativa, o cenário, o gênero, a retórica e a alusão textual. Personagens femininas eram particularmente suscetíveis a esses processos de manipulação narrativa. A vida delas era geralmente menos bem documentada do que a dos homens – suas ações não eram do tipo que aparecesse com frequência em registros oficiais como a *acta*, e seu poder era quase sempre exercido por meio de canais privados de influência –, e, por isso, suas histórias eram mais propensas a distorções. O elemento criativo da escrita histórica romana tem muito a oferecer ao historiador moderno; quando devidamente analisadas, as escolhas literárias dos historiadores nos dizem muito sobre suas ideias e preconceitos, mas podem ser perigosamente enganadoras se o caráter de invenção não for reconhecido.

---

* A sucessora de Messalina, Agripina, por exemplo, escreveu uma autobiografia. Hoje perdida, teria sido uma leitura fascinante (ainda que um tanto tendenciosa).

I
UM CASAMENTO E UM FUNERAL

"E assim a Casa do Príncipe estremecera..."
Tácito, *Anais*, 11.28

A história da queda de Messalina, da maneira como Tácito a conta, é mais ou menos assim.[1]

O cortejo nupcial, que saía do palácio imperial, no Palatino, estava a toda. O ano de 48 d.C. já chegara ao início do outono, mas as noites na cidade de Roma ainda eram agradáveis o suficiente para uma celebração ao ar livre. A noiva usava o tradicional véu amarelo e vermelho, coros de homens e mulheres entoavam cânticos a Himeneu, o deus do casamento, as testemunhas estavam reunidas, os convidados eram festejados e banqueteados. Não se poupou nas despesas. Essa era uma festa de casamento memorável.

Era uma infelicidade, então, que a noiva já fosse casada. E era particularmente uma infelicidade que o homem com quem ela já estava casada fosse o governante supremo da vasta maioria do mundo conhecido. Entrelaçada ao belo e jovem nobre e cônsul eleito Caio Sílio, no leito conjugal enfeitado com grinaldas, estava Messalina, imperatriz de Roma e legítima esposa de Cláudio, imperador de um território que se estendia da ilha da Bretanha até os desertos da Síria.

Messalina e Sílio não tinham sido nada sutis na celebração de seu amor, e isso em uma cidade onde, nas palavras do historiador Tácito, "tudo se sabia e nada se calava".[2] E em nenhuma parte esse impulso inato de Roma para a intriga era mais pronunciado que na extensa, opulenta e implacavelmente competitiva corte imperial, em que, desde seu surgimento, cerca de oitenta anos antes, rumores e escândalos tinham sempre sido questões de vida ou morte. E enquanto Messalina e Sílio dormiam, para se refazerem do vinho e do sexo, mensageiros a cavalo partiam pela Porta Trigêmina, tomando a Via Ostiense para sudoeste, passando pelos postos de controle pretorianos, na direção de Óstia.

Em meados do século I d.C., era a cidade portuária de Óstia que mantinha Roma funcionando. Cerca de 25 quilômetros a sudoeste da capital, era aqui que diariamente legiões de trabalhadores descarregavam as cargas que chegavam de todo o Mediterrâneo e além, para então empilhá-las nas barcaças que subiam o Tibre em direção à cidade populosa e a seu 1 milhão de consumidores. Era por Óstia que os romanos abastados punham as mãos nas pérolas do golfo Pérsico, na prata espanhola, nos perfumes do Egito, nas especiarias da Índia e nas sedas chinesas. Esses luxos haviam tornado a cidade e seus comerciantes incrivelmente ricos, mas havia outro comércio mais importante em ação, do qual talvez dependesse a coroa do imperador ou até mesmo sua vida.

Foi a preocupação com a oferta de milho – que chegava pela grande rota comercial, permitindo que 1 milhão de romanos fossem alimentados pelas planícies de inundação do Egito – que levou Cláudio à cidade portuária naquele outono em particular. Ele devia rever os arranjos logísticos e conduzir os sacrifícios destinados a garantir a segurança dos navios que partiam de Alexandria abarrotados com as cargas de grãos do Delta do Nilo que manteriam a população urbana adequadamente alimentada e politicamente comportada durante o inverno. Em vez de aparecer ao lado do marido como primeira-dama, a imperatriz Messalina alegou estar doente e permaneceu em Roma.

Os mensageiros que chegaram aos portões de Óstia trazendo a notícia do "casamento" de Messalina e Sílio não ousaram se aproximar do imperador. "Não mate o mensageiro", afinal de contas, se torna mais uma súplica do que uma expressão quando o destinatário controla o maior exército da Terra e a mensagem diz que sua esposa está se casando com outra pessoa. Em vez disso, os mensageiros foram diretamente aos conselheiros de Cláudio: Calisto, Narciso e Palas. Antigos escravos do imperador que ascenderam meteoricamente para se tornarem os mais próximos e poderosos confidentes políticos de Cláudio, eles estavam entre os mais bem-sucedidos no jogo da política da corte que Roma já vira.

A notícia apresentava aos libertos imperiais um problema sério. Se Messalina havia celebrado um casamento de maneira tão flagrante, os libertos concordaram que não podia haver dúvida sobre o próximo movimento dela: os amantes haviam mostrado suas cartas a tal ponto que aquilo só podia ser o início de um golpe. Caio Sílio era o tipo de homem que *poderia* ser imperador. Tinha o sangue tão azul quanto possível, carisma e uma aparência bela e nobre, e uma inteligência afiada pela melhor educação que o dinheiro conseguia comprar. O jogo político era um que Sílio podia e estava disposto a jogar: ele já havia sido escolhido para ocupar o cargo de cônsul no ano seguinte. Messalina, eles adivinhavam, planejava derrubar Cláudio, fazer Sílio adotar seu filho Britânico e instalar o amante no trono imperial. Aquilo não era um mero romance; era uma conspiração para derrubar o imperador. Para salvar Cláudio, Messalina teria de partir.

Mas como dar a notícia ao imperador? Os conselheiros de Cláudio sabiam que Messalina o dominava; ou melhor, todos sabiam. O imperador, envelhecido, estava evidentemente tão apaixonado por sua jovem esposa quanto sua jovem esposa por Caio Sílio. Se ele a visse, seria o fim do jogo. Cláudio não podia ouvir o que ela tinha a dizer de jeito *nenhum.* Quanto mais discutiam o assunto, mais claro se tornava para os conselheiros que, por mais fortes que fossem as evidências contra Messalina, sua queda não estava garantida. Palas se retirou, Calisto aconselhou cuidado e espera, o que dava mais ou menos na mesma. Assim, recaiu sobre Narciso a tarefa de encontrar uma maneira de informar Cláudio a respeito da traição de sua esposa. Ele precisava agir com rapidez. Messalina, ele decidiu, não podia receber nenhum alerta sobre as acusações contra ela. Mas de quem viriam as primeiras acusações? Não dele, é claro; ele tinha coisas demais a perder.

Em vez disso, Narciso recrutou duas das amantes favoritas de Cláudio, Calpúrnia e Cleópatra – o amor pela esposa nada tinha feito para induzir o homem mais poderoso do mundo à monogamia, o que talvez não surpreenda. Ouvir de duas amantes suas os rumores sobre a traição de sua esposa, esperava Narciso, atenuaria o golpe no orgulho do imperador. Fazer Calpúrnia e Cleópatra darem o primeiro passo também permitiria ao liberto um tempo precioso para avaliar a reação de Cláudio antes que ele, Narciso, sujasse suas mãos. Em troca, sugeriu a elas, bastava que as mulheres pensassem nos presentes, nas oportunidades, na influência, no poder e até mesmo na posição que poderiam ganhar com a queda da esposa de seu amante. Narciso presumiu com segurança que a ironia de usar duas amantes do marido para acusar a esposa deste de adultério não seria percebida por Cláudio.

Calpúrnia e Cleópatra não tiveram dificuldade em conseguir uma audiência privada com o imperador. Assim que os três ficaram sozinhos, Calpúrnia, aos prantos, se atirou aos pés de Cláudio e declarou que Messalina havia se casado com Sílio na noite anterior em Roma. Incrédulo, o imperador se voltou para Cleópatra, que assentiu e disse a ele, conforme o combinado, que chamasse Narciso. O liberto foi anunciado e confirmou que os rumores eram verdadeiros. Disse a Cláudio que todos haviam testemunhado o casamento de sua esposa – o povo, o Senado, os soldados –, e que, a não ser que ele agisse logo, o novo marido de sua esposa tomaria a cidade.

Cláudio convocou seus conselheiros. O conselho mergulhou no caos, e os cortesãos – todos eles com interesses concorrentes e muito a perder – gritavam uns sobre os outros. Em pouco tempo ficou claro, no entanto, que o conselho estava seriamente preocupado com a situação e considerava que a ameaça ao governo de Cláudio era potencialmente existencial. Concordaram que não havia tempo a perder e que o imperador deveria se dirigir diretamente ao exército. Sua posição com a elite das legiões pretorianas era crucial; sendo os únicos soldados acampados dentro dos limites da cidade de Roma, eles mantinham a ordem e tinham o poder de fazer e desfazer imperadores. A vingança pessoal poderia ficar para depois, quando houvesse certeza sobre a lealdade do exército e a posição de Cláudio estivesse assegurada.

Cláudio foi dominado pelo pânico. Diz-se que perguntou repetidas vezes se Sílio ainda era seu súdito e se ele, Cláudio, ainda detinha o controle de seu império.

De volta a Roma, Messalina e Sílio continuavam a festejar. O outono havia chegado a seu doce apogeu, e eles celebravam com um novo nível de extravagância e devassidão. O palácio foi preenchido por prensas de vinho, cada uma delas produzindo um fluxo contínuo da bebida, enchendo os tonéis transbordantes com mais rapidez do que os convidados da imperatriz eram capazes de esvaziá-los. Os convivas compareceram vestidos de bacantes – as selvagens seguidoras de Baco, deus do vinho –, com grinaldas de videira e peles de animais. E inclusive se comportavam como bacantes, descontrolados, dançando em êxtase e liderando um coro estridente de cantos ritmados.

Messalina surgiu como sua líder, com o cabelo escuro caindo sobre os ombros, e Sílio a seu lado, envolto em hera e calçando os coturnos usados pelos atores nas tragédias antigas. Essa adição a seu traje se mostraria bem apropriada, considerando o rumo que os acontecimentos estavam prestes a tomar.

O vinho, a bebida e o calor do final do outono devem ter formado uma mistura inebriante. Em determinado ponto da noite, Vettius Valens, médico da imperatriz e um de seus ex-amantes, saiu da multidão e escalou uma árvore alta. A cidade de Roma, os montes circundantes e seus campos se estendiam abaixo dele, até o litoral. Enquanto ele se agarrava aos galhos mais altos, a multidão clamava por saber o que o homem conseguia ver. Era engraçado, ele disse, mas parecia que uma tempestade terrível se formava sobre Óstia.

Não tardou muito para que a natureza daquela tempestade se revelasse. Apesar das ordens de Narciso de que a imperatriz nada soubesse das acusações contra ela, começaram a chegar mensageiros de Óstia com a notícia de que Cláudio sabia de tudo, que já estava a caminho, que estava decidido a se vingar. A festa acabou. Os convidados tombavam uns sobre os outros na tentativa de partir, de se distanciar o máximo possível do confronto prestes a ocorrer. Messalina e Sílio partiram também: ele se dirigiu ao Fórum, para cumprir seus deveres públicos e mostrar a cara como se nada houvesse de errado; ela buscou abrigo nos chamados Jardins de Lúculo, no monte Pinciano, uma aquisição recente.

Enquanto isso, centuriões chegaram ao palácio, e todos os convivas remanescentes ou que tentavam se esconder foram presos. Quando a notícia de que seus associados estavam sendo detidos alcançou Messalina, ela entrou em um frenesi. Ordenou que seus filhos com Cláudio – Cláudia Otávia, com 9 anos, e Britânico, com quase 8 – fossem enviados diretamente ao pai. Também apelou à Vestal Vibídia – a mais antiga das sacerdotisas virgens que cuidavam do fogo simbólico do Império e gozavam de extraordinários poderes de intercessão legal – que implorasse por ela junto a Cláudio.

Por fim, a própria Messalina se pôs a cruzar a cidade a pé, acompanhada somente de três servidores leais, subitamente isolada em meio à multidão urbana. Estava certa de que, se pudesse ao menos ver seu marido – ou, talvez, se seu marido pudesse ao menos *vê-la* –, a situação se resolveria. Chegando aos portões da cidade, a imperatriz pegou carona no único veículo que a aceitou: partiu para Óstia na traseira de uma carroça de lixo de jardim.

Enquanto percorriam a estrada de Óstia para Roma, o humor na carruagem de Cláudio era tenso. O imperador estava em conflito. Em um momento desandava a falar sobre o comportamento dissoluto de Messalina e a denunciar sua infidelidade; no seguinte, demorava-se nas memórias de seu casamento, sua relação e seus dois filhos. E agora, exatamente como Narciso havia temido, Messalina podia ser vista. Lá estava ela, no meio da Via Ostiense, chorando e gritando, implorando ao marido, em nome de Britânico e Otávia, que a escutasse.

Narciso gritou mais alto que ela, enumerando seus crimes, citando Sílio, descrevendo os detalhes sórdidos de seu romance e de seu casamento. Durante todo o tempo, ele passou a Cláudio documento após documento relatando as supostas devassidões de sua mulher. Ele sabia que, com Messalina à vista, não era só a mente de Cláudio, mas também seus olhos, que precisavam de distração. O tempo todo, o imperador permaneceu estranhamente quieto. Ele viu sua esposa, aceitou o dossiê de Narciso, mas não disse nada.

A cavalgada continuou na direção de Roma. Ao se aproximar dos portões, Britânico e Otávia tentaram alcançar o pai. Narciso simplesmente mandou retirá-los. Foi menos fácil se livrar da Vestal Vibídia. Ela exigiu que concedessem a Messalina julgamento e defesa, recusando-se a partir até receber garantias de que a imperatriz os teria. Narciso prometeu que o imperador ouviria sua esposa, é claro; haveria oportunidade para que ela rebatesse as acusações, se tal coisa fosse possível, no dia seguinte. Enquanto isso, Vibídia recebeu a ordem de regressar ao templo e cumprir seus deveres religiosos.

Já na cidade, Narciso levou Cláudio diretamente à casa de Sílio e ofereceu a ele uma visita guiada. No vestíbulo, exposta em meio às outras representações de seus ancestrais, via-se uma efígie do pai de Sílio – o mesmo pai que havia sido acusado de tramar uma rebelião contra o imperador Tibério.* Diante da condenação certa, o pai de Sílio tinha cometido suicídio, e o Senado confiscara boa parte de suas propriedades, ordenando a destruição de suas imagens. Que seu filho exibisse sua representação era sem dúvida uma contravenção direta do decreto senatorial, mas também poderia ser interpretado como uma declaração de intenção revolucionária. A visita prosseguiu. Narciso mostrou a Cláudio peças de mobília que um dia tinham estado em *seu* palácio, e relíquias de família herdadas de *seus* ancestrais, os Drusii e os Nerones: presentes roubados que só podiam ter sido dados a Sílio pela esposa de Cláudio.

A ira de Cláudio, que vinha fervilhando em seu silêncio, agora transbordava, explodindo em ameaças e maldições contra sua esposa e o amante dela. Narciso escoltou o imperador diretamente ao campo pretoriano. Os soldados já estavam lá, reunidos e prontos para o encontro que Narciso havia organizado. Os homens acusados também estavam lá – capturados, acorrentados e aguardando o julgamento. Cláudio não proferiu um de seus discursos habituais, longos e cheios de divagações: nessa ocasião, ele falou apenas umas poucas palavras, ponderadas com cuidado, e escondeu as emoções o melhor que pôde.

A reação das legiões pretorianas não correspondeu ao tom comedido do discurso de Cláudio. Um grande clamor se ergueu das fileiras. Em ondas de gritos enfurecidos, eles exigiam saber os nomes dos envolvidos e assistir à punição adequada.

Sílio foi o primeiro. As acusações contra ele foram lidas, e não se fez nenhuma tentativa de refutá-las. Como seu pai, ele sabia que ser acusado de um crime contra o imperador só podia significar uma coisa, e o caso – julgou Sílio corretamente, ao olhar para a multidão de soldados

* As acusações são geralmente reconhecidas pelas fontes antigas como falsas e inventadas por razões políticas.

que o cercava – já estava decidido. Ele só rogou por uma morte rápida. Foi um pedido pronta e imediatamente concedido.

A morte de Sílio foi a primeira de uma eficaz corrente de execuções sumárias. Diversos equestres ilustres e abastados seguiram o exemplo de Sílio, aceitando sua execução com coragem. Primeiro, Tício Próculo foi trazido. Ele havia sido nomeado por Cláudio acompanhante de Messalina, responsável por protegê-la de atentados contra sua modéstia, sua castidade e sua fidelidade. Não tinha se revelado muito bom em seu trabalho. O próximo foi Vécio Valente. A tempestade que ele vira sobre Óstia finalmente o alcançava. Confessou, e logo foi executado. Depois foi a vez de um certo Traulo Montano, um jovem, talvez pouco mais velho que um adolescente, modesto e devastadoramente bonito. Tinha passado uma única noite no leito da imperatriz, mas isso não lhe valeu a misericórdia do imperador. Depois vieram Pompeu Úrbico, Saufeio Trogo, o senador Junco Vergiliano, Sulpício Rufo, dono de uma escola de gladiadores, e Décrio Calpurniano, chefe da guarda noturna. O chão estava forrado com os cadáveres dos ex-amantes de Messalina.

Naquele ponto, um ator subia ao palco. Mnester era a estrela mais brilhante de seu tempo. Calígula tinha sido um fã tão ardoroso que, por ordem sua, qualquer um que falasse durante as apresentações de Mnester era arrastado de seu assento e açoitado. Ele não negou ter dormido com Messalina; pelo contrário, alegou escandalosamente que ela o havia coagido, apontando que, diferentemente de seus corréus poderosos, ele não estava em posição de recusar a imperatriz. Para realçar seu argumento, rasgou a roupa que estava usando e exibiu à multidão as cicatrizes da escravidão que lhe cobriam o dorso. Cláudio hesitou pela primeira vez naquela tarde, mas Narciso insistiu com ele, argumentando que, ainda assim, Mnester havia dormido com Messalina, quer gostasse dela ou não. Então, Mnester também foi morto, e a comitiva do imperador retornou ao palácio para o jantar.

Do lado oposto da cidade em relação ao campo pretoriano, de volta aos Jardins de Lúculo, Messalina preparava sua defesa. A imperatriz não compartilhava do desespero que levara Sílio a pedir somente por uma execução rápida; estava certa de que, se seu marido pudesse escutá-la, se pudesse *vê-la*, ele não conseguiria ordenar sua execução. Messalina tinha certeza de que, se implorasse, pedisse e negasse, o marido a perdoaria e esqueceria. De fato, tinha tanta certeza que seu temor já começava a se transmutar em fúria, e esta, em maquinações, dirigidas acima de tudo contra Narciso.

A confiança de Messalina não era totalmente despropositada. O jantar no palácio imperial estava na metade; o vinho corria solto, e Cláudio tinha atingido aquele estágio da bebedeira em que você acha que voltar com seu ex é uma boa ideia. Ele chamou um serviçal e ordenou que mandassem dizer "àquela pobre mulher" que viesse até ele na manhã seguinte se defender. Narciso começou a entrar em pânico. Ele percebia que a determinação de Cláudio já estava esmorecendo, e sabia que em pouco tempo o imperador terminaria de jantar e retornaria ao seu quarto – um quarto repleto, na suave luz da noite, de todas as lembranças mais prazerosas de sua esposa. Narciso saiu discretamente do salão de banquetes e levou um guarda consigo. A execução de Messalina precisaria acontecer naquela noite, ele disse. Ordens de Cláudio. Não havia tempo a perder.

Um grupo de soldados partiu do monte Palatino imediatamente, cruzando a cidade e começando as buscas pelos jardins. Messalina estava com a mãe, Domícia Lépida. As duas não eram próximas, mas agora, na crise suprema de sua filha, a mãe estava lá. Conforme os soldados avançavam, Lépida exortou a filha a não esperar, mas tomar o assunto nas próprias mãos e se matar para evitar a indignidade e a desonra de uma execução. O jogo havia acabado, disse ela. Restava a Messalina apenas mostrar coragem diante da morte. Messalina, porém, só conseguia ficar prostrada, chorando e se lamentando.

Foi assim que os soldados a encontraram. O tribuno se aproximou da imperatriz em silêncio, mas os insultos grosseiros berrados pelos outros finalmente a fizeram se dar conta da realidade de sua situação. Ela tomou a espada com as mãos trêmulas, trouxe-a à garganta, depois ao peito, depois novamente à garganta, mas não conseguiu concretizar o ato. No final foi o tribuno, cansado de vê-la titubear, que teve de matá-la.

Cláudio ainda jantava quando lhe chegaram as notícias da morte da esposa. O mensageiro não especificou se ela havia se suicidado ou sido assassinada, e Cláudio não perguntou. Não revelou uma gota sequer de emoção – nem tristeza, nem alegria, nem raiva nem pena. Moveu-se apenas para chamar um serviçal e pedir mais um copo de vinho.

II

UM PALCO DE MÁRMORE

> "Olha o Capitólio hoje; olha o que foi outrora,
> Jurarias que estes são templos construídos para outro Júpiter."
> Ovídio, *A arte de amar*, 3.115-116

Quando a futura imperatriz Messalina nasceu, muito provavelmente no início dos anos 20 d.C., Roma era a maior cidade do maior império que o mundo já vira. O Império Romano era uma vasta rede de províncias que se estendia desde o Reno até o Eufrates, rodeada por uma espessa zona intermediária de reinos clientes, e tinha tornado a cidade em seu centro extremamente rica.

Espalhada por suas sete famosas colinas, Roma havia sido fundada (como resultado de um fratricídio e da intervenção divina, se você acreditar nas lendas de seu mítico fundador Rômulo) em meados do século VIII a.C., mas a Roma do século I d.C. teria sido irreconhecível até mesmo perto da cidade de um século antes. Os pequenos templos de tijolo e tufo, erguidos por aristocratas que competiam entre si no final da República, tinham sido substituídos por enormes complexos concebidos para a política, o comércio, o culto e os jogos, revestidos de mármore polido e brilhante, que provavam a magnificência e a generosidade do imperador. Messalina nasceu durante o reinado de Tibério, mas nasceu em uma cidade que tinha sido criada por seu antecessor, Augusto. Era um lugar de opulência inimaginável, um monumento vivo ao poder imperial de Roma e, mais sutilmente, ao poder dinástico de sua família imperial. Era uma cidade que inevitavelmente moldava seus filhos.

No final do século I a.C., Augusto tinha erguido um novo Fórum, atualmente conhecido como Fórum de Augusto. Enquanto a velha Roma, com seu antigo *Forum Romanum*, tinha crescido lenta e organicamente em um cadinho irregular de diferentes estilos e materiais, o Fórum de Augusto foi concebido e construído de uma só vez, erguido a partir do zero em uma área aplainada e miserável.[1] O complexo era coeso em estilo, mas também em tema: cada detalhe foi calculado para transmitir a mensagem da dominação de Augusto.

Um vasto pátio de mármore polido estendia-se, prostrado perante o Templo de Marte Ultor, que se erguia em um pódio no extremo nordeste do Fórum. Otaviano (o futuro imperador que, a partir de 27 a.C., seria conhecido como Augusto) havia prometido construir esse santuário a "Marte, o Vingador" em 42 a.C., após a Batalha de Filipos, quando finalmente derrotou as forças lideradas por Bruto e Cássio, os assassinos de seu pai adotivo Júlio César.[2] Colunatas elevadas estendiam-se ao longo de ambos os lados, escondendo passarelas sombreadas, pontuadas por êxedras semicirculares. Estátuas dos *summi viri*, "os grandes homens", da história romana ladeavam as colunatas, e representações de seus fundadores míticos aninhavam-se nas êxedras. A oeste, você encontraria um Rômulo triunfante, carregando a armadura de um inimigo vencido. A leste, Eneias, antepassado de Rômulo e também, segundo se dizia, da família adotiva de Augusto, os julianos, fugindo das chamas de Troia com o pai idoso nas costas e o filho jovem a seu lado, com destino à Itália. Finalmente, havia uma estátua do próprio Augusto, conduzindo uma carruagem com quatro cavalos – o herdeiro natural de todos os antigos heróis de Roma.

O jovem imperador também remodelou o antigo *Forum Romanum*, adjacente a seu novo complexo.[3] Um novo Senado, iniciado por Júlio César, foi finalmente concluído, e uma nova Rostra – a plataforma elevada a partir da qual se proferiam discursos – foi decorada com as proas dos navios de Marco Antônio e Cleópatra, capturados em Áccio em 31 a.C., e encimada pela estátua equestre de Otaviano aos 19 anos, que tinha sido encomendada pelo Senado em 43 a.C.[4] Como mulher, Messalina nunca falaria por si no Senado ou sobre a Rostra, mas viria primeiro a influenciar os discursos e debates que esses locais acolheram, e depois a ser o tema deles. Se um orador na Rostra olhasse diretamente para a multidão de ouvintes, teria visto um novo templo se erguer no extremo sudeste do Fórum. Era o Templo do Divo Júlio, construído por Otaviano em honra de Júlio César (tornado deus por decreto do Senado em 42 a.C.). Sua consagração após o regresso triunfante de Otaviano a Roma, em 29 a.C., anunciou uma nova era em que se esperava que o povo romano venerasse os homens, primeira e estritamente na morte, mas, com o tempo, cada vez mais também em vida.[5]

Nem tudo era novo. Augusto teve o cuidado de preservar as grandes antiguidades do antigo *Forum Romanum* em suas posições originais.[6] Ali estava a pedra negra, que se dizia marcar um antigo local de culto ou mesmo o lugar onde Rômulo estava enterrado. E ali estava o *umbilicus Romae* – o "umbigo" de Roma –, que se dizia ser o local onde o arado de Rômulo cortou pela primeira vez o solo romano e ainda o ponto a partir do qual se mediam todas as distâncias de e para Roma. Ele também promoveu programas de restauro, e quase todas as grandes estruturas republicanas receberam novos e reluzentes revestimentos imperiais.

Não foram poupadas despesas. Os pisos dos edifícios de Augusto tinham padrões geométricos de mármore colorido. Pórfiro púrpura do Egito, *cipollino* cinzento-esverdeado do Egeu e *giallo antico* dourado da Numídia norte-africana.[7] Era uma geografia feita de pedra que convidava cada romano a percorrer o mundo conquistado por Augusto sem nunca sair do centro de sua cidade natal.

Esses projetos de construção eram demonstrações políticas, mas eram também ofertas públicas. Ao passear pelo Fórum de Augusto, o plebeu romano podia saborear algo da vida de um aristocrata. Tinha acesso ao luxo material – os pilares, os materiais exóticos e as cores arrojadas – que adornava os espaços domésticos da elite. Podia também se orgulhar das estátuas dos grandes heróis da Roma primitiva. Estes eram antepassados comuns e modelos para o povo romano, e substituíam as gerações de representações ancestrais que decoravam os átrios das casas aristocráticas.

Um ambiente tão exaltado dificilmente poderia ser mais diferente daquele que a massa dos romanos vivia em suas casas. A cidade tinha atingido 1 milhão de habitantes – um nível alcançado por Londres apenas em 1810 e por Nova York só em 1875 –, e a rapidez e o caráter inesperado da urbanização de Roma eram evidentes.[8] As plantas baixas das novas cidades construídas em todo o mundo mediterrâneo sob a direção romana eram celebremente regulares, rigorosamente quadriculadas e zoneadas (características que viriam a ser vistas como representativas da racionalidade e da praticidade romanas), mas a cidade-mãe em si era um labirinto. O espaço era escasso; os senhorios dos barracos construíam para cima, e os blocos de apartamentos, conhecidos como *insulae*, ou "ilhas", chegavam a cinco andares. O fogo era um perigo constante, assim como as doenças, apesar da infraestrutura de saúde pública relativamente boa, com esgoto, aquedutos e banhos. As ruas nessas partes da cidade, escurecidas pelas sombras das "ilhas" monolíticas que as ladeavam, eram apertadas e inebriantes: lojas e bancas invadiam o espaço disponível no passeio; o cheiro da comida emanava dos restaurantes de esquina; o barulho – do comércio, do crime e da vida familiar – devia ser incessante e inescapável. Era o ambiente perfeito para espalhar boatos.

Messalina e sua família ocupavam o extremo oposto do espectro. A perspectiva do ouro imperial, que levara tantos dos novos pobres urbanos a viver na miséria da cidade, tinha permitido à elite urbana desfrutar de níveis de luxo doméstico até então desconhecidos. Em 78 a.C., quando Marco Lépido construiu uma nova casa para si, com requintes sem precedentes para a época, os observadores concordaram que era a mais refinada de Roma.* Em 45 a.C., nem 35 anos depois, dizia-se que não teria ficado nem entre as cem primeiras.[9] Marco Lépido havia sido muito criticado em 78 a.C. por usar mármore númida vermelho-sangue, com veios púrpura, nas soleiras de suas portas; vinte anos mais tarde, em 58 a.C., o milionário Marco Emílio Escauro enfeitou seu átrio com colunas sólidas de mármore meliano preto brilhante, com quase quarenta metros de altura.[10] Nos anos 40 a.C., Mamurra, um homem que enriqueceu por mérito próprio e que tinha sido o principal engenheiro militar de César durante suas campanhas gaulesas, foi ainda mais longe: revestiu cada centímetro de parede com mármore, e não havia

* Esse é o Marco Lépido que foi cônsul em 78 d.C., pai do Lépido que se uniu a Otaviano e Marco Antônio para formar o Segundo Triunvirato durante as guerras civis que se seguiram ao assassinato de Júlio César.

uma única coluna em sua casa que não fosse feita de pedra maciça de Carrara ou Caristo.[11]

Se você achasse que mármore da parede ao teto deixava o ambiente frio, era cafona ou simplesmente caro demais, havia uma grande variedade de outras opções decorativas. Os afrescos eram uma escolha clássica. Grandes paisagens que se desenrolavam por salas inteiras imergiam o visitante em outros mundos: uma luxuosa vila à beira-mar; ou um luxuriante jardim italiano; ou mesmo a paisagem exótica do recém-conquistado Egito, onde hipopótamos e crocodilos e barcos de junco apareciam e desapareciam nas águas do Nilo, e as pessoas participavam de banquetes e orgias entre os templos que ladeavam suas margens. Mais tarde, as modas mudaram, e as mitológicas cenas narrativas eram colocadas em cenários vermelhos, amarelo-ocres ou de laca preta, emoldurados por colunas esguias, decoradas com grinaldas ou motivos de lótus de estilo egípcio. Os temas eram frequentemente relacionados por obscuros fios temáticos ou genealógicos, mostrando aos convidados que você conhecia não só a última moda como também os épicos de Homero e a complexa trama da mitologia greco-romana.

Os salões dos ricos, já resplandecentes graças aos afrescos ou mármores exóticos, estavam, então como agora, repletos de coleções de arte antiga ruinosamente caras. Os romanos sabiam que seus ilustres antepassados tinham sido, na realidade, valentões militaristas incultos, e isso os colocava na defensiva. Para ver arte, simplesmente precisavam ir à Grécia. E, então, à Grécia eles foram. A partir do final do século III a.C., os romanos compraram, pilharam ou extorquiram obras-primas gregas em uma escala extraordinária. Carregamento após carregamento, mármores, bronzes e painéis pintados de valor incalculável foram transportados de barco dos centros da cultura grega para o centro da riqueza romana.

Na cidade, os homens ricos compravam e arrasavam bairros inteiros para criar jardins de lazer pessoais. Nesses vastos parques urbanos e em suas extensas propriedades rurais, longe do calor e da sujeira da cidade, tentavam superar a natureza, construindo montanhas, escavando grutas, criando rios falsos a que chamavam "o Nilo" ou "o Eufrates".* Foi

* Os extravagantes jardins de lazer eram ironicamente chamados de *horti*, isto é, "hortas".

em meio a essa onda de construção competitiva de jardins que Lúculo construiu seu parque terraceado no monte Pinciano, a propriedade que Messalina, supostamente, teria matado para conseguir – e o local onde ela mesma seria morta.

Pelo menos à primeira vista, Messalina escolheu um bom momento para nascer na elite romana. Mesmo assim, a aristocracia romana ainda se recuperava dos cem anos de dissidência civil e dos cinquenta anos de guerra civil que afligiram a República até a ascensão de Augusto como governante exclusivo.

No ano 146 a.C., Roma reinava soberana sobre o mundo mediterrâneo. A miscelânea de cidades-Estado que então constituíam a Grécia tinha capitulado em sua totalidade após a captura e o saque de Corinto. Na primavera do mesmo ano, assistiu-se à destruição total de Cartago – durante muito tempo rival insuperável de Roma pela supremacia naval. No entanto, mesmo enquanto Cartago ardia, o vitorioso general romano Cipião Emiliano refletia sobre as possíveis consequências para Roma de um domínio incontestável: "Um momento glorioso, Políbio", ele teria comentado, "mas tenho o terrível pressentimento de que um dia a mesma desgraça será pronunciada sobre meu próprio país".[12] Seus comentários foram notavelmente prescientes.

As recompensas do sucesso político eram agora muito diferentes das que os aristocratas do século VI a.C. tinham em mente quando conceberam o sistema republicano de partilha de poder. Naquela época, o exercício de um cargo público era valorizado pelo respeito e pela honra que o candidato angariava na comunidade. Agora, uma magistratura em Roma era automaticamente seguida de uma "pró-magistratura" no exterior.[13] Isso colocava seu detentor no comando de um exército e permitia que ele exercesse o poder direto, com suas decisões sujeitas à supervisão senatorial retroativa somente após o fim de seu ano.[14] Podia travar guerras de conquista que enriqueciam suas tropas e faziam dele um deus para o público em casa. E, se ele estivesse disposto a tolerar um pouco de corrupção, havia *muito* dinheiro a ganhar. Como os riscos aumentavam exponencialmente, os pesos e contrapesos concebidos para restringir a ambição individual foram se rompendo sob a pressão. Os políticos poderosos começaram a reunir exércitos pessoais e a recusar-se a deixar o cargo. Alianças eram feitas e desfeitas, e disputas entre facções, movidas por egos individuais, eram travadas nos campos de batalha por todo o mundo mediterrâneo.

Foi nesse cenário que surgiu, em 44 a.C., o futuro imperador Augusto. Conhecido então como Otaviano, tinha 19 anos e, segundo ele, era o herdeiro legítimo da fortuna e da posição política de seu tio-avô – e depois pai adotivo –, o assassinado Júlio César. Quando César foi apunhalado nos Idos de Março pelo grupo de senadores liderado por Cássio e Bruto, Otaviano estava em treinamento militar em Apolônia, cidade na região dos Bálcãs, então conhecida como Ilíria (na atual Albânia). Quando a notícia do assassinato de César chegou a Otaviano, ele navegou direto para a Itália.

Não é em seu nascimento, em 63 a.C., mas sim nesse momento que começa o *Res Gestae* – o autorrelato da vida e dos feitos de Augusto –, com estas palavras notáveis: "Com a idade de 19 anos, reuni um exército por minha decisão pessoal, e à minha custa, e com ele libertei o Estado, que tinha sido oprimido por uma facção dominante".[15] Quem exatamente era essa "facção dominante" parece ter mudado de acordo com os interesses pessoais de Otaviano em cada momento.

Primeiro, Otaviano se aliou à facção senatorial de Cícero, lutando contra Marco Antônio em nome da "*res publica*". No entanto, em poucos meses ele e Marco Antônio uniram forças no Segundo Triunvirato e declararam Cícero e os outros "republicanos" inimigos do Estado. Por fim, todas as facções, "dominantes" ou não, capazes de desafiar o poder de Otaviano desapareceram. Qualquer verdadeira resistência "republicana" foi esmagada com a derrota de Bruto e Cássio em Filipos, em outubro de 42 a.C. Então, após uma década de alternância entre guerra civil e aliança incivil, Otaviano finalmente esmagou as forças de Antônio e Cleópatra em Alexandria, em agosto de 30 a.C.

Em segurança após a morte de todos os inimigos viáveis, Otaviano começou a estabelecer a si mesmo como paradigma de paz, prosperidade e estabilidade. Em 29 a.C., fechou os portões do templo do deus Jano, de duas faces, pela primeira vez em mais de duzentos anos, um ato que declarou a paz mundial na terra e no mar.[16] Os grandes portões só tinham sido fechados duas vezes em toda a longa história de

Roma, e Augusto os fecharia três vezes no decurso de seu reinado de 41 anos.[17] O Senado desempenhou seu próprio papel nessa mudança de imagem. Em 13 a.C., decretaram que fosse erguido um altar em honra de Augusto no Campo de Marte.[18] Situado ao lado de um obelisco que o imperador tinha instalado para comemorar suas sangrentas vitórias militares no Egito, o altar seria conhecido como *Ara Pacis Augustae* – o Altar da Paz de Augusto.[19] O nome era apropriado: tratava-se, sem dúvida, de uma visão peculiarmente augusta da paz. As paredes interiores do recinto do altar foram esculpidas com pesados ramos de folhagem madura e verdejante – o fruto da prosperidade pacífica. No exterior, foi colocada junto à entrada uma imagem da deusa Roma personificada, sentada confortavelmente nos braços de seus inimigos vencidos, e nas laterais foi esculpida uma procissão que incluía membros da família estendida de Augusto – acompanhados, pela primeira vez em um monumento de Estado, por suas esposas e filhos. Os avós de Messalina de ambos os lados foram identificados em meio à multidão, assim como Otávia, irmã de Augusto, bisavó de Messalina tanto do lado materno como do lado paterno, e avó de Cláudio, seu futuro marido. Os pais de Messalina, Domícia Lépida e Messala Barbato, podem estar entre as crianças que olham o espetáculo ao redor ou puxam as togas dos pais.[20] O monumento ligava o destino de Roma ao da família de Augusto, e a Messalina bastava passar pela *Ara Pacis* para visualizar seu lugar naquele grande projeto dinástico.

Otaviano também começou a trabalhar na reformulação de sua posição oficial no Estado. Entre 28 e 27 a.C., declarou o fim das disposições constitucionais temporárias da guerra civil, renunciando à autoridade ilimitada que exercia sobre todas as províncias e todos os exércitos e ao controle que exercera sobre as instituições políticas da cidade.[21] Mais tarde declararia que, ao fazê-lo, havia restaurado a República, e de fato parece ter havido certo regresso às instituições e às aparências da política republicana: foram realizadas eleições para as antigas magistraturas e os tribunais, e o Senado pôde deliberar de novo sem ameaças evidentes de forças militares.

Contudo, na realidade Otaviano não estava desistindo do poder, mas reconstituindo seu domínio exclusivo de maneira mais sustentável, afastando-se das ordens excepcionais e inconstitucionais na direção de uma vasta coleção de honras, títulos e poderes, oficiais e não oficiais, que lhe conferiam uma autoridade suprema e legítima em tempos de paz.

O Senado concordou que Otaviano manteria o controle de uma série de "províncias imperiais" e das tropas estacionadas nelas. Os aliados de Otaviano argumentaram no Senado que essas províncias – entre as quais o Egito, a Gália, a Espanha e a Síria – eram mais difíceis de gerir, mais complexas e necessitavam do tipo de liderança que só Otaviano poderia proporcionar.[22] Essas instáveis províncias fronteiriças exigiam muitas tropas para defendê-las, de maneira que, ao manter-se no controle dessas províncias, Otaviano manteve também o controle sobre a maioria das legiões de Roma.

Em 16 de janeiro de 27 a.C., o Senado fez de Otaviano *princeps senatus*, o "líder do Senado", e conferiu a ele o nome honorífico pelo qual passaria a ser conhecido: "Augusto".* Depois, quando Augusto deixou de ter consulados contínuos, em 23 a.C., o Senado concedeu a ele *tribunicia potestas* ("poder tribunício") e *imperium maius* ("poder maior").[23] Esses novos poderes lhe davam, respectivamente, o direito de introduzir ou vetar legislações e de assumir o comando de qualquer exército em qualquer província ou de anular unilateralmente as ordens de qualquer outro magistrado. Esses poderes extraordinários eram vitalícios e estavam ligados não a um cargo transitório e transferível, mas a um único homem. O principado tinha realmente começado.

Seguiram-se outras honras: em 12 a.C., Augusto se tornou *pontifex maximus*, o mais alto sacerdote da religião do Estado romano, e, em 2 a.C., foi nomeado *Pater Patriae*, "Pai da Pátria".**

---

* É difícil traduzir "Augustus" diretamente. Deriva de um adjetivo que significa "majestoso", "venerável" ou "digno de honra". Originalmente, era usado em contextos religiosos e pode estar relacionado a augúrio. Após ser adotado por Otaviano, tornou-se o significante definitivo para status imperial e honra.

** O termo *Pater Patriae* deu origem ao termo moderno "Pai da Pátria"; contudo, no contexto histórico da Roma Antiga, significava literalmente Pais dos Pais, uma vez que a palavra *pater* apresentava um significado de paternidade social, política e religiosa. O direito romano é fundamentado no direito paterno, a partir da entidade de poder individual do *pater familias*, e cada senador é denominado *Pater*. Na esfera religiosa/mitológica, Júpiter era chamado de *pater*. Dessa forma, o título *Pater Patriae* outorgado a Augusto situava-o como um chefe supremo dos senadores e de toda a sociedade romana. [N.R.]

*

O sonho republicano da partilha do poder tinha acabado. No entanto, todos os cargos e honras de Augusto haviam sido oficialmente concedidos a ele pelo Senado e pelas assembleias, ostensivamente por iniciativa própria dessas casas. Na aristocracia romana, alguns murmuravam que tinham feito um acordo com o diabo. Tinham ganhado estabilidade, é verdade, mas a que preço? O que teriam pensado seus antepassados, aqueles que haviam expulsado os reis de Roma, ao vê-los agora, mais uma vez, em dívida para com uma monarquia em tudo, menos no nome? No entanto, se entre a elite política havia homens que pensavam assim, havia mais – os pragmáticos ou talvez os mais distraídos entre eles – que não pensavam.

Em 27 a.C., a aristocracia romana estava cansada. Ela suportara cinquenta anos de guerras civis intermitentes; grandes linhagens tinham sido praticamente dizimadas, e fortunas foram confiscadas ou perdidas em disputas pela supremacia ou pela sobrevivência. Mereciam uma pausa, um pouco de luxo e um regresso, pelo menos nominalmente, à previsível hierarquia de magistraturas que sempre lhes proporcionara um fluxo constante de honras públicas. Algumas das grandes famílias romanas também perceberam que uma dinastia governante poderia lhes fornecer mais benefícios específicos. Aproximar-se de um governante era uma via mais fácil para granjear um cargo de prestígio, por mais despojado de poder real que fosse, do que buscar o apoio de um público pouco esclarecido, e ambos os avós de Messalina viriam a obter o consulado por meio do favor de Augusto.* Também não demorou muito para que famílias como a de Messalina reconhecessem que a política dinástica podia gerar novas vias de acesso ao poder. Quando Messalina nasceu, seu ramo da *gens Valeria* estava ligado, pelo casamento e pelo sangue, à Casa de Augusto.

A sobrevivência do concerto de Augusto dependia de uma complicada rede de barganhas e mentiras convencionais. O equilíbrio era teoricamente incômodo e fundamentalmente hipócrita, mas era também de uma eficácia sem precedentes. Quando Augusto morreu pacificamente

* O avô materno de Messalina, L. Domício Enobarbo, foi cônsul em 16 a.C.; seu avô paterno, M. Apiano, em 12 a.C.

em sua cama, em 14 d.C., aos 76 anos, tinha estado no centro da luta política de Roma durante quase sessenta anos e fora seu único imperador durante mais de quarenta.

A morte de Augusto colocou em evidência a verdadeira natureza de seu novo sistema. Seus vários poderes, cuidadosamente reunidos e coligidos ao longo de meio século de governo, passaram inteiramente para seu herdeiro adotivo, seu enteado e ex-genro, Tibério. Enquanto Augusto viveu, as pessoas podiam dizer a si mesmas que se tratava da primazia pessoal de um homem excepcional, mas a ascensão suave de seu herdeiro tornou difícil negar que a nova ordem se assemelhava muito a uma monarquia.

Em seu leito de morte, diz-se que Augusto se dirigiu aos amigos e perguntou se havia representado bem a comédia da vida.[24] A resposta foi clara: Augusto tinha desempenhado à perfeição o papel de protagonista. Mais do que isso, ele reconstruíra o palco, o cenário e o auditório. Nascida cerca de seis anos após a morte do grande autocrata, Messalina e todos os que ela conhecia continuavam a atuar no palco de Augusto. Em público e na vida privada, habitavam espaços arquitetônicos augustos, construídos nos novos e duradouros estilos que ele popularizou. A vida deles era contida (ou não) pelos limites morais e pelas categorias sociais que ele delineou, e suas fortunas fluíam e refluíam dentro do sistema dinástico que ele criou. Quando Messalina atingiu a maioridade, os atores podem ter mudado, mas o cenário continuava a ser o de Augusto.

III
UMA EDUCAÇÃO

> "Não deixa que ela saiba a história toda –
> Deixa que haja algo nos livros que ela
> Não consiga entender tão bem quanto eu."
> Juvenal, *Sátiras*, 6.450-451

O pedigree de Messalina era da melhor qualidade que Roma tinha a oferecer. O legado de sua família – a *gens Valeria* – remontava aos primeiros dias da história romana: Valério Potito estava entre os homens que derrubaram a monarquia e estabeleceram a República após o estupro de Lucrécia, e, em 509 a.C., havia sido um dos dois homens escolhidos para servir como os primeiros cônsules do novo Estado.[1]

Desde então, a proeminência da família não diminuíra. Os pais de Messalina, Marco Valério Messala Barbato e Domícia Lépida, a Jovem, eram extremamente bem relacionados: os pais de ambos haviam ocupado o cargo de cônsul; suas mães eram meias-irmãs e ambas eram sobrinhas de Augusto por meio de sua mãe, a amada e influente irmã do imperador, Otávia.[2] Em virtude de sua ascendência, os pais de Messalina ocupavam o mais alto círculo da sociedade de Augusto: eram membros da antiga aristocracia romana e da nova família imperial.

Messalina nunca poderia se esquecer de que tinha um longo e ilustre legado ao qual deveria fazer jus. Os cômodos que ela habitava estavam cheios de relíquias de família e troféus militares, e as *imagenes* de seus ancestrais a encaravam todas as manhãs das paredes dos átrios.

Essas realistas máscaras de cera dos rostos dos homens da família que haviam sido eleitos para altos cargos eram tiradas da vida e usadas por imitadores para recriar longas procissões dos mortos (bem-sucedidos) nos funerais da família. Quando não estavam em uso, eram mantidas, cuidadosamente etiquetadas com epítetos que exaltavam suas conquistas, na parte mais pública da casa para lembrar os ocupantes e visitantes da longa linhagem de glórias públicas da família.[3]

A identidade familiar também estava entrelaçada em cada sílaba do nome de uma menina romana. Ao contrário dos meninos, as meninas não recebiam *praenomina*, o que hoje poderíamos entender como "nomes próprios", mas eram identificadas usando versões feminizadas dos sobrenomes do pai, seu *nomen* e, às vezes, seu *cognomen*, o primeiro dos quais identificava seu clã e o segundo, o ramo mais específico da família à qual ele pertencia. Uma filha de Marco Valério Messala Barbato, portanto, sempre se chamaria Valéria Messalina.* Se nossa biografada tivesse uma irmã, ela também seria Valéria Messalina, distinguida apenas (se é que o seria) pelo epíteto *maior*, se fosse a mais velha, ou *minor*, se fosse a mais jovem. O fato de que isso seria mais tarde um pesadelo para o historiador que buscasse rastrear as narrativas de cada uma dessas mulheres (às vezes, por exemplo, é muito difícil distinguir entre a mãe de Messalina, Domícia Lépida, e sua irmã mais velha, Domícia Lépida) não era motivo de preocupação para os pais romanos, que dificilmente teriam desejado que suas filhas fizessem algo distinto o suficiente para ganhar espaço nos anais da história.** Embora inúteis para a identificação de mulheres individuais, esses nomes enviavam uma mensagem clara e eficaz: que era a família que definia o status e a identidade de uma mulher romana. Essa era uma mensagem que a jovem Messalina não pode ter deixado de entender.

---

* Essas convenções estavam apenas começando a mudar quando Messalina nasceu. Sua própria filha, Cláudia Otávia, receberia o nome não só de Cláudio, mas de Otávia – avó paterna de Cláudio e bisavó materna de Messalina. Dificilmente é uma coincidência que as mulheres da alta classe passem a ganhar nomes pessoais apenas quando seu poder social e político começa a se expandir no âmbito do sistema dinástico imperial.

** Nas fontes, ao que parece, a mãe de Messalina costuma ser mais frequentemente chamada de Lépida, e sua irmã, de Domícia, mas ambas são também mencionadas em outros momentos por seus nomes completos – e idênticos.

*

Apesar da proeminência de sua família, nenhuma das fontes julgou necessário preservar a data exata do nascimento de Messalina. Essa omissão não era incomum. As mulheres romanas, mesmo aquelas nascidas nas maiores e mais distintas famílias, geralmente só entram no registro histórico ao contrair um casamento politicamente significativo. As datas de nascimento das mulheres romanas em geral são calculadas retroativamente a partir da data de seu casamento, subtraindo-se os 13 ou 14 anos que constituíam a idade convencional do primeiro casamento para a donzela romana da elite. No caso de Messalina, essa fórmula resultaria em uma data de nascimento por volta de 24 ou 25 d.C.

Infelizmente, por volta de 23 d.C. aparentemente o pai de Messalina já estava morto – uma circunstância que teria complicado sua concepção. Sabe-se que o pai de Messala Barbato, Messala Apiano, morreu no início de seu período como cônsul, em 12 a.C., o que torna essa a data mais recente possível para o nascimento de seu filho. Devido a suas conexões com a casa imperial, Messala Barbato teria esperado assumir como cônsul, em 23 d.C. (quando teria pelo menos 35 anos); não ter conseguido isso sugere que ele já estava morto.[4]

Essas circunstâncias são confirmadas pelo fato de que Messalina tinha um meio-irmão, Fausto Sula Félix, do segundo casamento de sua mãe. Em 52 d.C., ele ocupou o cargo de cônsul, o que sugere – considerando que provavelmente recebeu dispensa para ocupá-lo cinco anos antes, quando se casou com a princesa imperial Cláudia Antônia – uma data de nascimento não posterior a 23 d.C.[5]

Devemos imaginar que o casamento de Messalina com Cláudio, em 38 d.C., foi o primeiro: dada a obsessão das fontes com os relacionamentos sexuais e românticos de Messalina, parece impossível que um casamento anterior não tenha sido mencionado. No final da adolescência, Messalina já era velha para se casar pela primeira vez; portanto, provavelmente deveríamos situar o nascimento de Messalina um pouco antes, ou talvez até mesmo um pouco depois da morte de seu pai e o mais próximo possível do novo casamento de sua mãe e do nascimento de seu meio-irmão.[6] Se Domícia Lépida se casou novamente e teve seu filho nos primeiros anos da década de 20 d.C., isso situa o nascimento de Messalina por volta do início da nova década. A partir de agora, vou considerar o ano de 20 d.C. a "melhor estimativa" para a data de nascimento de Messalina.

Quando Messala Barbato morreu, deixou Lépida como uma jovem viúva e Messalina como uma bebê sem pai. A mãe de Messalina – então com talvez 20 anos, bonita, rica e de fertilidade comprovada – naturalmente não perdeu tempo para se casar de novo.[7]

Para segundo marido, escolheu Fausto Cornélio Sula, tataraneto do ditador sanguinário Lúcio Cornélio Sula, com quem a República romana experimentou de verdade, pela primeira vez, a autocracia nos anos 80 a.C. Temos poucas informações sobre o caráter de Fausto Sula e nenhuma sobre seu relacionamento com Messalina. Divórcio e morte súbita eram tão comuns em Roma que famílias mistas não eram algo que merecia ser comentado. Além disso, Fausto pode ter morrido antes de Messalina chegar à adolescência – não ouvimos nada sobre ele depois de 31 d.C., ano de seu consulado.

Nos primeiros anos da década de 20 d.C., Domícia Lépida deu a seu novo marido um filho e a Messalina, um meio-irmão, Fausto Cornélio Sula Félix. Messalina e o meio-irmão tinham idades próximas, e seu relacionamento parece ter sido bom. Quando Messalina casou Fausto Sula Félix com sua enteada Cláudia Antônia, em 46 ou 47 d.C., foi um gesto de honra e confiança.[8]

Domícia Lépida agora tinha dois filhos pequenos para cuidar – embora seja improvável que ela mesma tenha amamentado qualquer um deles. Messalina e o irmão provavelmente foram criados por amas de leite durante os primeiros e mais vulneráveis anos da vida deles. Os relacionamentos entre as crianças e suas amas podiam ser estreitos e duradouros, mas também é possível que essa prática tenha impedido o vínculo das crianças com a mãe. Em seu relato sobre a morte de Messalina, Tácito comenta casualmente que Domícia Lépida estava a seu lado, "embora as duas nunca tivessem se dado bem enquanto sua filha prosperava".[9] Essa ruptura nas relações pode ter ocorrido durante os primeiros anos do reinado de Messalina – talvez por causa do assassinato do terceiro marido de Domícia Lépida, Ápio Silano (sobre o qual vamos falar mais adiante) –, mas suas sementes podem ter sido plantadas antes.

Tácito (que não era fã da filha dela e nunca teve disposição para ser gentil com as mulheres imperiais) descreve Domícia Lépida como "imodesta, infame e contundente", uma mulher tão acostumada ao vício quanto favorecida pela fortuna.[10] Quando Messalina cresceu e se casou, Domícia Lépida ficou, por um tempo, com a custódia de seu sobrinho, o futuro imperador Nero. Diz-se que ela mimou terrivelmente o menino, enchendo-o de atenção e presentes.[11] A história não registra se ela adotou uma abordagem semelhante na criação de Messalina.

Mesmo sendo difícil, pelo menos a mãe de Messalina era fabulosamente rica. Domícia Lépida possuía, por direito próprio, vastas propriedades agrícolas em Fondi, uma cidade situada na porção mediana da Via Ápia, a artéria vital que ligava Roma ao sul, e na Calábria, bem na ponta da Itália. As planícies úmidas e abrigadas de Fondi produziam estoques de vinho *caecubum*, uma safra forte e de longa duração; esse vinho encorpado era considerado por muitos conhecedores o melhor que a Itália tinha a oferecer. O solo rico das propriedades da Calábria produzia grandes colheitas de frutas cítricas e azeitonas.[12] Domícia Lépida aproveitou até a última gota dessa abundância natural. Após a morte de sua filha, ela seria acusada de não disciplinar adequadamente os enormes grupos de escravos agrícolas que trabalhavam em suas propriedades na Calábria.[13] Seus investimentos também eram diversificados: era dona de lotes de terra perto do cais de Putéolos, o grande porto comercial da baía de Nápoles. Ela os arrendou para um investidor que construiu neles armazéns para aluguel, a fim de lucrar tanto com os carregamentos de grãos de Alexandria que chegavam quanto com as remessas de vinho doce de Pompeia que saíam.[14]

Messalina era um bebê com um fundo fiduciário e tinha os imóveis para provar isso. Fausto e Domícia Lépida devem ter mantido uma casa em um ou outro dos montes mais elegantes de Roma. Ali, os ricos viviam acima do Fórum, com sua agitação comercial e constantes obras em construção, longe da fumaça insalubre dos barracos de Suburra, que se aninhavam na depressão úmida entre a encosta sul do Viminal e a encosta oeste do Esquilino.

Atrás de altas paredes sem janelas e de pesadas portas que eram uma necessidade na cidade, um amplo átrio bem decorado, com incrustações de mármore colorido e forrado com as imagens de ancestrais ilustres, recebia amigos da família e aliados políticos, agentes de negócios e antigos funcionários, esperando para ser conduzidos ao escritório de Fausto Sula, forrado de pergaminhos, ou a um dos impressionantes salões ou galerias que ele usava para dar recepções. Se tivessem sorte, talvez passassem por uma sucessão de pátios sombreados e bem cuidados para fazer contatos e negociar durante o jantar. Por mais grandiosas e luxuosas que fossem, as residências da nobreza romana eram projetadas para o *negotium* – o negócio de fazer política e preservar as propriedades de alguém. Vitrúvio, um arquiteto bem-sucedido do século I, autor de um tratado de arquitetura que continua influente até hoje, lembra seu leitor de que as casas dos nobres

> que ostentam honras e magistraturas, e que devem se comprometer com os deveres do Estado, devem ser equipadas com vestíbulos reais de teto alto, átrios vastos e pátios com colunatas [...], todos com um acabamento correspondente à dignidade de sua posição. Também deve haver bibliotecas e basílicas, em um estilo não muito distante da magnificência dos edifícios cívicos equivalentes, porque os conselhos públicos, bem como os julgamentos e arbitragens particulares, são frequentemente conduzidos nas casas desses homens.[15]

No campo, longe do ritmo acelerado da política e das exigências de seus clientes, o aristocrata podia se dar ao luxo de relaxar um pouco. O antigo ideal republicano de um retiro rústico simples, distante não apenas do estresse, mas também dos requintes da vida urbana, dera lugar havia muito tempo a uma preferência por casas de campo amplas, confortáveis e luxuosamente projetadas. Assim como seus proprietários, a arquitetura da casa romana relaxava ao deixar a cidade. Pórticos se voltavam para fora para enquadrar as vistas do campo, em vez de para dentro para fechar os pátios; amplas alas se estendiam de ambos os lados das casas principais; longos corredores levavam os hóspedes a vastos complexos de banhos privativos ou atravessavam os jardins até o campo. Esses eram espaços projetados não para o *negotium*, mas para o *otium*, o ócio – um termo que se traduz literalmente como lazer, mas que, em latim, carrega uma conotação mais específica de lazer *bem gasto*, o aprimoramento do eu por meio da cultura, da arte e da contemplação. Em busca desses nobres objetivos, as vilas eram dotadas de bibliotecas generosas, galerias de pinturas, esculturas gregas (algumas originais, outras copiadas) e enormes jardins em peristilo que imitavam e domesticavam os *gymnasia*, os distintos espaços de exercícios e educação cívicos das cidades helenísticas. A família de Messalina teria sido proprietária de várias dessas vilas, talvez em terras adjacentes às propriedades agrícolas de Domícia Lépida, em posses ancestrais da família de Fausto, os Corneliae Sullae, ou nas belas colinas do Lácio, que ofereciam charme rústico, mas eram de fácil acesso a partir de Roma.

A vida nas vilas rurais dos pais de Messalina pode ter sido agradavelmente edificante, mas é difícil que tenha sido *emocionante*. Para ter emoção, a elite romana se dirigia à Costa Amalfitana. No século I d.C., a série de cidades turísticas abastadas que se aglomeravam ao redor da baía de Nápoles era o único lugar para passar o verão; qualquer pessoa que fosse alguém tinha uma vila ali. Domícia Lépida e Fausto provavelmente estavam entre eles, e a irmã mais velha de Domícia Lépida certamente estava: suas propriedades em Baia eram tão cobiçadas que se diz que o imperador Nero mandou assassiná-la só para botar as mãos nelas.[16] As melhores vilas se debruçavam nos penhascos acima do mar, com terraços escalonados que proporcionavam vistas panorâmicas da baía e degraus íngremes cortados na rocha descendo até a água.[17]

Ali, a temporada de verão era um turbilhão social – o grande orador Cícero a chamava de "aquele caldeirão de luxo voluptuoso".* As casas eram projetadas para entreter, com enseadas particulares para festas na praia, cais para atracar barcos de passeio e cozinhas com capacidade para alimentar convidados que chegavam às centenas. O poeta Marcial, do

* De uma carta de Cícero para seu amigo Ático, datada de 16 de abril de 59 a.C. A palavra que Cícero usa aqui – *Cratera* – é emprestada do grego e descreve as grandes tigelas que os mais civilizados entre os antigos usavam para misturar seu vinho com água, mas também era usada, em latim, para se referir à cratera de um vulcão. Para Cícero, que era dono de múltiplas propriedades na região, Baia era um lugar onde as distinções, tanto morais como sociais, podiam se borrar perigosamente, e aqui ele expressa isso linguisticamente, misturando o caráter da moral hedonista de Baia ao caráter físico de sua baía vesuviana até se tornarem indistinguíveis. Cícero também oferece uma descrição evocativa das festas de verão na baía: Cícero, *Pro Caelio*, 49.

final do século I d.C., retratou a cidade como um lugar capaz de corromper uma freira:

> A casta Lavínia nunca se entrega como aquelas moças sabinas de antigamente,
> E embora seu marido seja severo, ela é duas vezes mais fria,
> No entanto, agora ela se entrega ao Lucernino, agora ao Averno se entrega,
> Agora ela, lá em Baia, deixa que as águas relaxantes a aqueçam,
> Agora ela cede ao fogo; deixa seu marido por algum jovem amante,
> Ela pode chegar Penélope, mas partirá como Helena.[18]

Tendo crescido em lugares como esses, não é de surpreender que Messalina tenha desenvolvido certo gosto pelo luxo. Ela também pode ter adquirido alguma compreensão do que *significava* ser um aristocrata romano no auge júlio-claudiano do século I d.C. Os salões vistosos e as fachadas das residências urbanas de seus pais revelavam a permeabilidade da linha entre a vida privada e o dever público; suas casas de campo, repletas de livros e arte, atestavam a importância do capital cultural; e as vilas suntuosas que se aglomeravam ao redor da baía de Nápoles refletiam a crescente presunção entre as classes altas de que o prazer era um direito romano de nascença.

Fossem quais fossem as lições aprendidas por Messalina com as *imagines* de seus ancestrais e com as propriedades luxuosas de seus pais, elas não passavam de notas de rodapé para sua educação formal.

Para uma sociedade incondicionalmente patriarcal na estrutura e com frequência extremamente misógina na cultura, os antigos romanos adoravam educar as mulheres. Parece que, durante os primeiros séculos antes e depois de Cristo (nosso período mais bem documentado), uma proporção significativa de mulheres urbanas, mesmo fora dos escalões superiores da elite, era pelo menos parcialmente alfabetizada. Vários escritores mencionam, sem qualquer expressão de surpresa, meninas, assim como meninos, que frequentavam as escolas primárias de preço médio que ensinavam os filhos das classes médias altas urbanas a ler e a escrever, além de aritmética e, às vezes, os fundamentos da literatura, em cantos sombreados dos fóruns urbanos em toda a Itália.[19] Fragmentos de grafites de Pompeia, rabiscados nas paredes dos espaços públicos da cidade – "Rômula andava por aqui com Estáfilo", "Serena odeia Isidoro", "Atimeto me engravidou" –, sugerem que algumas mulheres até mais abaixo na escala social conseguiam ao menos escrever nomes e algumas frases bem escolhidas.* E mais mulheres ainda, por terem crescido em ambientes urbanos onde se *escrevia* tão agressivamente, provavelmente conseguiam ler algumas palavras-chave que apareciam repetidas vezes em inscrições formais e arranhões informais: os nomes dos deuses, talvez, ou dos magistrados, ou dos gladiadores mais populares da temporada.

A educação de Messalina teria ido muito além. Diferentemente da educação de um menino romano de classe alta, que era concebida principalmente como uma preparação sistemática para uma carreira pública, a educação de uma menina romana de classe alta não tinha um objetivo claramente definido além de equipá-la com conhecimentos e realizações condizentes com sua posição social. Talvez por esse motivo, nunca se escreveu sobre ela com a clareza metódica dos tratados dedicados à educação dos meninos. Nossas evidências são fragmentadas e anedóticas, mas podemos coletar o suficiente delas, do final da República e do início do Império, para construir um retrato de como pode ter sido a educação de Messalina: os fatos que talvez ela conhecesse; as maneiras como pode ter sido ensinada a pensar; as habilidades com as quais teria sido equipada para entrar no mundo adulto.

Com uma sucessão de tutores particulares, Messalina teria aprendido latim e grego e, possivelmente, noções básicas de matemática. Teria lido, recitado e, às vezes, memorizado trechos dos "grandes" literatos: Homero, os trágicos gregos e Virgílio, o ilustre poeta do tempo de Augusto. Essas obras formavam a espinha dorsal do universo de citações e alusões com as quais os romanos instruídos gostavam de elevar suas cartas, poemas e discursos. Também se poderia esperar que ela analisasse a linguagem desses textos, sua gramática e o uso da métrica poética. Outras aulas podem ter incluído teoria musical, canto e lira. Aulas de dança

---

* A primeira dessas frases é da Casa do Átrio Tetrastilo; a segunda, de uma tumba na necrópole de Nocera; a terceira, da casa de C. Víbio, no Vicolo del Panattiere.

também podem ter sido providenciadas para ensiná-la a se movimentar com beleza (mas não a ponto de questionarem sua respeitabilidade). A fim de dar a suas cartas certo floreio retórico, ela pode ter participado dos exercícios de escrita de prosa que formaram a base do treinamento de seu irmão em oratória. Também pode ter recebido algum treinamento em filosofia, destinado a ensinar Messalina a avaliar ideias, a pensar logicamente e, o mais importante, a se comportar moralmente.[20]

Em suma, era de esperar que Messalina acumulasse uma série de atributos semelhantes aos elogiados na viúva Cornélia Metela, de 21 anos, que se casou com Pompeu, o Grande, em 53 a.C. "A jovem", conta Plutarco, "tinha muitos encantos além de sua beleza juvenil. Era bem versada em literatura, na lira e em geometria, e estava acostumada a ouvir discursos filosóficos com proveito."[21]

Para algumas mulheres da classe alta nos cerca de cem anos antes do nascimento de Messalina, essa educação notavelmente extensa deve ter parecido uma preparação cruelmente liberal para uma vida adulta conservadoramente restrita. Plutarco, afinal de contas, seguiu seu elogio à educação de Cornélia com a afirmação final de que a jovem "tinha uma natureza livre daquela desagradável oficialidade que tais realizações tendem a transmitir às moças".[22] Se escrevesse poesia, esperava-se que a dama romana não a publicasse; se escrevesse cartas inteligentes para homens importantes, provavelmente só as respostas deles seriam coletadas e publicadas; se aprendesse filosofia, esperava-se que ela a usasse para encontrar satisfação dentro dos limites de seu grupo feminino.

Entretanto, na década de 20 d.C., essas antigas distinções entre o conhecimento que uma mulher poderia possuir e o conhecimento que ela poderia colocar em prática estavam começando a se confundir. Sempre se esperou que a mulher romana da classe alta usasse sua educação para orientá-la na criação de filhos aptos a assumir cargos na República. No entanto, em um sistema *dinástico*, no qual o futuro ilustre de um menino poderia ser garantido desde o nascimento, esse papel assumiu uma potência totalmente inovadora. E havia outras maneiras mais inovadoras (e, para os observadores do sexo masculino, mais assustadoras) para a mulher imperial fazer bom uso de sua educação. Em um mundo no qual as questões legislativas e de Estado eram cada vez mais decididas não em público, no Fórum ou no Senado, mas em ambientes privados – nos salões, nas salas de jantar ou até mesmo no quarto do imperador –, novas oportunidades surgiam para uma mulher inteligente. Ela podia usar seu conhecimento de política ou história para oferecer conselhos, e seus conhecimentos de literatura ou retórica para tornar esses conselhos encantadoramente persuasivos.

Era para esse papel que a educação de Messalina a estava preparando, quer ela soubesse disso ou não.

IV
BISBILHOTANDO TIBÉRIO

"Tudo a partir de então foi despotismo extremo, persistente..."
Tácito, *Anais*, 5.3

A fortuna de seus pais, suas propriedades, seus exércitos de serviçais e a proximidade com o poder possibilitaram a Messalina uma infância privilegiada, embora também instável.

Ao entrar na adolescência, é difícil que Messalina ignorasse a sensação de crescente inquietação política que impregnava as conversas ouvidas nos corredores da casa de seu padrasto. Roma era uma cidade construída com base em redes sociais, e é provável que a riqueza e a posição de Domícia Lépida e Fausto significassem um ciclo constante de jantares e reuniões, banquetes e concertos, palestras e leituras, viagens ao campo e festas no jardim, com a presença do *crème de la crème* da sociedade romana.

Era um mundo social no qual, até certo ponto, Messalina teria sido incluída. A infância das moças romanas nobres não era, de forma alguma, uma clausura. Ao escrever sobre a morte da filha de 13 anos de um amigo, Plínio, o Jovem, um político, escritor e orador do início do século II, demonstra o contato social que uma garota romana poderia ter com os amigos de seus pais. Plínio claramente conhecia bem a garota: "Nunca vi uma garota tão vivaz e amável [...], que tinha toda a sabedoria que vem com a idade, a dignidade da condição feminina, e ainda assim possuía a doçura da infância e a modéstia tímida da juventude", e ele se lembra de que ela "se agarrava ao pescoço do pai e nos abraçava, os amigos do pai, com muito amor e modéstia".[1] Com pais tão próximos ao coração da elite política sob Tibério, a lista de amigos da família que Messalina frequentava deve ter sido a nata dos influenciadores e dos poderosos do novo principado. Ela pode ter ouvido menções, feitas pouco acima de sua cabeça, a um ambiente político que degenerava, cada vez mais, em crise; e ela pode ter notado o desaparecimento repentino, e para sempre, de um ou outro rosto familiar da lista de convidados de seus pais. Essa pode ter sido a lição mais importante de todas.

Tibério tornou-se imperador após a morte de Augusto, em 14 d.C. Ele não era a primeira escolha de seu padrasto para a sucessão.* Foi somente após a morte de vários herdeiros em potencial que Augusto começou a promovê-lo como peça-chave em seus planos dinásticos, forçando Tibério a se divorciar de sua esposa grávida, Vipsânia Agripina, e a se casar com Júlia, a Velha, filha do próprio Augusto. Tibério ficou com o coração partido. Segundo Suetônio, na primeira vez que viu Vipsânia após o divórcio, ele "a perseguiu com olhos tão atentos e tão marejados" que Augusto tomou providências para que os dois nunca mais se vissem.[2] Como era de esperar, o casamento de Tibério com Júlia, a Velha, rapidamente se desintegrou, e, em 6 a.C., Tibério saiu de Roma contra a vontade da família imperial para buscar paz e retiro na ilha de Rodes, deixando sua esposa, bastante ressentida, entregue aos prazeres da cidade. Em 2 a.C., chegou uma carta informando a Tibério que Júlia, a Velha, havia sido condenada por adultério e exilada, e que Augusto já havia iniciado o processo de divórcio em seu nome.[3] Tibério finalmente planejou retornar a Roma em 2 d.C., com a condição de não participar da vida pública. Naquele ano, entretanto, ocorreram as mortes de ambos os herdeiros de Augusto, seus netos Caio e Lúcio.[4] Tibério, após uma década de aposentadoria, era agora herdeiro do império.

Tibério foi um autocrata surpreendentemente relutante. Orador sólido, diplomata ponderado e grande general, ele tinha conquistado tanto a glória militar como a reputação de disciplinador rigoroso no

* Tibério era filho do primeiro casamento de Lívia com Tibério Cláudio Nero. Augusto teria supostamente admitido não ver em Tibério um sucessor ideal. Suetônio, *Vida de Tibério*, 23.

decorrer de uma carreira ilustre que o levou das fronteiras ricas da Pártia, no Leste, ao interior selvagem da Alemanha e da Panônia. No entanto, não foi abençoado com uma inclinação para as relações públicas: não tinha sensibilidade para os apetites voláteis de uma multidão, e era evidente seu desconforto com qualquer coisa que remetesse à pompa, ao espetáculo ou à diversão popular. Com o autocontrole mais estoico possível e um anseio amargo por alguma concepção obscura dos "velhos costumes", Tibério talvez fosse mais adequado a uma vida de glória mediana no campo de batalha e no Fórum durante os primeiros dias da República. Agora, aos 54 anos, se encontrava em um papel para o qual era profundamente inadequado, e no controle supremo de um sistema político totalmente incompatível com seus ideais pessoais de conservadorismo aristocrático.

Durante os primeiros anos de reinado, Tibério fez o possível para conciliar seus ideais aristocráticos tradicionais de colegialidade, liberalidade, modéstia e moderação com as exigências do papel autocrático ao qual ascendera. Rejeitou várias homenagens, como o título de "*Pater Patriae*", que havia definido a posição de Augusto, e tentou frear algumas das expressões mais estranhas de adulação; o mês de setembro *não* deveria ser renomeado em sua homenagem. Certa vez, quando um senador tentou abraçar seus joelhos em uma demonstração obsequiosa de deferência, Tibério recuou tão rapidamente que o suplicante perdeu o equilíbrio e caiu de costas no chão.[5]

Até mesmo Tácito, em geral hostil, é obrigado a admitir que, durante os primeiros anos do reinado de Tibério, "todos os negócios públicos e os casos particulares mais significativos foram conduzidos no Senado, cujos líderes tiveram a liberdade de discuti-los [...], os cargos de cônsul e de pretor mantiveram suas honras distintas [...] e, se surgiam disputas entre o *princeps* e um cidadão privado, era possível recorrer ao Fórum e à justiça".[6]

No entanto, os ideais pessoais de Tibério se mostraram cada vez mais irreconciliáveis com a realidade política do sistema que ele liderava. Quando, em 21 d.C., Tibério incentivou o Senado a escolher um novo governador para a África – uma das últimas províncias nominalmente sob controle senatorial –, os senadores, paralisados pelo medo de que sua escolha pudesse desagradar, passaram a decisão imediatamente ao imperador. Representações estrangeiras direcionadas ao Senado (corretamente, do ponto de vista constitucional) se diziam impedidas de cumprir suas missões: haviam sido enviadas, segundo elas, para falar com o *imperador*. A falta de entusiasmo que as representações estrangeiras demonstravam em relação ao Senado era igualada apenas pela falta de entusiasmo do Senado em relação às representações estrangeiras. Quando, em 22 d.C., várias delegações levaram ao Senado questões relacionadas aos direitos de santuário em templos provinciais, seus membros logo se cansaram de ouvir petições intermináveis e provas exaustivas e transferiram inteiramente seus poderes de investigação e julgamento para os cônsules.[7] Se o desejo de Tibério era *forçar* seus senadores a se comportar com independência, aquela seria uma batalha perdida. No final daquele ano, relata Tácito, ao sair do Senado, ele costumava murmurar que aqueles eram "homens prontos para a escravidão".[8]

Mesmo criticando as falhas do Senado, Tibério estava atado a uma crise particular, preso entre a autoimagem de Tibério, o homem, e o interesse próprio de Tibério, o *princeps*. Ele queria que seus senadores exibissem a liberdade de expressão, mas era crucial para a sobrevivência do principado que eles continuassem sendo *seus* senadores; liberdade total para o Senado significaria, necessariamente, o fim do principado e, com efeito, do *princeps*. Tibério compreendia isso e, por mais que não se sentisse à vontade com a natureza autocrática do sistema de Augusto, ele também o perpetuou ativamente, mantendo um controle rígido sobre os militares e eliminando de forma violenta seus rivais mais sérios.*

Era um jogo de soma zero: Tibério sabia que cada providência que tomava para sustentar sua posição como *princeps* enfraquecia a antiga ordem moral que ele reverenciava, e, ainda assim, não sustentar sua posição significava a morte – afinal, um "ex-imperador" era algo que não existia. Tibério estava liderando um sistema que não havia criado, um sistema com o qual não se sentia inteiramente confortável. Estava fazendo um trabalho para o qual não se candidatara, para o qual não era

* Tácito chama o assassinato de Agripa Póstumo de "o primeiro crime do novo regime" e o situa claramente, em sua narrativa, antes de o Senado ter concedido oficialmente o poder a Tibério: Tácito, *Anais*, 1.6.

adequado e do qual não podia se livrar, exceto pela morte lenta da velhice ou pela opção nada atraente de um assassinato violento.

Os historiadores antigos gostavam de dividir os reinados dos governantes "ruins" em duas metades: um período inicialmente promissor de aparente liberalidade e moderação, seguido, inevitavelmente, por uma descida à tirania, à crueldade e à loucura. Essa divisão proporcionava aos autores tanto um meio útil de racionalizar ações aparentemente contraditórias como uma estrutura satisfatória para biografias que se encaixavam bem na concepção clássica da história humana como essencialmente degenerativa. No entanto, apesar de ser um recurso literário, no caso de Tibério esse esquema pode ter se aproximado bastante da verdade.

Messalina nasceu no exato ponto de inflexão. Em 19 d.C., Germânico – irmão de Cláudio, futuro marido de Messalina, além de filho adotivo extremamente popular e suposto sucessor de Tibério – morreu em circunstâncias misteriosas enquanto tratava de assuntos imperiais na Síria.[9] Sua viúva, Agripina, a Velha, disse que o marido havia sido assassinado, alegando que a doença fora intensa demais para ter surgido naturalmente. As pessoas falavam em envenenamento e até mesmo em bruxaria, sussurrando que restos humanos, brasas queimadas e lâminas de maldição feitas de chumbo, inscritas com o nome de Germânico, haviam sido encontrados escondidos dentro das paredes e sob o piso de seu quarto. Tibério era o suspeito óbvio, e o tribunal da opinião pública parece tê-lo praticamente condenado pelo crime.[10] Então, em setembro de 23 d.C., o único filho de Tibério, Druso, morreu após uma doença curta, repentina e inexplicável. Nenhuma suspeita foi levantada na época, mas se alegaria mais tarde que esse também havia sido um assassinato.[11]

Tácito apresenta esse fato como um divisor de águas no reinado. Sua análise, embora provavelmente simplista demais, talvez não seja totalmente imprecisa. Nos anos que se seguiram à morte de Druso, Tibério parece ter se tornado cada vez mais retraído e paranoico. Comparecia às reuniões do Senado com frequência cada vez menor e se mostrava cada vez mais disposto a aceitar processos, com base em evidências escassas, por crimes definidos de maneira nebulosa. As mais temidas dessas acusações eram aquelas relacionadas à lei de *maiestas*, traduzida, comum e insatisfatoriamente, como "traição". Esse conjunto de leis punia ações que eram vistas como comprometedoras da "dignidade" ou do "poder" do Estado. Durante a República, quando "o Estado" significava o Senado e o povo de Roma, os delitos processados sob a *lex maiestatis* eram em geral as mais graves transgressões militares: liderar um exército contra o Estado, ajudar o inimigo, abandonar uma fortaleza. Agora que "o Estado" passava a significar cada vez mais o imperador, a lei ficou aberta à interpretação. Qualquer coisa que pudesse ser vista como diminuindo a dignidade da Casa dos Césares era teoricamente passível de punição com exílio ou morte.

No ano 26 d.C., o desejo de fuga que havia levado Tibério a Rodes três décadas antes o alcançou novamente. Dessa vez ele escolheu Capri: uma ilha montanhosa de rocha vulcânica que se erguia das ondas a cerca de oito quilômetros da baía de Nápoles. Tibério havia herdado uma propriedade lá – uma vila situada bem no topo, que pertencera a Júlio César – e agora pretendia usá-la. A vista era linda, mas Tácito expressa a crença de que "foi a solidão do lugar que mais o atraiu, já que o lugar é cercado por todos os lados por um mar sem portos [...], ninguém poderia desembarcar lá sem que um dos sentinelas tomasse conhecimento disso".[12]

Qualquer que fosse a natureza de sua atração por Capri, Tibério nunca mais voltaria a Roma. Astrólogos haviam previsto isso quando de sua partida inicial da cidade, em 26 d.C. (aparentemente para a consagração de templos a Júpiter em Cápua e a Augusto em Nola), e isso tinha sido universalmente interpretado como um sinal de sua morte iminente.[13] A ideia de que um romano viveria voluntariamente longe de sua cidade natal por qualquer período era inconcebível. Tibério o faria durante os onze anos que restavam de sua vida e de seu reinado. Embora, em algumas ocasiões, ele viajasse até a sombra das muralhas de Roma, nunca mais cruzaria a fronteira sagrada, o *pomerium*, que definia os limites oficiais da cidade.

Ao que parece, a ausência não cultivou o afeto. Com Tibério longe da cidade, as relações entre o Senado e seu *princeps* entraram em queda livre. O Senado sempre achara difícil ler as verdadeiras intenções de Tibério e agora julgava a tarefa impossível. O imperador enviava longas cartas para serem lidas na *curia*, e os senadores passavam horas destrinçando os possíveis duplos sentidos de suas escolhas de palavras. Tibério, por sua vez, acreditava mais e mais que o Senado odiava sua liderança e se ressentia dela – e que o queria morto.

Um homem se deu particularmente bem nessa atmosfera de suspeitas mútuas. Lúcio Élio Sejano não era membro da família imperial, não era nem mesmo um senador, mas era o prefeito (comandante) da Guarda Pretoriana. Espécie de guarda imperial robusta, os pretorianos agora contavam cerca de 10 mil homens e eram, de maneira crucial, o único corpo militar autorizado a estacionar dentro da própria cidade de Roma. Os pretorianos deviam lealdade diretamente ao imperador, e o imperador, por sua vez, confiava no apoio deles – uma década e meia depois, o assassinato de Calígula e a ascensão de Cláudio e Messalina deixariam claro quão profunda era essa confiança. Tibério confiava implicitamente em Sejano e, à medida que se afastava cada vez mais de seus deveres públicos, encontrava o prefeito pretoriano invariavelmente disposto a dar conta do recado.

Uma vez o imperador seguramente isolado em Capri, Sejano se viu livre para agir na distribuição de poderes. Com o posto imperial sob a proteção pretoriana e o ouvido do imperador cada vez mais monopolizado pelo prefeito, os senadores sabiam que Sejano controlava tanto o fluxo de informações como os conselhos que chegavam ao imperador – e agiram de acordo. O Senado votou a favor da consagração de altares, decorados com estátuas de Tibério e Sejano, à Clemência e à Amizade.[14] Reuniões com Sejano eram como ouro em pó, e os senadores o seguiam de Roma à Campânia e vice-versa, enchendo o pátio da casa do prefeito na tentativa desesperada de ganhar o favor e o patrocínio dos escravos que guardavam sua porta. Em um dia de ano-novo, um sofá em seu átrio desmoronou sob o peso das visitas.[15] A situação chegou a um ponto, escreve Dião Cássio, em que parecia que Sejano era o imperador de Roma, e Tibério, escondido em Capri, apenas o insignificante senhor de um potentado insulado.[16] Essas angústias sobre conselheiros imperiais sinistros e não senatoriais retornariam duas vezes maiores sob Cláudio, mas dessa feita se fixariam na influência das esposas e dos libertos do imperador. A maré crescente de ações judiciais de *maiestas* foi atribuída à consolidação do poder de Sejano. Um sabino, processado e executado sob acusação de traição no início do ano 28 d.C., gritou repetidamente, ao ser arrastado para a morte, que era uma "vítima sacrificial" de Sejano, "morto para inaugurar o ano-novo".[17]

Também havia uma crise dentro da família imperial. Os rumores sobre facções já vinham de longa data e agora tomavam proporções espetaculares. Em 29 d.C., Agripina, a Velha, a viúva inteligente, popular e ambiciosa de Germânico, e seu filho mais velho, Nero César, foram declarados inimigos públicos e exilados. Seu segundo filho, Druso César, seguiu os dois no ano seguinte. Em 33 d.C., os três estavam mortos.[18] Essas eram mortes das quais Messalina devia estar ciente. As famílias estavam intimamente ligadas: Germânico era primo tanto de sua mãe como de seu pai, e a filha homônima de Agripina acabara de se casar com o tio de Messalina, Domício Enobarbo. Vários aristocratas proeminentes já haviam caído por causa de sua amizade com Agripina e sua família, entre eles o renomado general Caio Sílio e sua esposa Sósia Gala.[19] Diante de falsas acusações de sedição e extorsão, Caio Sílio se suicidou, e Sósia Gala foi exilada – o filho adolescente que o casal abandonou era o mesmo Sílio que cairia por ser "marido" de Messalina, em 48 d.C.[20] Mais uma vez, as fontes atribuem grande parte da culpa pela cisão familiar a Sejano.

Agora confortavelmente instalado no centro do poder, as fontes afirmam que Sejano, apesar de ter nascido como mero equestre, começou a aspirar a nada menos que o próprio principado. No início de 31 d.C., começava a parecer possível que ele chegasse lá. Em 1º de janeiro, ele assumiu o consulado com ninguém menos que Tibério como seu colega e, segundo Suetônio, o imperador deu a entender que um casamento com Lívila, viúva de Druso, filho de Tibério, talvez fosse possível.[21] Se o ano tivesse corrido conforme os planos, Sejano teria se tornado senador e membro da família imperial e, portanto, sucessor em potencial do poder de Tibério. Entretanto, da maneira como as coisas se passaram, Sejano não viveu para ver o ano de 32 d.C.

Não está totalmente claro o que precipitou a queda de Sejano do poder – a seção da obra de Tácito que cobria os eventos de 31 d.C. se perdeu, e nenhuma das explicações oferecidas pelas outras fontes é totalmente convincente. Segundo a reconstrução mais provável, Antônia, a Jovem – futura sogra de Messalina –, escreve uma carta ao imperador alegando uma conspiração ou simplesmente insinuando a Tibério que seu leal favorito não era tão leal quanto parecia.[22] Qualquer que tenha sido o gatilho, a queda, quando aconteceu, foi espetacular.[23]

Por volta de maio, Sejano e Tibério cederam seu consulado a outros senadores. Isso era normal; o "consulado sufeta", como era conhecido, havia sido desenvolvido para dar a contingentes maiores de senadores uma chance no cargo mais alto, aumentando as oportunidades de patrocínio do imperador. O cônsul sufeta que substituiu Sejano naquele mês de maio foi ninguém menos que Fausto Sula, o padrasto de Messalina.[*,24] Em sua nova função, esperava-se que Fausto Sula presidisse as reuniões do Senado, mas a tarefa vinha se tornando cada vez mais difícil. Quando a primavera deu lugar ao verão, Tibério enviou uma série de cartas ao Senado, cada uma mais confusa e contraditória que a anterior. Primeiro Tibério escrevia dizendo-se doente a ponto de estar às portas da morte, depois que estava muito bem e que logo retornaria à cidade; primeiro escrevia para promover algum aliado próximo de Sejano, depois para denunciar outro; primeiro elogiava Sejano, depois o criticava. Fausto Sula se empenhava para manter a ordem enquanto o Senado, na tentativa frenética de compreender as verdadeiras intenções do imperador, discutia infindavelmente sobre as possíveis interpretações.

Os senadores, liderados por Fausto Sula e seu cocônsul, desesperados para não terminar do lado errado, protegeram suas apostas – honravam Sejano publicamente, mas evitavam sua companhia em particular. A família de Messalina deve ter ficado aliviada quando outubro chegou e Fausto pôde ceder o cargo a mais um grupo de cônsules sufetas. O próprio Sejano estava começando a ficar nervoso; não se sentia seguro o bastante para prosseguir com seus planos, nem assustado o suficiente para começar a considerar medidas desesperadas. Alegando que Lívila não estava bem, mas presumivelmente esperando, na verdade, conseguir um controle maior sobre a situação, ele perguntou a Tibério se poderia ir a Capri para vê-los. Tibério recusou. Prometeu que logo voltaria a Roma, quando, então, veria Sejano.

---

* Fausto Sula serviu de maio a outubro, quando a *fasces* consular passou para um novo grupo de cônsules sufetas.

Nenhuma dessas promessas seria cumprida. Quando Tibério finalmente atacou, no outono de 31 d.C., ele o fez rapidamente e sem aviso. Sob o manto da noite, enviou o novo prefeito pretoriano, um homem chamado Macro, de Capri a Roma para entregar uma carta. Macro anunciou sua chegada apenas a um dos novos cônsules sufetas, Mêmio Régulo, e ao prefeito dos *vigiles*, a guarda noturna. Quando a reunião senatorial começou na manhã seguinte, Macro posicionou guardas em torno do perímetro do edifício e entregou a carta aos cônsules. Ele não esperou para ouvir a leitura.

O conteúdo da carta foi uma surpresa para muitos dos senadores – talvez para o próprio Fausto – e surpreendeu Sejano também. Dião Cássio afirma que a carta não trazia nenhuma ordem direta para que Sejano fosse condenado à morte, mas continha uma série de críticas e ordenava a execução de dois de seus associados mais próximos, bem como a prisão do próprio Sejano.

Não havia nenhuma dúvida sobre o que se seguiria. Sejano foi executado no mesmo dia em que foi preso. Seu corpo foi jogado por um lance de escadas íngremes, conhecidas como "Escadas Gemônias", entre a prisão e o Fórum. Lá ficou, partido e maltratado pelas multidões, por cerca de três dias antes de ser finalmente lançado ao rio Tibre. Os antigos aliados de Sejano corriam para acusar uns aos outros, na esperança de que assim pudessem se absolver, e os corpos iam se amontoando.

Os filhos de Sejano também foram executados. Sua jovem filha Junila, mais ou menos da mesma idade de Messalina e recentemente prometida a um príncipe imperial (Cláudio Druso, filho do futuro marido de Messalina, Cláudio, com sua primeira esposa, Pláucia Urgulanila), implorou várias vezes que lhe dissessem para onde estava sendo levada, que crime havia cometido e por que uma "surra de criança" não seria suficiente como punição. Considerava-se um ultraje executar uma virgem, por isso ela foi estuprada antes de ser estrangulada e atirada, junto aos corpos de seus irmãos, nas Escadas Gemônias.[25]

Messalina tinha idade suficiente para entender algo do que estava acontecendo. Esses eventos caóticos e sangrentos, incluindo a execução brutal de uma menina de sua idade e que ela possivelmente conhecia, devem ter sido sua primeira introdução verdadeira às realidades brutais da alta política romana.

Havia mais por vir – dessa vez por cortesia da ex-esposa de Sejano, Apicata –, e isso atingiria ainda mais de perto a família de Messalina. Sejano e Apicata haviam se divorciado em 23 d.C., presumivelmente em condições não amigáveis, já que ela não foi incluída na onda de processos e execuções que se seguiram à queda dele. Incapaz de suportar assistir à execução de seus filhos pelos crimes do pai, Apicata escreveu uma última carta a Tibério e se suicidou.

A carta continha uma série de alegações extraordinárias que remontavam a quase uma década, referentes aos eventos que envolveram a morte do filho de Tibério, Druso, em 23 a.C. Na época, ninguém havia considerado a morte de Druso suspeita. Ela fora inesperada e repentina, mas não havia evidências de crime. A carta de Apicata contava uma versão diferente dos fatos. Ela afirmava que seu marido tinha visto Druso como um rival para suas próprias ambições de supremacia e resolvera se livrar dele. Sejano havia sondado vários possíveis aliados e encontrou um mais promissor que os outros: a esposa de Druso, Lívila.

Lívila era prima de Messalina e irmã de Cláudio, seu futuro marido. Não era uma criança bonita, mas cresceu e se tornou uma das grandes belezas da época e, ao que parece, estava infeliz em seu casamento com Druso, que se embebedava com frequência e às vezes era violento.[26] Sejano, alegava Apicata, seduziu Lívila com declarações de amor e a levou a ter esperanças de que, se o marido estivesse fora do caminho, eles poderiam se casar e governar o império juntos. Lívila começou a passar a Sejano detalhes sobre os segredos do marido, e, finalmente, quando estava totalmente preparado, Sejano atacou, escolhendo um veneno que, "sendo tomado pouco a pouco, imitaria o curso de uma doença natural".[27]

Com o negócio feito, Sejano se divorciou de Apicata e escreveu a Tibério pedindo a mão da viúva Lívila em casamento, um pedido que foi de início recusado e finalmente aceito apenas no ano de seu falecimento.

Na narrativa de Tácito sobre o caso, o adultério de Lívila e seu papel no assassinato com motivações políticas de seu marido andam de mãos dadas. "Como se inflamado de amor", nos conta Tácito, "Sejano a atraiu para o adultério e, uma vez rompida essa vergonhosa fronteira (pois, tendo perdido a virtude, uma mulher raramente recusa outras coisas), incitou Lívila a sonhar com o casamento, com uma participação no governo do império e com a morte do marido."[28] Essa conexão – a apresentação do adultério como uma droga de entrada para a insurreição – seria mais tarde usada pelas fontes em relação à própria Messalina e seu malfadado "casamento" bígamo com Sílio.

Evidentemente, não temos como saber se as alegações de Apicata eram verdadeiras, mas pouco importa a verdade. Tibério acreditou no testemunho final de Apicata, e por isso Lívila foi executada. Foi a primeira mulher a sofrer a *damnatio memoriae*, isto é, a destruição oficial de todas as imagens e inscrições de uma pessoa. Dezessete anos depois, Messalina seria a segunda. De acordo com Dião Cássio, Tibério não mandou executar Lívila diretamente. Em vez disso, ele a entregou à mãe (a futura sogra de Messalina), Antônia, a Jovem, que trancou a filha volúvel em um quarto até ela morrer de fome.[29]

As coisas não melhoraram após a morte de Sejano, ao contrário do que muitos dos senadores esperavam. Tibério havia perdido o último homem em quem julgava poder confiar, seu "parceiro de trabalho", como ele o chamava.[30] O imperador se manteve isolado em Capri e distante do Senado; trocou os deveres públicos, tanto quanto possível, pela busca de prazeres pessoais; deu cada vez mais vazão a sua tendência à desconfiança e aos tormentos de sua paranoia.

Tibério, o imperador, não era um homem feliz; sobre sua cabeça angustiada pesava uma coroa que nunca quisera. Em 32 d.C., um ano depois da morte de Sejano, Tibério começou uma carta ao Senado com estas palavras: "Se eu souber o que escrever a vocês, Pais Conscritos, ou como escrevê-lo, ou o que não escrever neste momento, que todos os deuses e deusas me inflijam uma ruína pior do que esta morte que já sinto todos os dias".[31]

Por mais que Tibério tenha sentido sua existência em 32 d.C. como uma morte diária, ele só se depararia com a coisa em si cinco anos depois, em 37 d.C. Quando Tibério morreu em sua cama em Capri, havia reinado por 22 anos e meio.* Agora seu sobrinho, o jovem Caio Calígula, o sucederia como imperador.

*

* É provável que Tibério tenha morrido de causas naturais, embora não surpreenda que as fontes também registrem boatos de que ele foi assassinado por Calígula e pelo prefeito pretoriano, Macro.

É impossível entender Messalina, ou as histórias contadas sobre ela, sem entender o longo e frequentemente doloroso reinado de Tibério.

Messalina era uma adolescente quando Tibério morreu: foi nesse reinado que ela nasceu e cresceu. Foram as intrigas e as crises da corte de Tibério no início da década de 30 d.C. que lhe proporcionaram lições sobre a política dinástica romana. As mortes brutais de Agripina, da jovem filha de Sejano, Junila, e de Lívila lhe mostraram os perigos que ela poderia enfrentar na condição de mulher envolvida na política júlio-claudiana.

No entanto, talvez o mais importante de tudo é que foi no ambiente de reclusão e sigilo que caracterizou a última parte do reinado de Tibério que o "gênero", por assim dizer, do boato imperial obsceno começou a assumir vida própria. Os contos que cresceram em torno do isolado Tibério influenciaram o desenvolvimento do que se tornaria uma longa e venerável tradição de boataria, uma tradição que afetaria o curso da breve vida de Messalina e sua longa vida após a morte.

As pessoas diziam que o imperador, outrora de aparência nobre, havia se escondido porque se tornara fisicamente repulsivo, com o rosto coberto de manchas e úlceras.[32] Diziam também que aquelas pústulas eram apenas manifestações externas de algo *internamente* corrupto, desejos vergonhosos que Tibério seria cada vez mais incapaz de controlar e ocultar. Diziam que ele havia degenerado em obsessão e perversão sexual; que as doze vilas interligadas que ele havia construído no cume de Capri estavam repletas de pinturas eróticas e manuais de sexo; que as grutas e os terraços dos jardins eram ocupados por prostitutas vestidas como ninfas e sátiros. Diziam que ele estuprava homens jovens, escolhidos tanto por seu pedigree aristocrático como por sua beleza; que ele treinava garotinhos para lamber suas bolas na piscina; que ele tinha equipes de prostitutos e prostitutas – artistas, "inventores de formas sobrenaturais de relação sexual" – que "se profanavam diante dele, três de cada vez, todos juntos, para que a visão revigorasse sua libido em queda".[33] Tibério, o tradicionalista rigoroso de outrora, havia criado em Capri um depravado país encantado de "luxúrias inflamadas" e "paixões misteriosas".[34]

Talvez parte disso fosse verdade. Tibério não teria sido o primeiro homem poderoso a abusar de seu poder para gratificar suas perversões sexuais, e com certeza não seria o último. Mas muito provavelmente a maior parte disso não era. O isolamento remoto dos últimos anos de Tibério, articulado ao derramamento explícito de sangue do início dos anos 30 d.C., criou as condições ideais para a imaginação popular, na qual as conexões entre a devassidão sexual e o obscuro mundo privado da política imperial puderam crescer até ganhar vida própria.

Foi Augusto que estabeleceu a estrutura de poder da autocracia romana, mas foi sob Tibério que a nova *cultura* da autocracia realmente pôde ser vista com clareza. Ali estão todos os segredos, os julgamentos espetaculares, os adultérios e as perversões com os quais a Casa dos Césares, e o nome de Messalina em particular, logo se tornariam tão indelevelmente associados.

V
UM MAU ANO PARA UM CASAMENTO

"As tochas acesas desfazem seus cachos dourados:
Adiante, nova noiva."
Catulo, *Hino de casamento*, 61

O ano do casamento de Messalina com Cláudio não teve um início auspicioso. Em 1º de janeiro de 38 d.C., um escravo chamado Macaão subiu no divã sagrado de Júpiter Ótimo Máximo no templo do Capitólio, o coração da religião do Estado romano. Primeiramente, ele pronunciou "muitas profecias terríveis"; depois, matou um filhote de cachorro que tinha consigo, provavelmente para a ocasião; e, por fim, virou a faca contra si mesmo.[1]

Nem as palavras selvagens de um escravo, nem mesmo o assassinato de um cachorro conseguiram diminuir a animação da aristocracia naquele mês de janeiro. O velho imperador Tibério havia morrido em Capri no mês de março do ano anterior, e Roma desfrutava de um intenso período de lua de mel com seu novo *princeps*. Calígula era jovem e divertido; dizia todas as coisas certas – e, depois de 22 anos de severidade tiberiana, a nobreza estava pronta para acreditar nelas.

Além disso, era impossível adiar os planos para o casamento de Messalina por mais tempo. A maioria das moças aristocráticas se casava quando tinha por volta dos 14 anos – aos 18, Messalina já era velha para se casar pela primeira vez. Embora um casamento anterior tivesse certamente sido mencionado nas fontes, talvez não tenha sido a primeira vez que ela ficou noiva. Em meados dos anos 30 d.C., era muito fácil perder um noivo – ou até mesmo dois, se a pessoa fosse descuidada – por doença, serviço militar ou pelas constantes crises da política da corte tiberiana. É possível que Messalina tenha ficado noiva anteriormente e que a união tenha fracassado.

Seja qual for o motivo do atraso, em 38 d.C. Domícia Lépida finalmente veria sua filha vestida de noiva. Quando amanheceu o dia de seu casamento, Messalina teria acordado cedo, e o quarto teria sido invadido por sua mãe e outras familiares, serviçais carregando roupas e joias, cabeleireiros profissionais e antigos escravos da família. Ela foi vestida com a *tunica recta* branca e pura, suas pregas reunidas em torno da cintura por uma cinta, talvez carregada de pérolas e joias, atada em um rebuscado nó de Hércules. Esse nó tinha sido criado para que apenas o marido o desatasse mais tarde naquela noite. Seu cabelo foi ritualmente dividido com a ponta de uma lança – a serviço de algum simbolismo misterioso do qual ninguém mais se lembrava direito – e depois torcido, trançado e preso no complicado penteado de noiva com seis divisões conhecido como *seni crines*. Essa "coroa altiva" foi encimada por uma coroa de folhas de verbena, manjerona e flores que, se Messalina estivesse fazendo as coisas da maneira tradicional, ela mesma teria colhido.[2] Seus pés foram calçados em delicadas sapatilhas amarelas; colares de ouro, pedras preciosas e pérolas foram amarrados em seu pescoço, e braceletes torcidos em seus punhos. Por fim, a cabeça de Messalina foi coberta com o *flammeum*, véu descrito como da cor de "gema de ovo", "sangue" ou "relâmpago"; o *flammeum* era a marca mais característica da noiva romana.

Vestida com toda essa elegância, Messalina rezava e fazia sacrifícios aos deuses, oferecendo-lhes incenso e uma borrifada de vinho, ou, talvez, suas bonecas de infância.[3] Os contratos de casamento eram verificados uma última vez e os áugures buscavam, e diligentemente encontravam, presságios favoráveis à felicidade conjugal. É possível que se esperassem lágrimas de Messalina ao deixar a casa familiar, provavelmente ao entardecer, enquanto o sol se punha. A noiva chorosa de primeira viagem era um tropo da poesia latina; em uma de suas canções matrimoniais, o poeta Catulo, do período final da República, escreveu: "Abram as trancas da porta/ a donzela vem [...] mas a vergonha natural e o nobre rubor a retardam [...] ela chora, pois deve partir".[4]

A procissão de familiares, amigos ilustres e clientes deve ter atraído multidões de espectadores ao percorrer as ruas da cidade, iluminada por tochas flamejantes e cantando hinos matrimoniais rítmicos a Himeneu: "*io Hymen Hymenaeus io, io Hymen Hymenaeus*".

O destino era a casa de Cláudio, uma das três novas residências de Messalina, cuja porta estava enfeitada com guirlandas e coroas de flores e brilhantemente iluminada para a ocasião.*[5] Lá dentro, aguardando a jovem noiva, havia um grande banquete de casamento, um divã matrimonial adornado e um noivo: Cláudio, primo de segundo grau de Messalina, então com 47 ou 48 anos, tio do novo imperador e um homem que até então não tivera sorte na vida nem no amor.[6]

Cláudio, ou Tibério Cláudio Nero, se você quisesse ser educado, nasceu como o terceiro e último filho sobrevivente de Druso, o Velho, e Antônia, a Jovem, em 10 a.C., no primeiro dia do mês do alto verão que logo seria renomeado "agosto" em homenagem ao imperador reinante.

A linhagem de Cláudio, no verdadeiro estilo júlio-claudiano, era tão complicada quanto elevada. Seu pai, Druso, era nominalmente enteado de Augusto. Lívia estava grávida de seis meses dele quando se divorciou de seu primeiro marido para se tornar a terceira esposa de Augusto, o que significava que o menino tinha nascido sob o teto do *princeps*. O ex-marido de Lívia foi legalmente declarado pai do menino, mas, naturalmente, surgiram rumores de que sua verdadeira ascendência era mais *augusta*. Um verso da época observou com ironia que "crianças de três meses nascem para os abençoados".[7]

A mãe de Cláudio, Antônia, a Jovem, tinha uma relação de sangue mais oficial, embora possivelmente menos direta, com o imperador. Antônia, a Jovem, era filha de Otávia, irmã de Augusto, e de Marco Antônio, antigo aliado do imperador que acabaria se tornando seu maior inimigo. Sua irmã mais velha era avó de Messalina. A data de nascimento de Cláudio, 1º de agosto, deve ter sido um momento agridoce para sua mãe, Antônia. Esse dia marcava vinte anos da tomada da capital egípcia de Alexandria por seu tio Augusto, garantindo seu controle sobre

* As posses de Cláudio parecem ter incluído uma casa na cidade, uma casa ajardinada nos subúrbios e uma propriedade na Campânia.

o império, mas também levando seus últimos rivais – o pai de Antônia, Marco Antônio, e Cleópatra, a mulher por quem ele havia deixado sua mãe – ao suicídio.

O pai de Cláudio, Druso, o Velho, era uma espécie de garoto-prodígio. Quando Cláudio nasceu, Druso já havia consolidado sua posição como herói militar com uma série de campanhas bem-sucedidas no norte e uma reputação de bravura pessoal. Talvez ainda mais importante, Druso, ao contrário de seu irmão mais velho, o futuro imperador Tibério, também tinha o tipo de jeito tranquilo que adicionava um toque de glamour romântico aos relatos de suas vitórias.*

Em 10 a.C., Druso foi enviado novamente à frente noroeste. Essa continuava a ser uma das regiões mais instáveis do império, e, no início da campanha de verão, Druso fez uma incursão saindo da Gália e atravessando o Reno para enfrentar hordas de bárbaros germânicos. Antônia, já no fim da gravidez, permaneceu na Gália, na capital provincial de Lugdunum (a atual Lyon), e foi aí que Cláudio nasceu.[8] Druso encerrou a campanha de verão de 10 a.C. em alta, e, no outono, a família, com o recém-nascido Cláudio a reboque, retornou a Roma para assistir à eleição de Druso para o cargo de cônsul.

O ano seguinte não seria tão gentil. Logo de início, se acreditarmos em Dião Cássio e seus trezentos anos de distância, os presságios eram ruins: tempestades brutais assolaram Roma, e o Templo Capitolino de Júpiter foi danificado por um raio. Mas Druso, com ou sem presságios, planejava chegar ao Elba antes do fim do ano, uma expedição que o levaria mais ao norte e ao leste da Europa do que qualquer romano já tinha ido antes. Chegou às margens desse rio e, então, estranhamente, em vez de tentar atravessá-lo, voltou suas tropas para o Reno.

Mais uma vez, os observadores antigos detectam presságios sombrios em ação. Dizia-se que, às margens do Elba, Druso se deparou com a aparição de uma peculiar mulher bárbara que falava latim, "de tamanho sobre-humano", que se dirigiu a ele assim: "Para onde, por favor, estais indo, insaciável Druso? Não estais destinado a olhar para todas essas

* Por exemplo, Druso embarcou em uma dramática busca pelas *spolia opima* (a armadura e as armas de um líder inimigo, conquistadas em combate pessoal, e o mais valorizado dos troféus de guerra na cultura romana): ver Rich, "Drusus and the Spolia Opima", 544-555.

terras. Mas parte, pois o fim de tuas obras e de tua vida já está próximo".[9] Se o próprio Druso acreditava mesmo ter sido visitado pelo tal espírito ou se o Elba simplesmente parecia mais difícil de atravessar de perto do que de longe, é impossível dizer. De qualquer modo, ele decidiu partir das florestas escuras na margem nordeste totalmente sozinho.

Era uma decisão que não lhe traria nenhum proveito. Na longa viagem de volta ao acampamento de verão do exército, Druso se envolveu em um grave acidente equestre durante o qual uma de suas pernas foi esmagada pelo peso do cavalo. Ele conseguiu voltar ao acampamento, mas morreu em menos de um mês.[10] Assim como Messalina, Cláudio foi um bebê órfão de pai.

A morte de Druso provocou uma onda de pesar público. Seu corpo teve a recepção dada aos heróis, escoltado ao longo de seu trajeto para Roma por um revezamento de cidadãos importantes, antes de ser cremado no Campo de Marte e enterrado no estranho e grandioso Mausoléu de Augusto. O forte onde ele morreu se tornou, no jargão dos soldados, "o campo amaldiçoado"; o exército construiu para ele um cenotáfio nas margens do Reno, onde eram realizadas, anualmente, em sua memória, corridas com todas as armaduras. As cidades da Gália prometeram sacrifícios anuais em seu nome; o Senado ergueu um arco decorado com troféus militares na Via Ápia e conferiu o nome honorífico de "Germânico" a Druso e seus descendentes.

Druso era o ideal de político – um líder glamoroso e promissor, morto antes de ter a chance de governar mal –, e seu legado lançaria uma sombra duradoura.

Cláudio e seus dois irmãos – um menino de 6 anos, agora conhecido pelo título honorífico de seu pai, "Germânico", e Lívila, de 4 ou 5 anos (futura esposa do filho de Tibério, Druso, e suposta amante de Sejano) – foram deixados para ser criados pela mãe.

Apesar da insistência de Augusto, Antônia jamais se casaria novamente. As fontes contemporâneas apresentam isso como um grande gesto romântico, a ação de uma mulher em luto perpétuo por um amor perdido.* Mas Antônia também pode ter gostado do status e da relativa

---

* O escritor Valério Máximo apresenta tanto Druso como Antônia como modelos de amor

liberdade que a viuvez lhe concedia. Ainda havia certo prestígio ligado ao antigo conceito romano de *univira* – a "mulher de um homem só" –, e, na condição de viúva de Druso, herói do povo, Antônia sabia que nunca lhe faltaria prestígio público ou influência na corte.

Tampouco havia qualquer incentivo financeiro para que ela se casasse novamente. Antônia possuía vastas e ricas propriedades produtivas que se estendiam pela Itália, Grécia e Egito, talvez adquiridas com os fundos que Augusto lhe havia concedido após a dissolução da propriedade de seu pai, Marco Antônio. Fragmentos de papiros registram suas posses no Egito: trigais férteis, pastagens para os rebanhos de ovelhas e cabras e bosques de tamareiras, talvez para a colheita de tâmaras doces e pesadas, ou então para a produção de cestas de vime.[11] De acordo com as novas leis de Augusto, criadas para estimular uma taxa de natalidade ainda baixa após um século de guerra civil, o nascimento do terceiro filho de Antônia, Cláudio, a libertou da *tutela mulierum* – a tutela legal e econômica normalmente exercida sobre uma mulher –, dando-lhe controle oficial sobre seus próprios negócios.

Em vez de buscar um segundo marido, a viúva Antônia se pôs a estabelecer sua própria casa. Reuniu filósofos, poetas e uma variedade notável de príncipes e princesas estrangeiros – entre eles Antíoco IV de Comagena, Tigranes V da Armênia, Herodes Agripa da Judeia e Ptolomeu da Mauritânia –, todos enviados a Roma para ser educados sob sua proteção.* Com isso, Antônia estava, de certa forma, recriando as condições de sua própria infância: sua mãe, Otávia, deliberadamente abnegada, havia criado os três filhos de seu ex-marido Marco Antônio com Cleópatra (Ptolomeu Filadelfo e os gêmeos Alexandre Hélio e Cleópatra Selene) junto aos dela.

O domicílio compósito e cosmopolita de Antônia migrou de uma parte do labirinto de casas interligadas que constituíam o palácio de Augusto no Palatino para uma grande vila perto de Baia, na baía de Nápoles, hoje conhecida como Cento Camerelle – a casa dos cem cômodos.

---

e fidelidade maritais. Ele afirma que Antônia continuou a dormir em seu antigo quarto marital após a morte de Druso. Valério Máximo, *Feitos e dizeres memoráveis*, 4.3.3.

* Herodes Agripa e Ptolomeu tinham quase exatamente a mesma idade que Cláudio e teriam sido criados com ele.

Os jardins, que desciam do penhasco em direção ao mar, contavam com colunatas curvas e lagos ornamentais repletos de moreias, que eram acessórios da moda para os jardins dos super-ricos de Roma.[12] Dizia-se que Antônia enfeitava sua enguia favorita com brincos.[13]

Antônia pode ter mimado suas enguias, mas foi menos gentil com Cláudio. O primeiro sinal de que algo estava errado veio com a maioridade de Cláudio, em 5 ou 6 d.C. A ascensão de um menino romano à idade adulta era marcada por uma troca de roupas: aos 15 ou 16 anos, ele deixava de lado a *toga pretexta* infantil, com sua borda colorida, e a trocava pela *toga virilis* branca e simples, a "toga do homem adulto".[14] O evento era uma ocasião para ser comemorada. Após a troca da toga, eram oferecidos sacrifícios, e o *novus togatus* (o "novo togado"), acompanhado por seu pai e por uma procissão de serviçais, era conduzido ao mundo público do Fórum. Para os meninos da Casa de César, o evento tinha se transformado em uma longa e extravagante série de cerimônias públicas, criadas para apresentar o povo a seus futuros líderes. Presentes na forma de comida e dinheiro eram doados ao público, e banquetes eram promovidos nas ruas enquanto o *novus togatus*, muitas vezes conduzido pelo próprio Augusto, atravessava o Fórum, subia o monte Capitolino até o Templo de Júpiter e seguia para seu brilhante futuro público como líder dos homens.

No entanto, a experiência de Cláudio foi bem diferente. Não houve nenhuma das cerimônias costumeiras para marcar sua maioridade – nenhuma celebração pública, nenhuma procissão, nenhum banquete, nenhum elogio de Augusto, nenhuma exibição orgulhosa do jovem príncipe para seu futuro povo. Em vez disso, ele foi levado ao monte Capitolino para fazer os sacrifícios necessários em uma liteira fechada, na calada da noite. Parecia que Cláudio estava sendo escondido do público.[15]

O motivo para a exclusão de Cláudio parece ter residido em uma combinação intrigante de anormalidades físicas e mentais que atormentavam o jovem príncipe. Suetônio afirma que uma série de "males variados e persistentes" assombrou a infância e a adolescência de Cláudio e que, com o tempo, essa persistente falta de saúde "embotou suas faculdades, tanto da mente como do corpo".[16] Dizia-se que sua cabeça tendia a tremer, seus joelhos às vezes vacilavam, sua perna direita se arrastava levemente, seus pulsos eram frouxos e suas mãos estremeciam. Sua fala às vezes era arrastada e gaguejante. A risada de Cláudio era descontrolada e "indecente", enquanto suas demonstrações de raiva – que faziam o catarro escorrer de seu nariz e a saliva espumar nas laterais de sua boca – eram ainda mais repulsivas de testemunhar.[17]

As tentativas dos historiadores de combinar o conjunto de sintomas de Cláudio com os critérios modernos de diagnóstico tiveram pouco sucesso: alguns culparam a poliomielite infantil; outros, uma forma leve de paralisia cerebral. Fosse qual fosse a verdadeira causa médica das enfermidades físicas de Cláudio, o diagnóstico de Antônia foi inequívoco: para sua mãe, ele era "um monstro de homem, não terminado pela Mãe Natureza, apenas começado".[18] Os romanos nunca se mostraram particularmente tolerantes com a deficiência; ela não combinava com seus ideais de masculinidade, e havia muito tempo que o pensamento antigo traçava conexões perturbadoras entre malformação física e degeneração moral.

Para a família imperial, a condição de Cláudio também significava um conjunto peculiar de questões políticas. Quando Cláudio atingiu a maioridade, os planos de Augusto de aclimatar o Senado e o povo de Roma ao conceito de governo hereditário ainda eram um trabalho em andamento. Em uma cidade que, após meio milênio de amarga oposição ideológica profundamente enraizada nessa ideia, começava a se acostumar a justificar o poder com base no sangue, e a percepção de que havia "sangue ruim" na família imperial poderia pôr tudo a perder.

A questão do futuro de Cláudio provocou discussões angustiadas na família imperial. Em 12 d.C., Augusto escreveu a sua esposa Lívia procurando resolver a questão de uma vez por todas. Cláudio tinha agora 22 anos, e, se algum dia fosse embarcar em uma carreira pública, não poderia haver mais demora:

> Conversei com Tibério, como você ordenou, minha querida Lívia [...] e agora ambos concordamos que é preciso decidir, de uma vez por todas, qual plano devemos seguir em relação a esse rapaz. Pois, se ele é sadio e, por assim dizer, íntegro, por que duvidaríamos de que ele deve passar pelas mesmas classes e postos pelos quais seu irmão já passou? Se, no entanto, acharmos que ele é defeituoso e

não sadio, no corpo e na mente, tamanha matéria-prima para a possível zombaria tanto dele quanto de nós não deve ser oferecida ao público de bandeja.[19]

O veredicto dessas deliberações evidentemente não foi favorável a Cláudio; ele não recebeu nenhum cargo político e nem mesmo era tecnicamente um membro do Senado.

Com a morte de Augusto e a ascensão de seu tio Tibério, em 14 d.C., Cláudio viu uma oportunidade para melhorar sua posição. Escreveu para o novo imperador, pedindo que lhe fosse dada a chance de provar suas habilidades no cargo de cônsul. Tibério tentou enganá-lo com os emblemas consulares – uma honraria vazia –, mas Cláudio rebateu: queria de fato o cargo, com poderes e responsabilidades reais. A resposta do imperador foi curta e brutal: "Eu lhe enviei quarenta moedas de ouro para a Saturnália e as *sigillaria*".[20] Tibério nem sequer tomou conhecimento do pedido de Cláudio, apenas lhe enviou uns trocados para os presentes de Natal.

As restrições impostas à liberdade de Cláudio extrapolavam seu acesso a cargos públicos. Mesmo depois que ele atingiu a maioridade, a família o manteve sob o controle estrito de um "tutor". Mais tarde, Cláudio se queixaria de que o homem era um "bárbaro, um ex-condutor de bestas de carga que havia sido nomeado com o único propósito de puni-lo com a maior ferocidade sob qualquer pretexto que fosse".[21] A crueldade fria da família de Cláudio e as restrições a sua independência teriam consequências duradouras.

A posição de Cláudio não pode ter sido facilitada pelo sucesso notável de seu irmão mais velho, Germânico. Ele havia assumido o cognome honorífico concedido postumamente ao pai deles, Druso, e agora começava a parecer um príncipe romano igualmente perfeito. Atraente, corajoso, obstinado, dramático e arrogante, ele gostava tanto do calor da guerra quanto do teatro de um triunfo. O povo o adorava, e, em 4 d.C., pouco antes da chegada ostensivamente clandestina de Cláudio à maioridade, Augusto forçou Tibério a adotar Germânico como seu futuro sucessor no principado. Sabemos que Germânico nunca chegaria a governar – ele morreu em circunstâncias misteriosas no Oriente, em 19 d.C. –, mas, durante as primeiras décadas do século I d.C., as imperfeições de Cláudio e a humilhação por ter sido escanteado devem ter sido ampliadas pelo sucesso de Germânico.

Ainda assim, apesar de tudo, Cláudio mostrava sinais de uma inteligência capaz e até mesmo prodigiosa. Em uma idade precoce, e com o incentivo do proeminente historiador romano Tito Lívio, Cláudio começou a escrever uma história. Mais contemporânea do que a obra de Tito Lívio, a narrativa de Cláudio começaria com o assassinato de César, percorrendo as guerras civis e o estabelecimento do principado de Augusto até a época presente. O trabalho, ao que parece, era bom – sua pesquisa seria usada como fonte um século depois por Tácito –, mas sua escolha de assunto foi equivocada. O período que Cláudio tinha escolhido englobava toda a confusão de sangue, ideologia e conflitos civis que definiram o início do principado de Augusto. A mãe e a avó de Cláudio intervieram, exigindo que a história começasse *após* o triunfo de Augusto nas guerras civis, ponto no qual o novo *princeps*, com todos os seus rivais mortos, pôde deixar de lado com segurança a brutalidade e embarcar na magnanimidade.

Para seus temas seguintes, Cláudio evitou o contemporâneo e o controverso. Ele produziu histórias dos etruscos e dos cartagineses e, apesar de suas dificuldades com a fala, escreveu monografias teóricas sobre oratória. Alguns de seus interesses eram mais específicos: sentindo que o alfabeto latino não era adequado a seu propósito, ele inventou três letras totalmente novas e redigiu um livro descrevendo sua teoria e defendendo o uso delas. Mais tarde, em 47 d.C., ele usaria sua posição como imperador e censor para impor a inclusão oficial dessas letras.

A inteligência negligenciada de Cláudio deve ter tornado sua posição insuportável. De fato, sua condição parece ter sido parcialmente psicológica. As dificuldades físicas melhoraram à medida que ele amadureceu, mas pioravam com os altos e baixos emocionais. Dizia-se que sua fala era falha nas conversações, mas clara e imponente ao declamar um discurso previamente preparado.[22] O mais notável de tudo é que as deficiências de Cláudio diminuíram visivelmente com sua ascensão ao principado, como todo respeito e autoridade que acompanhavam esse momento. Suetônio nos conta que, no final, tudo o que restou foi uma propensão à azia.[23] Os maus-tratos sofridos por Cláudio até aquele momento – a desconsideração, o desrespeito e a insidiosa falta de expectativa – haviam claramente criado um ciclo que se autorrealizava.

Depois de sua ascensão, Cláudio explicaria isso de maneira diferente: ele alegava ter ativamente simulado fraquezas maiores como um meio de autodefesa.[24] Suetônio afirma que os contemporâneos do imperador consideraram a sugestão risível, mas é inegável que Cláudio conseguiu sobreviver aos banhos de sangue tanto de Tibério como de Calígula, que, somados, tinham assistido à morte de seu irmão, mãe, irmã, cunhada e de dois de seus sobrinhos, bem como ao exílio de duas de suas sobrinhas. Seja por acaso ou por intenção, a aparente incapacidade de Cláudio e sua concomitante falta de poder sem dúvida o protegeram. Nos anos 20 e 30 d.C., era simplesmente impossível percebê-lo como uma ameaça genuína.

Assim, por quase meio século, Cláudio viveu a vida de um cidadão comum. Havia menos riscos imediatos a sua vida, mas havia um tédio sem fim. Ele dividia seu tempo entre uma casa nos subúrbios e uma vila na Campânia, absorto nos estudos. Também cultivava hobbies menos sofisticados, desenvolvendo um gosto por vinho, mulheres e jogos de azar na companhia de pessoas pobres e de má criação.[25]

Durante esse período, Cláudio foi azarado tanto na vida privada quanto na carreira pública: quando conheceu Messalina, ele já tinha dois noivados e dois casamentos fracassados em seu currículo. Fora prometido pela primeira vez quando adolescente a Emília Lépida, uma bisneta de Augusto, mas, em 8 d.C., o noivado foi desfeito após a queda espetacular da mãe da noiva, Júlia, a Jovem. Acusada de adultério com o senador Décimo Júnio Silano, a grávida Júlia, a Jovem, foi exilada na estéril ilha adriática de Tremirus, onde seu filho foi exposto na encosta da montanha e ela própria morreu cerca de vinte anos depois. Em contrapartida, Décimo se exilou voluntária e tranquilamente quando o escândalo veio à tona e retornou a Roma após a morte de Augusto, seis anos depois. Emília foi substituída por uma nova noiva, Lívia Medulina Camila – filha do cônsul do ano anterior, Marco Fúrio Camilo –, que morreu de uma doença súbita na manhã do casamento.

Após essa série de infortúnios, Cláudio finalmente chegou ao altar, em 9 ou 10 d.C. Nessa ocasião, a noiva foi Pláucia Urgulanila. Filha de um cônsul de ascendência etrusca que havia servido com distinção ao lado de Tibério e neta de uma das amigas mais próximas da imperatriz Lívia, Pláucia era uma pessoa bem relacionada, embora não fosse de forma alguma um par impressionantemente nobre. O casamento de início correu bem, e Pláucia logo deu à luz um filho, chamado de Cláudio Druso.[26]

Foi durante a segunda gravidez de Pláucia que as coisas começaram a desandar. Em 24 d.C., o irmão de Pláucia, Pláucio Silvano, matou sua esposa atirando-a de uma janela do andar superior da casa deles em Roma. Silvano alegou que a queda havia sido um suicídio, mas o imperador Tibério foi pessoalmente ao local para investigar e encontrou os vestígios inconfundíveis de uma luta violenta no quarto do casal. Um tribunal senatorial foi convocado para o julgamento de Silvano. Antes que tivesse início, o réu recebeu um punhal de sua avó e, captando a dica, rapidamente se matou.[27]

Sem a catarse de um julgamento, o tribunal da opinião pública procurou novos bodes expiatórios. Primeiramente, a ex-esposa de Silvano foi acusada e absolvida de enlouquecer o ex-marido com venenos e magia. Depois, a suspeita se voltava para Pláucia. Surgiram rumores de um relacionamento incestuoso entre o irmão e a irmã, que, segundo se sugeria, havia levado a uma conspiração para assassinato. Não há evidências de que esses boatos se baseassem na realidade, mas o dano à reputação foi irreversível. Pláucia, então grávida de quatro meses, foi prontamente divorciada.

Cláudio inicialmente aceitou a criança que Pláucia deu à luz cinco meses depois como sua e planejou criá-la em sua casa. No entanto, logo começaram a surgir dúvidas em sua mente sobre a paternidade da criança. Por fim, Cláudio repudiou publicamente o bebê da maneira tradicional: deixando a criança nua e sozinha na porta da casa da mãe. Talvez por acreditar que isso era verdade, ou talvez por querer humilhar Pláucia ainda mais, sugerindo que ela havia tido um amante de origem humilde, Cláudio espalhou que o verdadeiro pai do bebê era seu ex-escravo, um liberto chamado Boter.[28]

O primeiro filho de Cláudio e Pláucia, Cláudio Druso, permaneceu na casa do pai (os filhos eram propriedade legal de seus pais e, portanto, permaneciam automaticamente com eles em caso de divórcio) até morrer engasgado, na metade da adolescência, com um pedaço de pera que havia jogado na boca por brincadeira.[29] Essa morte prematura pelo menos o poupou da dor de assistir ao estupro e ao assassinato de sua noiva Junila, filha de Sejano, após a queda do pai dela, em 31 d.C.

O fracasso do casamento seguinte de Cláudio com Élia Pecina – mais uma vez filha de um cônsul que não era um grande aristocrata – foi muito menos dramático. Os dois se casaram em meados dos anos 20 e tiveram uma filha, Cláudia Antônia, no máximo em 28 d.C. Suetônio comenta que, em contraste com as "luxúrias vergonhosas e a suspeita de assassinato" de Pláucia, Élia se divorciou por "ofensas insignificantes", e, de fato, um novo casamento com sua segunda ex-esposa foi uma das ideias apresentadas pelos libertos de Cláudio após a morte de Messalina.[30] Ironicamente, foi provavelmente *por causa* de Messalina e suas conexões familiares mais valorizadas que Élia se divorciou em primeiro lugar.

Ao amanhecer do dia de seu terceiro casamento, em 38 d.C., Cláudio deve ter sentido que sua sorte estava melhorando. A ascensão de seu sobrinho Calígula, em março do ano anterior, havia precipitado uma mudança bem-vinda na posição de Cláudio: em julho, o novo imperador o havia aceitado como seu colega no consulado. Quase um quarto de século depois de ter escrito pela primeira vez sobre o assunto a Tibério, em 14 d.C., a ambição de Cláudio de ocupar o consulado havia sido concretizada. A nomeação de Cláudio também finalmente o tornou senador pela primeira vez, aos 47 anos.

Seu casamento com Messalina – uma herdeira adolescente e princesa imperial de primeiro grau – era mais uma prova desse avanço. Outros fatores, menos friamente pragmáticos, também podem ter recomendado a noiva. As representações de Messalina revelam uma beleza sensual, com um nariz reto e lábios carnudos e volumosos, em um rosto delicadamente arredondado. O mais impressionante de tudo são os olhos grandes, amendoados e de pálpebras pesadas sob sobrancelhas suavemente arqueadas. Pouco mais de meio século após a morte de Messalina, o poeta Juvenal enfatizaria o poder irresistível dos olhos da imperatriz em sua Décima Sátira. Ele os culpa inteiramente pela queda de Sílio, em 48 d.C.: "Os olhos de Messalina arrastam o melhor, mais belo, de todos os patrícios para o mais miserável dos fins".[31] Embora não possamos tomar sua descrição como um fato, ao destacar os olhos de Messalina, Juvenal pode muito bem estar se apoiando em uma tradição arraigada.

Se Messalina se sentiu tão afortunada ao se casar com Cláudio é mais difícil adivinhar. Legalmente, nenhuma moça romana podia ser forçada a se casar contra sua vontade, e, como seu pai estava morto, Messalina tecnicamente tinha o direito de contrair matrimônio por conta própria com um parceiro de sua escolha.*,[32] Na realidade, esses direitos significavam muito pouco. Culturalmente, a escolha do parceiro de casamento para uma adolescente da elite em seu primeiro casamento era da família – em especial quando existiam preocupações dinásticas em jogo.** No caso de Messalina, o casamento com Cláudio provavelmente foi arranjado entre sua mãe, Domícia Lépida, Cláudio e o imperador Calígula. Para Calígula, o casamento representava outra forma de sinalizar a promoção de seu tio e, ao mesmo tempo, colocava uma princesa imperial altamente qualificada em uma posição que aparentemente não ameaçava seus próprios planos dinásticos. Para Domícia Lépida, o casamento fortalecia os laços de seu ramo da família com o imperador, e é possível que ela estivesse pensando tanto no futuro de Fausto Sula Félix quanto no de sua filha. O consentimento de Messalina pode ter sido necessário para a assinatura dos contratos de casamento, mas ela não estava em posição de enfrentar a mãe e o imperador.

Suetônio apresenta Cláudio como uma espécie de belo homem de meia-idade. "No corpo era alto, mas não franzino, sua aparência e seus cabelos grisalhos eram bonitos, e ele tinha um pescoço forte e cheio", em suma, uma "aparência de autoridade e digna" – desde que permanecesse imóvel e sentado. Ficar de pé, mover-se, falar ou demonstrar emoção aparentemente agravavam seus tiques e enfermidades físicas

---

* A morte do pai de uma menina (desde que seu avô paterno também já tivesse morrido) a deixava *sui iuris*. Embora decisões importantes relativas à venda de suas propriedades ficassem sujeitas ao consentimento de um guardião indicado (um *tutor mulierum*), ela não precisava do consentimento dele (ou da mãe dela) para contrair matrimônio.

** Existem situações em que encontramos evidências de mulheres da elite romana escolhendo seus próprios maridos, mas estas tendem a ser mulheres um pouco mais velhas que já foram casadas antes. Mesmo nessas situações, é comum encontrar a família também envolvida (é o caso, por exemplo, de Túlia, filha de Cícero, que escolhe seu terceiro marido junto com sua mãe enquanto seu pai está fora de Roma), ou que os eventos causem controvérsia.

remanescentes.[33] Contudo, para Messalina, que mais tarde demonstraria um gosto tão grande pela juventude e pela beleza em suas paixões por Traulo, Mnester e Sílio, a "autoridade" e a "dignidade" do príncipe de meia-idade podem ter sido pouco atraentes. Seu novo marido tinha mais do que o dobro da idade dela, e as representações dele como imperador, que são mais impiedosamente realistas do que as imagens idealizadas de seus predecessores dinásticos, revelam um homem de mandíbula fraca, com um nariz mais bulboso do que o classicamente ideal, bochechas afundadas e olhos com olheiras pesadas devido às noites de insônia da liderança. Ainda assim, Messalina deve ter reconhecido que o casamento oferecia benefícios mais intangíveis. Seu futuro marido não era um dos membros mais ricos da família imperial, nem era um dos mais poderosos, mas o casamento com Cláudio garantiria a Messalina a entrada no círculo íntimo da corte de Calígula – com todo o glamour e o drama que prometia.

É impossível reconstituir os pensamentos de Messalina quando se sentou no divã nupcial enfeitado com guirlandas depois que os convidados do casamento foram embora, enquanto seu noivo desatava o nó especial de sua cinta nupcial. É provável que ela entendesse alguma coisa do que estava por vir – a cultura antiga não buscava esconder as realidades do sexo, e imagens de relações sexuais eram abundantes na Roma de Messalina.[34] Belos casais flagrados no ato eram pintados nas paredes das casas da elite, moldados em talheres de prata e gravados em pedras preciosas ou capas de espelhos.* No entanto, qualquer que fosse o conhecimento nebuloso que Messalina pudesse ter obtido de suas paredes ou de seus espelhos, deve ter sido menor do que as incógnitas: como seria a sensação, se ele seria gentil, se ela engravidaria, se eles seriam felizes. Não sabemos se, naquele momento, Messalina achava seu novo marido atraente, se gostava da companhia dele, se se sentia confortável com ele, se estava assustada ou excitada, se confiava nele.

---

* Essas imagens parecem incongruentes para o olhar moderno, mas eram *costumeiras* nas casas de elite a partir do período de Augusto, onde eram exibidas proeminentemente em arranjos que também incluíam imagens não eróticas. Sua exibição provavelmente não tinha a intenção de excitar o espectador, mas sim de evocar uma atmosfera de luxuosa sensualidade, enfatizando a riqueza e o lazer desfrutados pelo proprietário da casa.

Talvez possamos chegar mais perto de imaginar o que ela pensou na manhã seguinte. Quando a luz do dia entrou por entre as persianas do quarto desconhecido, Messalina teria acordado com uma identidade totalmente nova. O homem romano assumia sua identidade adulta individualmente, deixando de lado as roupas da infância e adotando a toga que denotava a cidadania adulta automaticamente, ao chegar à metade da adolescência. Esse não era o caso da mulher romana. Não havia nenhuma cerimônia de maioridade para a menina romana que pudesse ser comparada à *toga virilis* de seus irmãos. Havia apenas o casamento. Era na véspera do casamento que a romana consagrava suas bonecas a Vênus e tirava as roupas de menina pela última vez.* Na manhã seguinte, ela acordaria em uma nova casa – uma casa da qual era a senhora – e vestiria um novo traje: o longo vestido drapeado e o manto da *matrona*.

O que quer que Messalina tenha pensado de seu noivo, ela havia despertado com uma nova identidade, um novo papel, uma nova *vida*. A mudança era total e irreversível.

---

* O poeta Propércio, por exemplo, descreve desta maneira o momento em que uma menina trocava seu vestido ao se casar: "agora, meu vestido de menina dava lugar às tochas nupciais/ e um tipo diferente de tiara venceu e ergueu meu cabelo". Propércio, 4.11.33-34.

VI

A PONTE SOBRE A BAÍA

"Malícia, astúcia e impostura são concomitantes ao poder absoluto; e [...] nossas famílias patrícias tendem, em sua maioria, a não ter os sentimentos da humanidade comum."

Marco Aurélio, *Meditações*, I.II[1]

A corte de Caio César Augusto Germânico, mais conhecido como Calígula, era um lugar estranho para uma noiva adolescente começar sua vida de casada. Na véspera do casamento de Messalina, o novo reino ainda desfrutava de uma lua de mel dourada, inebriante. O jovem *princeps* tinha chegado ao trono em meio a uma onda de otimismo. Seus dez dias de jornada da corte exilada de Tibério em Capri para a cidade de Roma foram repletos de sacrifícios celebratórios e multidões enlouquecidas que o chamavam de "estrela", "passarinho", seu "menino", seu "filho adotivo".[2] Diz-se que as festividades, depois que ele passou pelos portões da cidade, duraram mais três meses. Foram sacrificados aos deuses 160 touros, carneiros e porcos, depois cozinhados em banquetes fumegantes para o povo.[3]

O *princeps* de 24 anos tinha com certeza uma aura de glamour trágico. O público jamais superou totalmente a morte misteriosa do pai de Calígula, Germânico (o irmão de Cláudio), ou a execução de sua mãe e de seus dois irmãos. Que Calígula tivesse sobrevivido parecia um milagre.

O novo imperador tinha começado sua vida em uma série de acampamentos militares. Sua mãe o transformara em uma espécie de mascote das tropas, vestindo o bebê com miniaturas de uniformes que valeram a Caio seu apelido: Calígula, ou "botinhas".[4] Essa introdução precoce ao poder da perspectiva em primeira pessoa foi uma lição para Calígula: um de seus primeiros atos como *princeps* foi viajar, durante uma grande tempestade, para as ilhas desertas onde sua mãe e seus irmãos foram executados a fim de recuperar suas cinzas e sepultá-las novamente, no Mausoléu de Augusto em Roma.[5]

A promoção de Cláudio por Calígula ao posto de cônsul, como seu colega no verão de 37 d.C., era parte integrante desse mesmo sistema de mensagens.[6] Ao mostrar deferência ao tio que havia sido tão peremptoriamente deixado de lado pelo regime anterior, Calígula se distanciava do impopular Tibério e se vinculava ainda mais de perto ao legado reverenciado de seu pai. A posição melhorada de Cláudio na corte fez com que Messalina, aos 18 anos, fosse lançada nas entranhas de um contexto que já começava a se revelar bastante extraordinário.

O casamento de Messalina se seguiu à segunda onda de festas infindáveis que dominaram o primeiro ano do reinado de Calígula. Durante o verão e o outono de 37 d.C., o imperador presidiu celebrações em uma escala sem precedentes. No final de agosto, para marcar a inauguração do Templo do Augusto Deificado, durante muito tempo adiada, Calígula promoveu sessenta corridas de cavalos em dois dias, programas de peças teatrais que se estendiam até bem tarde da noite, com os palcos iluminados por tochas, e jogos que compreendiam a caça e o abate de cerca de oitocentos animais selvagens – metade deles ursos e a outra metade animais exóticos, importados dos desertos da Líbia.[7] Nessas ocasiões, Calígula cumpria o papel de participante e de anfitrião. Observadores senatoriais comentavam com horror que o imperador se comportava como alguém da multidão, incentivando abertamente sua equipe preferida na biga, os Verdes, e cantando as canções de suas peças favoritas. Mas o povo amava isso.[8]

O imperador deixou claro durante esse primeiro verão que sob os *seus* auspícios a busca de prazer deveria ser levada a sério. Pela primeira vez, os senadores tiveram permissão para se sentar sobre almofadas no teatro e usar chapéus para se proteger do sol. Essas medidas sinalizavam que, se Calígula estava promovendo peças que duravam até bem tarde da noite, ele esperava que seus senadores aguentassem firme e as assistissem até bem tarde da noite. Ao contrário do austero Tibério, que odiava corridas e não fazia nada além do mínimo necessário quando o assunto era a provisão das festividades populares, era evidente que o novo imperador acreditava que entreter a corte e o público não era meramente um direito imperial, mas um *dever* imperial. Na escala dessas festividades, Calígula exibia um interesse nascente na construção de experiências sensórias tão arrebatadoras e exóticas que beiravam o surreal.

Mesmo antes de se casar com Cláudio, Messalina teria provavelmente frequentado ao menos alguns dos grandes eventos que se seguiram à ascensão de Calígula. Houve dois banquetes, provavelmente em agosto de 37 d.C. – durante o consulado de Cláudio –, nos quais Calígula deu de beber e comer a todas as ordens senatoriais e equestres, na companhia de suas esposas e filhos. Messalina, com seu padrasto senador, estaria entre os convidados, experimentando a vasta gama de pratos colocados sobre cada uma das mesas e recebendo um dos caros lenços escarlate e púrpura tíria que Calígula distribuiu às mulheres e crianças como lembrança da festa.[9]

Se Messalina compareceu a outros eventos naquele verão – teatro, corridas, jogos gladiatórios, brigas de animais e concertos –, pode ter se assombrado com a proeminência peculiar das irmãs do imperador. Teria sido fácil para Messalina observar essas três princesas – Agripina, a Jovem, de 21 anos; Drusila, de 20; e Júlia Lívila, de 19 – sentadas no camarote imperial ao lado do irmão. O direito de se sentar nesse lugar de distinção ostensiva em geral não era concedido às mulheres, e elas o obtiveram especialmente como parte de um conjunto de homenagens oferecido às três irmãs por seu irmão pouco após sua chegada ao poder. Elas também receberam direitos legais extraordinários como Virgens Vestais, e o povo recebeu a ordem de incluí-las nos juramentos de lealdade que fazia ao imperador. Mesmo os cônsules deviam introduzir novas moções no Senado com as palavras "fortuna e boa sorte para Caio e suas irmãs".[10]

Sentadas no camarote enfeitado do imperador, as irmãs de Calígula devem ter parecido a Messalina um grupo com um glamour extraordinário. Seus rostos agora eram famosos. Imediatamente depois de Calígula chegar ao poder, imagens das meninas proliferaram no império;

cidades encomendaram representações delas em mármore e bronze, enquanto Calígula cunhou moedas retratando-as como personificações divinas de "Segurança", "Paz" e "Prosperidade".[11] Só uns poucos anos mais nova que as irmãs imperiais e ocupada com os preparativos finais de seu casamento, que se aproximava, Messalina talvez tenha assistido à veloz e vertiginosa promoção dessas três jovens, de cuja família ela logo faria parte, com uma curiosidade singular.

A devoção de Calígula a suas irmãs extrapolava a mera aparência. Suetônio afirma que, quando ele ficou gravemente enfermo, no inverno de 37 d.C., foi Drusila que Calígula nomeou como herdeira do seu *imperium*. Não é possível que Calígula tivesse a esperança de que Drusila governaria em nome próprio (apesar de todos os contorcionismos constitucionais dos últimos cinquenta anos, uma coisa dessas permanecia inconcebível do ponto de vista legal). Em vez disso, pode ser que a intenção dele fosse que o marido dela, Emílio Lépido – favorito de Calígula e, segundo boatos, seu amante –, governasse até o momento em que os futuros filhos de Drusila pudessem tomar as rédeas do poder.[12]

Mesmo assim, a decisão de Calígula foi extraordinária, totalmente sem precedentes na história romana. Rumores logo começaram a circular sobre uma relação incestuosa entre o imperador e sua irmã. Dizia-se até mesmo que a avó deles, Antônia, a Jovem, uma vez os flagrara no ato quando os dois ainda eram menores e moravam sob o teto dela.[13] Esse boato ficava ainda mais interessante: Antônia (mãe de Cláudio e avó de Calígula) tinha morrido menos de dois meses depois do início do reinado do novo imperador, e dizia-se que ela havia discutido com Calígula sobre um assunto desconhecido pouco antes de sua morte. Suetônio registra rumores da época de que o imperador a envenenara, enquanto Dião Cássio especula sobre um suicídio forçado.[14]

É claro que não podemos excluir a possibilidade de que a relação entre Calígula e sua irmã mais jovem fosse sexualmente abusiva. Ainda assim, é muito fácil reconstruir os canais pelos quais um rumor infundado de incesto poderia ter se enraizado. O incesto constituía um dos grandes tabus que a sociedade romana tinha a oferecer – era "nefando", "sacrílego", uma violação da natureza e das leis dos céus. Nesse contexto, a acusação de incesto oferecia provas imediatas do descaso tirânico de Calígula pelas leis e costumes de seus antepassados. A associação entre incesto e tirania no pensamento romano era intensificada pelo conhecimento da prática de casamentos incestuosos entre algumas dinastias reais do Oriente, mais notavelmente no Egito, onde os Ptolomeus usavam o casamento entre irmão e irmã para "purificar" a linha sanguínea e associar os governantes com os deuses mitologicamente incestuosos. Alegações de incesto sugeriam que o imperador nutria um descaso pelos princípios mais profundamente sustentados de seu próprio povo e um desejo de transformar a si mesmo em um extravagante e absolutista rei do Oriente.[15]

Talvez ainda mais significativa para que essas acusações fossem feitas contra Calígula e Drusila fosse a conexão inextricável na psique romana entre poder feminino e sexualidade feminina. Que a ascensão extraordinária de Drusila ao poder inspirasse boatos de uma relação de natureza sexual entre ela e seu irmão não surpreende; os romanos apenas presumiam que ela provavelmente chegara ao topo usando o sexo. Essas mesmas angústias sobre a conexão entre sexo e poder mais tarde perseguiriam a própria Messalina.

Em janeiro de 38 d.C., ano do casamento de Messalina, Calígula já estava recuperado da doença. O quase encontro do imperador com a morte pôs fim à alegria incessante que deu cor aos primeiros oito meses de seu reinado. Ou pela súbita e aguda percepção de sua própria vulnerabilidade ou se movendo para tirar vantagem do fato de que sua doença mergulhara a corte em uma atmosfera de confusão e angústia, Calígula usou sua melhora como oportunidade para uma reestruturação.

O primeiro a ser posto para fora foi Tibério Gemelo, neto do último imperador e único rival viável de Calígula na Casa de César. Calígula acusou Gemelo de conspirar contra ele e ordenou seu suicídio. Gemelo, que só tinha 18 anos, precisou perguntar ao centurião presidente onde deveria enfiar a faca para garantir que o ferimento fosse mortal. O filósofo judeu Fílon, que esteve presente na corte imperial meros dois anos depois, como parte de uma representação da comunidade judaico-alexandrina, comentou: "Tendo recebido sua primeira e última lição, ele foi forçado a se tornar seu próprio assassino, pobre menino!".[16] Suicídios semelhantes foram demandados do prefeito pretoriano Macro – acusado de ter se gabado de seu papel em assegurar a ascensão de Calígula, "fui eu, Macro, que fiz Caio [Calígula], eu sou seu progenitor mais ou não menos que seus pais" – e de Silano, um outrora aristocrático mentor do imperador.[17]

Suetônio alega que Cláudio também estava implicado e foi "poupado apenas como material para zombaria".[18] Na verdade, a posição de Cláudio estava perfeitamente protegida no início de 38 d.C. Ele não desfrutara de nenhum poder sob Tibério, devia sua elevação inteiramente a Calígula e, perto dos 50 anos, celebremente enfermo e apenas havia pouco tempo senador, parecia não oferecer nenhuma ameaça real ao sobrinho. De fato, se aqueles primeiros meses voláteis do ano tiveram algum efeito sobre Cláudio, foi o de confirmar sua nova posição na corte, uma posição que seria consolidada por seu casamento com a altamente valorizada Messalina, mais tarde naquele ano.

Se Messalina detectou alguma angústia residual na corte imperial nos meses que se seguiram a seu casamento, isso dificilmente a consumiu. É provável que, afinal de contas, estivesse ocupada demais, familiarizando-se com o novo marido e com aquilo que era, em essência, um novo emprego. Cláudio mantinha ao menos três residências: uma casa em Roma, uma propriedade próxima à cidade e uma vila na baía de Nápoles, cada uma com um contingente significativo de escravos. A responsabilidade por sua gestão cairia agora sobre sua noiva adolescente. Os deveres de Messalina não eram puramente domésticos: também seria de esperar que desempenhasse o papel de socialite e anfitriã, cultivando o tipo de conexão social que melhorasse a nova posição de seu marido na corte.

Uma tragédia naquele mesmo ano exigiria mais da atenção dos recém-casados: em 10 de julho, Drusila morreu.[19] O pesar de Calígula pela perda da irmã preferida foi intenso. Um período de luto público, exigindo a cessação de todos os assuntos públicos e de todos os divertimentos privados, foi declarado e aplicado com mão de ferro. Todos os julgamentos e reuniões foram adiados; os divertimentos foram cancelados sem exceção; as termas foram fechadas; o riso foi proibido. Um vendedor de rua que vendia água morna do tipo que se costumava misturar ao vinho foi acusado de traição e executado.[20]

Calígula concedeu à memória de Drusila homenagens sem precedentes. Uma festa abundante, quase religiosa, com banquetes para o

Senado e os equestres, seria oferecida todos os anos para marcar seu aniversário. Um retrato seu em ouro seria instalado dentro do Senado, e outra estátua, igual em altura à própria estátua de culto de Vênus Genetrix, seria erguida no templo dessa matriarca mitológica da dinastia juliana.

Astutamente adivinhando a direção dos pensamentos de Calígula, um senador declarou, jurando pela vida de seus filhos, que tinha visto Drusila subir aos céus e falar diretamente aos deuses. A aposta lhe rendeu 1 milhão de sestércios, e Drusila foi prontamente deificada, tornando-se a primeira mulher na história romana a se unir às fileiras dos imortais.* Drusila teria um templo, do qual se ocuparia um novo colegiado de vinte sacerdotes, tanto homens como mulheres, e sempre que as mulheres fizessem um juramento seria pela deificada Drusila. Por ordem de Calígula, templos a Drusila brotaram por todo o império, venerando-a ou como "a Nova Afrodite" ou como "Panteia" – "a deusa de tudo".[21] O Egito foi mais longe, renomeando um mês de "Drusilleios" em sua memória.[22]

Antes de 38 d.C., a mulher mais honrada na história romana tinha sido Lívia, esposa de Augusto: uma mulher de Estado mais velha, morta aos 86 anos e matrona de virtude sexual impecável, que fez da tecelagem das togas do marido um espetáculo público. Esse lugar agora era ocupado por Drusila: uma mulher provavelmente de menos de 22 anos, perseguida por rumores de adultério e incesto. Era uma guinada que a adolescente Messalina pode ter notado.

Pode ter sido um alívio para Messalina e outros cortesãos quando o enlutado Calígula se retirou da cidade. Primeiro ele foi para as Colinas Albanas, fora de Roma, e depois, quando percebeu que sua tristeza o acompanhara até lá, viajou para o sul pela costa, até a baía de Nápoles, antes de cruzar o mar para a Sicília. A corte recebeu relatos preocupantes sobre seu comportamento: ele tinha deixado o cabelo e a barba crescer e se entregara completamente ao vinho e ao jogo.[23] Esses relatos não eram totalmente justos: Calígula estava na Sicília devido a assuntos imperiais oficiais, inspecionando alguns projetos de obras públicas.[24] Contudo,

---

* Júlio César e Augusto tinham sido deificados após a morte, mas essa honraria nunca fora concedida a uma mulher.

enquanto as cidades sicilianas celebravam o imperador como um patrono cívico, Roma continuava a encarar a ausência do imperador como sinal de uma tristeza egoísta, descontrolada e nada romana.

Quando Calígula regressou a Roma no outono, mergulhou, levando consigo sua corte, em uma vida definida mais do que nunca pelo prazer, pelos gastos e pela excitação do escandaloso. Os jantares (para os quais agora Messalina devia ser convidada) ficavam cada vez mais exagerados, e aos convidados eram servidos "pães" e "peças de carne" feitos em prata ou ouro maciços.[25] Em uma ocasião, diz-se que os divertimentos de uma única noite custaram 10 milhões de sestércios.[26] Plínio, o Velho, recordaria mais tarde ter visto Lolia Paulina, uma herdeira famosa por sua beleza, com quem Calígula se casara no verão daquele ano, em uma festa de noivado casual, resplandecente, à luz das lamparinas, com joias que valiam 40 milhões de sestércios – quarenta vezes a qualificação de posses totais necessária para ser membro do Senado. "Ela estava cingida de esmeraldas e pérolas", ele relembrou, "ora entrelaçadas, ora brilhando por toda a sua cabeça, nos cachos e tranças de seus cabelos, nas suas orelhas, ao redor do pescoço e em seus dedos."[27]

Calígula não era do tipo que se deixava superar pela esposa. O imperador surgia em suas festas adornado, segundo Suetônio, "não como romano, nem como cidadão; nem mesmo como homem, e, por fim, não como mortal". Em uma noite exibia o vestido de seda de uma mulher, com pilhas de braceletes e sapatilhas refinadas; na seguinte, vestia o traje especial cerimonial de um general triunfante, embora nunca tivesse estado em campanha; na outra, como pôde testemunhar o embaixador contemporâneo Fílon, assumia o disfarce de um herói ou de um deus – Hércules, Diana, Mercúrio, Juno, Apolo, Marte, ou Vênus, a amante de Marte, Netuno, Dionísio e, por fim, Zeus.[28] Calígula estava brincando de fantasia com tabus sagrados de gênero, política e religião.

A corte de Calígula foi construída sobre o consumo ostensivo. Suetônio afirma que Calígula torrou quase 3 bilhões de sestércios herdados do parcimonioso Tibério em "menos que a virada de um único ano".[*,29] Rica como sempre tinha sido e casada com um príncipe imperial como

* Dião dá a ele dois anos de esbanjamento, mas o resultado continua o mesmo.

era agora, Messalina não teria sido capaz de acompanhar uma mulher como Lolia Paulina. Cláudio foi ignorado tanto no testamento de Augusto como no de Tibério: o montante total que recebeu como herança de Augusto foi de pouco mais de 800 mil sestércios; de Tibério, 2 milhões.[30] Essas heranças, mesmo somadas, não chegavam a um décimo do valor do conjunto de diamantes e esmeraldas de Lolia. Apesar de ter herdado ao menos três propriedades de seu pai – e de ter possivelmente recebido uma parte das posses da mãe após sua morte, em 37 d.C. –, o fluxo de caixa permanecia problemático. Quando Calígula demandou que o tio se unisse aos sacerdotes de seu próprio culto – ou, mais provavelmente, o culto de seu *numen* ou *genius* –, em 40 d.C., Cláudio se viu forçado a tomar um empréstimo no valor da taxa de entrada, de 8 milhões de sestércios, oferecendo como garantia, e depois perdendo, uma parte de suas propriedades.* As pressões para que acompanhasse Calígula tinham levado Cláudio à falência.[31]

Messalina era independentemente rica. Ela teria herdado uma fortuna significativa após a morte do pai e pode ter recebido mais fundos de sua mãe e de outros familiares para suplementar seu dote. A maior parte de suas propriedades teria permanecido sob seu controle mesmo após o casamento, e, portanto, ela não teria sido atingida pela falência de Cláudio, mas, ainda assim, a crise financeira pode ter provocado alguma tensão no lar.**[32] Messalina pode muito bem ter se ressentido de uma

---

* A adoração do *genius* – a natureza divina possuída por cada pessoa – do imperador ou seu *numen* (nome) era um compromisso já estabelecido sob Augusto para uma cidade ainda não inteiramente confortável com a ideia de adorar um homem vivo. Tibério, por exemplo, parece ter consagrado um altar ao *numen* de Augusto enquanto o imperador ainda estava vivo – talvez por ocasião de sua adoção, em 4 d.C., ou de seu triunfo, em 9 d.C.

** Como tanto seu pai quanto seu avô paterno estavam mortos, Messalina era *sui iuris* e podia ter propriedades em seu próprio nome. Como era o costume nesse período, ela provavelmente se casou com Cláudio *sine manu*, o que significava que suas propriedades não passavam para o nome ou o controle do marido. Decisões importantes sobre a venda de propriedades de uma mulher *sui iuris* estavam oficialmente sujeitas a um guardião do sexo masculino conhecido como *tutor muliebrum*, mas, em meados do século I d.C., o controle desses guardiões era cada vez mais limitado: as mulheres podiam recorrer aos tribunais para forçar seu tutor a agir de acordo com os desejos delas ou até mesmo solicitar a troca do tutor. Na prática, Messalina provavelmente administrava suas propriedades sozinha, por meio de uma hierarquia de escravos e libertos. Seu dote estava legalmente sob o controle de Cláudio, mas as convenções culturais viam com maus olhos a venda por parte dos maridos de propriedades que fizessem parte dos dotes de suas esposas para saldar dívidas pessoais.

situação que exigia que sustentasse o marido mais velho com os rendimentos de sua própria herança; ele pode ter ficado desconfortável com qualquer arranjo que o deixasse financeiramente dependente da esposa; e, se limites foram impostos aos gastos habituais da família após a inadimplência em 40 d.C., eles teriam frustrado as tentativas de Messalina de deixar sua marca em uma corte ostensivamente extravagante. Além disso, como mais tarde ficaria claro, o gosto pessoal de Messalina pelo luxo material e pelas coisas belas era cada vez maior.

Os banquetes sem fim financiados todas as noites pelo combalido tesouro imperial ofereciam a Calígula a arena perfeita para sua propensão à mistura de prazer e dor. Em uma ocasião, ele executou o filho de um homem e convidou o pai para ficar para o jantar após o evento, demonstrando para com ele toda a atenção assídua de um anfitrião, contando piadas e esperando que ele risse. Em outra noite de particular esbanjamento, conta-se que Calígula se pôs a gargalhar de repente. Quando os cônsules presidentes imploraram que lhes contasse o motivo da graça, o imperador respondeu: "O que vocês acham? Exceto que, com um único aceno meu, a garganta de vocês dois seria cortada imediatamente?".[33]

Cláudio era o alvo perfeito para os comentários maldosos mais casuais de Calígula durante os jantares. Se se atrasava, Cláudio precisava brigar por um lugar à mesa. A despeito de sua precedência nominal, ninguém do grupo abria espaço para ele, forçando o tio do imperador a uma humilhante caminhada em volta da sala de jantar em busca do último divã disponível. Se, como era comum, Cláudio caísse em um sono pós-prandial, os convivas o acertavam com caroços de tâmara e azeitona, os bobos da corte o acordavam com um chicote ou algum engraçadinho colocava suavemente sapatilhas em suas mãos e esperava que ele acordasse e esfregasse os olhos com elas.[34]

Messalina teria frequentado muitos desses jantares, assistindo-os cair em uma espiral de excessos.* Se Messalina – brigando por um divã com

* Ao contrário dos gregos, os romanos sempre acharam que incluir as mulheres deixava as festas melhores. No final dos anos 30 a.C., o escritor Cornélio Nepos comentou sobre quão bizarra parecia para os observadores romanos a segregação de sexos pelos gregos. "Quem

Cláudio e sentindo o vento do chicote do bobo reclinada ao lado dele – ria junto com os abusadores de seu marido ou se sentia humilhada por associação, é impossível dizer.

Sem surpresas, os rumores sobre as extravagâncias e o sadismo psicológico de Calígula se entrelaçavam aos rumores sobre sua depravação sexual. Ele era conhecido por andar em más companhias; jantava nos estábulos de sua equipe preferida com os condutores das bigas e socializava com os atores, cumprimentando-os com beijos no teatro.* Também se falava de casos homossexuais.[35] Esses não seriam necessariamente vistos como uma aberração em si se um dos supostos amantes de Calígula não fosse seu cunhado Emílio Lépido. Ou se outro deles, o jovem aristocrata Valério Catulo, não tivesse alegado ter assumido, no encontro, o papel de penetrador (e, portanto, classicamente masculino). Ou se um terceiro – o belo Mnester, que depois seria executado por seu flerte com Messalina – não fosse um dançarino. Os antigos rumores de incesto voltaram a mostrar suas caras feias, e Calígula agora era acusado de levar para a cama suas duas irmãs sobreviventes, Agripina, a Jovem, e Júlia Lívila.[36]

O prazer que Calígula evidentemente derivava de observar a humilhação dos outros parece realmente ter contaminado sua vida sexual. Quando se inclinava para beijar o pescoço de seu mais recente interesse amoroso, ele gostava de usar a oportunidade para sussurrar: "Esta linda cabeça pode ser cortada assim que eu der a ordem".[37] Calígula tinha um grande número de amantes aceitáveis a sua disposição: atrizes, dançarinas, escravas e prostitutas, mulheres cuja honra sexual, e mesmo sua autonomia corporal, era vista como estando fora da proteção da lei, mas Suetônio afirma que ele gostava mesmo era de macular e rebaixar as esposas da elite romana.

---

entre os romanos tem vergonha de levar a esposa a um jantar? E que dama da casa não faz a corte nas salas de recepção em seu próprio lar ou se mostra em público?" Nepos, *On the Great Generals of Foreign Nations*, prefácio, 6-7.

* Tanto os condutores das bigas como os atores eram vistos como os mais reles entre os reles na sociedade romana. Junto às prostitutas e às adúlteras condenadas, eram classificados como *infames* – um grupo de cidadãos cujos direitos e proteções legais eram limitados devido a sua manifesta imoralidade.

Ele em geral convidava mulheres nobres para jantar com seus maridos e, quando elas passavam diante do seu divã, ele costumava inspecioná-las, devagar e deliberadamente, como se estivesse comprando um escravo, até mesmo erguendo seu rosto com a mão, se ela o tivesse baixado por modéstia. Então, tão frequentemente quanto desejava, e quem quer que o tivesse agradado mais era chamada a se juntar a ele, ele deixava a sala de jantar. Retomando seu lugar um pouco depois, marcado por todos os sinais da paixão vigorosa, ele descaradamente elogiava ou criticava sua parceira, enumerando cada aspecto, bom ou mau, do seu corpo e da sua técnica sexual.[38]

O imperador demonstrava só um pouco mais de respeito pelas mulheres com as quais tinha sido casado. A primeira esposa de Calígula morreu sem deixar filhos antes que ele chegasse ao poder, e, então, entre 38 e 39 d.C., ele se casou com outras três em uma rápida e desastrosa sucessão. Seu casamento com a segunda esposa, Lívia Orestila, aconteceu *durante* o casamento dela com outro homem. Reclinado em frente ao alegre noivo no banquete de casamento, ele teria se virado para ele e dito: "Não se deite com minha esposa", antes de ordenar que a noiva fosse levada para a casa dele. Não era um início que prenunciasse felicidade conjugal. Em poucos meses o casamento azedou, e Calígula, suspeitando de que Orestila estivesse mantendo relações com seu marido original, ordenou que o casal fosse banido.[39]

A terceira esposa de Calígula, Lolia Paulina, famosa por sua fortuna e beleza, foi trazida das províncias orientais, onde seu então marido estava comandando os exércitos de Calígula, e se casou com o imperador mais tarde naquele mesmo ano. Logo surgiram suspeitas de que Lolia fosse infértil, e o divórcio ocorreu na primavera de 39 d.C.[40]

Calígula não correu esses riscos com sua quarta esposa. Milônia Cesônia estava ao menos grávida de Calígula, e pode ser até que já tivesse tido a criança, quando se casou com o imperador, no final de 39 d.C.[41] A nova imperatriz não era nem bela nem jovem, e ainda assim exercia sobre Calígula um poder estranho. Suetônio acusa Cesônia de usar poções do amor, e o controle que ela exercia sobre ele parece ter incomodado até mesmo o próprio Calígula: diz-se que ele ameaçou repetidas vezes mandar torturá-la até ela revelar o que fizera para enfeitiçá-lo tão completamente. O par, ao que parece, era bastante compatível em suas tendências. Cesônia era uma mulher, afirma Suetônio, de um "luxo e devassidão ruinosos". Suetônio também a descreve cavalgando ao lado de Calígula em inspeções militares, cruzando as fronteiras do gênero ao trajar o manto, o capacete e a lança do soldado, e ao surgir nua, atendendo às instruções do imperador, diante de encontros com seus amigos.[42]

Histórias sobre sexo e imperadores são sempre um pouco suspeitas; relatos sobre o que acontece atrás de portas fechadas são difíceis de desmentir, e são os boatos mais lascivos (como aconteceria com Messalina) que tendem a se espalhar cada vez mais rápido. É impossível saber se Calígula realmente aliciava as esposas de seus cortesãos e, em caso afirmativo, se Messalina alguma vez sentiu que corria o risco de ser escolhida. Mas Calígula certamente engravidou Cesônia – uma mulher casada das fileiras senatoriais com três filhas de seu primeiro marido – bem antes do casamento. No primeiro ano de seu casamento, Messalina pode ter acabado acreditando que um adultério breve e discreto talvez fosse tolerado nos escalões mais altos da corte de Calígula.

Durante a primavera de 39 d.C., enquanto a grávida Cesônia começava a consolidar sua posição no coração de Calígula, Messalina teria se unido ao resto da corte na baía de Nápoles. Lá, ficava na vila que pertencia a Cláudio e desfrutava das oportunidades de entretenimento.

Calígula possuía barcaças de lazer construídas para o divertimento na água. Suetônio descreve "popas ornamentadas, velas de muitas cores, vastos banhos termais, pórticos e salões de banquete arejados, e mesmo uma grande variedade de vinhas e árvores frutíferas".[43] Poderíamos pensar que essa descrição é na verdade uma hipérbole se duas dessas barcaças de lazer, com inscrições com o nome de Calígula, não tivessem sido descobertas afundadas em um lago conhecido como "espelho de Diana", perto da vila do imperador, nos arredores de Roma. Cada uma dessas embarcações tinha mais de sessenta metros de comprimento, e paredes e pisos decorados com mosaicos e incrustações de mármore colorido. A bordo de um dos barcos, um templo com pórtico e colunas de mármore canelado era decorado com frisos esculturais. O outro era mobiliado com toda a parafernália para banquetes. A água para uma banheira flutuante era aquecida por um hipocausto e fluía de torneiras de bronze. Os ladrilhos do teto do templo, os pórticos e as salas de jantar eram banhados a ouro.[44]

Na Campânia, o grupo, e Messalina talvez frequentemente entre os membros dele, passava longos dias ocioso em embarcações como essas, percorrendo a costa, entretidos por dançarinos e músicos, deitando-se para jantares cedo e só os deixando bem tarde da noite.

Contudo, Calígula tinha em mente um projeto mais ambicioso naquele verão: tinha crescido nele o desejo de fazer um tipo de ponte sobre a baía e atravessar suas águas em uma espécie de falso triunfo. O desfile que resultou disso seria um dos mais surreais e extravagantes em toda a história de Roma.[45]

Navios, construídos ou requisitados, foram ancorados em uma linha dupla cruzando toda a baía, desde Baia até Putéolos – uma distância de cerca de 3,5 quilômetros. A fileira de barcos foi então coberta com terra batida e transformada em uma imitação da Via Ápia, com alojamentos e paradas abastecidos com água doce corrente. Quando os preparativos acabaram, Calígula – vestindo o que ele afirmava ser o peitoral de Alexandre, o Grande, e um manto de campanha de seda dourada ou púrpura, bordado com pedras indianas – abordou a ponte a cavalo em Baia. Fez sacrifícios a Netuno e Invidia e, à frente de um grande comboio de soldados, liderou uma carga a cavalos na direção de Putéolos.

No dia seguinte, ele voltou em uma biga conduzida por um grupo de cavalos de corrida, seguida por um fluxo de cortesãos – Messalina e Cláudio quase certamente entre eles – em trajes floridos. Atrás deles vinha a Guarda Pretoriana, seguida pelos reféns e os espólios de um triunfo, e, por fim, o público geral. Quando chegou ao centro da ponte, ele subiu em um estrado e se dirigiu a suas "tropas". Distribuiu dinheiro e os elogiou por sua bravura, pelas dificuldades e riscos que tinham corrido e por seu milagroso sucesso ao cruzar o mar a pé. A companhia então festejou sobre a ponte e em barcos ancorados ao redor. Milhares de tochas foram acesas nas colinas que circundavam a costa, iluminando o semicírculo da baía como se ele fosse um teatro. Seria uma vista extraordinária para qualquer um, mas deve ter marcado particularmente uma jovem como Messalina.

De certa forma, é claro, a baía *era* um teatro – e a peça ainda não tinha terminado. Uma vez o grupo bem alimentado e abastecido com o que Dião Cássio descreve como "bebidas boas e fortes", Calígula começou a atirar alguns de seus convivas da ponte, empurrando quem quer que tentasse agarrar os lemes de volta para a água com remos e croques. Quando se cansou disso, usou um barco rápido com um rostro afiado para afundar algumas das embarcações que tinham ancorado perto da ponte para o banquete.

As explicações para os atos de Calígula variam bastante de acordo com as fontes (e mesmo em uma mesma fonte). O historiador judeu Flávio Josefo vê o projeto como um sinal tanto da loucura do imperador como de sua aspiração à divindade; Sêneca, de sua loucura e de suas aspirações à tirania ao estilo do Leste.* Para Dião Cássio, a intenção de Calígula era que o evento fosse uma crítica à insuficiência do triunfo tradicional de estilo republicano. Suetônio sugere que ele buscava se equiparar aos reis persas Xerxes e Dario, que tinham (no curso de campanhas militares) construído pontes semelhantes através do Helesponto e do Bósforo; ou que ele esperava que as notícias de seu feito assustassem as tribos britânicas e germânicas, fazendo-as se submeter. No entanto, Suetônio também oferece outra explicação, transmitida a ele por seu avô, que devia estar vivo quando do evento: Tibério, preocupado com a capacidade de Calígula de governar, havia consultado um astrólogo que previu que o menino tinha mais chances de cruzar a baía de Nápoles a cavalo do que de se tornar imperador. Calígula queria desesperadamente mostrar seu equívoco nas duas instâncias.[46]

Quaisquer que tenham sido as motivações exatas de Calígula, a ponte, e seu fim violento, não foram o resultado de uma loucura irracional. De fato, ela se encaixa perfeita e logicamente no programa mais

---

* Josefo escreveu sob os imperadores flavianos (a dinastia que se seguiu à dos júlio-claudianos) nos anos 70, 80 e 90 d.C. Judeu nascido na Judeia, sua extraordinária história de vida o viu assumir um importante papel na luta contra os romanos na Grande Revolta Judaica que eclodiu em 66 d.C., como governador militar da Galileia. Capturado e escravizado em 67 d.C., ele se aproximou de seus captores romanos, os futuros imperadores Vespasiano e Tito. Após a guerra, foi posto em liberdade e ganhou a cidadania romana, uma casa em Roma, terras na Judeia e uma pensão imperial – foi nesse momento que se voltou para a escrita histórica.

amplo de suas mensagens políticas. Calígula sabia que o que as pessoas mais temiam em um governante absoluto – de fato, a coisa que *definia* um governante absoluto – não era o poder de punir violentamente, mas arbitrariamente. Em público e em privado, na cama e nos jantares, Calígula gostava de lembrar a seus súditos que eles estavam inteiramente *sujeitos* a qualquer oscilação de seus caprichos. No verão de 39 d.C., suas ações na baía de Nápoles foram o teste supremo de sua teoria: primeiro, Calígula concebeu uma ambição aparentemente irracional; depois, transformou-a em uma realidade extraordinária, surreal. Mimou seus convidados com um banquete para os sentidos e os fez se sentirem seguros com a música e o vinho. Finalmente, e sem nenhum aviso, demonstrou seu poder arbitrário e imediato sobre a vida e a morte deles.

É impossível exagerar a intensidade do ambiente no qual Messalina passou os primeiros anos de sua vida conjugal – e no qual ela fez seu aprendizado na política de corte. Esse era um mundo de constante sobrecarga sensorial; de luxo, prazeres físicos, exibição e de um consumismo competitivo e ostensivo, que Messalina e Cláudio acompanhavam com dificuldade. Era também um mundo voltado inteiramente aos caprichos arbitrários de seu líder. Era um mundo de sadismo, humilhação, assédio sexual, intriga na corte imperial e boataria no Fórum. Talvez mais perigoso que tudo, era um mundo de angústia sem trégua.

VII

O REI ESTÁ MORTO, VIDA LONGA AO REI

> "Ele costumava dizer que a condição do *princeps* era das mais miseráveis, pois, qualquer que fosse a conspiração que viesse a descobrir, jamais acreditariam nela até que ele já tivesse sido morto."
>
> Suetônio, *Vida de Domiciano*, 21

Setembro pôs um fim abrupto na temporada social de verão de 39 d.C. Os primeiros dias do novo mês viram a deposição dos cônsules incumbentes por ordem de Calígula; seus *fasces*, isto é, os símbolos de sua autoridade constitucional, foram quebrados, e um deles foi levado ao suicídio.[1] Então, Calígula anunciou, subitamente, sua intenção de viajar de imediato para o norte, através dos Alpes para o Reno.

Uma expedição para o norte parecia estar nos planos havia algum tempo: Suetônio menciona o recrutamento de novas legiões e grande número de soldados auxiliares. Todos os imperadores anteriores tinham se provado em batalhas, em maior ou menor grau, e Calígula provavelmente sentia a memória do heroísmo de seu pai e de seu avô pesar sobre seus ombros.

No entanto, o momento de sua partida foi repentino, e a marcha foi empreendida a um ritmo notável. Os pretorianos foram obrigados a deixar o orgulho de lado e amarrar seus estandartes nas costas de animais de carga para não ficarem para trás. As cidades que ladeavam o caminho receberam a ordem de molhar as estradas para evitar que nuvens de poeira subissem e reduzissem o ritmo de cavalos e homens. Atrás de Calígula e seus soldados se arrastava um longo séquito de acompanhantes: gladiadores, atores e um círculo mais próximo de cortesãos, incluindo as irmãs do imperador, Agripina e Júlia Lívila, e o viúvo de Drusila, Emílio Lépido.[2] Cláudio e Messalina – provavelmente com sua primeira gravidez começando a aparecer – ficaram em Roma.*

A justificativa oficial para a expedição de Calígula para o norte foi a pacificação das tribos germânicas, que, como resultado da falta de disciplina entre as legiões da fronteira, estacionadas por tempo demais sob o mesmo governador leniente, começavam a fazer incursões cada vez mais frequentes em territórios romanos. No entanto, perto do final de outubro, a confirmação de um ímpeto bastante diferente – e que explicava melhor o anúncio repentino e o ritmo inédito da viagem de Calígula – chegou aos ouvidos de Messalina e Cláudio em Roma. O governador de longa data da Germânia Superior, Cneu Cornélio Lêntulo Getúlico, tinha sido executado, não por causa de sua negligência com a disciplina, mas devido a uma conspiração contra o imperador.[3]

No final de outubro, sacerdotes em Roma faziam sacrifícios em gratidão aos deuses – "pelos execráveis ardis de Cornélio Lêntulo Getúlico contra Caio Germânico [Calígula] terem sido descobertos" –, mas o assunto estava longe de terminar.[4] Getúlico já havia dado provas de que era um astuto operador político. Tinha sobrevivido à queda de Sejano, de quem era próximo, enviando a Tibério ameaças veladas a respeito da força do apoio a ele entre as legiões sob seu comando.[5] É possível que a crise que se seguiu tenha sido o resultado de uma última tentativa malsucedida de salvar o próprio pescoço.

---

* Existe alguma confusão quanto ao ano de nascimento de Cláudia Otávia, primeira filha de Messalina. Tácito afirma que ela teria morrido aos 20 anos em 62 d.C. (*Anais*, 14.64), mas isso faria dela extraordinariamente jovem no momento de suas núpcias com Nero, em 53 d.C. (Tácito, *Anais*, 12.58; Cassio Dião, 60.33.11). Mais convincentemente, Suetônio (*Vida de Cláudio*, 27) a apresenta como mais velha que seu irmão Britânico (nascido em fevereiro de 41 d.C.), e uma moeda alexandrina de 41 d.C. retrata Messalina segurando imagens de *duas* crianças, confirmando que Otávia já devia ter nascido quando sua mãe engravidou de seu irmão. O nascimento datado com segurança de Britânico significa que Otávia teria de ter nascido até os primeiros meses de 40 d.C., ao passo que o casamento de seus pais em meados de 38 d.C. significa que ela não pode ter nascido antes de 39 d.C. A datação das núpcias de Otávia com Nero em 53 d.C. e a confusão sobre a ordem de nascimento dos irmãos sugerem uma data de nascimento perto do final desse intervalo, isto é, o inverno de 39/40 d.C.

Outros três conspiradores foram acusados depois da execução de Getúlico: as irmãs de Calígula, Agripina e Júlia Lívila, e o viúvo de Drusila, Emílio Lépido. Houve alegações de que Emílio Lépido tivera casos amorosos com as duas irmãs de sua esposa e que, juntos, os três teriam tramado para assassinar Calígula e instalar no trono, em seu lugar, Emílio Lépido. Rápido se descobriram – ou se fabricaram – provas disso na forma de cartas secretas com caligrafias que supostamente corresponderiam às dos conspiradores. Os três foram condenados por traição perante uma corte imperial reunida apressadamente.

Calígula enviou três espadas – uma para cada um de seus traidores – para o Templo de Marte Vingador em Roma. Foi provavelmente por meio da chegada desses suvenires das viagens de Calígula pelo norte que Messalina ficou sabendo do drama que se desenrolava no Reno naquele inverno. Mais confirmações não demoraram a aparecer na figura da própria Agripina. Calígula ordenou a execução de Emílio Lépido e condenou suas irmãs ao exílio nas mesmas ilhas desertas que tinham testemunhado a morte de sua mãe e avó. Antes, primeiramente, ele enviou Agripina a Roma, exigindo que ela carregasse as cinzas de seu suposto amante a cada passo do caminho.[6] Calígula havia sido um irmão dedicado a Agripina e Júlia Lívila, suas únicas parentes de sangue a sobreviverem à perseguição contra a família, e sua convicção de que elas o haviam traído deve ter sido insuportável. A pena imposta a Agripina foi uma aula magna de humilhação pública e vingança psicológica.

Pode ser que Calígula estivesse paranoico, mas também não é impossível que, no inverno de 39 d.C., Emílio Lépido, Júlia Lívila e Agripina realmente tenham se envolvido em uma conspiração. Essa mesma estação assistiu ao matrimônio de Calígula e Cesônia e ao parto do rebento do imperador, uma filha a quem ele chamou Júlia Drusila, em homenagem a sua irmã morta. Ele adorava a criança, sua primeira e a primeira já nascida de um imperador reinante. Também deixou bem claras suas intenções para a futura proeminência dela: logo depois de seu nascimento, Calígula subiu com Drusila o monte Capitolino e, repousando a criança no colo de uma das estátuas de culto, recomendou-a aos deuses como uma espécie de filha adotiva.[7]

Antes do nascimento de Drusila, os três supostos conspiradores talvez tenham nutrido esperanças de ser ou de parir o próximo imperador.

Com sua mulher como representante, Emílio Lépido tinha sido brevemente nomeado herdeiro de Calígula, no inverno de 37 d.C., e, quando Agripina deu à luz um filho naquele mesmo dezembro, pediu a Calígula que escolhesse um nome para a criança, na esperança de que ele propusesse seu próprio nome, "Caio", como sinal de favorecimento futuro. Percebendo a intenção dela, ele sugeriu "Cláudio", uma piada sarcástica que Agripina rejeitou de pronto.[8] Em vez disso, ela escolheu Nero. Com o nascimento de uma filha para carregar a linhagem do próprio Calígula, e a possibilidade de que ele tivesse mais filhos, o grupo deve ter sentido que, na ausência de uma intervenção rápida e decisiva, essas perspectivas estavam escapando.

As acusações de um adultério triplo são mais duvidosas. Tinha se tornado comum, nos anos iniciais do império, encontrar acusações de cunho político combinadas a acusações de cunho sexual, especialmente aquelas feitas contra mulheres. A própria Messalina viria a utilizar essa estratégia como imperatriz, e, por sua vez, essa mesma estratégia seria usada contra ela. Essas acusações eram claramente interpretadas, mesmo pelos observadores contemporâneos, como ficções politicamente motivadas. As reformas de Augusto da lei do adultério tornaram ilegal que um marido continuasse casado com uma adúltera condenada, ou que uma mulher condenada por adultério se casasse novamente. O retorno de Júlia Lívila para seu marido e o novo casamento da viúva Agripina, logo após a volta das irmãs do exílio, em 41 d.C., provam que elas foram absolvidas das acusações de adultério e de traição.

A queda súbita e pública de Agripina e Júlia Lívila deve ter sido um choque especialmente para Messalina. Eram mulheres só alguns anos mais velhas que ela, a quem ela conhecia pessoalmente, e que tinham sido partes importantes do jogo político palaciano. Talvez tivessem servido de modelo para ela de como se comportar, exercer o poder e sobreviver como mulher na corte de Calígula.

Depois do aparecimento de Agripina em Roma, o Senado recebeu uma carta do imperador. Continha o anúncio oficial de que uma conspiração havia sido descoberta, de que o perigo havia sido contido e seus criadores, punidos. O Senado entrou em ação, elogiando Calígula por sua antevisão, agradecendo aos deuses por seu livramento e aprovando em votação uma triunfante ovação por sua "vitória" sobre os conspiradores. Eles reuniram uma delegação para viajar até o acampamento de inverno de Calígula em Lugduno (a cidade natal de Cláudio) para anunciar suas resoluções ao imperador em pessoa. Evitando o processo regular de sorteio, escolheram especificamente Cláudio para estar na delegação.[9] A manobra se mostraria mal calculada.

Talvez tenha sido perto do momento em que Cláudio deixou a cidade rumo ao norte que Messalina sentiu as primeiras dores do parto. Sua primeira filha, chamada de Cláudia Otávia (em homenagem ao pai e a Otávia, a tataravó que transmitira tanto a Cláudio quanto a Messalina o sangue de Augusto), nasceu mais provavelmente no auge do tumulto e da confusão do inverno de 39/40 d.C.

Messalina deve ter recebido a melhor atenção médica que o império tinha a oferecer. Contudo, em todas as sociedades pré-modernas, o parto era um negócio arriscado. Desde os primeiros sinais, Messalina teria sido atendida por uma equipe de pelo menos três parteiras altamente treinadas.[10] Um médico homem seria chamado para o caso de haver complicações. Escravos domésticos teriam corrido para cima e para baixo em busca de óleo de oliva, água quente, bandagens, cobertores, esponjas do mar amaciadas, travesseiros e tônicos refrescantes: hortelã, maçã, marmelo, melão, cevada, pepino, limão e até mesmo terra recém-escavada. Foi escolhido e aprontado um cômodo: fresco, mas não frio; espaçoso, mas não grande o bastante para que tivesse correntes de ar nas profundezas do inverno romano. Uma cadeira de parto foi trazida e duas camas, preparadas: uma firme e baixa para o parto e a outra macia e repleta de almofadas e cobertores. Nessa segunda cama, Messalina descansaria após parir – se sobrevivesse.

Em sua *Sátira seis*, Juvenal critica as romanas abastadas por sua falta de disposição para arriscar uma gravidez e suportar o parto: "Quase nenhuma se deita em trabalho de parto em um divã dourado", profere ele, com toda a confiança de um homem que nunca precisará passar por isso.[11] Juvenal apresenta isso como prova de declínio moral e negligência dos deveres femininos, mas o medo do parto, de suas dores, complicações e potencial fatalidade, devia ser bem real, especialmente para uma mãe jovem e de primeira viagem como Messalina.

A angústia naturalmente presente no parto da primeira filha de Messalina deve ter sido potencializada pela atmosfera em Roma e na casa de

Cláudio naquele inverno. A crise no Reno precipitara uma reorganização total do círculo mais próximo do imperador, mas exatamente que forma este assumiria era difícil dizer com Calígula fora da cidade. As pistas que chegavam a conta-gotas em Roma naquele inverno – a partida repentina de Calígula, o anúncio da execução de Getúlico, a chegada das três espadas de Marte Ultor, o surgimento de Agripina e, finalmente, a carta do imperador ao Senado – devem ter alimentado um ambiente inflamado de suspense e paranoia.

Todas as consequências da conspiração fracassada para Messalina e sua família em expansão só ficariam claras depois do retorno de Cláudio a Roma após a viagem para Lugduno. Ao que parecia, o imperador não tinha gostado da inclusão do tio na delegação senatorial. Sua reação foi de fato tão hostil que um dos relatos contemporâneos diz que Calígula atirou Cláudio, em trajes completos, no rio logo após sua chegada.[12] É uma história de autenticidade duvidosa, mas a ira de Calígula com a presença do tio foi claramente intensa, e Suetônio julga que a vida de Cláudio realmente esteve em risco naquele inverno na Gália.

A explicação que Suetônio oferece para a reação de Calígula não é convincente: "Caio se irritou", ele alega, "principalmente porque foi seu tio que mandaram para ele, como se ele fosse um menininho precisando ser castigado".[13] Ainda que a sensação de que era tratado com condescendência possa ter jogado combustível na fogueira da raiva de Calígula, o problema real era provavelmente a conexão de Cláudio com os conspiradores. Ele era tio de Agripina e de Júlia Lívila tanto quanto de Calígula. Se não fosse tão ignorado nos círculos familiares e se tivesse acompanhado o imperador no início de sua viagem para o norte naquele outono, em vez de ficar para trás, em Roma, poderia facilmente ter sido enredado na própria conspiração.

Calígula acompanhou seu repúdio a Cláudio com uma diretiva ao Senado: não se votariam mais homenagens aos membros da família de seu pai.[14] A troca da guarda foi concluída. A família de nascimento de Calígula, que tivera um papel tão importante para a construção inicial da sua imagem, tinha caído, e o futuro da corte do imperador repousava agora com Milônia Cesônia e a filha deles.

As notícias sobre sua recepção em Lugduno não devem ter caído bem quando Cláudio as transmitiu à esposa ao retornar para a cidade.

Messalina acabava de sair do período pós-parto mais perigoso, seus peitos ainda desconfortavelmente amarrados com bandagens embebidas em adstringentes para conter o fluxo de leite, desnecessário agora que Otávia estava aos cuidados de uma ama de leite de nome Hilária.[15] Ela precisava pensar na sua posição recém-estabelecida na corte e no futuro do seu bebê. Seu marido, ela sabia, devia sua posição, seu prestígio e provavelmente até mesmo seu casamento com ela inteiramente ao lado de Calígula. Os acontecimentos recentes podiam significar um declínio desastroso para sua nova família.

Talvez tenha sido a influência da rede de conexões de Messalina que evitou uma crise tão grande. Depois do exílio de Agripina, os cuidados de Nero, seu filho, foram confiados a Domícia Lépida, mãe de Messalina e tia paterna do menino.[*,16] Considerando que as perspectivas futuras de Nero provavelmente foram a força motora por trás da conspiração de 39 d.C., o fato de ele ter sido deixado aos cuidados de Domícia Lépida sugere que ao menos o lado da família de Messalina ainda tinha a confiança de Calígula.

A posição de Messalina e Cláudio no governo de Calígula estava por um fio. No entanto, o próprio governo parecia estar desmoronando ao redor deles.

O imperador permaneceu no norte pelos meses seguintes. Sua ausência era pontuada apenas pelos relatos que chegavam à cidade sobre sua conduta bizarra na frente de batalha.[17] Em vez de lutar contra o inimigo, dizia-se que Calígula enviava membros de sua própria guarda germânica para se esconderem nas florestas do outro lado do Reno e, depois do almoço, saía para caçá-los a cavalo, na companhia de amigos e dos pretorianos. Contava-se também que ele estava mandando matar os galeses mais ricos para recuperar suas perdas em jogos de cartas; que estava cortando árvores e as dispondo como troféus triunfantes; que ele queria riscar do mapa, ou, não sendo isso possível, dizimar duas legiões inteiras. A história mais peculiar de todas provavelmente era a que envolvia Calígula marchando com suas tropas para a costa do canal da Mancha,

* O pai de Nero, Cneu Domício Enobarbo, morreu não muito depois do exílio de sua mãe.

ordenando-as em linhas de batalha e mandando que recolhessem conchas do mar; esse era o espólio, dizia ele, que o oceano devia a Roma.

Há muito tempo a veracidade e a fonte dessas histórias são temas de debates acadêmicos. Alguns as veem como relatos mutilados de tentativas genuínas de estabilizar a fronteira, ou de um motim das tropas que relutavam em cruzar o mar para a Bretanha. A história real por trás das ações de Calígula na frente de batalha faz pouca diferença para a experiência de Messalina em Roma naquele inverno. Chegando tão pouco tempo depois da turbulência criada pela conspiração, os rumores sobre o comportamento errático do imperador devem ter intensificado a atmosfera de angústia e incerteza que tomou a cidade no início de 40 d.C.

Quando, naquela primavera, chegou a notícia de que Calígula tinha partido da Gália rumo ao sul, elas teriam sido recebidas com um misto de alívio e temor. Talvez para avaliar o humor do imperador, ou adulá-lo, ou talvez em resposta à instabilidade crescente na cidade, o Senado enviou uma grande delegação para encontrar Calígula na estrada e implorar que ele acelerasse o passo na viagem de volta a Roma. Sua resposta foi inequívoca. "Vou chegar", ele gritou, batendo no punho da espada. "Vou chegar, e *isto* vai comigo."[18] Seguiu-se uma proclamação oficial: o imperador estava voltando, mas só para aqueles que realmente desejavam seu retorno: os equestres e o povo. Para o *Senado*, ele não seria mais nem *princeps* nem concidadão daquele dia em diante.

Em maio, Calígula chegou aos arredores de Roma, tomando parte de um sacrifício oferecido pelo grupo dos Irmãos Arvais em seu bosque sagrado, fora dos muros da cidade, e encontrando em seu palácio perto do Tibre uma delegação de judeus, preocupados com os recentes pogroms em Alexandria.[19] Entretanto, Calígula não adentrou na cidade. Talvez para evitar o calor urbano, ou talvez em antecipação de uma entrada oficial triunfal após suas "vitórias" no Norte, ele cuidadosamente evitou cruzar as fronteiras sagradas de Roma. Em vez disso, continuou descendo a costa até a Campânia.[20]

Calígula continuava a evitar a cidade e o Senado, indo de uma de suas vilas luxuosas para outra, e o rumores continuavam a chegar, mais volumosos e mais rápido do que antes. Diziam que ele estava pensando em mudar a capital de Roma para Âncio, ou para Alexandria; que estava planejando um massacre completo do Senado; que tinha dois livrinhos, um intitulado "espada" e o outro, "adaga", nos quais fazia longas listas com os nomes e a aparência daqueles que pretendia executar.[21] Ao que parece, o fim de 39 d.C. dera um golpe fatal nas relações já estremecidas de Calígula com a aristocracia – sua apreensão é palpável no caráter desses rumores.

Apesar das afirmações de Calígula de que os equestres e os plebeus ansiavam por seu retorno à cidade, a relação do imperador com a população em geral também começava a se complicar. Em 40 d.C., ele subiu os impostos sobre os bens de primeira necessidade para a vida: comida, tavernas, bordéis e ações judiciais.[22] Os protestos públicos eram administrados com uma combinação de brutalidade policial e sinalizações psicológicas típicas de Calígula: em dias especialmente quentes, ele mandava recolher os toldos que sombreavam o anfiteatro, para então bloquear as saídas e deixar as pessoas queimarem.[23]

Após uma ausência de quase um ano, Calígula finalmente fez sua entrada na cidade em 31 de agosto de 40 d.C., dia de seu aniversário de 28 anos.[24] Ele se pôs imediatamente a remodelar o caráter de seu poder imperial. Até então, a velha aristocracia senatorial tivera um papel crucial, ainda que paradoxal, na definição da autoridade júlio-claudiana. O imperador havia se apresentado como o senador supremo – literalmente, o *princeps senatus*, ou o "primeiro do Senado" –, e era dos votos senatoriais que todos os seus poderes e homenagens oficialmente derivavam. Esse arcabouço, inteligentemente concebido por Augusto, mantinha a sorte do Senado atada à do imperador. Ele forçava o imperador a continuamente enfatizar a honra da ordem senatorial a fim de manter a dignidade de sua própria posição, ao mesmo tempo que pressionava o Senado a permanecer fiel ao imperador a fim de conservar sua posição em uma hierarquia social que ele impunha.

Calígula demonstrava sua indiferença por essa convenção, agora enfaticamente e na esfera pública. Augusto havia instituído regulações complexas para controlar quem poderia se sentar em cada fileira no teatro e no anfiteatro, transformando os assentos dispostos em degraus em uma imagem da hierarquia social romana. Calígula aboliu essas regras, permitindo a qualquer membro do populacho lutar pelos assentos da frente, antes reservados ao Senado.[25] A confusão resultante foi uma manifestação da promessa feita pelo imperador enquanto voltava do norte – ele não mais protegeria o status e a honra do Senado.

Nas reiteradas humilhações públicas que impôs ao Senado, Calígula rompeu o mais delicado dos pontos e colocou a si mesmo em uma posição difícil. Não podia mais fazer o papel do *princeps senatus*, mas tampouco podia, devido ao colapso progressivo de suas relações com o povo, fazer francamente o papel do demagogo. Tendo exaurido os modelos romanos tradicionais de supremacia – tão cuidadosamente trabalhados por Augusto e tão conscienciosamente preservados por Tibério, ainda que não com muita elegância –, Calígula olhou para o leste e para o norte em busca de monarcas e deuses que pudessem servir como modelo.

Calígula passou a evitar cada vez mais a toga – a marca universal do cidadão e magistrado republicano – em favor de seus próprios trajes, menos convencionais. Pouco mais de cem anos antes, em 70 a.C., o grande orador Cícero sentira que o fato de um acusado de extorsão comparecer a uma festa privada vestido com uma túnica e um manto de estilo grego, e não de toga, era tão indicativo de um caráter corrupto e negligente que incluiu esse detalhe em seu discurso de acusação. Agora Calígula aparecia vestido com as sedas e joias dos monarcas do Leste e ostentava, como fizera na ponte em Baia, o que alegava ser o peitoral de Alexandre, o principal governante-deus helenístico.

Dos outros, esperava-se que também mudassem de comportamento. No início de seu reinado, Calígula tinha banido os cumprimentos cerimoniais de deferência com os quais os senadores costumavam saudar o imperador em público. Agora Calígula encorajava os senadores a se prostrarem diante dele como os súditos diante dos reis do Leste.* Esses monarcas helenísticos se apresentavam como deuses vivos, líderes cuja autoridade advinha, teoricamente, não do apoio de suas aristocracias, mas da santidade de seu sangue.

Algumas fontes vão ainda além, afirmando que Calígula *verdadeiramente* se acreditava divino.[26] Segundo Dião Cássio, o imperador via a si mesmo como um tipo de Júpiter, e sempre que se ouvia um trovão, ou se via um relâmpago, Calígula criava maneiras de devolver um clarão e um

---

* Optou-se, na tradução para o português, pelo uso do termo Leste, em vez de Oriente, como referencial geográfico. [N.R.]

estrondo como se para provar que não seria superado. Ele aparentemente também acreditava que era capaz de comungar diretamente com os deuses. Suetônio registra que ele viu aparições de Oceano; Dião Cássio, que ele afirmava conversar com a deusa da lua Diana. Em uma ocasião, diz-se que Calígula parou em meio a uma conversa com o senador Lúcio Vitélio e perguntou se ele também conseguia ver Diana. Vitélio manteve os olhos fixos no chão e escolheu suas palavras com cuidado: "Só vocês deuses, mestre", ele respondeu, "conseguem ver um ao outro".[27]

As alegações de que Calígula se *acreditava* genuinamente divino são, para dizer o mínimo, dúbias. A acusação não está presente nas primeiras fontes romanas, aquelas escritas por seus contemporâneos nas décadas após seu assassinato, como Sêneca e Plínio, que, em outros aspectos, demonstram uma hostilidade extrema a ele. Alegações de que o "louco Calígula" via a si mesmo como um deus e esperava ser adorado como tal, com um templo e um culto pleno em Roma, são encontradas apenas nas histórias posteriores de Suetônio e Dião Cássio e em relatos escritos pelos autores judeus, sem dúvida coloridos pela preocupação contemporânea de que Calígula planejava profanar o Templo de Jerusalém, assim como pela disparidade teológica intransponível entre as ideias judaicas e greco-romanas quanto à separação entre o mortal e o divino. Há também uma reveladora falta de evidências arqueológicas: se o imperador realmente tivesse se declarado um deus vivo, esperaríamos encontrar uma série de templos, estátuas e altares dedicados à adoração de seu culto.*

Nesse contexto, os flertes de Calígula com a estética dos deuses olímpicos e os costumes dos reis do Leste não deveriam ser lidos como evidência de desarranjo mental, mas como uma nova humilhação para o Senado. Ao insistir que os cônsules beijassem os sapatos dele e se engajassem em discussões sinceras sobre seus *tête-à-têtes* noturnos com Diana, Calígula forçava seus senadores a provar sua própria hipocrisia, a demonstrar que não eram verdadeiramente livres e a confirmar que

* Calígula pode ter encorajado a adoração de seu *genius* (o deus guia de uma pessoa ou os elementos divinos de seu caráter) – uma prática bem estabelecida na esfera privada durante os reinados de Augusto e Tibério – sobre um palco agora público e em termos cada vez mais oficiais. Foi provavelmente ao sacerdócio desse culto que Cláudio foi obrigado a se unir, pagando uma taxa de associação que quase o levou à falência.

sua reivindicação pela paridade social, se não política, com seu *princeps* não era válida havia bastante tempo.

A dissensão entre as classes altas de Roma talvez já estivesse fermentando durante os longos e tórridos meses que Calígula passou fora da cidade no verão de 40 d.C., e parece que uma crise se instalou não muito depois de seu regresso. Aquele outono assistiu à execução de diversos senadores proeminentes. Alguns deles Calígula mandou decapitar depois de um jantar à luz de velas no terraço de seus jardins, ao lado do Tibre, diante dos outros convidados – Messalina, muito possivelmente, entre eles.[28] O hostil Sêneca afirma que as execuções foram realizadas como mero entretenimento, mas, ao que parece, vários dos senadores executados estavam de fato envolvidos em tramas contra a vida do imperador.[29]

Esses rumores de conspiração confirmavam todos os piores temores de Calígula em relação ao Senado. Em um discurso proferido para o Senado no ano anterior, Calígula imaginou a voz cautelar de seu finado tio Tibério – "Não demonstre afeição por nenhum deles [o Senado] e não poupe nenhum deles, pois todos eles o odeiam e todos eles rezam pela sua morte; e vão assassiná-lo se puderem. Não pare para considerar, então, quais atos seus vão agradá-los, nem se importe se eles falam, mas cuide somente da sua segurança e prazer".[30] Embora não passassem de construções retóricas, essas palavras agora pareciam mais adequadas do que nunca.

Com a lealdade do Senado em dúvida, Calígula parece ter tentado concentrar seu poder político limitado no que restava de seu círculo interno. As fontes expressam preocupação com a crescente influência de sua esposa, Cesônia, e dos libertos imperiais, ex-escravos que compunham boa parte da administração palatina e constituíam uma nova categoria de ator político. A apreensão com o poder das mulheres e dos libertos só faria crescer após a ascensão de Cláudio, alcançando o que talvez tenha sido seu apogeu com a queda de Messalina. Entretanto, por ora esses eram os únicos aliados em quem Calígula confiava com alguma facilidade – nem uma mulher, nem um ex-escravo poderiam representar uma ameaça genuína a sua supremacia –, mas a presença deles no coração do governo era mais um de uma série de insultos ao Senado.

Um dia, no final do outono, a gravidade da situação do Senado pôde ser vista com clareza. Quando o liberto Protógenes – um dos confidentes mais próximos de Calígula e, pelo que se dizia, o homem a quem ele havia confiado sua lista de inimigos senatoriais a serem eliminados – entrou no Senado para tratar de assuntos imperiais, os senadores se apressaram, todos e imediatamente, para cumprimentá-lo. Tal reação teria sido impensável para a aristocracia romana uma ou duas gerações antes, mas agora era meramente um prelúdio da ação. Protógenes retribuiu os cumprimentos dos senadores até seu olhar cair sobre um homem em particular. Ele o encarou por um momento e, então, perguntou: "Você também me cumprimenta, mesmo odiando tanto o imperador?". A implicação bastou: os senadores rodearam seu colega e "o desfizeram", no dizer delicado de Dião Cássio, "em pedaços".[31]

Cláudio e Messalina ocupavam uma posição estranha nisso tudo. O padrasto de Messalina e seu irmão adotivo eram membros da velha aristocracia senatorial, sem parentesco com a família imperial. Menos de um ano antes, Cláudio havia liderado a delegação para o norte, representando as visões e os interesses do Senado. No entanto, agora que os desentendimentos entre o Senado e o imperador não paravam de crescer, o casal se via amarrado cada vez mais ao círculo imperial do que ao senatorial: era comum que Cláudio aparecesse ao lado de Calígula em público, e, junto com Cesônia, ele tinha sido escolhido para o sacerdócio exclusivíssimo do *genius* do imperador.

Embora sua relação com o imperador fosse próxima o bastante para que ficassem cada vez mais isolados de seus pares senatoriais, a posição de Messalina e Cláudio no círculo interno de Calígula continuava precária. A "homenagem" que Calígula havia prestado a Cláudio escolhendo-o para o sacerdócio havia arruinado a família, forçando-os a tomar dinheiro emprestado e a se desfazer de heranças de família no mercado aberto só para sobreviver. Foi talvez mais ou menos a essa altura que Calígula deu o passo sem precedentes de permitir que um dos escravos de Cláudio, normalmente proibidos até mesmo de testemunhar contra seus senhores, movesse uma ação judicial contra ele.[32] Josefo alega que a acusação era capital, iniciada por Calígula como um meio de se livrar do tio. Essa versão dos eventos é implausível: se Calígula quisesse derrubar Cláudio, não precisaria usar um escravo como desculpa. Mesmo assim, o fato de ter autorizado a ação era um recado claro de que a situação do casal na corte estava longe de ser segura.

No inverno de 40/41 d.C., Cláudio e Messalina devem ter se sentido em uma situação de extrema vulnerabilidade. O comportamento de Calígula era mais cruelmente imprevisível do que nunca, mas os dois continuavam dependentes de sua boa vontade. Pelo menos aos olhos do Senado, eles estavam inextricavelmente ligados à corte do imperador. O casal deve ter temido por seu futuro, em especial porque Messalina estava novamente grávida.

Com Calígula e seu círculo celebrando a Saturnália naquele inverno, o clima no palácio imperial ainda era evidentemente febril. Quando um vidente alertou Calígula para que tivesse "cuidado com Cássio", o imperador, pensando de imediato no assassino de Júlio César, Caio Cássio, ordenou que seu descendente Cássio Longino retornasse de seu posto provincial e o executou.[33] Como mais tarde ficaria claro, Calígula pegou o Cássio errado, mas estava certo em se preocupar: as execuções naquele outono não puseram um fim na dissensão.

Os atores centrais na nova trama que se revelou naquele inverno de 40/41 d.C. não eram senadores, mas membros da administração imperial: dois oficiais de alta patente da Guarda Pretoriana, Cássio Quereia e Cornélio Sabino, estavam entre eles, assim como o prefeito da guarda e Calisto, um dos libertos mais influentes e conselheiro de Calígula.[34] A causa exata para essa nova rodada conspiratória é obscura. Sempre em busca de floreios e anedotas, as fontes antigas trazem a questão para o campo pessoal. Quereia, alegam, embora fosse um soldado vigoroso e experiente que servira na frente de batalha germânica sob o pai de Calígula, tinha um tom de voz extraordinariamente agudo. Era uma insegurança que Calígula não conseguia resistir a atiçar: sempre que Quereia era enviado para receber uma nova senha pretoriana, o imperador escolhia alguma coisa afeminada e sexualizada, como "Vênus", "Príapo" ou "Amor".[35]

Apesar disso, quaisquer que fossem os ressentimentos nutridos pelos conspiradores contra Calígula, a motivação principal foi quase certamente política. O estilo de liderança de Calígula estava se tornando claramente insustentável, e Dião Cássio e Josefo alegam que a conspiração encontrou amplo apoio na corte e no Senado.[36] É plausível que essa nova operação tenha se originado de um reagrupamento da dissensão senatorial revelada mais cedo naquele outono.

A casa de Calígula viu no ano novo de 41 d.C. a celebração dos *ludi Palatini*. Estabelecidos por Lívia após a morte de Augusto para marcar seu aniversário, os entretenimentos costumavam durar três dias, mas, nesse ano, Calígula dobrou sua duração.* Houve diversos alarmes falsos e hesitações, e logo chegou 24 de janeiro – último dia do festival – antes que os conspiradores agissem.

Todos concordavam que naquela manhã Calígula estava em um bom humor que não lhe era característico. O imperador achou graça em especial quando, ao sacrificar um flamingo a Augusto, o sangue do animal respingou na toga de um senador. Calígula não soube disso naquele momento, é claro, mas esse acontecimento mais tarde seria interpretado como um presságio.[37]

Como aquele era o último dia das festividades, o camarote imperial estava cheio.[38] Cláudio estava na comitiva do imperador, embora Messalina – nas últimas e perigosas semanas de sua segunda gestação – talvez não estivesse com ele. Apesar de toda a afabilidade de Calígula, o clima era tenso. Sentados perto do imperador, os conspiradores tinham dificuldade em esconder sua agitação. O programa daquela manhã era especialmente sangrento, com ambas as peças terminando na morte violenta de seus protagonistas. "O palco", afirma Suetônio, "transbordava sangue."

Perto do meio-dia, Calígula ficou inquieto – devia ficar durante toda a tarde, ou devia escapar para o almoço, depois tomar um banho e, então, retornar, renovado, para o programa da noite? Aqueles seus acompanhantes que sabiam da trama o instaram a ir se banhar, e um deles, um senador, saiu discretamente para alertar Quereia. Quando o grupo imperial entrou no palácio, Calígula deixou Cláudio e o resto da comitiva. Planejando espiar por um momento os ensaios do coral e se banhar antes do almoço, ele virou em um corredor. Foi ali que os conspiradores o pegaram.

Existem três relatos diferentes sobre como exatamente Calígula encontrou seu fim, um mais violento e mais teatral que o outro. Josefo

---

* Os *ludi Palatini* eram um festival privado destinado principalmente à família imperial e ao Senado, junto a suas esposas e filhos, mais provavelmente realizado em um teatro temporário construído no pátio dianteiro do palácio imperial no Palatino.

coloca Quereia se aproximando de Calígula para perguntar a ele a senha pretoriana do dia e, ao receber uma resposta previsivelmente humilhante, puxa a espada e golpeia o imperador no pescoço. Ferido, porém não morto, Calígula começa a correr, mas então é alcançado por Sabino, jogado ao chão e esfaqueado até a morte pelo grupo reunido. Suetônio oferece duas versões. Na primeira, Quereia se aproxima do imperador por trás, grita "Que se faça!" – uma expressão também proclamada pelos sacerdotes ao oficiar sacrifícios – e desfere o golpe inaugural. No segundo, Sabino golpeia primeiro. Ele pergunta ao imperador a senha e, quando Calígula fala "Júpiter" – o deus dos raios e da morte súbita –, Sabino grita "Assim seja!", e enfia a espada na mandíbula do imperador. Os golpes prosseguem enquanto Calígula se contorce no chão. Segundo Suetônio, os golpes somam trinta, significativamente mais numerosos que os 23 de Júlio César. Ele observa, especificamente, que alguns dos assassinos miram nos genitais de Calígula. Dião Cássio anota apenas que o ataque foi tão brutal, e os conspiradores tão comprometidos com a tarefa, que existiam rumores de que alguns deles comeram a carne do imperador. "Assim", nas palavras sucintas de Dião Cássio, "Caio Calígula aprendeu pela experiência real que não era um Deus."

As divergências nos detalhes sobre o assassinato atestam o caos geral da cena. Os assassinos fugiram para o labirinto do palácio imperial, e a guarda germânica de Calígula saiu atrás dos retardatários, fazendo buscas nos cômodos e matando indiscriminadamente conspiradores e nobres inocentes. Houve uma onda crescente de pânico quando os relatos começaram a chegar àqueles ainda presos no teatro: alguns diziam que Calígula estava morto; outros, que estava com a vida por um fio e sob os cuidados dos médicos imperiais; outros ainda, que havia escapado e, embora ferido e coberto com seu próprio sangue, já estava falando à multidão diante do Fórum.

Foi mais tarde naquela noite, enquanto a cidade permanecia em estado de anarquia, que os conspiradores começaram a pensar se tinham mesmo terminado o serviço: afinal, a esposa e a filha de Calígula continuavam vivas. As opiniões se dividiram.[39] Alguns argumentavam que elas eram inocentes e que o assassinato de uma mulher e de uma criança desvalorizaria o heroísmo do tiranicídio. Outros colocavam a culpa pela degeneração do reinado de Calígula em Cesônia: "O que o fez enlouquecer, eles diziam, era uma droga que ela dava a ele, calculada para escravizar sua mente e dirigir suas paixões a ela; então ela é que tinha arquitetado o total desastre da fortuna dos romanos e de seu império mundial".[40] O medo e essa última visão prevaleceram.

Josefo afirma que o soldado enviado para cometer o ato encontrou Cesônia e a filha no corredor, junto ao corpo de Calígula, ainda disposto onde havia tombado. Ajoelhada ao lado do marido, com a pele dela e suas vestes tingidas pelo sangue dele, Cesônia chorava: "Eu o alertei, eu o alertei de novo e de novo". Mais tarde, Josefo nos conta, as pessoas discutiriam o significado dessas palavras. Cesônia ficara sabendo da nova trama? Ou é possível que ela tenha lido a piora no clima político e o instado a moderar seu comportamento antes que fosse tarde demais?

A questão já era irrelevante. Cesônia adivinhou o propósito do soldado enquanto ele se aproximava: "Não espere", ela ordenou, oferecendo-lhe o pescoço. "Termine o último ato do drama que escreveram para nós."[41] O soldado obedeceu e atravessou Cesônia com a espada. Drusila – com pouco mais de um ano de idade – teve os miolos esmagados contra a parede.[42]

Cláudio não voltou para casa na noite do assassinato de Calígula e Cesônia. Messalina, grávida de oito meses, devia estar fora de si de tanto medo. A cidade estava em polvorosa; multidões se apressavam pelas ruas na direção do Fórum, onde os senadores falavam na tentativa de se defender e conter a ira da turba (com quem Calígula ainda era relativamente popular) e manter a ordem no exército. O ar era febril, com a ameaça de caos, tumultos e saques. Os amigos ou mensageiros que traziam atualizações para Messalina sobre o desenvolvimento da situação conseguiam contar pouca coisa com alguma certeza; os conspiradores, ao que parecia, não tinham feito planos para além do assassinato de Calígula. Certamente não poderiam assegurá-la sobre o destino de seu marido.

A história de como Cláudio se tornou imperador – no dizer de Suetônio, "por um acidente miraculoso" – tem um teor apócrifo.[43] Conforme a comoção pela morte de Calígula invadia o palácio imperial, diz-se que Cláudio se refugiou atrás das cortinas de um balcão. Um soldado comum viu seus pés por trás das pregas e o tirou de lá. Horrorizado ao reconhecer com quem estava mexendo, ele caiu de joelhos e aclamou Cláudio "*Imperator*". Pelo que nos dizem, ainda em estado de confusão e terror, e implorando aos soldados para poupá-lo, Cláudio foi enfiado em uma liteira e carregado, sob escolta armada, para o Campo Pretoriano fortificado perto das muralhas da cidade. As multidões que o viram passar, conta-nos Suetônio, "sentiam pena, vendo-o como um homem inocente sendo levado para a execução".[44]

Enquanto isso, o Senado desfrutava de um inebriante flerte com a liberdade. Quando a multidão no Fórum exigiu saber o nome do assassino de Calígula, o cônsul Valério Asiático respondeu: "Eu gostaria que tivesse sido eu".[45] Era uma observação da qual Messalina se lembraria e que usaria contra ele quase uma década depois. O Senado havia transferido o conteúdo do tesouro imperial para o Capitólio, mais facilmente defensável, e foi ali que marcaram de se reunir naquela noite. Convocado para se unir a seus colegas senadores, Cláudio mandou avisar que não poderia comparecer: estava sendo mantido à força no Campo Pretoriano.[46] No Capitólio, o Senado parecia decidido pela restauração da República. Homens sem nenhuma experiência anterior a Augusto fizeram discursos inflamados denunciando a tirania, e, quando Quereia pediu aos cônsules uma nova palavra de ordem, ouviu "Liberdade". Do lado de fora, as coortes urbanas – um pequeno grupo de soldados leais ao Senado, que atuava como uma força quase policial – mantinham uma paz precária nas ruas.

O dia virou noite, e as horas devem ter passado bem devagar para Messalina. Provavelmente agora começavam a circular notícias sobre as mortes violentas de Cesônia e da bebê Drusila. Messalina devia saber muito bem que, se o plano republicano do Senado fosse implementado, ela e sua família poderiam estar em maus lençóis.

Felizmente para Messalina, o ideal republicano de "Liberdade" que tanto significava para o Senado não queria dizer muita coisa para mais ninguém. A plebe, que havia desfrutado de só um pouco mais de liberdade e bem menos benefícios sob o regime aristocrático do que sob o regime autocrático, ainda clamava pelo sangue dos assassinos de Calígula. Embora o próprio Quereia fosse aparentemente um homem de princípios genuinamente anti-imperiais – ou ao menos anti-júlio-claudianos –, o interesse comum que unira o Senado à maioria de seus coconspiradores entre as coortes pretorianas e entre a administração imperial evaporou assim que Calígula morreu. Tanto a Guarda Pretoriana como a administração palatina eram intrinsecamente instituições *imperiais*, que não tinham nenhum papel, nem prático nem ideológico, em uma República. A esses homens pouco importavam os elevados princípios republicanos. Eles exigiam um novo César – só que um César um pouco mais previsível que Calígula. Cláudio parecia o candidato perfeito.

Percebendo as intenções dos pretorianos, o Senado enviou uma delegação até Cláudio demandando que ele respeitasse a autoridade senatorial e não fizesse nenhuma reivindicação ilegal do poder supremo. Para um homem que, supostamente, se acovardara atrás de uma cortina poucas horas antes, a reação de Cláudio foi notavelmente inequívoca. De fato, ele falou como se seu poder *já* estivesse confirmado. Disse que entendia que o Senado tivesse suas preocupações em relação ao principado após o comportamento de Calígula nesse papel, mas prometia que nada de similar tinham a temer dele. Assim como eles, Cláudio experimentara os temores e provações do velho regime e faria tudo em seu poder para garantir que não se repetissem – os senadores logo descobririam *pela experiência* quão diferente ele seria como governante. As palavras de Cláudio, apoiadas pela força pretoriana, constituíam um golpe apenas vagamente disfarçado de promessa. Para selar o acordo, Cláudio se dirigiu a uma assembleia de tropas pretorianas, prometendo a cada um uma recompensa de não menos que 15 mil ou 20 mil sestércios em troca de sua lealdade. Promessas similares foram feitas aos exércitos estacionados fora de Roma.

O Senado voltou a se reunir antes do amanhecer. Somente cem dos seiscentos membros tiveram coragem de comparecer. Do lado de fora, a multidão clamava por um imperador e chamava Cláudio pelo nome; mesmo as tropas que haviam apoiado o Senado começavam a exigir que um único governante fosse escolhido, no interesse da estabilidade. O Senado contemplou a ideia de propor um dos seus como o novo *princeps*. Marco Vinício (marido da irmã exilada de Calígula, Júlia Lívila) foi um dos nomes sugeridos, assim como Valério Asiático. Não houve concordância sobre nenhum candidato, em especial porque Cláudio praticamente já havia tomado posse do principado. Se o Senado propusesse uma alternativa agora, isso seria considerado uma declaração de guerra civil explícita – e uma que eles quase certamente perderiam.

Na manhã do dia 25, a coisa toda já estava clara. Soldados e súditos convergiam em números cada vez maiores para o Campo Pretoriano, ansiosos por prestar respeito e declarar lealdade ao novo imperador. Era agora uma prerrogativa de Cláudio dignar-se a convocar os senadores para irem ao encontro *dele* no palácio no Palatino, e *permitir* que lhe "conferissem" os títulos e os poderes oficiais do imperador.

VIII
DOMINA

> "O sexo feminino não era meramente fraco e inadequado para o trabalho real, mas também, se livre de restrições, selvagem, ambicioso e voraz pelo poder."
>
> Tácito, *Anais*, 3.33

Embora tenha marcado o fim dos perigos imediatos do dia 24, a ascensão de Cláudio em 25 de janeiro de 41 d.C. deixou Messalina em uma posição ambígua.

A aclamação formal de Cláudio como imperador não foi acompanhada por uma "coroação" correspondente de Messalina. De fato, a exata natureza da nova posição de Messalina quando de sua "ascensão" naquele janeiro não era nada clara. Não existia o cargo oficial de "imperatriz" no Estado romano. O papel da esposa do imperador era indefinido e fluido, delineado somente pelos limites de sua personalidade e pelos precedentes de suas antecessoras. Antes de Messalina, só uma mulher – Lívia, a esposa de Augusto – tinha realmente ocupado o tipo de posição em Roma que talvez merecesse o título de "imperatriz"; Lívia provara que isso era possível, mas seria difícil seguir o exemplo dela.

Roma acreditava ser uma cidade fundada quase inteiramente sem mulheres. Diz a história que o ancestral mais antigo do povo romano, Eneias, nascera não de uma mulher mortal, mas de Vênus, e os fundadores mitológicos da cidade, Rômulo e Remo, foram amamentados não por sua mãe de verdade, mas por uma loba. Dizia-se também que, originalmente, a população da cidade teria sido toda de homens, composta de salteadores e escravos fugitivos, uma situação retificada somente com o rapto em massa de mulheres do povo vizinho, os sabinos. Até mesmo Lucrécia, a mulher da nobreza cujo estupro pelo príncipe Tarquínio e subsequente suicídio deu origem à expulsão dos reis e ao nascimento da República romana, foi mais influente depois de morta que quando viva.

A ginástica mental necessária para apagar completamente o papel político, social e até mesmo *biológico* das mulheres dos mitos de fundação de Roma nos diz alguma coisa sobre as atitudes romanas perante o papel público do feminino. A história das sabinas talvez resuma melhor a questão: as mulheres eram fundamentais para a *continuidade* da população da cidade, mas Roma como corpo político já havia sido estabelecida de maneira completa e operacional antes de sua chegada. Durante os primeiros cerca de seiscentos anos de história romana, essa separação se manteve forte: todos os magistrados eram homens, assim como o Senado e o eleitorado.

Dado que o sistema republicano foi desenhado em oposição expressa à corrupção e às tramas secretas que definiram a história dos primeiros reis tiranos de Roma, ele foi estruturado para restringir o discurso político, tanto quanto possível, à esfera pública oficial, transparente e exclusivamente masculina. Ao fazê-lo, limitaram-se severamente as oportunidades para o exercício do *soft power* e da influência nos bastidores – os principais canais para o poder político feminino no mundo antigo.

O ideal tradicional da mulher romana era definido por seu desengajamento da esfera pública. Um epitáfio do século II a.C. de uma mulher chamada Cláudia termina assim: "Ela ficava em casa, ela trabalhava a lã. Eu disse tudo que tinha a dizer. Você pode partir".[1] Outro, cerca de cem anos depois, homenageava "Amímone, esposa de Marcus, a melhor e mais bela, trabalhadora da lã, piedosa, modesta, frugal, casta, uma *mulher do lar*".[2]

Nos anos finais e dolorosos da República tardia, essas fronteiras tinham começado a ficar indistintas. As mulheres da elite vinham ganhando certo grau de liberdade econômica, já que cada vez mais a gestão de seus dotes ficava a cargo de um tipo de fundo fiduciário em vez de passar inteiramente para o controle de seus maridos.* Ainda mais significativo, a constituição da República, que as mantivera bem afastadas da política romana, começava a se esfacelar. No último século da vida republicana, uma sucessão de ditadores e dinastas, no mais das vezes com apoio militar, contornara os freios e contrapesos constitucionais que durante muito tempo evitaram que um único indivíduo se tornasse preeminente no Estado. O poder se tornava cada vez menos vinculado ao cargo e cada vez mais ao homem.

A criação de novos canais de poder que contornavam as magistraturas tradicionais – canais que enfatizavam a reputação e os relacionamentos pessoais – abriu oportunidades para as mulheres da elite exercerem algum controle. Estranhamente, a militarização da política teve o mesmo efeito. Enquanto Roma se sacudia com ondas e ondas de guerra civil, esperava-se que as mulheres cujos maridos estavam no exílio os defendessem em Roma; outras acompanhavam os maridos em seus acampamentos, em suas conferências diplomáticas ou na frente de batalha. Diz-se até mesmo que Fúlvia, então esposa de Marco Antônio, liderou um exército contra Otaviano de espada em punho.**,[3]

Entretanto, foi o advento do principado que realmente viria a redefinir os parâmetros do envolvimento feminino na esfera pública romana. A consolidação da supremacia solitária de Augusto em 28/27 a.C. e a expansão de suas ambições dinásticas durante a década seguinte mudaram o jogo no assunto poder feminino. A procriação não podia mais ser negligenciada, como os contadores de histórias tinham imaginado que ela fosse na época dos sabinos: a continuação da dinastia júlio-claudiana dependia das mulheres. Além disso, a reorientação definitiva do poder para mais longe do Senado e para mais perto do *princeps* tornava o acesso aos ouvidos do imperador uma ferramenta política potencialmente mais

---

* No século I a.C., o casamento *cum manu* (no qual o controle de uma mulher, e da propriedade dela, passava para seu marido) era cada vez mais substituído pelo casamento *sine manu* (no qual a mulher e a propriedade dela permaneciam sob a *potestas* do pai dela). Esse arranjo tendia a dar a ela uma independência maior.

** Essa foi a Guerra Perusina, ocorrida entre 41 e 40 a.C., enquanto Marco Antônio estava no Leste. Dião Cássio, 48.10, registra a história de que Fúlvia cingiu uma espada na cintura e se dirigiu às tropas. Embora a veracidade dessas alegações seja incerta, Fúlvia parece mesmo ter desempenhado um papel significativo nos eventos.

valiosa que qualquer uma das antigas magistraturas. Esse acesso estava naturalmente garantido às mulheres da família imperial.

Augusto também promoveu ativamente o perfil público das mulheres de sua família. Para desarmar algumas das preocupações com sua nova posição no Estado e promover a coesão social na esteira das guerras civis, Augusto procurou se apresentar como a corporificação dos "antigos valores familiares". A promoção pública das mulheres de sua família como modelos de uma virtude feminina de tempos passados era crucial para suas pretensões. Era uma estratégia intrinsecamente hipócrita, como era boa parte da agenda de Augusto. O ideal romano tradicional da "boa mulher" estava enraizado na virtude doméstica, mas agora Augusto buscava promover essas virtudes privadas publicamente. Era um conflito que a esposa de Augusto, Lívia, entendia perfeitamente, e um conflito que ela exploraria de forma implacável.

Até certo ponto, a posição inédita das mulheres na nova ordem de Augusto foi reconhecida publicamente. Em 35 a.C., Augusto tomou providências para que fosse concedido a Otávia, a Jovem, sua irmã, e a Lívia, sua esposa, um conjunto de homenagens e prerrogativas sem precedentes: elas receberam estátuas públicas, proteção contra insultos verbais e o direito de administrar suas propriedades e bens imóveis.[4] Quando o Senado estabeleceu o *Ara Pacis Augustae* (o Altar da Paz Augustana) em 13 a.C., as paredes esculpidas em baixo-relevo do santuário se tornaram uma vitrine para a posição das mulheres e da feminilidade no âmbito da nova ideologia. Alusões à fertilidade estão por toda parte: folhagens escalam as paredes; guirlandas carregadas de frutas se vergam sob seu próprio peso; em um painel, uma deusa amamenta bebês gêmeos. Entre o costumeiro séquito de senadores, padres e dignitários estrangeiros retratados na procissão esculpida em suas paredes externas, encontramos retratados, pela primeira vez em um monumento público romano, mulheres imperiais e seus filhos e filhas.

A imagem fazia duas afirmações: primeiro, que a prosperidade do império estava diretamente ligada à fertilidade das mulheres imperiais, e, em segundo lugar, que os membros "privados" da família de Augusto eram agora tão cruciais para o mundo "público" da política romana quanto os senadores. Na virada do milênio, a ideia de que o *Domus Augusta*, isto é, a "Casa de César", existia como entidade política por direito próprio começava a entrar em voga.[5] O senador que declarou Augusto *Pater Patriae* – o "Pai da Pátria" – em 2 a.C. começou seu discurso com as palavras: "Que a boa sorte e a boa vontade estejam com você *e sua casa*, César Augusto".[6] Quando Augusto morreu, em 14 d.C., esse conceito estava estabelecido o suficiente para ser escrito, bastante literalmente, na pedra: entre as homenagens dedicadas ao imperador falecido, havia uma estátua pública retratando "*Divo Augusto domuique Augus[tae]*" – "o Augusto Deificado e a Casa Augustana".[7]

Embora o significado político das mulheres imperiais fosse um fato inescapável da nova ordem política, o Senado – e Augusto – não chegou a definir a posição de sua esposa, irmã ou filhas em termos oficiais. A própria posição de Augusto era um amálgama informal (ainda que cada vez mais padronizado) de cargos e honrarias, a maioria deles retirada diretamente do antigo sistema republicano de magistraturas. Ao desenvolver o papel de imperador, Augusto não alterou tecnicamente a estrutura do Estado romano. Em vez disso, ele se apropriou de cargos preexistentes na República em número suficiente para tornar sua supremacia pessoal incontestável. Era impossível para as mulheres da casa de Augusto replicar esse processo: havia bem poucos cargos preexistentes e honrarias para elas acumularem.

O momento em que Lívia – esposa de Augusto e, no sentido mais verdadeiro da palavra, sua parceira – se torna a primeira "imperatriz" de Roma não está bem claro. Nos anos imediatamente posteriores à consolidação da supremacia de seu marido em 27 a.C., Lívia ficou nos bastidores, quase sempre anuindo à amada irmã de Augusto, Otávia (ancestral direta tanto de Messalina como de Cláudio). Otávia ganhara popularidade ao demonstrar um estoicismo heroico diante do caso amoroso entre seu marido Marco Antônio e Cleópatra, e, durante boa parte dos anos 20 a.C., ela ocupou um papel mais público do que Lívia.[8]

Durante esse período, Otávia tirou proveito de sua popularidade e reputação como detentora das virtudes tradicionais para iniciar um projeto sem precedentes para uma mulher romana: a encomenda de um edifício público em seu próprio nome.[9] O Porticus Octaviae – cuja fachada descaracterizada segue de pé em Roma até hoje, marcando a entrada de um mercado de peixe medieval – era uma vasta praça com colunata, contendo dois templos, bibliotecas com obras em grego e latim e uma galeria pública de arte. Foi a morte do filho de Otávia em 23 a.C. – um evento que a levou a se afastar efetivamente da vida pública – que colocou Lívia cada vez mais em primeiro plano. Nos cinquenta anos seguintes, Lívia daria origem e forma ao papel de "imperatriz" à sua própria imagem.

Mais ou menos dez anos após a morte de Lívia, Calígula, seu bisneto, a chamaria de "Ulisses de *stola*".[10] Como acontecia muitas vezes com Calígula, a observação perigosamente quase acertou o alvo. A *stola* era o vestido que simbolizava a matrona romana respeitável, e em público Lívia se apresentava assiduamente como uma mulher talhada em grande medida desse pano; o tipo de mulher republicana tradicional, intocada pelas insinuações de luxo e vício, cujo epitáfio poderia chamá-la de "trabalhadora da lã" e "mulher do lar". Com uma equipe de escravos tão numerosa que incluía um incrustador de pérolas exclusivo, dificilmente se pedia de Lívia que fizesse algum trabalho doméstico.[11] Apesar disso, da imperatriz se dizia que ela própria tecia as togas do marido, e, mesmo nos séculos IV ou V d.C., ainda circulavam receitas dos remédios caseiros de "Lívia" para dor de garganta e calafrios.[12] Trabalhar a lã e cuidar de familiares doentes eram exemplos simbólicos do trabalho feminino tradicional – ao reivindicar essas habilidades práticas domésticas, Lívia invocava um estilo particular de condição feminina prestativa e reconfortante.

Em contrapartida, Ulisses (o nome em latim para Odisseu) era famoso no mundo antigo por sua inteligência fria e astúcia desonesta. Lívia sem dúvida era dona de uma inteligência notável, e sua autoapresentação como deusa doméstica era ao mesmo tempo genial e profundamente falsa. Os ideais romanos de virtude da esposa estavam enraizados em um mundo privado, mas agora Lívia começava a projetá-los na esfera pública. Em cerca de 15 a.C., ela seguiu o exemplo de Otávia e encomendou seu próprio pórtico.[13] Como "gênero" de edifício cívico, o pórtico se adequava perfeitamente à agenda de Lívia para se autoapresentar. Com sua colunata fechada, vegetação verdejante, fontes refrescantes e espaços de sombra e abrigo apropriadas às exigências do clima, o pórtico permitiu que Lívia, de certa forma, desempenhasse o papel de esposa ideal para todo o público, oferecendo às pessoas um espaço agradável, afastado das multidões urbanas e desenhado para seu conforto, saúde e rejuvenescimento, exatamente como se esperava que uma esposa agisse na manutenção da *domus* de seu marido. Foi uma mensagem que Lívia transmitiu com sucesso ao incluir um santuário a Concórdia – a personificação da virtude de mesmo nome e uma deusa que convenientemente regia tanto a harmonia no casamento como a harmonia na política – dentro do pórtico ou perto dele. Quando Lívia consagrou seu pórtico em 7 a.C., ela o fez com Tibério ostensivamente a seu lado.

Lívia também reconstruiu o santuário de Bona Dea, ou a "Boa Deusa", uma antiga deusa da fertilidade cujos ritos eram supervisionados pelas Virgens Vestais e celebrados apenas por mulheres casadas respeitavelmente castas. Talvez ela tenha se envolvido também na restauração de dois outros cultos centrados em mulheres: o da Fortuna Feminina e o da Castidade. Outro esforço filantrópico registrado por Dião Cássio – a concessão de dotes para meninas pobres – mais uma vez se concentrava bastante visivelmente no feminino e no familiar.[14]

Essas insinuações de Lívia acertaram o alvo. Em sua obra *Fastos*, de cerca de 8 a.C., o poeta Ovídio escreveu que Lívia "reconstituiu Concórdia em seus feitos e em seu altar/ ela a única mulher considerada digna do leito conjugal do poderoso Júpiter".[15] Mais tarde, na condição de exilado, Ovídio concentraria boa parte de sua tendência crescentemente desesperada à delação nesses mesmos temas: agora Lívia "com sua virtude mostra os tempos idos da Antiguidade/ Não pode melhorar a nossa própria na glória da sua castidade/ Quem, tendo a beleza de Vênus e de Juno sua moralidade/ É a única considerada digna do leito conjugal de uma divindade".[16] Mesmo Tácito (notável pela negatividade singular com que caracteriza Lívia) admite que "em virtude doméstica ela seguia os costumes de uma era passada – embora sua elegância prestativa ultrapassasse os limites estabelecidos pelas mulheres de outrora – e, embora uma mãe difícil, era uma esposa fácil".[17]

A reputação que Lívia criou para si mesma cruzou as fronteiras do império; uma inscrição na Andaluzia a chama de "mãe do mundo".[18] No entanto, talvez o testemunho mais definitivo para o sucesso de Lívia na imaginação de si mesma seja silencioso: ninguém, nenhum historiador hostil ou satírico prepotente, jamais ousou acusá-la de adultério, um feito quase único entre as mulheres da dinastia júlio-claudiana.

A estratégia de Lívia estava impregnada de uma tensão inerente: ela usou a preferência tradicional pelas virtudes femininas *privadas* para se promover no palco *público*.[19] Tácito chamou Lívia de "uma boa cúmplice para os ardis de seu marido e a dissimulação de seu filho", e, apesar de não haver dúvida de que o objetivo dessa passagem é insultar, essas características, que Tácito via como desagradáveis e perigosas em uma mulher, foram centrais para o sucesso político de Lívia.[20] A imperatriz, assim como seu marido, tinha um instinto notável para diferenciar imagem política e realidade política; como Augusto, Lívia compreendia até que ponto era possível alargar esse fosso e como tirar vantagem da área cinzenta assim criada. Augusto tinha construído sua posição sobre uma rede precária de sutis hipocrisias, e Lívia fez o mesmo quando deu origem ao papel de imperatriz. Ao promover suas virtudes domésticas, ela conseguiu para si um confortável verniz de restauração ou continuidade tradicional, e esse verniz a protegeu amplamente enquanto ela agia para criar uma base de poder político sem precedentes.

Inteligente, bem-educada e com um excelente instinto político, Lívia provavelmente atuou como uma importante conselheira de seu marido desde o início. A incapacidade do casal de produzir herdeiros vivos (embora ambos tivessem filhos com outros parceiros) teria, em circunstâncias normais, levado a um divórcio amigável; o fato de terem permanecido casados indica que Augusto acreditava que sua parceria com Lívia era indispensável.

Apesar de boa parte da influência dela ter sido exercida a portas fechadas, as fontes registram algumas situações específicas em que Lívia intercedeu por seus filhos, amigos, peticionários e comunidades provincianas. Um exemplo ocorrido relativamente no fim do reinado de Augusto é relatado em detalhes (imaginados) por Sêneca. Informado sobre um plano para assassiná-lo, da parte de um homem que ele antes considerava um aliado leal e complacente, o imperador, em dúvida sobre como responder, atravessava uma noite escura da alma. "Por fim sua esposa Lívia interrompeu: 'Você aceitaria o conselho de uma mulher?', ela perguntou. 'Faça como fazem os médicos quando os remédios costumeiros não funcionam; tente o oposto. Até agora, de nada lhe adiantou a severidade [...]. Tente agora a clemência, veja o que isso lhe consegue:

perdoe Cina. Ele já foi interceptado; ele não pode matá-lo agora, mas pode ser útil para a sua reputação'."[21]

Talvez Lívia tenha intervindo por princípio ou talvez estivesse simplesmente cansada de escutar o marido falar sobre seus problemas sem parar no meio da noite, mas Augusto aceitou o conselho dela. Conversou com Cina, perdoou-o, libertou-o e o transformou em um apoiador genuíno do regime. O episódio, tal como é relatado por Sêneca, oferece uma série de informações sobre o poder potencial da imperatriz e sobre como se acreditava que Lívia exercia esse poder. Sêneca situa a cena durante a noite, no quarto do casal: um momento e um espaço nos quais a imperatriz, como esposa, tinha um acesso privilegiado e ininterrupto ao imperador. As palavras escolhidas por ela – segundo o relato ou a imaginação de Sêneca – também refletem o gênio ambivalente que impregnava toda a sua estratégia política. Ela começa fazendo uma alusão a sua feminilidade, alegando que normalmente não se arriscaria a oferecer conselhos não solicitados ao marido, e sugere retoricamente que ele não precisa ouvi-los. Então, passa a dar conselhos claros e práticos, de maneira evidentemente estudada para influenciar as ações de Augusto. Embora seu conselho seja a misericórdia, o argumento de Lívia é de um pragmatismo cínico; não há ali nenhum vestígio daquilo que os romanos poderiam ter considerado "emoção feminina"; a construção de seu discurso é retórica, e o raciocínio que ela oferece, político.

Lívia atuava como conselheira política, mas também era uma parceira importante para seu marido nas relações públicas. Ao criar para si uma imagem pública irrepreensível, ela conferiu credibilidade à apresentação que Augusto fazia de si mesmo como um guardião dos costumes romanos tradicionais. Ainda mais significativo, o trabalho de Lívia ao se associar a Concórdia ofereceu o elo com o qual Augusto sustentou boa parte de sua ideologia dinástica: a harmonia do Estado e do Império estava diretamente relacionada à harmonia da família imperial.

O reconhecimento literário do poder de Lívia surge relativamente cedo. O autor do poema anônimo de consolo pela morte de Druso, filho de Lívia, escreve: "A fortuna a colocou no alto e a fez defender/ seu lugar de honra, Lívia, seu fardo [...]. Poderíamos buscar em você um modelo mais doce de virtude/ Do que quando você sustenta a obra de um príncipe romano?".[22] De seu exílio no duro litoral provinciano do mar Negro, o poeta Ovídio implorou a sua esposa que intercedesse por ele junto a Lívia, e não a Augusto.

> Deixe seus lábios suplicarem à esposa de César [...]
> Líder das mulheres, nossa *femina princeps* [...]
> Se ela estiver ocupada com algum assunto importante do Estado,
> Adie seu plano, [...]
> É melhor seguir entre as multidões de casos[23]

Essas súplicas poéticas têm a intenção de lisonjear, é claro, mas a lisonja teria sido inútil se seu alvo não fosse influente. Em um mundo em que grande parte da supremacia do *princeps* se baseava na *auctoritas* pessoal, a influência de Lívia era uma fonte de poder político tão séria e oficial quanto qualquer outra, e não é difícil imaginar que o átrio de Lívia estivesse frequentemente cheio, como suspeita Ovídio, de portadores de petições públicas e privadas.*

A sensação de que Lívia tem não apenas influência como esposa, mas autoridade política por direito próprio, permeia os poemas de Ovídio, especialmente no uso repetido da palavra "*princeps*". Adjetivo que significa "primeiro" ou "mais importante", ou substantivo que pode ser traduzido como "líder", "principal", "fundador", "chefe", "príncipe" ou "governante soberano", é quase impossível captar todo o teor do termo romano na tradução – ou seu contexto e história. O plural, *principes*, era usado na época de Cícero e, às vezes, ainda era usado mesmo sob o império, para se referir, em termos indefinidos, aos homens mais importantes de Roma, enquanto o antigo título *princeps senatus* designava tradicionalmente o membro mais antigo do Senado.[24] Esse era agora um título sempre detido pelo imperador, e, em meados do reinado de Augusto, a forma abreviada *princeps* tinha começado a ser usada para resumir e descrever a posição do imperador, para a qual não havia um

---

* O conceito romano de *auctoritas* está relacionado, embora não seja diretamente análogo, à ideia moderna de "autoridade". Muitas vezes comparada a "*potestas*" (poder, às vezes garantido pela força), "*auctoritas*" era um tipo poderoso de influência legítima derivada de status e reputação.

termo preexistente em latim.* A associação de Lívia a esse termo de autoridade política legítima e masculina é nada menos que revolucionária.

Quando Augusto morreu, em 14 d.C., ficou claro que a influência e a autoridade de Lívia não dependiam de sua posição como esposa do imperador reinante. A morte de seu marido – um momento que, para a maioria das consortes reais, poderia marcar o declínio de seu poder – resultou em uma promoção para Lívia. Em seu testamento, Augusto quebrou as convenções e, de fato, a lei, ao deixar para Lívia um terço de suas vastas propriedades, uma parte avaliada em cerca de 50 milhões de sestércios. Entretanto, mais importante foi o legado de seu nome. Em seu testamento, Augusto adotou legalmente Lívia como sua filha, na *gens Julia*. Essa ação não foi concebida para dar a Augusto um prazer incestuoso no além-túmulo, mas para elevar o status de Lívia.[25] A *gens Julia* era uma das famílias mais antigas e nobres de Roma; eles até alegavam ter traçado sua linhagem até o progenitor mítico de Roma, Eneias, e sua mãe, a deusa Vênus. Foi a adoção póstuma de Augusto por Júlio César na *gens Julia* que deu ao futuro imperador seu início político, e ele passou os anos seguintes usando todos os recursos possíveis – desde a iconografia artística de seu novo Fórum até a narrativa da *Eneida* de Virgílio – para promover a ideia de que os destinos de Roma e da família juliana estavam indelevelmente entrelaçados. Sua adoção de Lívia na *gens Julia* afirmou a contínua centralidade dela para o sucesso do Estado.

O marido/pai adotivo de Lívia também deu o passo notável de transferir para ela o título honorífico "Augusto", um nome que, na época de sua morte, tinha passado a ser usado como um título quase político para designar o cargo de imperador. Não havia precedentes para a transferência de um título honorífico de um homem para uma mulher na história romana. A ação de Augusto foi uma declaração clara do poder que ele pretendia que Lívia Augusta detivesse após sua morte.[26]

A transformação de Augusto em um deus trouxe uma expansão ainda maior do prestígio de Lívia. A ascensão do imperador morto ao céu havia sido testemunhada por um senador; sua boa visão foi recompensada por Lívia, que lhe pagou pessoalmente 1 milhão de sestércios

---

* O termo em latim *imperator* – fonte da palavra "*imperador*" – era uma aclamação militar específica, não um título que denotava supremacia política.

por seu testemunho.[27] Lívia foi nomeada sacerdotisa do novo culto de seu marido. A posição implicava deveres públicos oficiais, e atribuiu-se a Lívia um *lictor*, um atendente que carregava um machado e o símbolo máximo e nada sutil da autoridade do Estado romano, para acompanhá-la em seus afazeres oficiais.

O advento da Era de Tibério não deu a Lívia novos rivais para desafiar sua posição. Tibério nunca se casou novamente após o segundo divórcio; sua ex-esposa, Júlia, a Velha, continuava exilada na Calábria. Depois de ascender, Tibério revogou suas poucas propriedades e privilégios restantes, e ela morreu no final daquele mesmo ano. Tibério não tinha irmãs, não tinha amantes poderosas ou duradouras o suficiente para ser citadas em nossas histórias – não havia nenhuma mulher em posição de competir com Lívia. Portanto, afirma Dião Cássio, Lívia Augusta recebia multidões de senadores em suas saudações matinais, recebia petições e até mesmo subscrevia as cartas de Tibério.[28]

No entanto, talvez o maior testemunho da influência de Lívia nesse período esteja nas angústias impotentes dos homens que escreveram sobre ela. Tácito, em particular, vê suas maquinações em toda parte. "Então, havia sua mãe", ele comenta sombriamente no início do reinado de Tibério, "com sua falta de autocontrole feminino; eles seriam escravos de uma mulher."[29] Para Tácito, todas as intervenções políticas de Lívia são motivadas por paixões femininas – ciúme, ódio, ambição maternal –, todas ocorrem a portas fechadas, todas são nefastas, quase todas são ilegais, e a maioria é assassina.

O rancor de Tácito fica aparente já nas cenas iniciais de sua narrativa. "Tibério tinha acabado de entrar na província de Ilíria", escreve ele,

> quando foi chamado de volta por uma carta apressada de sua mãe; nem nunca foi estabelecido de forma satisfatória se, ao chegar à cidade de Nola, ele encontrou Augusto ainda respirando ou já morto. Pois Lívia havia colocado a casa e as ruas circundantes sob rigorosa guarda, com relatórios positivos sendo divulgados periodicamente, até que, atendendo às exigências do momento, um único relatório trouxe a notícia de que Augusto havia morrido e Tibério estava no controle das coisas.[30]

As alegações de Tácito são duvidosas, mas a herança literária da história é esclarecedora: o episódio, conforme relatado por Tácito, é essencialmente idêntico a uma história contada sobre a ardilosa rainha romana pré-republicana Tanaquil.[31] Após o assassinato de seu marido em 578 a.C., Tanaquil fechou o palácio e apareceu em uma janela superior afirmando que seu marido estava vivo, mas havia confiado a regência do Estado a Sérvio Túlio (o favorito dela) até que ele se recuperasse do ataque. Quando Tanaquil anunciou a morte do rei, a autoridade de Sérvio Túlio já estava garantida, tornando-o o primeiro rei de Roma a assumir o trono sem eleição popular. Na história de Tanaquil, encontramos uma intervenção feminina dissimulada que contorna as instituições de controle público masculino; a comparação com Lívia não tem nada de sutil. Para Tácito, o poder de Lívia e das outras imperatrizes que viriam – Messalina entre elas – era um sintoma mortal da descida de Roma à monarquia, e, como tal, esse poder era invariavelmente sinistro.

Quando Lívia morreu, em 29 d.C., ela havia conseguido um feito comparável ao de seu marido em muitos aspectos: por meio da combinação de papéis tradicionais e novos poderes, ela criou gradualmente para si uma posição sem precedentes no Estado romano. Entretanto, ao morrer, o pacote de honras e prerrogativas que ela acumulou não foi transmitido a uma herdeira. O fato de a posição de "imperatriz", tal como Lívia a criou, ter essencialmente morrido com ela é um testemunho tanto da excepcionalidade da forma indefinida desse posto como de até que ponto essa posição dependera da *auctoritas* pessoal de sua titular.

Entre a morte de Lívia, em 29 d.C., e a ascensão de Messalina, em 41, nenhuma mulher teve uma chance real de se estabelecer no papel de "primeira-dama" de Roma. As irmãs de Calígula foram exaltadas, mas sua preeminência teve vida curta: Drusila morreu pouco mais de um ano após sua ascensão, e Agripina e Júlia Lívila caíram pouco mais de um ano depois. As duas primeiras esposas que Calígula tomou já como imperador duraram menos de seis meses cada uma, e até mesmo Cesônia, a única a quem se atribui alguma influência real, sobreviveu pouco mais de um ano no cargo, tempo insuficiente para tornar a acumular algo parecido com o portfólio de poder e privilégios que acabou por expirar com a morte de Lívia Augusta.

Após a ascensão de seu marido, em janeiro de 41 d.C., Messalina não herdou nenhuma base de poder já estabelecida. Não possuía nenhum título, nenhum privilégio legal específico, nenhum papel oficial na vida pública do Estado. De fato, algo experimentado pela própria Messalina na corte imperial foi a predominância inicial de Otávia sobre Lívia e das irmãs de Calígula sobre suas esposas Orestila e Lolia, o que serviu, definitivamente, para demonstrar que ser casada com o imperador não era suficiente para garantir a preeminência. A situação representava para Messalina tanto um desafio como uma oportunidade: ela teria, até certo ponto, de moldar o papel de "imperatriz" à sua própria imagem.

A morte de Lívia e a relativa escassez de poder feminino que se seguiu demonstraram que o papel de imperatriz dependia, em grande parte, da reputação pessoal. Apesar de toda a genialidade de Lívia nesse campo, o mapa que ela deixou foi de uso limitado para Messalina. Lívia estava na casa dos 80 anos quando morreu, em 29 d.C.; ela tinha quase 40 e era mãe de dois filhos adultos quando assumiu a liderança da vida pública romana no final da década de 20 a.C. A imagem pública que criou para si mesma – a da matrona madura, sóbria, equilibrada, envelhecendo graciosamente e com uma longa experiência em casamento e maternidade – dependia de sua idade e *gravitas*. Messalina, uma mãe muito jovem de uma filha bebê, dificilmente poderia tentar reproduzi-la com precisão.

Além disso, Messalina sabia que os tempos haviam mudado. Nos doze anos desde a morte de Lívia, grande parte da antiga fachada augustana de tradição e republicanismo havia sido destruída, primeiramente pela paranoia dos últimos anos de Tibério e depois pelo despotismo desempenhado por Calígula. Tanto as formas da política quanto as normas da vida pública haviam mudado. O Senado não podia mais fingir que o lugar do poder estava no Fórum, e não no palácio: essa questão havia sido resolvida com a mudança em massa da corte de Tibério para a ilha isolada de Capri. Eles também sabiam que um novo elenco de personagens estava ascendendo: enquanto Augusto e até mesmo Tibério tinham sido assíduos em demonstrar seu respeito pelo Senado, Calígula se deleitara com demonstrações explícitas de desprezo pela antiga aristocracia, sem esconder sua confiança em um séquito mais íntimo de mulheres, cortesãos e ex-escravos. Messalina era bem versada nessas novas normas:

ela era criança quando Tibério fora morar em Capri e, por meio do casamento, ingressara no círculo íntimo da corte caligulana, justamente quando o jovem imperador abandonava as últimas aparências de deferência para com o Senado.

O momento era propício para um novo modelo, mais descarado, do que significava ser uma imperatriz romana, e Messalina – jovem, bonita, fértil, moderna, nobre e inegavelmente uma filha do império – parecia a mulher perfeita para criá-lo.

IX
MADONNA MESSALINA

"Fertilidade e fama."
Tácito, *Anais*, 2.43

Se acreditarmos na narrativa canônica da ascensão de Cláudio, os eventos de 24 e 25 de janeiro de 41 d.C. viram a vida de Messalina se transformar sem aviso prévio. Grávida de oito meses do segundo filho e recém-saída da adolescência, tinha trocado a vida relativamente anônima de uma princesa imperial nas franjas da comitiva do imperador por uma existência como uma das mais famosas mulheres do império. A posição que ocupava agora trazia consigo infinitas oportunidades e riscos, mas oferecia bem poucos poderes e privilégios definidos com clareza para ajudá-la a passar por eles. Da noite para o dia, a filha de Messalina e seu filho ainda não nascido se transformaram nos futuros herdeiros do império, e seu marido se tornou o homem mais poderoso de todo o mundo conhecido.

No entanto, é possível que a notícia da ascensão de Messalina, quando chegou, não a tenha pegado totalmente desprevenida. As histórias que as fontes contam sobre a ascensão acidental de Cláudio são bastante suspeitas: em todas elas, encontramos Cláudio transformado durante a noite do 24 de um caco de homem, trêmulo e se escondendo atrás da cortina, implorando pela própria vida, em um homem determinado a assumir o poder supremo, sem vacilar diante da agitação cívica e da oposição do Senado. A história do imperador assustado e relutante se encaixa excessivamente bem na narrativa geral que mais tarde seria construída sobre Cláudio como governante: competente às vezes, mas fraco e muito fácil de influenciar. O caos que se seguiu ao assassinato de Calígula criou o ambiente perfeito para a proliferação de boatos. Enquanto o Fórum se enchia de pessoas, facções de conspiradores voltaram a suas respectivas bases, deixando um vácuo de incertezas. Vários relatos alternativos devem ter circulado enquanto as pessoas tentavam se inteirar da situação. A história de que Cláudio teria se escondido atrás da cortina – atraente por ser parte drama, parte farsa, e tão útil para rotular o caráter dele – provavelmente surgiu em meio a esse caos e se perpetuou.

Parece provável que Cláudio soubesse da trama contra a vida de seu sobrinho antes da execução dele. Ele pode ter se envolvido nela ativamente, ou pode apenas ter indicado à facção pretoriana que estaria preparado para ser seu candidato a *princeps* caso o assassinato fosse bem-sucedido. Conforme a tempestade se formava, no outono de 40 d.C., e um ataque contra Calígula começava a parecer menos como algo provável e mais como algo inevitável, é possível que Cláudio tenha sentido que não tinha alternativas a não ser correr o risco de participar. Se Calígula tivesse caído em uma conspiração totalmente republicana, Cláudio poderia ter tido o mesmo destino de Cesônia. Qualquer perigo que ele enfrentasse, como os assassinatos da esposa e da filha de Calígula logo demonstrariam, poderia se estender a Messalina. Dado o papel de conselheira que ela desempenharia mais tarde em sua administração, não é descabido imaginar que ele também pode ter compartilhado seus planos com ela.

Mesmo se Messalina soubesse o que estava por vir, os dias que se seguiram ao assassinato de Calígula foram cheios de perigos. Pode ser que Cláudio soubesse da conspiração, mas os conspiradores não estavam nada unidos. A candidatura dele recebeu a oposição no Senado tanto de outros homens que cobiçavam o cargo como dos republicanos inveterados. A ameaça de violência pretoriana forçara esses homens a aceitar a autoridade de Cláudio no curto prazo, mas eles não foram neutralizados. Pela primeira vez desde o estabelecimento do principado, um imperador, com pouca experiência política e nenhuma experiência bélica, era conduzido ao poder por um golpe militar contra os desejos declarados do Senado. Cláudio teria um longo caminho a percorrer se quisesse legitimar seu poder.

Os riscos para Messalina em meio a tudo isso não poderiam ser maiores. Mesmo durante os excessos mais sangrentos e amargos das guerras civis, esposas e filhos geralmente escapavam ilesos das sanções contra seus maridos e pais. O destino da prole de Sejano e o duplo assassinato de Cesônia e Drusila eram provas de que a situação tinha mudado. Se Messalina estivesse ciente dos planos dos conspiradores, pode ser que a essa altura tenha começado a sentir que estava recebendo mais do que esperava. Ela provavelmente conhecia Cesônia bem, e sua própria filha, Otávia, tinha mais ou menos a mesma idade que Drusila. A dura realidade de sua situação – que o fracasso de Cláudio em consolidar seu poder podia ser uma sentença de morte para ela e seus filhos – era agora inescapável.

Desde o primeiro minuto de sua ascensão, Messalina compartilhou os riscos da supremacia de seu marido, assim como as recompensas. Isso é crucial para nossa compreensão das ações de Messalina ao longo dos anos que se seguiram. Como Lívia, ela desempenharia um papel ativo em moldar e promover a imagem do principado de seu marido; ela se posicionaria no centro das obscuras estruturas da política interna palaciana; e sistematicamente, e algumas vezes brutalmente, ela arrancaria pela raiz fontes potenciais de oposição ao governo de Cláudio e a sua própria posição. Essas foram ações que praticou tanto por ela e seus filhos como por Cláudio.

Se ignorarmos conscientemente o derramamento de sangue que marcou sua ascensão, a passagem de Messalina à condição de imperatriz não poderia ter começado melhor. Em 12 de fevereiro, menos de vinte dias depois do início do reinado de seu marido, ela deu à luz uma segunda criança saudável – e dessa vez era um menino.[1] Após anos de crises sucessórias que atormentaram Augusto e seus herdeiros, o nascimento de Tibério Cláudio César, que mais tarde ficaria conhecido como Britânico, marcou a primeira vez que um imperador no posto era abençoado com um filho.*

A linhagem de Britânico era exemplar. Memórias positivas dos pais de Cláudio, Druso, o Velho, e Antônia, sobreviveram ao reinado de seu

* Para simplificar, o filho de Messalina é chamado de Britânico daqui em diante.

neto Calígula; e Messalina (ao contrário de Cesônia) trazia consigo uma ilustre ascendência, ostentando o sangue da enaltecida Otávia tanto do lado de seu pai como de sua mãe. Para o povo, o nascimento de um príncipe desse porte era sem dúvida motivo de comemoração.

Tanto o momento do nascimento do menino como sua linhagem despertaram entusiasmo. Buscando transformar sua ditadura em uma dinastia, Augusto havia trabalhado duro para que a fertilidade de sua casa fosse sinônimo de prosperidade do império e, ao fazê-lo, imbuiu os úteros das mulheres imperiais com algo como o poder de profetizar. O nascimento de um filho homem apenas três semanas depois de o novo regime de Cláudio começar deve ter parecido um bom presságio para uma era vindoura de paz e prosperidade. Um novo tipo de moeda foi cunhado naquele ano: de um lado, o perfil eminente e laureado de Cláudio; do outro, uma personificação feminina de "Spes" ou Esperança, dando um passo adiante e oferecendo uma flor, acompanhada da legenda "SPES AUGUSTA". A implicação era que, com Cláudio no trono e Britânico como seu herdeiro, o povo romano podia esperar a chegada de dias melhores.

Para a mente romana, o nascimento de Britânico também refletia positivamente sobre a *personalidade* de Messalina. A fertilidade física era uma das maiores "virtudes" que uma mulher da Antiguidade podia ter, e parir e criar uma grande prole traziam uma enorme carga moral. Uma antiga anedota contada sobre Cornélia, um ícone da antiga virtude feminina republicana, ilustra a moral que cercava a fertilidade.* Em algum ponto de meados do século II a.C., Cornélia recebeu em sua casa, em Roma, uma rica matrona da Campânia. A mulher era dona da coleção de joias mais refinada da época, da qual ela se gabou repetidas vezes para sua anfitriã. Cornélia deu tempo ao tempo, deixando a mulher falar até seus *doze* filhos voltarem da escola, quando então anunciou, sem dúvida com um orgulho insuportável: "*Estas* são minhas joias".[2]

Já vimos que, cerca de três séculos após a morte de Cornélia, Juvenal criticava as mulheres de seus dias por evitarem os riscos da gestação e o parto em sua *Sátira seis*, de uma misoginia fervorosa.[3] O parto e a moralidade feminina estavam tão interligados na mente romana que

---

* Cornélia, filha de Públio Cornélio Cipião Africano, era mãe dos irmãos Gracos, tribunos das plebes famosos por seu zelo reformista e depois por seus assassinatos.

fracassar em dar à luz era sinônimo de fracassar em ser uma boa mulher. Depois da morte de Messalina, Juvenal a citaria como mais um exemplo de depravação feminina. No entanto, em 41 d.C. – após o nascimento de Britânico e antes de os boatos sobre sua vida sexual começarem a se espalhar –, ela parecia estar fazendo tudo certo.

A expectativa de fertilidade era um grande fardo para todas as mulheres romanas, mas era um fardo ainda maior para as mulheres da Casa de César. Sob o sistema dinástico, o parto era um dever para com o Estado e para com a família, e sua fertilidade era propagandeada por todo o império. A mensagem estava em todos os lugares: na procissão esculpida de princesas imperiais levando seus filhos pequenos pela mão no Ara Pacis; na promoção do culto da Vênus Genetrix ("Vênus, a Ancestral"); nos agrupamentos de estátuas familiares dispostas nas praças das cidades e nos prédios públicos provincianos; na abundância dos padrões vegetais que definiam boa parte da estética augustana.* A fertilidade de uma mulher imperial tinha a capacidade de impulsionar sua carreira e popularidade pública ou de acabar com elas. Calígula se divorciou de Lolia Paulina porque ela não conseguiu conceber nos primeiros seis meses após se casarem. Ele só se casou com Cesônia quando ela conseguiu concluir o trabalho. Tácito podia até mesmo argumentar que o fato de "Agripina, a Velha, a esposa de Germânico, ultrapassar Lívila, esposa de Druso, tanto em fertilidade como em reputação", catalisou o sectarismo na corte durante os primeiros anos do reinado de Tibério.[4]

De fato, para uma mulher imperial, a fertilidade era uma virtude significativa o bastante para esconder um rol de pecados. Na *Saturnália* de Macróbio, uma coleção de anedotas sociais recolhidas de autores antigos e da história oral, fala-se de Júlia, a Velha, exilada por adultério em 2 a.C., e todos concordam que apenas sua famosa fertilidade (ela produziu cinco crianças vivas) evitou que sua queda ocorresse antes:

---

* Grandes grupos de representações da família imperial, incluindo estátuas de mulheres e crianças e compreendendo pelo menos doze e dezessete estátuas, respectivamente, foram encontrados, por exemplo, em Veleia, no Norte da Itália, e em Narona, na Croácia. Essas não eram composições estáticas: estátuas de novas noivas ou crianças eram adicionadas, estátuas de imperadores e imperatrizes caídos eram removidas. A estátua de Agripina em Veleia parece ter representado originalmente Messalina: a cabeça da antiga imperatriz foi removida e substituída por uma representação da nova.

Ao examinar sua multidão de netos e a semelhança evidente das crianças com Agripa, marido dela, Augusto se envergonhou de um dia ter duvidado da castidade de sua filha. A partir de então, Augusto passou a alimentar a ilusão de que a boa disposição de sua filha chegava a ponto de ter a *aparência* de imoralidade, mas que ela era inocente de qualquer acusação real.[5]

Igualar "multidão de netos" com "castidade" pode parecer incongruente para qualquer pessoa com uma concepção básica dos fundamentos da biologia humana, mas, para os romanos, que não entendiam "castidade" como abstenção cristã, e sim como fidelidade conjugal, as duas eram companheiras naturais. A "boa mulher" dormia só com o próprio marido, mas dormia muito, e lhe dava incontáveis filhos, cada um carregando uma versão do nome dele com pequenas variações – e isso era ao mesmo tempo um dever e uma virtude. Para o observador romano, o nascimento de Britânico não era só um bom prenúncio para o regime de Cláudio, mas também passava uma boa impressão do caráter de Messalina.

O Senado reagiu em conformidade: pouco depois do nascimento do menino, os senadores aprovaram que o bebê fosse honrado com o título de "Augusto" e que Messalina deveria ser "Augusta".[6] Era uma proposta extraordinária. O título de Augusta era o mais elevado possível para uma mulher romana. Lívia só o recebera com mais de 60 anos, já viúva, e Messalina tinha pouco mais de 20 e umas poucas semanas como imperatriz. Para alguns senadores, a oferta deve ter sido feita com os dentes cerrados. Para aqueles que, apenas três semanas antes, tinham esperado que a República se restabelecesse, a ideia de o Senado recompensar uma *mulher*, e especialmente uma mulher *jovem*, com um título público só por ter dado à luz um filho era uma dolorosa admissão de que a realidade dinástica se reafirmara. Para aqueles senadores que tinham tido a esperança de conseguir o trono para si mesmos, o nascimento de um filho e herdeiro de Cláudio era um desastre completo.

Pode ser que a oferta do Senado seja um reflexo do sentimento pró-Messalina nas ruas de Roma. Na confusão que se seguiu à morte de Calígula, a multidão quase derrubou as portas do local de reunião do Senado e por pouco não linchou um dos cônsules. O Senado precisava reparar suas relações tanto com o *princeps* como com o povo, e homenagear Messalina enquanto o povo ainda comemorava o nascimento de Britânico pode ter parecido um bom ponto de partida.

Entretanto, não estava no destino de Valéria Messalina se tornar Messalina Augusta. Enquanto Messalina descansava após parir o filho de Cláudio, em um tempo em que ainda não existiam os anestésicos e os antibióticos, seu marido se encarregou de recusar as honrarias por ela. Para Cláudio, essa foi uma forma de garantir ao Senado que o objetivo dele não era imitar alguma monarquia do Leste, como Calígula tinha feito – a recusa mostrou, nas palavras do historiador Dião Cássio, "grande moderação".[7] Para Messalina, foi um duro golpe. A ascensão ao título de Augusta tinha marcado a fase mais ilustre do percurso de Lívia. A decisão de Cláudio deixava claro que a proeminência de que as mulheres tinham gozado na corte de Calígula não era algo que o novo imperador desejava necessariamente preservar – Messalina precisaria lutar por sua posição.

A frustração de Messalina deve ter sido particularmente aguda diante da extravagante celebração de Cláudio das mulheres júlio-claudianas de gerações passadas. Apesar do desprezo com que ela o tratara quando viva, Cláudio concedeu honras póstumas a sua mãe, Antônia. Jogos circenses seriam realizados todos os anos em sua memória, e, em vez de Messalina, foi *ela* quem recebeu o título de "Augusta".[8] Lívia, morta havia muito tempo, também recebeu novas honras: foi deificada em 42 d.C., no que teria sido seu aniversário de casamento.[9] As únicas mulheres dignas de comemoração na Roma de Cláudio, ao que parecia, eram as mortas.

Os antigos receios romanos com relação à glorificação pública das mulheres, que haviam induzido Cláudio a recusar a oferta do Senado, não tinham força nas províncias. Mensageiros que partiam pela rede de estradas postais levaram a notícia do parto bem-sucedido de Messalina para os confins do mundo romano, e o império se apressou em comemorar. Em 10 de novembro de 41 d.C., Cláudio escreveu uma carta ao conselho da cidade de Alexandria, no Egito, autorizando-os a começar a erguer estátuas dele e de sua família.[10] Alexandria também cunhou moedas com a imagem de Messalina, coberta e de véu, segurando o feixe de milho associado às deusas da fertilidade. Seu outro braço está esticado, e as pequenas figuras estáticas de seus dois filhos se equilibram tranquilamente na palma de sua mão. A legenda em grego inscrita na moeda nos diz que aquela é "Messalina, Imperatriz e Augusta". As províncias estavam mais do que dispostas a reconhecer, explícita e concisamente, a esposa do *princeps* como o que realmente era: uma imperatriz.

A unilateral promoção provinciana de Messalina à posição de "Augusta" refletia uma diferença cultural profundamente arraigada. O Leste grego, após mais de três séculos de monarquia helenística, tinha uma concepção estabelecida da posição de "rainha" como um cargo oficial, munido de um conjunto de poderes inalienáveis assumidos automaticamente pela esposa do governante. No entanto, as moedas emitidas em Alexandria em 41 d.C. também refletem o prestígio pessoal de Messalina. O desenho das moedas elaborado pelas casas da moeda das cidades provincianas era uma questão deixada a cargo das cidades provincianas – a decisão de Alexandria de retratar Messalina atesta a popularidade da nova imperatriz para além de Roma.

Para as províncias, a estabilidade do império importava muito mais do que sua ideologia, e estabilidade foi a principal promessa do regime claudiano em seus primeiros anos: as moedas cunhadas em 41/42 d.C., por exemplo, muitas vezes trazem legendas que proclamam a *Constantia* do imperador – sua firmeza. Enquanto os conflitos senatoriais se arrastavam em Roma, as províncias (e os pobres urbanos, politicamente destituídos de direitos) estavam simplesmente aliviadas por ver uma linha clara de sucessão – o que atenuava o risco de golpes desestabilizadores, conspirações e guerras civis. Foi Messalina quem pariu (literalmente) essa estabilidade, e a casa da moeda de Alexandria queria homenageá-la por isso.

Evidentemente, Messalina tinha outro apelo para os cunhadores de Alexandria. As províncias não compartilhavam as tediosas preocupações de Roma com as implicações morais do luxo e da beleza, e Alexandria era a cidade de Alexandre, o Grande, e de Cleópatra; eles tinham uma ilustre tradição de magnificência real a preservar. Comparada com o cinquentão Cláudio, cuja cabeça laureada estampava o reverso de todas as moedas, Messalina trazia uma injeção de glamour muito necessária:

ela era jovem, nobre e, como as províncias agora começavam a descobrir, bonita.

Propagar a imagem de uma pessoa por todo o império era um negócio complicado no ano de 41 d.C., mas um negócio no qual os júlio-claudianos, mestres da publicidade como eram, haviam se tornado notavelmente competentes. Messalina teria posado para um escultor em Roma, provavelmente nos primeiros dias de seu reinado. A imagem resultante (conhecida por meio das poucas cópias que sobreviveram) é lisonjeira, talvez, mas não idealizada a ponto de não ser possível reconhecer o indivíduo real.[11] Messalina usa o cabelo no estilo elegantemente estudado da corte caligulana: repartido no centro, com longos cachos dispostos como sulcos verticais sobre sua coroa. Na parte de trás da cabeça, o cabelo é trançado e torcido em um círculo baixo. Em algumas versões da imagem, algumas mechas ficam soltas para cair em ondas sobre os ombros. Na frente da cabeça, uma franja de cachos pequenos, fechados e planos encontra a testa de um rosto em forma de coração, com uma fronte larga, bochechas cheias e um queixo suavemente pontudo. A boca é pequena, mas os lábios são cheios, curvando-se em um arco de cupido e formando um leve sorriso nos cantos. O escultor entalhou um sulco profundo e sombreado entre os lábios, dando a impressão de que a modelo os separou levemente, em um relaxamento suave, ou como se estivesse prestes a falar. O nariz é classicamente reto, mas os olhos são, sem dúvida, a característica mais marcante de Messalina. Grandes e afastados, sob elegantes sobrancelhas que se curvam em um paralelo preciso com as pálpebras superiores, esses olhos dão ao rosto de Messalina uma expressão aberta que parece ao mesmo tempo inocente e reveladora. Aparenta ser bela, até mesmo sensual, mas também jovem.

Depois de inspecionado, alterado e aprovado, o protótipo teria sido copiado e distribuído como modelo para as cidades de todo o império. Essas cópias então seriam reproduzidas até que imagens da imperatriz pudessem ser vistas em todo canto. Estátuas em tamanho natural de mármore e bronze teriam sido colocadas em templos e praças; bustos e estatuetas – feitas em pedras preciosas coloridas, ou em metal, ou em argila, dependendo do orçamento – teriam adornado salas de estar privadas e templos domésticos; imagens menos permanentes, pintadas em cartazes ou painéis de madeira, teriam sido penduradas em santuários públicos e vitrines.

A maioria dessas imagens foi destruída no decorrer da *damnatio memoriae* que foi ordenada após Messalina cair em desgraça. À medida que notícias sobre as circunstâncias de sua execução se espalhavam pelo império, suas estátuas foram tiradas dos pedestais: os bronzes foram derretidos, os mármores foram espatifados. Em algumas comunidades mais econômicas, suas estátuas foram devolvidas às oficinas para ser retrabalhadas de forma a se assemelharem à próxima esposa de Cláudio. Pinturas teriam sido queimadas ou o rosto de Messalina simplesmente raspado. Guardar uma pintura ou uma estátua dela, mesmo na privacidade do lar, era um ato de traição.

Uma cabeça de estátua identificada como uma representação de Messalina guarda as marcas da tentativa de destruí-la. Hoje em Dresden, ela exibe os marcadores característicos da representação típica de Messalina: o penteado rebuscado, com fileiras de pequenos cachos emoldurando o rosto redondo, de traços suaves e largos. A estátua de Dresden dá à imperatriz os atributos associados ao divino: ela usa uma coroa de louros e a coroa com torres, no formato das muralhas da cidade, da deusa Cibele.[12] A imagem não tem o propósito de ser tomada literalmente; Messalina não era adorada como uma deusa viva; era, sim, como uma afirmação vigorosa de poder, tornando as profundas rachaduras que cruzam o mármore ainda mais notáveis. A destruição parece ter sido proposital, com o rosto dividido em quatro pedaços sem rebarbas por um forte golpe na parte de trás da cabeça.[13]

Uma estátua escapou ilesa a essa destruição sistemática. Descoberta em Roma, levada para a coleção real em Versalhes e confiscada para o Louvre durante a Revolução Francesa, essa representação de Messalina e Britânico, em escala maior que a natural, está notavelmente bem conservada.* Ela provavelmente data dos primeiros anos do reinado de Messalina, quando Britânico ainda podia ser representado como bebê. Talvez ela tenha sobrevivido em uma oficina, onde, por algum motivo,

* A estátua foi descoberta em Roma. Embora haja danos que exijam restauração, por exemplo, a cabeça ausente de Britânico, esses danos refletem mais o desgaste natural de 2 mil anos do que qualquer destruição deliberada.

o rosto nunca foi retrabalhado conforme fora determinado, ou talvez tivesse sido escondida na vila de algum admirador privado.

Essa Messalina não tem nenhum atributo explicitamente divino. Seu vestido é visivelmente modesto. O padrão das pregas que circundam seu pescoço sugere que ela estava vestindo a *stola*, o traje longo, preso em cada ombro, que era a marca da matrona romana respeitável. Por cima dela, Messalina veste a *palla* ou manto, que é puxado em volta da cintura, dobrado sobre o braço esquerdo e erguido sobre a cabeça como um véu. O polegar e o indicador de sua mão direita puxam a lateral do véu, levantando o tecido do ponto onde ele cairia sobre seu ombro, caso não o segurasse. O gesto é bem conhecido na arte romana e tem a intenção de indicar *pudicitia*, ou modéstia, uma vez que a mulher se movimenta para aproximar o véu do rosto.

Essa iconografia, que tendia a ser uma iconografia da virtude, devia ser facilmente reconhecível por qualquer espectador da época, mas a ação em si mantém certa ambiguidade. Há uma timidez, até mesmo um flerte, na delicadeza com que Messalina agarra o tecido, no gesto aberto do resto de sua mão e na ação em si: espera-se, imaginativamente, que erga o véu para aproximá-lo modestamente do rosto, mas, no momento capturado pelo escultor, tudo o que ela fez foi abri-lo e afastá-lo da pele exposta de seu pescoço. Os romanos estavam bem cientes da sensualidade potencialmente transgressora da mulher "modesta": falando sobre a esposa de Nero, Popeia Sabina, a Jovem, Tácito afirma ironicamente que "ela exibia modéstia, mas encenava a devassidão; raras vezes saía em público, e, quando o fazia, era só com metade do rosto coberto pelo véu, a fim de que sua aparência nunca saciasse seus espectadores ou, talvez, simplesmente porque aquilo combinava com ela".[14]

A presença do bebê Britânico oculta esse vestígio de sexualidade em uma celebração da fertilidade e da maternidade. Britânico está sentado na dobra do braço esquerdo de Messalina, com o torso nu, mas as pernas e o ombro direito envolvidos por um tecido pregueado, como um Zeus em miniatura. Está voltado para a mãe, inclinando a cabeça para cima para olhá-la no rosto; por sua vez, ela volta ligeiramente a cabeça para ele; e ele estica o braço, com o dedinho aberto, para tocá-la no queixo, ou, talvez, puxar a gola de sua *stola*.

Para o olhar ocidental, impregnado por 2 mil anos de iconografia cristã, é notável a semelhança de Messalina com uma *Madonna*. Entretanto, a inspiração real para a composição provavelmente remonta a uma obra-prima grega do século IV a.C.: *Irene e Pluto*, de Cefisódoto.[15] A imagem original em bronze da deusa personificada Paz (Irene) segurando seu bebê, Riqueza (Pluto), tentando alcançá-la, que ocupava a Ágora ateniense, foi muito copiada, e suas formas seriam reconhecidas por todo o mundo mediterrâneo: esse empréstimo iconográfico para uma imagem imperial não deixaria de ser notado pelos olhos da Antiguidade.

Essa única escultura encapsula a imagem pública de Messalina durante os primeiros dias de seu reinado. O nascimento de seu filho permitiu que reivindicasse a imagem mais elevada da virtude feminina tradicional: a *stola* sinalizava seu casamento; seus gestos, sua fidelidade; e o filho, sua fertilidade. Após as incertezas sem fim do reinado de Calígula, o nascimento de Britânico prometia uma nova era de estabilidade e segurança, de paz e prosperidade: ao igualá-la a Irene, a personificação da paz, a composição proclama o papel de Messalina na conquista dessa nova era.

Contudo, a estátua também revela outro elemento da imagem pública da imperatriz. Era jovem e bela, e o ato de mexer no véu e a inclusão de seu filho falavam tanto de flerte quanto de modéstia, e tanto de sexualidade quanto de fertilidade. Messalina tinha armas em seu arsenal que a matriarcal Lívia – que contava mais de 40 anos quando entrou em evidência – nunca tivera. Bela, jovem e muito subitamente uma das mulheres mais ricas, famosas e influentes do mundo, Messalina deve ter aprendido logo que o glamour podia ser uma arma tão poderosa quanto a virtude.

X
A CORTE DE MESSALINA

> "Reveja os muitos dramas completos e seus cenários, todos tão semelhantes, que você conheceu em sua própria experiência ou na história passada: todo o círculo da corte de Adriano, por exemplo, ou a corte de Antônio, ou as cortes de Felipe, Alexandre e Creso. A encenação é sempre a mesma; são apenas os atores que mudam."
>
> Marco Aurélio, *Meditações*, 10.27

Contar a história da imagem pública de Messalina durante a primeira parte do reinado de seu marido é contar só metade, ou talvez menos, da história de sua verdadeira proeminência política. A maior parte do trabalho e do poder de Messalina existia nos bastidores, movendo-se não pelo Senado e pelo Fórum, mas pelos corredores do palácio imperial, que tinha se espalhado pelo topo do monte Palatino.

Augusto (na época, Otaviano) comprou sua primeira residência no monte Palatino enquanto ainda era um cidadão comum.* Embora situada no centro do bairro mais em voga da cidade, a moradia era modesta para os padrões da época, relativamente pequena, com colunas esculpidas em pedra piperina cinzenta, e não em mármore.[1] Talvez o que atraiu o futuro imperador tenha sido a localização. A casa se situava no canto sudoeste do cume do monte, acima do Lupercal – a caverna

* A raiz de Palatino, que dá nome ao monte, origina a palavra "palácio".

onde Rômulo e Remo foram supostamente amamentados pela loba – e perto do sítio que se acreditava ter sido ocupado pela casa de Rômulo.*

Suetônio observa que Otaviano comprou a casa do grande orador aristocrático Hortênsio, omitindo, entretanto, que ele provavelmente a adquiriu em uma liquidação após a proscrição de Hortênsio durante as guerras civis de 43 a.C.[2] A agitação da década que se seguiu foi um bom momento para comprar propriedades em Roma – desde que o comprador tivesse conseguido conservar sua cabeça e tivesse capital disponível –, e, enquanto Otaviano atravessava o Mediterrâneo com seus exércitos, seus agentes adquiriram também boa parte das casas ao redor. Nos anos que se seguiram, paredes foram derrubadas, entradas foram fechadas e extensões adicionadas para criar um complexo interconectado de apartamentos destinados a acomodar a família em perpétua expansão de Otaviano/Augusto, além de seus enteados, príncipes estrangeiros, dignitários visitantes e escravos. Um segundo palácio, um pouco abaixo do primeiro (e hoje localizado em sua maior parte sob os Jardins Farnésios), foi construído por Tibério e expandido por Calígula até quase alcançar o próprio Fórum.[3] Era esse complexo em expansão de palácios que Messalina agora chamava de lar.

O visitante que tentasse andar de uma extremidade do palácio até a outra ficaria admirado não só com sua extensão, mas também com a gama de estilos encontrados. Em alguns cômodos havia afrescos originais nos antigos estilos augustanos, elegantes e coerentes com seus desenhos grandiosos e ilusionísticos. Em um aposento, um grupo de colunas cuidadosamente caneladas em *trompe l'oeil* é adornada com pesadas guirlandas de folhas e frutos maduros, com acessórios dionisíacos, como liras e heras, pendendo de grossas fitas vermelhas em seus centros. Outro cômodo é decorado como uma galeria de arte, incluindo pinturas mitológicas com molduras falsas, cópias dos antigos mestres gregos: de um lado encontramos Io, que, libertada do cativeiro de Argos, acaba sendo estuprada por Zeus na forma de touro, e do outro lado a nereida Galateia, tentando fugir de seu assediador Polifemo em um cavalo-marinho.[4]

---

* Resquícios da Idade do Ferro foram realmente escavados nessa área do monte Palatino, explicando a tradição relativa à moradia de Rômulo.

Os contidos padrões augustanos davam lugar a um estilo de decoração muito diferente conforme se entrava nas partes mais novas do palácio. Essas tinham sido decoradas por Calígula, que – como todos os melhores autocratas com sede de sangue – realmente gostava de decoração de interiores.[5] Ali, os cômodos eram revestidos de mármore colorido ou decorados na nova moda barroca. Nessas paredes havia de tudo: misturas arquitetônicas impraticáveis de colunas e arcos empilhados transformavam paredes planas em cenários povoados por atores, criaturas grotescas e deuses, com janelas falsas que se abriam para vistas imaginárias ou momentos dramáticos da mitologia.[6] Esses cômodos imergiam o visitante em camadas de fantasia.

Apesar de todo o seu luxo, o palácio imperial era uma confusão. Na época de Messalina, o palácio do Palatino consistia em um conjunto de velhas casas republicanas e construções novas e brilhantes conectadas por escadarias de madeira, portas improvisadas, passagens e longas passarelas com colunatas. Deve ter sido uma experiência estranha passar da domesticidade controlável das seções superiores do palácio para os vastos salões da Domus Tiberiana; ou sair de uma escadaria estreita ou de uma passagem baixa para um salão com um domo alto. O visitante passava por átrios grandiosos, salões de recepção e salas de banquetes; banhos privativos, pátios, jardins e lagos de peixes; acomodações para a família, reféns e dignitários visitantes; alojamentos e oficinas para a vasta hierarquia de escravos imperiais; bibliotecas, gabinetes, salas de registros, tesourarias, oficinas e lojas. A estrutura, que a essa altura já havia tomado toda uma encosta de uma das sete colinas de Roma, estava mais próxima de uma cidade do que de uma casa.

No palácio imperial, como Messalina descobriu em 41 d.C., pouca coisa separava o espaço público do privado. Sempre cioso das aparências, Augusto projetou ostensivamente sua casa como uma *domus* republicana tradicional. Ele tinha transformado os espaços públicos da cidade, seus templos e fóruns, em palácios do povo de mármore brilhante, mas para sua própria casa evitava qualquer coisa excessiva ou palaciana. Apesar disso, os requisitos para o espaço tinham crescido: além de espaço para a vida familiar e para as relações sociais, a casa era agora o coração de um império. Encontros realizados ali determinavam a política imperial, e os hóspedes incluíam um fluxo constante de dignitários e delegações estrangeiras. As extensões construídas pelos sucessores de Augusto acrescentaram salões mais amplos para recepções, salas de jantar maiores para banquetes e pátios ampliados nos quais as pessoas aguardavam sua vez de se aproximar do imperador, mas ainda não havia uma sensação real de divisão entre a casa e o gabinete.

Em 28 a.C., Otaviano (como ainda era conhecido na época) consagrou um novo templo ao seu deus patrono, Apolo. Conforme afirmava o jovem dinasta, o terreno havia sido marcado para a consagração pela intervenção divina quando um raio atingiu uma seção de sua própria casa.[7] Era um milagre notavelmente conveniente. As portas de sua *domus* agora se abririam diretamente para o terraço do templo, criando uma conexão arquitetônica entre homem e deus que lembrava, implícita e inevitavelmente, os palácios dos reis helenísticos. Era uma estratégia que Calígula reproduziria cerca de setenta anos mais tarde, estendendo o palácio encosta abaixo até chegar ao templo de Castor e Pólux, no Fórum. "Ele criou, assim", afirma Dião Cássio, "uma aproximação ao palácio passando diretamente entre as duas estátuas de culto, para que pudesse, como costumava dizer, ter os Dióscuros guardando os portões."[8] Os júlio-claudianos, incluindo suas vidas privadas, estavam se entrelaçando na trama pública da cidade.

Quando Augusto morreu, tanto sua casa como sua dinastia tinham passado a ser chamadas por um mesmo e único nome: a Domus Augusta, ou a Casa dos Césares. Com o palácio alterado e ampliado para servir às necessidades cambiantes da família imperial, a estrutura física do prédio passou a refletir a estrutura política que seus residentes presidiam. A falta de separação entre as áreas públicas e privadas do palácio do imperador refletia o apagamento crescente das fronteiras do poder. Quando uma pessoa se aproximava do imperador socialmente, como seu cliente, como seu hóspede ou como sua *esposa*, estaria essa pessoa necessariamente também se aproximando dele politicamente?

Essas fronteiras, complexas nos melhores momentos, se tornariam particularmente porosas sob Cláudio. Desconfiado do Senado e de segmentos do exército na esteira das circunstâncias violentas de sua ascensão, Cláudio confiava mais do que talvez qualquer imperador antes dele em seus associados *escolhidos*, os homens e as mulheres com os quais se cercou no Palatino e nos quais, correta ou equivocadamente, sentia que podia confiar. O poder das mulheres e dos libertos imperiais vinha aumentando havia anos, e agora sua proeminência explodiria de maneira nunca vista.

É sob Cláudio que a palavra "corte" emerge pela primeira vez em latim como um termo político. A palavra que os romanos utilizavam – *aula* – não vem do latim. É a latinização de uma palavra grega, αὐλή, ou *aule*, um termo que significara originalmente "salão" ou "pátio", mas que por muito tempo foi usado em referência aos círculos da corte dos reis helenísticos ou do Leste. A palavra surgira pela primeira vez em latim durante a República tardia, mas durante quase um século parece ter sido aplicada estrita e exclusivamente a terras estrangeiras, terras do Leste, principalmente – lugares que os romanos sempre haviam chamado, com um delicioso horror, de tirânicos e luxuosos. É Sêneca – um homem que (como veremos) conhecia as realidades da política de corte bastante intimamente – que providencia a primeira aplicação conhecida do termo a Roma em cerca de 44 ou 45 d.C.[9] É revelador que esse desenvolvimento linguístico tenha ocorrido bem no meio da supremacia de Messalina no Palatino.

A corte de Cláudio costuma ser descrita como "uma série de círculos concêntricos com cada vez menos poder", a começar pela cama e pelos aposentos do imperador (um local de encontros íntimos e também de intimidade sexual no mundo romano), e, então, se deslocando por suas salas de jantar, seus gabinetes, seus banhos e seus jardins privados, daí para os gabinetes de seus libertos, os grandes salões de recepção e as salas de petição do seu palácio.[10] O que valia nessa paisagem política não era mais a eloquência na Rostra, nem vastas quantidades de riqueza conquistadas por meios espúrios, nem mesmo um bom e velho nome de família; era a proximidade do imperador e a influência sobre ele. Esse era um mundo no qual Messalina, na condição de esposa de Cláudio, estava mais bem posicionada do que qualquer senador.

A boa impressão que Messalina conquistou com o nascimento de Britânico não poderia ter chegado em melhor momento para o casal imperial. A posição de Cláudio como chefe de Estado permanecia precária, e ele sabia disso: um mês inteiro de seu reinado passaria antes que ele se sentisse confiante o suficiente até mesmo para entrar no Senado.[11] Que ele o tenha feito uma semana após o nascimento de seu filho pode não ter sido inteiramente uma coincidência.

Os primeiros meses do governo de Cláudio foram consumidos por esforços conciliatórios. Quereia – o homem que primeiro golpeou Calígula – foi condenado à morte, assim como alguns de seus colegas pretorianos. Cláudio pode muito bem ter apreciado e mesmo encorajado as ações de Quereia, mas tolerar um tiranicídio era um ato perigoso para um imperador. O círculo mais próximo de Quereia também era patologicamente anti-júlio-claudiano. Embora a maioria dos pretorianos tivesse aclamado Cláudio como imperador, Quereia apoiou o Senado e buscou a restauração da República: foi ele que, em uma tentativa de extinguir a dinastia, ordenou os assassinatos de Cesônia e Drusila, e sem dúvida teria matado Cláudio também se fosse melhor em esconde-esconde. Apesar disso, a memória de Quereia permaneceu popular, e o povo, afirma Josefo, fazia oferendas "pedindo a seu fantasma que fosse misericordioso com eles e não sentisse raiva de sua ingratidão".[12]

Entretanto, em geral, Cláudio buscou provar sua seriedade em relação ao perdão. Mesmo Sabino, um dos principais líderes da trama entre os pretorianos, foi perdoado e pôde conservar sua posição como oficial.* A anistia para o Senado seria total: os magistrados permaneceram em seus cargos e Cláudio interveio pessoalmente para evitar o linchamento de um dos cônsules.[13]

Suetônio registra uma história que, apesar de provavelmente apócrifa, resume parte da atmosfera dos primeiros dias do reinado de Cláudio. Após a morte de Calígula, nos conta, "um enorme baú foi descoberto, cheio até o topo com todo tipo de veneno. Dizem que esse baú foi atirado ao mar por Cláudio, e que infectou as águas, matando muitos peixes cujos cadáveres a maré trouxe para as praias vizinhas".[14] A primeira missão tanto de Cláudio como de Messalina era sugar o veneno para fora da ferida que o reinado de Calígula tinha deixado no corpo político romano.

---

* No entanto, Sabino não conseguiu lidar com a culpa de ter sobrevivido aos colegas e se matou.

Nos meses que se seguiram, Cláudio tratou o Senado com cuidado, saudando seus membros com um respeito ostensivo e consultando-o até mesmo nas menores questões.[15] Evidentemente, essas demonstrações de deferência pouco significavam na realidade. Que Cláudio devia seu trono à força militar e não ao consentimento do Senado era um fato impossível de esconder. Ao mesmo tempo que Cláudio solicitava aos cônsules o direito de manter mercados em suas propriedades particulares, bens eram liquidados para pagar os enormes subornos que ele havia prometido a seus apoiadores pretorianos. Foi cunhado um novo tipo de moeda que mostrava Cláudio do lado de fora dos portões do Campo Pretoriano, apertando a mão de um oficial.[16] Cláudio se equilibrava sobre uma série de linhas tênues, mas sua calculada falta de sinceridade começava a dar resultado. Em poucos meses, a ordem havia sido restaurada nas ruas de Roma, as províncias haviam entrado na linha e a conversa republicana de 24 e 25 de janeiro já começava a soar ridiculamente ingênua.

Cláudio também cortejava o público. Fã genuíno de espetáculos e ansioso para provar que não era um Tibério mal-humorado, Cláudio preencheu o calendário com jogos, peças de teatro e corridas de carruagem. Embora tivesse recusado as honras oferecidas a Messalina pelo Senado e insistido que o nascimento do filho fosse celebrado apenas como um evento familiar privado, Cláudio não desperdiçou nenhuma oportunidade de exibir seu bebê em público. De acordo com Suetônio, "mesmo quando seu filho ainda era um bebezinho, ele o carregava nos braços incessantemente para exibi-lo diante dos comícios de soldados e do povo nos jogos, segurando-o no colo ou diante dele, e, acompanhado pelas multidões que aplaudiam, ele rezava por sua boa sorte".[17]

Essa agenda de relações públicas foi eficaz. Pouco tempo depois de sua ascensão, Cláudio estava a caminho de Óstia quando foi divulgada uma notícia em Roma de que seu comboio havia sofrido uma emboscada e que ele havia sido assassinado. "O povo entrou em tumulto e, praguejando abominavelmente, atacou os soldados como traidores e o Senado como nada mais do que parricidas, não parando até que primeiro um, depois outro e, finalmente, vários homens fossem trazidos para a Rostra pelos magistrados para confirmar que o imperador estava seguro e se aproximava da cidade."[18]

Apesar de todo o sucesso de sua política pública durante esses primeiros meses, a vida privada de Cláudio era um caos. As fontes falam constantemente de sua covardia. Suetônio nos diz que "não havia nada que se igualasse à sua timidez e desconfiança [...], não existia nenhuma suspeita, nenhum agente de suspeita, insignificante demais para o levar a ficar em guarda ou a buscar vingança assim que a menor ansiedade se enraizasse".[19] Podemos considerar algumas dessas acusações como hipérboles literárias, mas de fato parece que a corte de Cláudio teve início em estado de verdadeira paranoia. Além de o imperador evitar o Senado, ele aumentou suas medidas de segurança pessoal a um nível draconiano. Não ia a lugar nenhum sem um guarda-costas, e até mesmo seus jantares eram vigiados por fileiras de soldados fortemente armados.

Os peticionários, clientes e amigos eram revistados, e seus pertences eram vasculhados ou até mesmo confiscados. Flexibilizações posteriores dessas medidas revelam quão severas haviam sido nos primeiros dias do novo reinado: "Só depois de muito tempo, e então com alguma hesitação", afirma Suetônio, "mulheres e crianças foram poupadas de serem manipuladas e os estojos de canetas e palhetas de escrita pararam de ser arrancados dos escribas e assistentes dos homens".[20] Como um homem levado ao poder por meio de um golpe clandestino, Cláudio estava sempre ciente de que aquilo que havia sido dado também poderia ser tirado. Ele não estava totalmente errado, é claro, mas deve ter sido um pesadelo para Messalina conviver com ele.

A portas fechadas, a nova corte buscava desesperadamente se estabelecer. Dois casamentos reais e um noivado foram celebrados em uma sucessão rápida e discreta. A filha mais velha de Cláudio, Cláudia Antônia, foi casada com Cneu Pompeu Magno; a filha mais nova de Messalina, Cláudia Otávia, foi prometida a Lúcio Silano, e seu parente distante Ápio Silano foi chamado do governo da Hispânia Tarraconense e casado com a mãe de Messalina, Domícia Lépida, como seu terceiro marido.[21] Cada um desses homens tinha o potencial de desafiar o poder de Cláudio: Lúcio Silano era descendente direto de Augusto por meio de sua neta Júlia, a Jovem; Ápio era um dos homens mais eminentes de Roma; e Pompeu Magno era herdeiro do nome de Pompeu, o Grande, o ilustre dinasta das guerras civis.*[,22] Esses dois casamentos e o noivado um tanto prematuro de uma criança de dois anos foram, evidentemente, tentativas de reforçar a posição do casal imperial; esperava-se que unir esses homens mais do que nunca com a família imperial teria o efeito de alinhar seus interesses e comprar suas lealdades. Os dois casamentos foram celebrados em particular, dentro do palácio imperial, e nenhuma das uniões foi marcada por festividades públicas. As fontes não atribuem nem os casamentos nem o noivado diretamente às maquinações de Messalina, mas, como um deles envolveu sua mãe, o outro sua enteada e o outro sua filha pequena, parece provável que a imperatriz tenha tido algum envolvimento no planejamento desses primeiros movimentos dinásticos.

Também houve uma disputa por cargos na administração de Cláudio. A centralização do poder em torno da figura do imperador havia criado a necessidade de novas estruturas burocráticas projetadas para colocar em prática a vontade do imperador. A Roma republicana nunca havia necessitado de algo que se assemelhasse a um serviço civil profissional – cargos executivos eram eleitos e a responsabilidade pela execução era passada para empreiteiros privados –, mas o imperador precisava delegar. Na época de Cláudio, o gabinete do imperador havia se transformado em um vasto empreendimento que incluía escrivães, secretários, contadores, administradores e conselheiros.[23] Quase todas essas funções teriam sido preenchidas por membros da eufemisticamente chamada "*familia Caesaris*": escravos e ex-escravos altamente educados da família imperial que, legal e convencionalmente, deviam lealdade inabalável a seus senhores.

Três libertos em particular surgiram como agentes de poder durante os primeiros dias do reinado de Cláudio: Calisto** se encarregou das petições, Palas chefiou a tesouraria e Narciso conseguiu para si o cargo de secretário particular do imperador.[24] Esses homens eram imensamente poderosos; essencialmente, dirigiam grandes departamentos do

---

* Pompeu Magno descendia de Pompeu, o Grande, pelo lado da mãe. Pelo lado do pai, era descendente de Crasso, outro dinasta republicano que havia formado o Primeiro Triunvirato junto com Pompeu e César.

** O mesmo Calisto que se envolveu na conspiração para derrubar Calígula.

Estado e, talvez ainda mais importante, tinham acesso direto ao próprio imperador.

De fato, o poder deles era tão grande que o antigo establishment, por mais que isso os irritasse, não podia deixar de reconhecê-lo. O túmulo de Palas, que seria erguido em uma das principais estradas que saíam de Roma, celebrava o fato de que "o Senado decretou que ele recebesse os ornamentos de um pretor e 15 milhões de sestércios em reconhecimento ao serviço obediente e leal a seus patronos".[25] O aristocrático Plínio, o Jovem, que se deparou com o monumento cerca de quarenta anos após a morte de Palas, ficou horrorizado; "essa inscrição, mais do que qualquer outra", escreveu amargamente a um amigo, "lembrou-me de quão farsesca ela é e de quão absurda é essa época, em que tais honras podem ser abandonadas a essa sujeira, a essa imundície; e quando esse canalha servil pode ousar recusar-se a recebê-las, e tudo para que possa ser capaz de exibir algum grande exemplo de moderação."[26] O dinheiro era uma honra que Palas se gabava de ser modesto demais para aceitar, mas é provável que tivesse pouca necessidade dele. Um emprego nos altos escalões da administração imperial poderia tornar um homem extremamente rico: em sua *História natural*, Plínio, o Velho, recorda ter visto trinta grandes colunas de ônix sólido decorando a sala de jantar de Calisto.[27]

Plínio pode não ter aprovado, mas foi nos libertos imperiais que Messalina encontrou seus aliados mais naturais. Em uma sociedade tão patriarcal como a de Roma do século I d.C., uma imperatriz tinha muito em comum com um ex-escravo: ambos podiam ser donos de extrema riqueza e extremo poder e podiam comandar os ouvidos do imperador, mas nenhum deles jamais esperaria deter o poder abertamente em seu próprio nome.

Depois de se recuperar do nascimento de Britânico, Messalina passou os primeiros meses do reinado de seu marido desenvolvendo conexões dentro dessa nova hierarquia. Ela teria recebido seus próprios aposentos – talvez situados na antiga casa de Lívia ou em uma das partes mais novas do palácio –, grandes o suficiente para acomodar seu crescente quadro de funcionários. Como imperatriz, Messalina tinha a liberdade de empregar uma grande quantidade de escravos e libertos, e inscrições funerárias nos permitem identificar alguns deles pelo nome.

Uma mulher chamada Cleópatra era costureira da imperatriz, enquanto um homem chamado Amoenus era empregado *ab ornamentibus* – para supervisionar sua vestimenta em ocasiões cerimoniais.[28] Hilária era ama de Otávia, e Filócrates era tutor de uma ou de ambas as crianças.[29] Idaeus era *supra argentum* – encarregado da prata –, e homens, incluindo um Lúcio Valério, eram treinados como secretários e arquivistas.[30] Todos eram supervisionados por *dispensatores* ou administradores, um dos quais sabemos que se chamava Sabbio.[31] Se, como podemos imaginar, a casa de Messalina se assemelhava à de Lívia, podemos acrescentar um rol de criadas, cabeleireiros, médicos, ginecologistas, farmacêuticos, perfumistas, secretários, escriturários, tesoureiros, lacaios, atendentes de átrio e copeiros.[32]

Os aposentos e a equipe de Messalina teriam proporcionado todo o espaço, luxo e conforto que ela poderia desejar, mas, ainda mais importante, também lhe davam a liberdade de receber pessoas de maneira independente. Esperava-se que o imperador romano desempenhasse o papel de anfitrião por excelência quando estivesse em sua residência no Palatino. Vastas multidões de peticionários, senadores e amigos compareciam a suas recepções matinais; uns poucos sortudos eram reconhecidos; os ainda mais sortudos eram convidados para o jantar.

Ao que parece, esperava-se que a imperatriz identicamente acompanhasse e correspondesse à hospitalidade de seu marido. Lívia recebia peticionários políticos em suas próprias saudações matinais, e não há razão para acreditar que Messalina não fizesse o mesmo. É possível que Cláudio esperasse que sua esposa tirasse algumas das "questões femininas" de seu prato, ou talvez tentasse converter as esposas de alguns de seus inimigos senatoriais em apoiadoras do regime; Messalina tornou-se amiga íntima, por exemplo, de Árria, a esposa de Cecina Peto, que cairia por sua participação na revolta de Escriboniano em 42 d.C.

Embora Cláudio possa ter incentivado sua esposa a desenvolver conexões entre as damas da aristocracia, os aposentos da imperatriz não eram um "harém" segregado. As mulheres da família imperial sempre cultivaram círculos de gêneros mistos. No início do século V d.C., Macróbio – um grande colecionador de anedotas antigas – registrou a seguinte história sobre as mulheres da *Domus Augusta*:

Em uma competição de gladiadores, a diferença entre os séquitos de Lívia e de Júlia, a Velha, chamou a atenção das pessoas, e era natural que assim fosse – pois, enquanto Lívia estava cercada de homens de substância, sérios e austeros, Júlia, a Velha, estava cercada por todos os lados por um grupo de homens jovens inequivocamente autoindulgentes em seu luxo e exuberância. O pai dela a alertou por escrito, observando a grande diferença entre as duas primeiras-damas. Júlia, a Velha, por sua vez, enviou a ele uma resposta elegante: "E esses homens vão envelhecer comigo também".[33]

Se Lívia – tecendo togas e com a reputação ilibada – costumava receber, de bom grado e publicamente, amigos homens junto com amigas mulheres, podemos ter certeza de que Messalina – que as fontes nunca associam à tecelagem de togas ou a reputações ilibadas – também o fez.

O círculo que Messalina cultivou em seus aposentos no Palatino abrangia uma ampla gama de personagens: esposas aristocráticas, senadores com envolvimento político, os ociosos e privilegiados, os mais poderosos entre os libertos, os equestres mais ricos e as inteligências mais em voga. Ao que tudo indica, suas festas eram imperdíveis. Certa vez, nos conta Dião Cássio, um grande grupo de convidados recebeu convites simultâneos para duas festas: uma dada por Cláudio e a outra, por Messalina e seus libertos favoritos. A festa da imperatriz ficou cheia; o imperador recebeu uma série de desculpas educadas, mas não inquestionáveis.[34]

Talvez as festas de Messalina simplesmente tivessem vinho e música melhores, mas o poder social da imperatriz estava longe de ser frívolo. Por maior que fosse sua influência, a mulher Messalina continuava excluída do processo real da administração, justiça e legislação. Se quisesse exercer algum poder real, teria que passar por um homem, e, se quisesse exercer esse poder *independentemente* de seu marido, teria que desenvolver uma rede de outros homens dispostos a colocar as ideias dela em prática.

Podemos identificar três dos mais importantes membros dessa rede pelo nome. Desde a ascensão de Messalina, em 41 d.C., até pouco antes de ele providenciar o assassinato dela com uma espada, em 48 d.C., o liberto Narciso tinha sido o aliado em que a imperatriz mais confiava na corte. Sendo ela esposa de Cláudio e ele secretário particular do imperador, Messalina e Narciso tinham todas as desculpas para estar em contato constante. As fontes associam os dois constantemente, em particular durante os primeiros anos do reinado de Cláudio, quando a posição da imperatriz estava menos independentemente segura – sempre que encontramos Messalina sendo acusada de alguma conspiração ou crime durante esses anos, Narciso é frequentemente nomeado como seu cúmplice. Escrevendo após a queda de Messalina, Sêneca resumiria assim a relação dos dois: eles eram, afirma ele, "inimigos do Estado muito antes de se tornarem inimigos um do outro".[35]

Juntos, Messalina e Narciso possuíam um grau perigoso de poder. A influência da imperatriz sobre seu marido era intensa: ela tinha acesso constante à presença e à cama dele e sabia como usá-la. Cláudio, aos 51 anos, sempre fora apaixonado por mulheres – Suetônio nos diz, com um quê de surpresa clássica, que ele era "desenfreado em sua paixão pelo sexo feminino, mas totalmente desinteressado pelo masculino" –, e por ninguém mais do que sua bela e jovem esposa.[36] Mesmo em meio a sua queda, Messalina estava confiante de que, se Cláudio simplesmente a *visse*, tudo seria perdoado; e seus inimigos também estavam ansiosos para que a execução fosse concluída antes que Cláudio pudesse voltar para sua cama e para todas as lembranças conjugais guardadas ali.

A influência de Messalina estava crescendo, e uma aliança com Narciso poderia ampliá-la ainda mais. Na condição de secretário particular de Cláudio, Narciso controlava os documentos e a correspondência do imperador: despachos para as províncias, pedidos pessoais, cartas de recomendação, minutas de assuntos oficiais, rascunhos de éditos ou discursos, pequenas notas enviadas por seus amigos senatoriais. Suetônio pinta um retrato sombrio do *modus operandi* dos dois, com Messalina e Narciso revogando as concessões do imperador, rescindindo suas decisões e perdoando, destruindo ou emendando seus memorandos oficiais.[37] Mesmo sem recorrer à corrupção pura e simples, Messalina via que Narciso podia oferecer a ela algo que não tinha preço: acesso à *informação*. Informações sobre os assuntos pessoais do imperador, as questões do Senado, dos tribunais e da administração de cada recanto do império podiam agora chegar, por meio de Narciso, logo e diretamente à imperatriz.

Messalina tinha aliados também no Senado, e os principais deles eram Lúcio Vitélio e Públio Suílio Rufo. Esses homens, eloquentes e bem relacionados, agiam como agentes de Messalina. Defendendo os interesses dela no Senado e atuando nos casos dela no tribunal, eram seus porta-vozes nesses espaços, onde, por causa de seu gênero, ela não podia falar por si mesma. Quando Públio Suílio e Vitélio apresentaram acusações contra Valério Asiático (uma das últimas e mais proeminentes vítimas da imperatriz) em 47 d.C., Tácito escreveu que Asiático fora derrubado pela "fraude feminina e pela iniquidade da língua de Vitélio".[38] Em 58 d.C., uma década depois da morte de Messalina e quando o reinado do sucessor de Cláudio, Nero, já contava quatro anos, Públio Suílio se viu levado aos tribunais. Ele tentou colocar toda a culpa em Messalina. Disse que estava *apenas cumprindo ordens.* Essa defesa não deu certo, mas não porque alguém duvidasse de que as ações de Públio Suílio tivessem sido tomadas sob a instigação de Messalina. Em vez disso, os advogados da acusação queriam saber por que *ele* e não algum outro homem "tinha sido escolhido acima de todos os outros para ficar a serviço daquela prostituta selvagem?".[39] Ficou decidido que os "agentes das atrocidades" tinham de ser punidos, além dos instigadores. O veredito contra Públio Suílio e o comentário ácido de Tácito sobre Vitélio resumem como a relação entre Messalina e seus aliados senatoriais era percebida – os planos eram de Messalina, e apenas a responsabilidade por sua execução caía sobre seus associados homens.

Esses senadores precisavam de Messalina tanto quanto ela precisava deles. Suas relações com a imperatriz lhes conferiam prestígio social, informações e um canal de comunicação que os conectava diretamente com a administração imperial e o próprio imperador. Desde que permanecesse em alta no Palatino e tivesse influência sobre seu marido, ela poderia protegê-los assim, como a suas famílias, dos caprichos da política de corte e das lutas intestinas do Senado. Com tanto a oferecer, não deve ter sido difícil para Messalina encontrar senadores dispostos a promover os interesses dela; de fato, foram eles que a procuraram. Em sua biografia do filho homônimo de Vitélio (imperador por alguns meses, em 69 d.C.), Suetônio nos dá uma amostra dos esforços feitos por Vitélio para cortejar Messalina. Ele implorou a ela que permitisse remover os sapatos dela e segurou o do pé direito com ele o tempo todo, guardado nas pregas de sua toga, apenas tirando-o de lá, de vez em quando, para beijá-lo.[40] Outros senadores também disputaram o direito de honrá-la: Dião Cássio nos conta que alguns pretores decidiram por conta própria promover comemorações públicas para marcar o aniversário dela, embora o dia não tenha sido decretado feriado oficial.*,[41] O fato de eles acharem que esses esforços valiam a pena atesta a influência que se acreditava que a imperatriz tinha no Palatino, assim como, talvez, a popularidade de que ela desfrutava nas ruas.

As redes de influência e controle que ela desenvolveu entre os libertos e os senadores foram cruciais para a primazia de Messalina no Palatino – e também para a sobrevivência dela. Messalina sabia muito bem que o poder de seu marido não dependia dela da mesma maneira que o dela dependia dele. Assim como havia homens na corte com a capacidade de desafiar a posição de Cláudio, havia mulheres que poderiam ameaçar a nova imperatriz. É quase certo que a segunda esposa de Cláudio, Élia Pecina, se divorciou a fim de deixar o campo livre para uma substituta mais rica, mais jovem e mais bem relacionada. Messalina devia saber muito bem que a mesma coisa poderia acontecer com ela. A recusa de seu marido de conceder a ela o título de Augusta após o nascimento de Britânico – um título que seria dela para sempre e por direito próprio – deve ter sido especialmente preocupante. Mais do que "moderação", esse ato demonstrava relutância em formalizar a reivindicação de Messalina pelo poder, de conceder a ela uma posição independente de seu status como "esposa atual" e "mãe de seus herdeiros atuais".** Como imperador, Cláudio podia ter qualquer mulher que escolhesse, e sem dúvida havia mulheres mais qualificadas para o cargo de imperatriz, mais experientes em política de corte, mais ricas, mais bem relacionadas, com mais sangue de Augusto correndo nas veias. Messalina reconhecia

---

* Dião Cássio não especifica em que ano o aniversário da imperatriz foi celebrado publicamente pela primeira vez, mas discute o assunto em estreita proximidade à recusa de Cláudio de conceder a Messalina o título de Augusta, sugerindo que isso pode ter acontecido relativamente no início do reinado. A partir de então, diz ele, o aniversário dela era às vezes marcado publicamente e às vezes não, dependendo das preferências dos pretores daquele ano.

** É interessante notar que Agripina, mais experiente e mais impecavelmente régia que sua antecessora, recebeu o título de "Augusta" pouco depois do seu casamento com Cláudio após a queda de Messalina em 48 d.C.

que só havia duas maneiras de reforçar sua posição: tornar-se totalmente indispensável para Cláudio ou eliminar a competição. Ela parece ter tentado fazer ambas as coisas.

Um dos primeiros atos de Cláudio como imperador foi chamar de volta alguns exilados políticos, entre os quais as irmãs de Calígula, Agripina e Júlia Lívila, que tinham sido exiladas após acusações duplas de adultério e conspiração no inverno de 39/40 d.C. Júlia Lívila tinha idade próxima à de Messalina, e dizem que era dona de uma beleza notável. Durante os primeiros dias do casamento de Messalina com Cláudio, quando Messalina observava Júlia Lívila e suas irmãs sentadas na primeira fileira do teatro e ao lado de seu irmão nos banquetes, o equilíbrio de poder entre as duas parecia claro: Júlia Lívila era a irmã celebrada do imperador, publicamente homenageada e socialmente poderosa; Messalina era a jovem esposa de uma piada velha sem dinheiro da corte. Agora o jogo tinha virado. Messalina estava por cima: acomodada no Palatino, com acesso ao tesouro imperial e ao ouvido do imperador, ela era o centro natural do mundo social da corte.

Júlia Lívila não parece ter aceitado muito bem sua posição inferior. Segundo Dião Cássio, ela se recusava a participar da corte da imperatriz, preferindo, em vez disso, passar o máximo de tempo possível sozinha com Cláudio.[42] Dião Cássio acha que Messalina tinha ciúmes, e isso é bem possível. Júlia Lívila era bonita e uma participante experiente do jogo social e político na vida na corte. Ela conseguiu conservar um grupo de antigos aliados de antes do exílio e, talvez mais importante de tudo, era descendente direta de Augusto. Júlia Lívila desejava restabelecer a posição e o prestígio tão abruptamente perdidos no Reno, no inverno de 39 d.C., e parecia estar planejando fazê-lo às custas de Messalina.

A resposta de Messalina foi rápida e brutal. Antes de completar um ano de seu retorno a Roma, Júlia Lívila foi acusada de manter um caso extraconjugal com Sêneca.[43]

À primeira vista, o escritor, filósofo e personagem frequente da cena social da corte, corpulento e com 45 anos, parece ser um parceiro improvável para a beldade imperial de 22 anos. Isso não torna a coisa impossível, é claro – algumas pessoas afirmam achar a inteligência e o caráter moral tão atraentes quanto o charme superficial e uma mandíbula bonita –, mas a história de adultério não se baseava necessariamente em fatos. Sêneca parece ter sido membro do círculo social de Júlia Lívila e de suas irmãs desde o tempo em que eram *it girls* sob o comando de Calígula: as anedotas de suas cartas revelam sua rede de conexões entre os amigos das irmãs. Em 39 d.C., Sêneca quase foi vítima de um dos ataques de paranoia de Calígula antes que uma dama anônima da corte interviesse para garantir sua segurança – essa benfeitora anônima provavelmente pertencia ao círculo de Júlia Lívila; ela pode até ter sido a própria Júlia Lívila.

Se Sêneca e Júlia Lívila eram próximos havia muito tempo, Messalina teria achado fácil espalhar a ideia de que eles tinham se tornado ainda mais próximos, especialmente porque essa não era a primeira vez que a reputação de Júlia Lívila era questionada. Os antigos rumores de incesto haviam aderido a todos os seus irmãos, e, após seu exílio, em 39 d.C., Calígula acusou Júlia Lívila e Agripina não apenas de traição, mas também de adultério. Não teria sido difícil fazer os rumores de um caso amoroso ganharem tração; o trabalho de base poderia ser executado antes que as acusações oficiais fossem feitas. Independente de terem ou não algum fundamento nos fatos, parece que acreditaram amplamente nas fofocas; Sêneca continuou a ser acusado de ter um caso com Júlia Lívila mesmo depois de Messalina cair e ele ser retirado do exílio.[44]

Quando Júlia Lívila foi indiciada, a acusação de adultério com Sêneca foi combinada com outras não especificadas – acusações de conspiração, talvez, ou de algum outro desvio sexual. Não houve um julgamento de verdade – certamente não um julgamento justo –, e Júlia Lívila foi mais uma vez banida de Roma. É provável que ela tenha retornado a Pandatária, a ilha que havia deixado apenas alguns meses antes. Uma rocha estreita situada no mar Tirreno, a ilha era remota e desolada, famosa pelo vento que a açoitava e com espaço para pouco mais do que uma vila e suas construções acessórias. Sêneca também caiu. "Corromper os quartos das mulheres dos príncipes" (como diria um oponente posterior) era um crime equivalente à traição, e Sêneca foi levado a um júri senatorial.[45] Seus juízes prontamente o condenaram à morte, dando a Cláudio a oportunidade de demonstrar clemência atenuando sua punição para um exílio na Córsega.[46]

A participação de Messalina em tudo isso é confirmada tanto pelo fato de que o exílio de Sêneca só seria revogado depois de sua morte quanto por uma observação casual feita pelo próprio homem. Na dedicatória do Livro IV das suas *Questões naturais*, Sêneca elogia Lucílio, a quem dedica a obra, por permanecer leal a seus "amigos" (ou seja, ao próprio Sêneca e talvez a uma facção mais ampla de seus simpatizantes) mesmo diante da pressão de Messalina e Narciso.[47] Dião Cássio afirma que Sêneca continuou a suplicar a Messalina no exílio, enviando-lhe um livro repleto de elogios a ela e a seus amigos libertos, tão bajulador que, ao retornar, ele tentou suprimi-lo por vergonha.[48] A direção de seus apelos diz muito sobre onde Sêneca, famosamente bem-informado, achava que estava a influência no Palatino no início dos anos 40 d.C.

Sêneca seria chamado de volta à corte em 49 d.C., após a queda de Messalina e o novo casamento de Cláudio com Agripina, irmã de Júlia Lívila, mas Júlia Lívila não teria essa sorte. Um ano depois de voltar à estéril ilha de Pandatária, ela estaria morta.

As fontes apresentam todo o episódio como uma briga de mulheres – Júlia Lívila era popular e atraente, e Messalina estava com ciúme –, mas, na realidade, esse foi sem dúvida um conflito político. O casamento de Cláudio com Agripina após a morte de Messalina mostra que a nova imperatriz estava perfeitamente correta ao julgar as ameaças da sobrinha de seu marido a sua própria posição; Messalina pode ter visto o afastamento de Júlia Lívila como um ato necessário de autodefesa preventiva.

Messalina não era a única pessoa ameaçada pela renovada proeminência de Júlia Lívila. Em todos os relatos da intriga que nos restaram, Cláudio é apresentado como um espectador inocente, embora ingênuo, enganado primeiramente pelos flertes de Júlia Lívila e depois pelas acusações de Messalina. No entanto, o imperador talvez tivesse tantos motivos quanto sua esposa para querer se livrar de Júlia Lívila.

O marido de Júlia Lívila, Vinício, havia sido considerado um possível substituto de Calígula durante o breve interlúdio do ano anterior. Ele era um estadista, ao que parece, de capacidade genuína. Tácito descreve seu "temperamento gentil e discurso bem preparado", enquanto Dião Cássio o elogia por ter o instinto político de saber quando se calar.[49] Ele também era claramente tido em alta estima por seus contemporâneos:

Veleio Patérculo dedicou sua história romana a Vinício às vésperas de seu primeiro consulado, em 30 d.C. Essas qualidades pessoais eram admiráveis, mas era a combinação delas com o caráter ilustre de seu casamento que fazia de Vinício um candidato plausível ao principado no início de 41 d.C. Vinício vinha de uma família rural antiga e digna, mas não imperial. No entanto, se sua união com Júlia Lívila (bisneta de Augusto por parte de mãe) gerasse filhos, eles teriam o sangue do fundador da dinastia em suas veias, algo que nem Messalina nem mesmo Cláudio podiam reivindicar. O afastamento de Júlia Lívila reduziria em muito o risco representado por Vinício.[50]

Messalina talvez tivesse ciúme de Júlia Lívila; talvez não gostasse dela pessoalmente e sentisse que ela ameaçava sua preeminência no Palatino; contudo, em parte, talvez também estivesse agindo no interesse do regime. Apesar de toda a sua reputação gentil, ainda que um tanto desastrada, o novo imperador havia se mostrado extraordinariamente disposto a tolerar o assassinato de seus pares. Nos primeiros dezessete anos do reinado de Tibério, não há registro de nenhuma execução senatorial. No tempo significativamente mais curto de Cláudio no trono, ele acumulou impressionantes 35 senadores e 300 equestres – ou, se você preferir dar a ele o benefício da dúvida, 221 equestres.[*,51] O regime do qual Messalina fazia parte, no qual ela e seus filhos tinham o que de fato se revelaria uma aposta de vida ou morte, havia nascido de intrigas e violência, e dependia de intrigas e violência para se manter estável. O papel de Messalina na queda de Júlia Lívila e Sêneca não foi uma corrupção da política claudiana, foi uma continuação dela. A destruição de Júlia Lívila matou, por assim dizer, três coelhos com uma cajadada só: Sêneca era bem relacionado, inteligente e potencialmente hostil; as credenciais dinásticas de Júlia Lívila representavam uma ameaça a Britânico; e a combinação de talento e conexões imperiais de Vinício fazia dele um potencial ponto de encontro para a oposição senatorial ao principado de Cláudio.

---

* Suetônio fala em um total de 35 senadores e 300 equestres. A *Apocolocintose* (uma sátira da morte e deificação de Cláudio histórica e equivocadamente atribuída a Sêneca) concorda com o número de senadores, mas, quanto ao número de vítimas equestres, o manuscrito está danificado. O texto parece mostrar 221, mas alguns estudiosos chegam a 321, com base, em parte, em uma comparação com os números fornecidos por Suetônio.

A expulsão de Júlia Lívila e Sêneca fez muito pela estabilização da própria posição de Messalina. Expulsá-los protegeu o regime do qual a imperatriz e seus filhos dependiam, permitiu que ela se apresentasse a Cláudio como uma parte ativa e indispensável de sua agenda política e removeu Júlia Lívila como possível rival à posição de imperatriz – talvez antes de Cláudio até mesmo começar a pensar nela enquanto tal.

Embora menos de um ano tivesse se passado desde a ascensão de seu marido, o caso de Júlia Lívila demonstra que Messalina já havia estabelecido sua própria corte no Palatino. Ela tinha as conexões sociais para semear os rumores do adultério de sua rival e as conexões políticas para que as acusações oficiais fossem levadas aos tribunais. Ela não tinha nenhum cargo oficial, e Cláudio lhe havia negado até as honrarias oferecidas pelo Senado; mesmo assim Messalina já havia se tornado poderosa o suficiente para contribuir para a sobrevivência do regime e intervir para garantir a sua própria. A nova imperatriz havia se mostrado uma espécie de prodígio no jogo da política palaciana.

XI
O TRIUNFO DE MESSALINA

“Muito acima da multidão tu passas, César, na carruagem da vitória
E conforme vais, teu povo te aclama ao redor
E flores caídas, lançadas de todos os lados, cobrem teu caminho”
Ovídio, *Tristia*, 4.2.47-50

Como parte do acordo implícito e precário que fizera com o Senado nos meses que se seguiram à tomada do poder, Cláudio teve o cuidado de manter os cônsules incumbentes em seus cargos até o final de seus mandatos. Ele aguardou até 1º de janeiro de 42 d.C. (início do mandato consular republicano tradicional) para assumir o cargo ele mesmo. Esse era seu segundo consulado, seu primeiro como imperador.

O novo ano pode ter levado a casa imperial à reflexão. Cláudio ter assumido o cargo de cônsul por iniciativa própria mostrava como ele tinha progredido em relação a sua situação em 14 d.C., quando implorara pelo cargo a Tibério e tivera seu pedido recusado da maneira mais humilhante possível, e mesmo em relação a sua situação em 37 d.C., quando a nomeação tão desejada fora concedida por um capricho de seu jovem sobrinho Calígula. O contraste deve ter mexido também com Messalina: quando se casou com Cláudio, recém-saído de seu primeiro consulado, ela dificilmente teria imaginado que um dia voltaria a vê-lo no cargo, muito menos que ele o ocuparia na condição de imperador.

A aproximação do aniversário das execuções de Calígula, Cesônia e Drusila também pode ter pesado sobre a mente de Messalina. Ela e

Cláudio haviam conseguido se manter no poder por um ano inteiro. Era um feito extraordinário para um imperador levado ao poder por um golpe militar – exatamente quão extraordinário ficaria mais claro cerca de três décadas depois, por ocasião da violenta sucessão de quatro imperadores em um único ano depois do golpe que derrubou Nero. Com o nascimento de Britânico, sua popularidade em Roma e nas províncias, e suas manobras nos bastidores, Messalina podia sentir, e com razão, que havia contribuído significativamente para a estabilidade da posição de seu marido, conquistada a duras penas. A aurora de 24 de janeiro de 42 d.C. – que trouxe consigo os fantasmas de Cesônia e Drusila – era um lembrete oportuno da necessidade de seu trabalho.

Esse lembrete pode ter parecido menos bem-vindo com o avançar do ano. Em algum momento de 42 d.C., uma carta chegou ao palácio imperial vinda da província da Dalmácia, na costa leste do Adriático. Seu autor, o governador Camilo Escriboniano, não aliviou.* Claramente um adepto da escola de pensamento "quem não pede não leva", Escriboniano, "sem duvidar de que Cláudio poderia ser levado à submissão pelo medo, sem a necessidade de uma guerra, ordenou a ele, em uma carta abusiva, ameaçadora e insolente, que cedesse o poder supremo e se recolhesse a uma vida privada e ociosa".[1] Se acreditarmos nas fontes, foi uma aposta que quase compensou. Descobriu-se que vários senadores e equestres haviam declarado seu apoio a Escriboniano, e tanto Dião Cássio como Suetônio descrevem uma cena de pânico no palácio: Cláudio, relatam eles, considerou genuinamente abdicar. A ideia era absurda: a despeito das promessas que Escriboniano fizesse, um ex-imperador era algo que não existia; a abdicação teria significado a morte de Cláudio e talvez também de Messalina e seus filhos.

A rebelião teve vida curta. Antes do fim do quinto dia de revolta, os homens de Escriboniano desertaram. Dião Cássio afirma que eles não estavam interessados na promessa retórica de uma República restaurada. Suetônio põe a culpa na "piedade": as tropas, ele afirmou, viram na dificuldade de erguer seus estandartes um mau presságio e o interpretaram

* Fúrio era seu nome de nascimento e o nome usado por Suetônio, mas ele era oficialmente, a essa altura, conhecido pelo nome L. Arrúncio Camilo Escriboniano, após sua adoção pelo poderoso cônsul de 6 d.C.

como um sinal da desaprovação divina à traição do juramento de lealdade feito ao imperador. Na verdade, as legiões, que não tinham nenhum interesse ideológico inerente em uma guerra civil aristocrática, provavelmente pesaram as chances de Escriboniano vencer e recompensá-los – e concluíram que eram chances insuficientes.

Escriboniano fugiu para a pequena ilha adriática de Issa (hoje Vis, na Croácia) e lá ou caiu sobre a própria espada ou foi assassinado.* As legiões que desobedeceram a seu comandante foram recompensadas por sua lealdade ao imperador (ainda que um pouco tardia) com o título esperançoso de "legiões do próprio Cláudio, leais e confiáveis". Alguns senadores e equestres proeminentes foram identificados como apoiadores da revolta e executados em Roma – esse rescaldo urbano foi complicado, e a suposta participação de Messalina nele será mais explorada no próximo capítulo. Embora o perigo imediato tenha sido eliminado antes do fim da semana, as ações de Escriboniano revelaram as fissuras na autoridade de Cláudio: ele gozava do apoio das tropas, mas não podia contar com o respeito de seus líderes. Essa percepção pode ter sido um dos fatores para a decisão que Cláudio tomou mais para o fim do ano: ele invadiria a misteriosa terra ao norte da Gália que os romanos chamavam de Britânia.

Como acréscimo ao império, o valor da Britânia era pequeno, mas como arma de propaganda era insuperável. Foi Júlio César quem primeiro pôs os olhos no canal da Britânia. Ele desembarcou, recebeu a submissão de alguns chefes e tomou notas sobre as culturas druídicas locais, mas não chegou a *conquistá-la*. Cláudio esperava, concretizando essas antigas ambições, alinhar sua própria imagem com a do grande e respeitado general.

Em 43 d.C., Roma era um império dos mares, o Mediterrâneo e o Negro, circundada por terras bem mapeadas, mas eles sabiam que as águas entre a Gália e a Britânia eram parte de uma coisa diferente: um oceano. Eles não sabiam até onde iam as águas, nem se as terras que conseguiam enxergar eram uma ilha ou um continente. Em algum lugar

---

* Dião Cássio, 60.15, fala em suicídio; Tácito, *Anais*, 12.52, dá a entender que Escriboniano morreu mais tarde, ou por alguma doença ou envenenado.

além da Britânia, acreditavam existir um lugar chamado "Thule" – a terra mais setentrional do mundo –, mas que era quase impossível alcançá-lo; o mar, diziam, engrossava e ficava impossível remar conforme se aproximavam dele. Todas essas incertezas só acrescentavam glamour ao projeto. Fazia muito tempo que os romanos tinham se sentido exploradores pela última vez. A Britânia, com sua vida silvestre, sua "selvageria", seus sacerdotes estranhos e perigos desconhecidos, estava perfeitamente situada para acordar o antigo espírito pioneiro romano.

Como sempre, o pretexto imperial para a invasão foi um ataque menor a algum rei cliente que Roma havia jurado proteger (por razões totalmente altruístas).[2] Os preparativos foram feitos durante o inverno e a primavera de 42/43 d.C., com cerca de 40 mil soldados marchando de suas províncias e se reunindo no litoral norte da Gália. A primeira travessia foi feita sem Cláudio, que talvez tenha ficado em Roma com Messalina. Foi só depois do estabelecimento de uma passagem segura e de um ponto de desembarque que o próprio Cláudio partiu de barco de Óstia para Massilia (atual Marselha), para então viajar por estrada e rio a Bononia (Boulogne) e atravessar o canal com reforços, em algum momento de julho de 43 d.C.

Como planejado, o imperador chegou um pouco tarde à festa. Seus generais já tinham lutado e conseguido subir do litoral sul até o Tâmisa, acabando com a resistência britânica e levando os catuvelaunos – a poderosa tribo que se tornara ameaçadoramente dominante na região – à submissão. A ida de Cláudio ao Tâmisa foi uma viagem por um território conquistado. Quando chegou às margens do rio, ele assumiu o comando das tropas e as preparou para tomar Camuloduno (Colchester) – uma fortaleza dos catuvelaunos. Dião Cássio, com base nos relatórios oficiais da frente de batalha, descreve uma batalha contra uma força bárbara massiva, mas não fica claro quanta resistência ativa tinha mesmo sobrado quando Cláudio se aproximou de Camuloduno.

Cláudio usou sua entrada triunfal na cidade capturada como uma oportunidade para exibir o poderio militar romano. Os chefes britânicos foram reunidos para ver os cativos e assistir ao desfile de soldados em fileiras compactas, homens de lugares desconhecidos em armaduras desconhecidas, liderados por um contingente de elefantes africanos de guerra. Só podemos imaginar o pesadelo logístico que deve ter sido atravessar o canal da Mancha com esses elefantes – Cláudio estava claramente determinado a impressionar. E funcionou: no total, ele recebeu a submissão – forçada ou "encorajada" – de onze reis e rainhas durante sua estadia em solo britânico, provavelmente tendo gastado pouco mais de duas semanas. Ele então deixou a operação de limpeza nas mãos de seus generais e voltou ao continente, em busca de um bom banho e de um verão mais evidente.

É difícil estabelecer os movimentos de Messalina nesse período. Não é impossível que tenha acompanhado Cláudio ao menos durante parte do trajeto até a borda do império. Não era incomum que as mulheres imperiais viajassem com seus maridos nas campanhas diplomáticas ou militares: o próprio Cláudio teve que aguentar gozações infindáveis sobre suas origens gálicas porque sua mãe o pariu no acampamento de inverno de seu pai, em Lungduno. Geralmente traçamos as viagens dessas mulheres imperiais com base nas entusiasmadas inscrições que as cidades provincianas pelas quais elas passavam costumavam fazer – no caso de Messalina, qualquer evidência desse tipo teria sido destruída no processo de *damnatio memoriae* que se seguiu à morte dela.

Entretanto, parece mais provável que Messalina tenha permanecido em Roma, ao menos até que a vitória de Cláudio estivesse garantida. A viagem para o norte não era um passeio diplomático, no qual a presença de uma imperatriz pudesse ter alguma utilidade como uma arma de poder suave; essa era uma missão designada para projetar uma imagem de masculinidade militar. Messalina, que não parece ter sido o tipo de mulher que encontrava prazer no desconforto, provavelmente não sentiu que estava perdendo alguma coisa. Viagens longas eram árduas, e a Britânia ficaria famosa como uma das mais notáveis latrinas provincianas do império. Durante o reinado de Adriano, após cem anos de esforços coordenados pela "civilização", o poeta Floro pôde ainda escrever: "Não quero ser um César, não!/ Perambular entre os bretões e enfrentar as neves da Cítia".[3]

Além disso, pode ter parecido politicamente mais seguro para Messalina permanecer em casa, na capital. Cláudio estava assumindo um sério risco deixando a capital tão pouco tempo depois da revolta de Escriboniano – e ele sabia disso. Uma série de dinastas republicanos descobriu, para seu azar, que o homem que controlasse Roma quase invariavelmente controlaria o império. Se houvesse agitação enquanto Cláudio estivesse na frente de batalha, isso poderia ser um golpe fatal contra seu reinado. O rol de assistentes que o acompanhou em sua campanha britânica parece uma lista de chamada dos senadores mais ilustres do Estado romano: Cláudio estava evidentemente preocupado em tirá-los de Roma enquanto estivesse fora. Ele também pode ter pensado em usar a invasão, e as honrarias militares que ela prometia, para deixar esses potenciais rivais ostensivamente em dívida com ele. Nesse contexto, a permanência de Messalina em Roma parece ter sido tanto uma responsabilidade como um alívio.

Desde o nascimento de Britânico, Cláudio tivera o cuidado de evitar escolher qualquer homem como seu segundo no comando. Estranhamente para um regime que era essencialmente uma monarquia, a Roma imperial não era uma sociedade particularmente dada à ideia de descendência biológica. Adoções, nomeações, legados e patronatos operavam ao lado das relações de sangue na escolha de herdeiros, e um tenente com poder demais poderia facilmente começar a se achar capaz de desafiar a sucessão de Britânico. Apesar disso, alguém precisaria cuidar da cidade na ausência de Cláudio. Os dois candidatos mais óbvios para o papel eram os genros de Cláudio, o atual e o futuro – Pompeu Magno, recém-casado com Cláudia Antônia (filha de Cláudio com Élia Pecina), e Lúcio Silano, ainda prometido à filha bebê de Messalina, Otávia. Cláudio, muito vigilante como sempre, tomou o cuidado de manter os dois a seu lado por toda a viagem e campanha. Quando foram finalmente despachados de volta a Roma, regressaram como os primeiros mensageiros do êxito de Cláudio, o que garantia que sua chegada à cidade só pudesse engendrar comemorações em nome do imperador.[4]

Em vez disso, afirma Dião Cássio, Cláudio confiou as "questões domésticas" a Vitélio, aliado próximo de Messalina, colega do imperador no consulado em 43 d.C.[5] Vitélio ficou encarregado da Câmara do Senado e do Campo Pretoriano, enquanto a administração da corte imperial pode muito bem ter ficado sob a responsabilidade de Messalina. Ela era popular com o público; estava a par de todas as engrenagens da política de corte; e seus interesses estavam, pelo menos temporariamente, perfeitamente alinhados com os de Cláudio.

Por mais que ela pudesse estar gostando da ausência dele, as notícias sobre o sucesso de seu marido – quando elas chegaram a Roma com Pompeu Magno e Lúcio Silano – devem ter sido uma fonte de alívio para Messalina. Mesmo sabendo que Cláudio não participaria dos confrontos, a viagem em si envolvia perigos reais. Alguns príncipes imperiais já tinham morrido em decorrência de ferimentos sofridos ao cavalgar ou durante exercícios militares, e havia também a travessia marítima a ser enfrentada, por águas oceânicas mal mapeadas e para portos desconhecidos. Seria mesmo a cara de Cláudio morrer aos 53 anos em algum acidente indigno durante sua primeiríssima campanha militar. Se ele fosse descuidado o bastante para morrer assim, a situação de Messalina seria de extremo risco. A linha sucessória estaria totalmente aberta: seu filho ainda era jovem demais para herdar o poder, e, ao mesmo tempo, a sobrevivência dele significaria uma ameaça existencial a qualquer homem que conseguisse tomar o poder nesse meio-tempo. Além disso, o tom da carta de Escriboniano tinha tornado dolorosamente claro o delicado estado da credibilidade de Cláudio. Um desastre militar, ou mesmo um anticlímax como o sofrido por Calígula na Alemanha, poderia muito bem levar outro pretendente a se apresentar.

O anúncio da vitória na Britânia aliviou boa parte dessa pressão mais imediata sobre o regime. Messalina pode ter se sentido segura o bastante para deixar a cidade e viajar para o Norte para encontrar seu marido em algum ponto do percurso de volta à Itália. Imbuída de uma confiança renovada, a comitiva imperial não tinha pressa, e foi recebida com festa em cada parada. Em Lungduno, a cidade natal de Cláudio, é provável que a comitiva imperial tenha presenciado a consagração de monumentos a Júpiter e à Vitória, em honra ao sucesso e à segurança de Cláudio; na foz do rio Pó, eles navegaram pelo Adriático a bordo de um barco que Plínio, o Velho, chamaria mais tarde de "mais um palácio que um navio".[6] Contudo, esses encontros sociais e entretenimentos não eram nada perto da comemoração que estava sendo preparada para eles em Roma.

Quer ela o tenha encontrado na estrada para o norte ou nos portões da cidade, quando Cláudio entrou oficialmente em Roma – após uma ausência de quase seis meses, dos quais não mais de dezesseis dias provavelmente passados na Britânia –, é certo que Messalina estava a seu lado. Diante da notícia do sucesso de sua campanha na Britânia, o Senado aprovou uma série de honrarias obsequiosas para Cláudio.[7] Ele recebeu o nome honorífico de Britânico – um nome que seria usado principalmente pelo filho de Messalina –, e arcos do triunfo foram planejados em Roma e no local de embarque na Gália. Quando esses arcos foram finalmente concluídos, em 51 d.C., foram decorados com as estátuas da nova esposa do imperador, Agripina, mas, no momento de seu anúncio, Messalina provavelmente esperava vê-los adornados com representações dela mesma.

O Senado aprovou honrarias também para Messalina, e dessa vez elas não foram recusadas. Ela recebeu dois dos antigos privilégios de Lívia: o direito de se sentar em um lugar de honra com as Virgens Vestais na primeira fila do teatro e o direito de viajar pela cidade (usualmente reservada aos pedestres durante o dia) em um tipo de carruagem coberta especial, chamado de *carpentum*.[8] É verdade que Messalina ainda não podia reivindicar o título de Augusta, mas essas honrarias marcaram uma mudança na posição dela. Ambas tinham o objetivo de torná-la mais visível, mais perceptível aos olhos do público, e, ao permitir que ela as aceitasse, Cláudio sinalizava uma mudança em sua política. Com seu domínio mais bem estabelecido, ele finalmente parecia disposto a começar a reconhecer o poder e a importância da posição de Messalina.

Finalmente, o Senado aprovou um triunfo para Cláudio.[9] Forma antiga de comemoração da vitória que remontava, acreditavam os romanos, ao triunfo do próprio rei Rômulo, essa era uma das tradições romanas mais celebradas – e mais carregadas. Conforme a República envelheceu, enriqueceu e se tornou mais feroz, a cerimônia cresceu exponencialmente, até se tornar uma afirmação por excelência do status pessoal do vitorioso comandante militar.[10] Foi um processo de desenvolvimento (ou degeneração) ao qual Augusto praticamente pôs um fim com sua celebração de um magnífico triunfo triplo em 29 a.C. Daí em diante (com apenas uma exceção), os triunfos ficariam reservados ao imperador e a seus herdeiros – e mesmo essas celebrações seriam esparsas.*

* As razões para Augusto ter reprimido suavemente o triunfo foram provavelmente de duas ordens: em primeiro lugar, ele acreditava que o império havia chegado a seu tamanho

O triunfo de Cláudio em 44 d.C. foi o primeiro em 27 anos.[11] Boa parte da população urbana (em sua maioria jovem) não era velha o bastante para se lembrar da última vez que o rito havia sido celebrado, pelo irmão do próprio Cláudio, Germânico, em 17 d.C., e o entusiasmo na cidade com a expectativa do retorno de Cláudio deve ter sido palpável. Messalina pode ter se envolvido no frenesi dos preparativos: as ruas precisavam ser liberadas, os animais sacrificiais escolhidos, os banquetes preparados, os trajes bordados, ornamentos feitos e pendurados. O satirista Pérsio descreve o papel de Cesônia na preparação de um triunfo de Calígula que nunca chegou a ser concretizado: "Uma carta laureada foi enviada por César descrevendo sua notável derrota dos homens da Alemanha. As cinzas frias são varridas dos altares e, mesmo agora, Cesônia está arrumando armas para decorar os batentes das portas, agora aqueles mantos reais, agora os carros de guerra 'celtas' e as perucas loiras para os 'cativos' e agora imagens imponentes do rio Reno".[12] Podemos imaginar que Messalina tenha tido um papel semelhante enquanto seu marido se demorava na Gália e no Reno, no final de 43 d.C.

Bem cedo no dia do triunfo, uma vasta multidão teria se reunido no Campo de Marte, o velho campo de exercícios militares que fica logo além da fronteira sagrada da cidade conhecida como Pomério. Cláudio estava presente, com seus generais e seus soldados, assim como Messalina, com Britânico e Otávia a reboque. Empilhados sobre carroças, dispostos em barcos ou acorrentados em filas, estavam os prisioneiros e os espólios da guerra. A Britânia não foi generosa com seus conquistadores nesse âmbito – não deu a eles nem a arte monumental da Grécia e do Egito e menos ouro e joias do que seria possível saquear nos potentados do Leste –, mas seus prisioneiros de guerra, com seus cabelos claros, eram altamente valorizados, e alguém, talvez Messalina, teria providenciado a criação de imagens dos lugares mais adequadamente estranhos do país. Essas imagens poderiam ser pinturas, esculturas ou

---

máximo razoável e alertou explicitamente seus sucessores a não tentar novas guerras de expansão; em segundo lugar, ele sabia que o triunfo era uma instituição intrinsecamente republicana que, além disso, se tornara fortemente vinculada à competição frenética que caracterizou a era das guerras civis.

personificações fantasiadas. Talvez houvesse também representações de Oceano, esse grandioso e desconhecido deus, sobre o qual Cláudio, de certa forma, também poderia clamar vitória.

O primeiro papel cerimonial do dia foi de Messalina. Quando Lívia era jovem e ainda se esperava que tivesse filhos com Augusto, circulou a história de que uma águia havia deixado cair um ramo de louro no colo dela. A imperatriz plantara o ramo no jardim de sua vila, fora da cidade, e se dizia que do ramo havia crescido um bosque inteiro, sagrado para a família imperial e intocável para todos, a não ser seus membros.[13] Aparentemente, cabia à mulher imperial mais importante – nesse caso Messalina – cortar ramos desse bosque de louros para decorar a carruagem em forma de lua do triunfador.[14] Terminado o triunfo, uma porção dessas guirlandas seria levada de volta ao bosque e replantada – todo o ciclo integrando convenientemente a tradição do triunfo e a glória expansionista do projeto imperial com a fertilidade da família júlio-claudiana.

Depois de Messalina terminar de decorar a carruagem, e uma vez seus quatro cavalos atrelados, a procissão triunfal começou seu percurso pelo Pomério, ao longo da via sagrada rumo ao templo de Júpiter Ótimo Máximo, no Capitólio. Cláudio vinha na frente, conduzindo a carruagem, com uma coroa de louros e trajando a tradicional *toga pikta* do triunfador – com pesados bordados exibindo a copa de palmeiras, símbolo da vitória. O imperador provavelmente estava acompanhado, na carruagem triunfante, de seus dois filhos pequenos – Otávia, com 4 ou 5 anos, e Britânico, com 2 ou 3.

Logo atrás de Cláudio, no lugar de honra geralmente reservado ao herdeiro do triunfador, vinha Messalina. A inclusão da esposa na procissão triunfante não tinha precedentes em Roma. As mulheres costumavam ser totalmente excluídas da participação no antigo ritual republicano, e, mesmo sob o império, os papéis desempenhados pelas esposas imperiais tinham se limitado a enfeitar a carruagem de seus maridos e oferecer banquetes separados para mulheres e crianças.

Agora ali estava Messalina, no lugar de destaque, *antes* dos generais, dos senadores e dos dignitários estrangeiros, logo atrás de seu marido e filhos conforme eles atravessavam a multidão animada, pelas ruas de sua cidade e subindo as encostas do Capitólio. Ela ia no *carpentum* – a carruagem coberta cujo direito de uso ela acabara de ganhar –, belamente esculpida e bastante decorada para a ocasião. Como a carruagem de seu marido, esse era um veículo cerimonial, concedido especialmente pela aprovação do Senado por ocasião de uma vitória: o *carpentum* era, em certo sentido, o próprio *currus triumphalis* de Messalina, e o triunfo de Cláudio era, em certo sentido, também um triunfo dela mesma.

Messalina se aproximava do auge de sua proeminência pública. Novas moedas foram lançadas por todo o império; uma da Anatólia mostra um busto de Messalina de um lado, seus filhos e enteada do outro.* É talvez do período que se seguiu ao triunfo de seu marido que devemos datar os retratos que mostram Messalina em trajes semidivinos: com uma coroa de louros (também ostentada pelos generais triunfantes) e a coroa com torres associada à deusa Cibele, ou Fortuna-Tiché. Essas representações não tinham o objetivo de ser interpretadas literalmente – Messalina não estava sendo adorada como uma deusa viva –, mas eram intensamente lisonjeiras.** Em público, a popularidade da imperatriz dava a impressão de ser cada vez maior e assegurada; tudo parecia, de fato, ter sido fácil para ela. Por trás das portas do Palatino, a realidade era, e continuaria a ser, muito mais complexa.

---

* Trata-se de um dracma de prata cunhado entre 43 e 48 d.C. em Cesareia Mázaca, um exemplar do qual está agora no Museu Britânico: BM 1893,0804.3.

** Não podemos datar essas estátuas com precisão, mas o acréscimo de atributos divinos talvez sugira que elas foram encomendadas nos anos que se seguiram à concessão à imperatriz de suas primeiras honrarias públicas, em 43 d.C. Para uma discussão da iconografia e uma atribuição das imagens como representações de Messalina, ver Wood, "Messalina, Wife of Claudius: Propaganda Successes and Failures of His Reign".

XII
INTRIGAS E ANGÚSTIAS

"Todos os outros homens mandam em suas esposas; nós mandamos em todos os outros homens, e nossas esposas mandam em nós."

Plutarco, *Vida de Marco Catão*, 8

Em sua descrição do casamento bígamo de Messalina com Caio Sílio, Tácito enfatiza que, mais do que qualquer outra coisa, ela tinha pavor de perder sua "*potentia*".[1] O historiador escolheu suas palavras com cuidado. *Potentia* tinha algumas conotações mais sombrias e mais complexas do que sua descendente em português, "potência". Muitas vezes comparada com *auctoritas*, ou "autoridade", *potentia* significava algo mais próximo do poder da força. Esse era um poder que ultrapassava as fronteiras do que seria apropriado, um poder capaz de desafiar o próprio Estado. No relato que escreveu sobre sua própria vida, Augusto afirmou: "Eu era superior a todos em autoridade [*auctoritas*], mas não tinha mais poder [*potestas*] que os outros que eram meus colegas na magistratura".[2] Se *potentia* era uma coisa perigosa até mesmo nas mãos de um magistrado, então com certeza não era algo em que uma mulher devesse pôr as mãos.

Angústias com o poder de Messalina permeiam a narrativa histórica sobre o reinado de seu marido. "Entregue aos libertos e a suas esposas", afirma Suetônio, Cláudio "se comportava não como um *princeps*, mas como um serviçal; ele concedia honrarias e exércitos, perdões e castigos, de acordo com os interesses *deles* – na verdade, de acordo com os caprichos e os desejos deles. Tudo isso ele fazia cegamente e, na maioria das vezes, totalmente no escuro."[3] Dião Cássio concorda: Cláudio, mais do que qualquer outro imperador antes ou depois dele, era "governado por escravos e mulheres".[4] É essa influência sinistra que Dião Cássio identifica como a causa de todas as fragilidades no governo de Cláudio e de todas as crueldades de seu reinado.

Nossas fontes apresentam Cláudio como um homem infindavelmente suscetível à dominação feminina. Após a morte de seu pai, ele foi criado em uma casa majoritariamente feminina. A mãe dele controlava suas ações e o atormentava pelas mesmas deficiências físicas que o haviam impedido de participar das brincadeiras dos meninos e do treinamento militar masculino. Ele também era fisicamente viciado em mulheres: em amor, em sexo e nas sensualidades regadas a vinho que enevoavam sua mente e amarravam sua língua até que ele não conseguisse mais recusar os pedidos ou insinuações de sua parceira. As fontes também afirmam que o imperador era propenso ao medo e que sua paranoia o tornava submisso. O menor sinal de perigo era suficiente para deixá-lo incapaz de raciocinar e vulnerável à influência feminina.

Se acreditarmos nas fontes, Messalina explorou cada pedaço da fraqueza de seu marido. Ela brincava com o amor dele, alimentava seus medos e, desimpedida pela alienação aparentemente infinita de Cláudio, planejava suas manobras políticas como *ela* achava melhor. Que uma mulher tivesse um poder tão irrestrito já era um perigo; porém, mais sinistro ainda era o fato de que esse era um sintoma de uma fraqueza perigosa e pouco masculina por parte do imperador.

Essas angústias têm raízes profundas e contaminam quase todas as frases que ouvimos sobre as atividades políticas de Messalina. Em nossas narrativas antigas, cada ato de exercício do poder por parte da imperatriz – descontrolado e duvidoso em sua supraconstitucionalidade, e apaixonado e irracional em sua feminilidade – é apresentado como um abuso, e quase todo abuso claudiano do poder é inteiramente atribuído a Messalina. Cravadas na misoginia e nas demandas narrativas da escrita histórica antiga, essas descrições precisam ser questionadas.

Antes de Cláudio navegar para a Britânia e antes de Messalina desfilar no triunfo dele, diz-se que ela abriu o ano de 42 d.C., seu primeiro ano completo como imperatriz, com uma intriga audaz e sem precedentes. A expulsão de Júlia Lívila e de Sêneca tinha sido bem-sucedida, mas os júlio-claudianos já estavam no poder por tempo suficiente para que começasse a parecer um tanto banal acusar uma mulher imperial de adultério. Se acreditarmos nas fontes, o projeto seguinte de Messalina seria mais teatral.

Seu adversário da vez era Ápio Júnio Silano.[5] Um homem respeitado de mais de 50 anos, de uma família antiga, com um longo tempo de serviços públicos prestados e uma posição honrada na corte, Silano tinha se casado, no ano anterior, com a mãe de Messalina, Domícia Lépida, como parte da agenda de Messalina e Cláudio pela estabilização. Não demorou muito para a relação enteada/padrasto azedar espetacularmente. Dião Cássio afirma, de forma duvidosa, que Messalina desenvolveu uma obsessão sexual pelo padrasto e que, quando ele repeliu os avanços dela, a imperatriz naturalmente começou a tramar sua destruição total.

Silano era um alvo mais complicado do que Júlia Lívila: uma mulher podia ser derrubada pela mais ínfima implicação de adultério, mas Silano era respeitado e, notavelmente, parece que não pairavam sobre ele rumores de má conduta que Messalina pudesse usar. A imperatriz, com a ajuda de Narciso, precisaria usar a criatividade.

O roteiro foi escrito, e os papéis, divididos: caberia a Narciso dar início à farsa. Antes do alvorecer, no dia combinado, ele entrou esbaforido no quarto do imperador, apressado e visivelmente em pânico. Quando Cláudio – ainda na cama e tentando se livrar do turvamento do sono – perguntou qual era o problema, Narciso, agora evidentemente trêmulo, contou ao imperador que ele tinha sido atormentado naquela noite pelos sonhos mais terríveis. Afirmou que havia tido uma visão de Silano espreitando os corredores do palácio à primeira luz da manhã, se aproximando de Cláudio e atacando brutalmente seu imperador.

Era agora que Messalina – surgindo do corredor que levava a seus aposentos ou emergindo com os cabelos desgrenhados de debaixo dos lençóis de seu marido – interrompia. Ela também parecia sinceramente abalada. Ela também vira, disse, a mesma terrível visão, que vinha aparecendo para ela noite após noite já havia alguns dias. Presumindo que aquilo era só um pesadelo, tinha achado tolice dizer alguma coisa, mas, agora que ouvia Narciso descrevendo seu sonho palavra por palavra, ela começava a achar que ele talvez tivesse outro significado, que talvez fosse menos um sonho e mais uma *premonição.*

De repente se ouviu um barulho na porta do quarto, do lado de fora. Os guardas desobstruíam a porta e, então, Silano entrava. A "fortuita" aparição de Silano, é claro, havia sido coreografada com cuidado. Messalina e Narciso tinham mandado um recado para ele na noite anterior, notificando-o de que o imperador exigia a presença dele na manhã seguinte, *antes de mais nada*. Entretanto, para Cláudio, a aparição de Silano no início da manhã era a prova de que as visões da noite anterior estavam se concretizando. Silano foi agarrado pelos guardas e morto imediatamente, sem nem um simulacro de julgamento. "Então", Dião Cássio conclui, em tom severo, "Silano pereceu por causa de uma mera visão."[6]

O imperador surgiu diante do Senado no dia seguinte e recontou os eventos para uma plateia em choque. Explicou que os sonhos tinham sido na verdade premonições de uma conspiração real, e que Silano fora preso ao tentar forçar sua entrada nos aposentos imperiais. Finalmente, elogiava Narciso, ali estava um homem que zelava pela segurança de seu imperador mesmo dormindo.

Esse episódio todo, conforme relatado pelas fontes, tem um cheiro suspeito de teatralidade. A primeira metade da coisa, com sua motivação erótica e ilusionismo complexo, beira o farsesco. Nosso elenco de personagens parece diretamente saído de uma comédia romana: Cláudio, o homem tolo; Narciso, o escravo esperto; Messalina, aparecendo no papel de cortesã ciumenta e enganosa. O segundo ato mergulha inevitavelmente na tragédia. No relato que Cláudio faz ao Senado, parece até que encontramos um eco do canto final do coro, entoado diretamente para a plateia, no qual os eventos da peça são resumidos e alertas morais são tirados.

Isso não equivale a dizer que a história que encontramos em Suetônio e em Dião Cássio seja inteiramente fabricada. Como nos diz Suetônio, se "Cláudio não hesitou em expor todo o caso tal como ele se desenrolou abertamente diante do Senado reunido no dia seguinte", o relato do imperador deve ter sido registrado nas atas senatoriais para que nossas fontes as citassem e referenciassem.[7] Portanto, os pontos essenciais da intriga devem ser esses mesmos: Narciso e Messalina provavelmente alegaram ter sonhado com a destruição de Cláudio, e Silano definitivamente foi morto; no entanto, a construção da história e as atribuições da culpa são distorcidas pelas angústias do período.

A queda de Silano aparece nas fontes como a sinistra intriga de corte por excelência. A história começa "antes do alvorecer", sob o manto da escuridão, e a ação se desenrola na privacidade do quarto do imperador. Tudo nesse cenário é planejado para realçar o segredo e a conspiração. A motivação para o caso tem suas raízes nas paixões irracionais e irrefreadas de uma mulher, em sua luxúria e em seu ciúme. Os atores principais, uma mulher e um ex-escravo, não têm poderes políticos; eles cooptaram o controle dos senadores, que foram informados dos eventos somente após eles já terem ocorrido. O uso de um sonho forjado, com todas as suas conotações de algo místico e inexplicável, está tão longe quanto possível da lógica e da transparência do debate senatorial, dos julgamentos justos e da oratória pública. No conto de Silano, vemos confluírem todos os temores romanos quanto às possibilidades fatais da política de corte.

Perceber essas subcorrentes nos força a reavaliar o que nos contam sobre as motivações de Messalina. A afirmação de Dião Cássio de que "Silano ofendera Messalina, a mais devassa e luxuriosa das mulheres, ao se recusar a deitar com ela", serve a dois propósitos: alimenta a imagem crescente de Messalina como uma ninfomaníaca e intensifica a imagem da coisa toda como algo íntimo e corrupto.[8] Pode ser que a imperatriz tenha mesmo feito um convite sexual a Silano – nunca saberemos –, mas a queda dele resultou da política, e não da paixão.

Ápio Silano foi reconhecido como uma ameaça desde o início do reinado de Cláudio. Silano vinha de uma família perigosamente ilustre e até então tivera êxito em desviar das armadilhas de uma carreira política: tinha sido cônsul em 28 d.C. e sobrevivera a uma acusação de *maiestas* ligada à queda de Sejano, em 32 d.C.[9] Logo que ascendeu, Cláudio não perdeu tempo em retirar Silano do governo da Hispânia Tarraconense, que, na condição de província romana mais rica em prata, parecia preocupantemente com uma potencial base de poder. Uma vez Silano em Roma, Cláudio e Messalina arranjaram o casamento dele com a mãe de Messalina, Domícia Lépida.* À primeira vista, isso parecia ser tanto um

---

* O marido anterior de Domícia Lépida, Fausto Cornélio Sula, não é mencionado na

elogio como uma oportunidade. O casamento garantia a Silano uma posição de honra na corte e um importante acesso ao círculo mais íntimo do imperador.

Na realidade, o casamento arranjado às pressas era uma tentativa de neutralizar qualquer possível risco que Silano pudesse significar para o novo regime. Ao casá-lo com Domícia Lépida, Cláudio trouxe Silano para o círculo imperial, mas o relegou à geração acima da dele. Agora com um pouco menos ou um pouco mais de 40 anos, Domícia Lépida dificilmente começaria uma nova família com Silano. Sua posição como sogro do imperador também fazia Silano parecer coisa de um passado ilustre, e não o futuro potencial do principado.

No entanto, com o passar do ano, todos começaram a sentir, é claro, que o prestígio de Silano continuava a ser um risco. A farsa do sonho provavelmente foi planejada como um disfarce para justificar o que foi essencialmente uma execução sumária, permitindo que ela ocorresse sem a supervisão do Senado e sem que a culpa direta recaísse sobre o próprio imperador. Se essa farsa foi planejada independentemente por Messalina e Narciso em um esforço para proteger Cláudio – e suas próprias posições –, ou se o imperador se envolveu nela desde o início não está claro. O que *está* claro é que essa não foi uma intriga disparatada motivada por paixões femininas descontroladas.

As fontes estavam distorcendo os fatos da mesma maneira que os haviam distorcido na saga Messalina *versus* Júlia Lívila no ano anterior. Golpes políticos perspicazes, ainda que brutais, são transformados em crimes pessoais de desejo e ciúme. As fontes parecem insistir que o poder de uma mulher como Messalina deve necessariamente ser sinistro, irracional e ameaçador para a estabilidade do Estado. A história de Silano sintetiza a confluência de uma gama de angústias imperiais profundamente arraigadas: sobre a concentração de poder no Palatino, a opacidade da política de corte, o declínio da velha aristocracia senatorial e a ascensão de grupos anteriormente privados de quaisquer direitos, e mesmo sobre a *natureza* feminina. Foram essas angústias que definiram

década desde seu tenso consulado, em 31 d.C. É possível que ele tenha morrido, mas não é inconcebível que sua enteada e o marido dela tenham providenciado o divórcio entre ele e Domícia Lépida, em 41 d.C., com o objetivo de abrir caminho para os planos dela.

– talvez mais do que qualquer uma de suas ações isoladamente – como o reinado de Messalina ficaria marcado na história.

Temores quanto ao poder da imperatriz continuaram fermentando conforme o ano avançava. Não foi muito depois da execução de Silano que Escriboniano lançou sua efêmera rebelião. Embora a revolta em si tenha sido reprimida antes do fim da semana, ela continuou reverberando por algum tempo. Descobriu-se que alguns homens ilustres haviam jurado apoiar a trama de Escriboniano: tratava-se de evidências de sedição nas fileiras mais altas, e seria necessário extirpá-la.

Dião Cássio afirma que Messalina viu o caos dessa crise como uma oportunidade para se livrar de seus próprios inimigos na corte.[10] Ele descreve a imperatriz, Narciso e um grupo de libertos astutos atuando imediatamente, colhendo ou fabricando evidências para oferecer acusações de *maiestas*. Empregaram uma rede de informantes, compraram informações dos escravos e dos libertos dos acusados e pressionaram esposas a traírem seus maridos. A imperatriz também iniciou uma campanha mais drástica de "coleta de informações": equestres ricos, plebeus bem relacionados, estrangeiros suspeitos, jovens aristocratas e senadores velhos foram todos presos sem distinção e interrogados sob tortura.

Depois de colhidas as informações, os casos foram preparados e as acusações, apresentadas, e foi aí que começaram as verdadeiras negociações. Os abastados – "alguns dos mais culpados", se acreditarmos em Dião Cássio – começaram a reunir o capital necessário para o tipo de suborno que talvez satisfizesse a imperatriz. Por esses homens, Messalina intercedeu junto ao imperador, encorajando-o a retirar as acusações ou atenuar a pena, trocando a execução pelo exílio. Os que não tiveram tanta sorte ou que não eram tão ricos foram julgados no Senado, não só perante os senadores e o imperador, mas também, extraordinariamente, perante os prefeitos pretorianos e os libertos.

A "Justiça" de 42 d.C. era realmente sangrenta. Alguns dos acusados, reconhecendo que a conclusão dos julgamentos já estava decidida, se suicidaram ao receber as intimações. Um deles foi Viniciano (um parente de Vinício, marido de Júlia Lívila), que tinha sido um dos principais agitadores do assassinato de Calígula. A alguns dos que resistiram a seus julgamentos e foram condenados foi concedida a oportunidade de providenciar seus próprios arranjos para uma morte imediata; outros foram assassinados na prisão ou executados em público e tiveram o corpo jogado das Escadas Gemônias ou a cabeça decapitada e posta em exibição.

Algumas mulheres também caíram, levadas para o cadafalso do carrasco, afirma Dião Cássio, como cativas acorrentadas. Não era necessário estar diretamente implicada na conspiração para correr riscos: uma mulher chamada Cloatila foi levada ao tribunal e acusada de ter arranjado o enterro e os ritos fúnebres de seu marido, apesar de ele ter sido condenado por traição. Escapou por pouco, com um perdão imperial.

De fato, Dião Cássio admite que uma das mortes de 42 d.C. pode ter sido lamentada até mesmo por Messalina.[11] Árria, uma das amigas mais íntimas de Messalina, era a esposa dedicada de Cecina Peto. Ele havia se juntado às tropas de Escriboniano no Adriático, e, quando as coisas deram errado, foi preso e posto à força em um navio para Roma. Árria implorou para se juntar a ele, oferecendo-se até mesmo para atuar como a camareira a que os prisioneiros consulares tinham direito – para servir suas refeições, arrumar suas roupas, amarrar seus sapatos. Quando esse pedido foi negado, ela alugou um barco de pesca local para seguir o navio. De volta a Roma, Árria atacou aquelas mulheres que, temendo pela própria vida, revelaram informações no interrogatório de Cláudio. Conforme o julgamento de seu marido progredia, um ânimo suicida se abateu sobre ela. Seus amigos, a cada dia mais preocupados, primeiramente tentaram argumentar com ela e depois estabeleceram uma estrita vigilância para evitar que ela se matasse. Quando Árria percebeu que eles haviam escondido qualquer objeto com o qual ela pudesse se machucar, declarou: "Não há nada que vocês possam fazer, pois vocês podem me fazer morrer penosamente, mas não podem me impedir de morrer", e bateu a cabeça contra a parede.[12] Quando recuperou os sentidos, estava certa de que tinha conseguido se fazer entender: "Eu disse a vocês que ia encontrar uma maneira difícil de morrer, se vocês me afastarem das fáceis". Em meio a todo esse drama, seu marido Peto foi julgado culpado, e o Senado ofereceu a ele a oportunidade de se suicidar. Era um bom negócio: permitia a ele evitar a indignidade, o desconforto e a desonra de uma execução; contudo, quando o momento crucial chegou, Peto ficou paralisado. Árria puxou a espada da mão dele, cravou-a no próprio peito e disse: "Veja, Peto, não dói".[13] Ela entrou para os livros de história como um exemplo de firmeza feminina e fidelidade conjugal – e é interessante encontrar tamanho paradigma da virtude entre o círculo mais íntimo da imperatriz –, mas para Messalina a longa agonia e, no fim, o suicídio de sua amiga não devem ter parecido tão edificantes.

A queda de uma amiga próxima da imperatriz em uma onda de acusações que supostamente teria sido dirigida por Messalina pode nos fazer pensar. Pode ser que Árria não tenha passado de um efeito colateral, mas o relato que Dião Cássio faz do papel de Messalina nas expulsões de 42 d.C. é, no geral, altamente suspeito. Embora a rebelião nunca tenha conseguido tração suficiente para representar uma ameaça militar séria, Cláudio sabia que tinha tido sorte. Escriboniano conseguira atrair muitos homens sérios para a causa, tanto no exterior como em Roma, e a rebelião confirmou o que o casal imperial já sabia: que as circunstâncias da ascensão de Cláudio tinham deixado profundos resquícios de ressentimento entre seus pares senatoriais. As execuções de 42 d.C. não podem ser descartadas como o resultado dos rancores pessoais da imperatriz: elas constituem uma eliminação sistemática dos inimigos mais proeminentes e ferozes do regime, muitos dos quais haviam genuinamente se envolvido na conspiração de Escriboniano.

Embora Messalina – cujo destino estava, como sempre, intimamente ligado ao de seu marido – possa ter apoiado essa expulsão política, a iniciativa deve ter vindo de Cláudio. A senha que o imperador escolheu para a Guarda Pretoriana no ápice da crise permite vislumbrar seu estado mental. Era uma citação tirada da *Ilíada*, de Homero: "Vingança contra aqueles que atacaram primeiro".[14] Tampouco Cláudio precisaria da ajuda de Messalina para executar seus planos. Essas não eram acusações de adultério, enraizadas nas fofocas de corte. Homens como Cecina Peto tinham se juntado *presencialmente* a Escriboniano com a intenção de marchar sobre Roma; eles podiam ser processados aberta, imediata e resolutamente. Se Messalina estava envolvida em todas as acusações de 42 d.C., foi provavelmente apenas como conselheira de seu marido, ou usando suas conexões sociais para conseguir informações. Por mais implausível que seja, é um testemunho notável do alcance percebido do poder político de Messalina que vejamos um acontecimento tão crucial para o próprio regime ser atribuído a ela.

*

No ano seguinte, 43 d.C., Messalina é acusada de dois crimes muito mais plausíveis: a eliminação do prefeito pretoriano Catônio Justo e da princesa imperial Júlia Lívia (que daqui em diante vamos chamar de Júlia).

Catônio era um soldado de carreira com anos de ilustre serviço atrás de si. Tinha estado presente na Panônia quando as tropas se amotinaram contra Tibério logo após a morte de Augusto. "Centurião de primeira categoria", Catônio permanecera leal a seu comandante e foi despachado como parte de uma delegação que se reuniria com o imperador em Roma.[15] Sua lealdade à família imperial não oscilou ao longo das décadas seguintes, e finalmente foi recompensada com o comando dos pretorianos. Sua promoção devia ser relativamente recente; com certeza ele não estava no cargo no momento do assassinato de Calígula.

Dião Cássio coloca a culpa pela execução de Catônio, em 43 d.C., completamente em Messalina.[16] O historiador afirma que o prefeito descobriu evidências do comportamento selvagem da imperatriz – sua devassidão, suas festas e sua infidelidade – e estava se preparando para contar tudo o que sabia ao imperador; então, a imperatriz "o tirou do caminho" (Dião Cássio não registra como) antes que ele pudesse fazê-lo.[17] O conto do soldado honesto que se dá mal por causa das tramas da imperatriz, antes de conseguir expor quem ela é de verdade, é bem tentador, mas, em última análise, é difícil acreditar nele. Em 43 d.C., Messalina teria estado bem protegida contra alegações de adultério. Considerando que um relato de infidelidade tão próximo do nascimento de Britânico teria lançado dúvidas sobre a legitimidade de seu herdeiro, Cláudio estaria disposto a acreditar em sua esposa, e qualquer acusador estaria em risco maior do que a acusada.

A queda de Catônio provavelmente foi mais resultado de tensão política de rotina. O assassinato de Calígula tinha mostrado quão perigoso para um imperador – e quão oportuno para seus inimigos – um Campo Pretoriano hostil podia ser. Se pairavam dúvidas sobre a lealdade de Catônio, ele precisaria ser removido. Messalina pode ter usado seus contatos para semear os boatos necessários para que acusações oficiais fossem feitas contra ele. O regime estava claramente preocupado com a lealdade da liderança pretoriana nesse período: Pólio, colega de

Catônio na prefeitura, seria executado por Cláudio nesse mesmo ano ou no início do ano seguinte.[18] Os dois homens parecem ter sido nomeados logo depois do assassinato de Calígula, quando a fragilidade da posição de Cláudio pode tê-lo forçado a concordar com candidatos que ele sabia que seriam aceitáveis para o Senado e para os conspiradores pretorianos.[19] Em 43 d.C., o casal imperial pode ter sentido que já era hora de colocar em primeiro plano homens que fossem inquestionavelmente "deles".

O envolvimento pessoal de Messalina na remoção de Catônio, e talvez de Pólio, também está refletido na identidade e no comportamento dos sucessores dos dois. Os homens que os substituíram – Lúcio Geta e Rúfio Crispino – eram suspeitosamente fiéis apoiadores da causa de Messalina. Foi Rúfio Crispino o enviado para prender Valério Asiático, instigado por Messalina em 47 d.C. – e ele foi recompensado com um enorme bônus em dinheiro por sua lealdade. Quando Messalina caiu, um ano depois, Narciso sentiu que era necessário tirar temporariamente Lúcio Geta do controle da guarda para evitar que ele interviesse. Os dois homens seriam tirados de suas posições dois anos após a ascensão de Agripina. Temia-se que fossem leais demais à memória da antiga imperatriz e aos interesses do filho dela.

O mesmo ano viu a queda de outra princesa imperial, em circunstâncias estranhamente parecidas com as do caso de Júlia Lívila em 41 d.C.[20] Júlia, a princesa em questão, a exemplo de Júlia Lívila, era sobrinha de Cláudio e, apesar de não ter o *sangue* de Augusto, era bisneta dele por adoção, uma cortesia de seu avô paterno Tibério.

Cerca de quinze anos mais velha que Messalina, Júlia passou mais de duas décadas tentando não se complicar com a política de corte. Seu primeiro marido, Nero César, era seu primo em primeiro grau e irmão mais velho de Calígula. Eles se casaram quando os dois ainda eram adolescentes, em 20 d.C., em meio a um enorme entusiasmo público. Esse casamento parece não ter produzido filhos, e, quando Nero por fim caiu no final da década, Júlia sobreviveu.[*,21] Então Lívila, mãe de Júlia, foi

* Nero César foi acusado de vários crimes em uma carta que Tibério escreveu ao Senado, em 29 d.C., e, então, foi enviado ao exílio. Ele morreu em 30 ou 31 d.C., de fome ou de suicídio forçado.

acusada de adultério com Sejano e de cumplicidade no assassinato de seu marido (Druso, pai de Júlia) e condenada a morrer de fome, mas Júlia sobreviveu a isso também.

Em 33 d.C., Tibério arranjou outro marido para Júlia. Chamava-se Rubélio Blando, um nome adequado para ele, e tinha mais de 50 anos. Era um homem de uma distinção sensata, modesta e inteiramente não ameaçadora.[22] Neto de um professor de oratória de Tibur (atual Tivoli) – essencialmente o equivalente romano de um condado doméstico –, Rubélio foi o primeiro homem de sua família a se tornar cônsul. Um feito impressionante e inspirador, é verdade, mas que dificilmente o colocava à altura de uma princesa imperial. Todo mundo aparentemente concordava com isso: Tácito primeiramente situa o casamento em sua lista de "eventos terríveis lamentados pelos cidadãos" em um ano que viu também a morte de muitos homens ilustres. Mesmo assim, os dois estavam casados, e Júlia pode ter sido despachada no ano seguinte para acompanhar seu marido no governo da África.[23]

Se a intenção de Tibério tinha sido proteger Júlia dos perigos da alta política, então seu casamento serviu ao seu propósito durante uma década. Ela só volta a aparecer nos livros de história em 43 d.C. A essa altura, seu filho Plauto (cujo sangue era imperial e gentílico em iguais medidas) se aproximava de seu aniversário de 10 anos. É possível que o marido tivesse falecido havia pouco, colocando-a novamente no mercado matrimonial.*

Diz-se que Messalina acabou ficando com inveja de Júlia. Era a mesma acusação feita contra ela no caso de Júlia Lívila, e aqui provavelmente ela reflete uma realidade bem parecida. A exemplo de Júlia Lívila, Júlia era uma jogadora experiente da política de corte, e Messalina pode ter se preocupado com a possibilidade de que, caso viesse a se casar com alguém mais ilustre, Júlia se tornasse uma fonte de competição no Palatino. Também a exemplo de Júlia Lívila, Júlia ostentava uma linhagem imperial mais forte que a de Messalina, e isso fazia de seu filho um

* Rubélio Blando não é mencionado nas discussões sobre a queda de sua esposa, e, de fato, não se ouve falar nele desde sua nomeação para um conselho responsável por investigar os danos causados por um incêndio em 36 d.C. (Tácito, *Anais*, 6.45), embora os quatro filhos prováveis do casal sugiram que ele tenha sobrevivido ao menos por mais alguns anos.

futuro rival em potencial para Britânico. Em 43 d.C., Plauto era ainda jovem demais para se virar sozinho – a eliminação de sua mãe agora o privaria da sua defensora mais poderosa no Palatino antes que ele tivesse a oportunidade de embarcar em uma carreira pública. Mais uma vez, foi um assassinato político cuidadosamente calculado, cometido para proteger a posição da própria Messalina e o futuro dinástico de Britânico.*

Não nos contam exatamente de qual crime Messalina escolheu acusar Júlia; só sabemos que a acusação, quando chegou, era "infundada". No entanto, podemos aventar a hipótese embasada de que mais uma vez ela tenha apelado àquela antiga e (ironicamente) fiel opção: o adultério.** Sendo um crime que ocorria a portas fechadas – a não ser que os participantes estivessem se sentindo especialmente aventureiros –, o adultério era difícil de ser provado ou desmentido. Júlia aparentemente não tinha uma reputação preexistente que pudesse ser usada por Messalina, e a imperatriz pode ter precisado falsificar evidências. Esse não era um obstáculo sério. A imperatriz tinha um infindável poder de patrocínio a sua disposição: ela pode ter oferecido dinheiro ou status a qualquer pessoa disposta a atestar que tinha flagrado olhares furtivos, encontros ou abraços, ou a admitir que entregara cartas de amor a pedido de Júlia – cartas incriminadoras podem até ter sido produzidas, em uma caligrafia parecida com a de Júlia. Algumas dessas testemunhas talvez tenham vindo da casa da própria Júlia: uma brecha na legislação instituída por Augusto permitia que os escravos testemunhassem contra seus senhores e senhoras em casos de adultério.[24]

O suposto amante de Júlia era irrelevante. Ao contrário dos homens casados, que podiam se deitar impunemente com prostitutas ou escravas, para uma mulher casada, sexo com qualquer outro homem que não seu marido era considerado adultério. Talvez Messalina tenha ligado

* Tem sido argumentado que as mortes de Júlia e Catônio (que no passado servira com o pai de Júlia na Alemanha) estavam conectadas e que ambos podem ter se envolvido com o princípio de uma conspiração contra o regime. Embora sempre seja perigoso construir argumentos com base nas *omissões* das fontes antigas, nesse caso parece improvável que, se houvesse quaisquer suspeitas sobre essa conexão, elas não apareceriam nos relatos que temos dos eventos. Lívila, mãe de Júlia, caiu como resultado de uma suposta aliança com um prefeito pretoriano. Se existisse o menor cheiro de suspeita de que a filha repetira o erro da mãe, a história seria seguramente tentadora demais para os comentadores antigos a ignorarem.

** As complexidades jurídicas das leis de adultério serão discutidas no próximo capítulo.

Júlia a algum membro da corte ou equestre rico; talvez tenha potencializado a injúria dizendo que ela dormira com algum plebeu (de classe baixa) ou escravo.

Messalina passou o dossiê de "evidências" para seu promotor mais temido – Públio Suílio, descaradamente interesseiro –, e, após as acusações serem admitidas por um magistrado presidente (nesse caso, talvez, um dos cônsules, ou o próprio Cláudio), Júlia foi intimada a comparecer perante o Senado para o julgamento.[25] Embora as fontes concordem que Júlia era inocente, o desfecho de seu julgamento estava decidido de antemão, e Júlia foi morta, ou, mais provavelmente, forçada a se matar.*

Seu ataque contra Júlia – uma princesa digna e popular, mãe de três ou quatro filhos, e agora entrando na meia-idade – não rendeu a Messalina a aprovação universal da corte. Pompônia Grecina – mulher ilustre que gozava de um significativo status na corte como esposa de Pláucio, o general em quem Cláudio mais confiava e o homem com quem, naquele exato momento, o imperador começava a tramar a invasão da Britânia – adotou roupas de luto em protesto e se recusou a desistir delas até sua morte, cerca de quarenta anos depois.[26] Era uma condenação explícita dos atos da imperatriz. Tácito nos conta que Pompônia não recebeu nenhuma punição, sugerindo que ela gozava de apoio suficiente entre a aristocracia para que nem Cláudio nem Messalina achassem que valia a pena correr o risco de mexer naquele vespeiro.

O ritmo das atividades políticas de Messalina parece ter reduzido significativamente depois de 43 d.C. Talvez a resposta à morte de Júlia tenha abalado Messalina. Que Pompônia Grecina – uma mulher respeitada, mas com certeza não em condições de desafiar a imperatriz – tenha sido capaz de expressar tão abertamente sua crença de que a morte de Júlia fora um erro jurídico era um acontecimento preocupante, e talvez um lembrete oportuno de que o poder de Messalina como imperatriz não

---

* Todas as fontes concordam que o caso terminou com a morte de Júlia, mas existem algumas discordâncias quanto ao método. Apenas Tácito observa especificamente que Júlia se matou (*Anais*, 13.43); Dião Cássio (60.18.4) e Suetônio (*Vida de Cláudio*, 29.1) nos contam que ela foi morta, mas não dizem como. Enfim, o suicídio parece ser a opção mais provável. A punição oficial para o adultério era o exílio, e uma execução provavelmente teria sido mencionada com mais clareza.

era um escudo tão impermeável contra críticas e repercussões negativas. Messalina tinha trabalhado duro para construir redes de influência no Palatino e se posicionar como um trunfo indispensável ao regime de Cláudio. Ela não podia correr o risco de perder seu status como uma das líderes da opinião da corte – ou, pior ainda, começar a ser vista como um estorvo político para seu marido.

No entanto, também é possível que, assim que as cinzas de Júlia foram tiradas da pira, Messalina tenha sentido que seu trabalho estava quase concluído. A lealdade da Guarda Pretoriana estava assegurada; Silano, o competidor mais imediatamente viável de seu marido, estava morto; o regime tinha sobrevivido a uma rebelião e conseguido manter as tropas a seu lado; e ela se livrara das duas princesas talvez mais bem colocadas para ameaçar sua supremacia no presente e o futuro de seu filho. Ao atuar como estrategista, informante, conselheira e mandante, Messalina não só protegia seus próprios interesses como se fazia indispensável para o regime e se transformava em uma parceira política que seu marido não poderia, aparentemente, perder.

Haveria novos riscos com os quais lidar no futuro. Um deles era o genro do casal e marido de Cláudia Antônia, Pompeu Magno, que poderia, conforme envelhecesse, se tornar um candidato convincente à supremacia. Outro "problema não resolvido" pode ter ocupado a mente de Messalina nos meses que se seguiram à morte de Júlia. Apenas uma das sobrinhas de Cláudio continuava viva: Agripina, a Jovem, descendente direta de Augusto, irmã de Calígula e mãe do então chamado Lúcio Domício Enobarbo, que entraria para a história como Nero.

Parece inconcebível que Messalina não tenha identificado a última princesa imperial como uma ameaça. Qualquer ataque a Agripina pode muito bem ter sido postergado na esteira da reação à morte de Júlia, mas Messalina também pode ter sentido que não havia tempo a perder. Àquela altura, Nero tinha apenas 5 ou 6 anos, e desde que fora retirada do exílio, em 41 d.C., Agripina estava casada em segurança com Passieno Crispo, um homem astuto e cáustico, mas um favorito genuíno de Cláudio e apoiador leal do regime.[27] Talvez mais importante de tudo, Agripina pode não ter estado fisicamente *em* Roma durante boa parte do período inicial e volátil do novo reinado. Em 42 d.C., Passieno foi nomeado procônsul da Ásia, um cargo do qual ele só teria regressado pouco antes do fim de 43 d.C., em uma das províncias mais ricas e mais prestigiosas de Roma, que abarcava uma área que hoje é o Oeste da Turquia. Agripina pode muito bem tê-lo acompanhado; nessa época, era comum que as esposas dos altos oficiais acompanhassem seus maridos a seus postos provincianos, e havia lugares bem piores para desempenhar o papel de esposa do governador do que na luxuosa urbanidade da Ásia. Inscrições em uma base de estátua podem atestar as viagens dela para o Leste.[28] Portanto, Agripina pode ter perdido completamente os anos mais arriscados, marcados pelos assassinatos de Júlia Lívila e Júlia. Quando ela voltou a Roma com seu marido, no final de 43 d.C., Messalina já tinha a corte comodamente sob seu controle, e uma eventual ameaça de Agripina não parecia mais tão imediata ou concreta.

Entre 43 e 47 d.C. – quando novamente encontramos Messalina sendo acusada de um assassinato por motivos políticos –, a imperatriz e o regime estavam fortalecidos. Tinha sobrado pouca gente na corte com os recursos necessários para desafiar o imperador ou a imperatriz; a campanha expansionista de Cláudio na Britânia provara sua resiliência, valendo-lhe o apoio de grupos da população e da soldadesca; e, após seu triunfo, Messalina finalmente conquistara reconhecimento público à altura de seu poder privado. Embora continuasse sem o título de Augusta, que escapara dela por um triz após o nascimento de Britânico, o Senado a considerara digna de honrarias simbólicas e visíveis. Em meados da década de 40 d.C., a posição de Messalina como imperatriz estava assegurada – e ela sabia disso.

Nos anos que se seguiram após a queda de Júlia, a diminuição no ritmo das intrigas de Messalina teve um papel importante na imagem criada pelas fontes antigas. Se os atos da imperatriz fossem mesmo conduzidos por suas paixões irrepressíveis e irracionais – ciúme, luxúria, ganância, orgulho e desejo –, parece improvável que elas pudessem ter ficado tão restringidas durante os anos intermediários de seu reinado.

Em vez disso, a flutuação das intrigas de Messalina sugere uma estratégia fria e sensatamente reativa. Durante aqueles primeiros anos febris do reinado de seu marido, ela trabalhara sistematicamente para eliminar as ameaças mais sérias a ela e ao regime, implacável e, em grande medida, desapaixonadamente. Após a morte de Júlia, com seus rivais mais imediatos mortos e uma repercussão negativa em fermentação, parecendo cada vez mais pronta a ameaçar a influência dela – em outras palavras, no ponto em que suas atividades iam deixando de parecer racionais e politicamente vantajosas –, *ela parou.* A imagem de Messalina como escrava de suas paixões não está fundamentada em evidências. É uma projeção, nascida do medo dos homens do poder feminino e alimentada por rumores que logo passariam a circular sobre sua vida sexual.

XIII
PERVERSÕES POLÍTICAS

"Um pecado prazeroso merece uma censura mais severa que um doloroso..."
Marco Aurélio, *Meditações*, 2.10[1]

Em meados dos anos 40 d.C., a posição de Messalina era mais elevada e mais segura do que jamais fora antes. Seus dois filhos eram herdeiros saudáveis do principado; ela havia conseguido se beneficiar do triunfo de seu marido; sua imagem estava estampada por todo o império; seus principais rivais (exceto, talvez, por Agripina – mas ela teria de esperar sua vez) estavam mortos ou tinham sido banidos; sua rede de associados no Palatino estava em ascensão. O título de Augusta devia parecer mais perto do que nunca.

E, ainda assim, antes do fim de 48 d.C., Messalina estaria morta. A razão, tal como nos contam nossos historiadores homens, foi um tipo de loucura. O adultério, dizem eles, foi uma febre que se apossou da imperatriz de forma gradual e, então, implacável, despojando-a de sua capacidade de agir racionalmente e precipitando um ciclo intenso de autodestruição, um ciclo que terminou em um casamento bígamo e em um número sem precedentes de execuções.

Quando Messalina caiu, um conjunto de homens proeminentes a seguiu. Caio Sílio, Tício Próculo, Vécio Valente, Pompeu Úrbico, Saufeio Trogo, Décio Calpurniano, Sulpício Rufo, Junco Virgiliano, Mnester e Traulo Montano são citados entre os executados.[2] Um Hélvio, um

Cota e um Fábio também podem ter sido assassinados nessa mesma leva.* Pláucio Laterano e Suílio Cesonino foram poupados.[3] Alguns desses homens foram acusados de cometer adultério com a imperatriz; outros podem ter sido acusados de auxiliá-la em suas infidelidades. Políbio, liberto de Cláudio, de quem também se diz que teve um caso com a imperatriz, teve a sorte de já estar morto.

A lista de amantes de Messalina é notável não só por sua extensão – até mesmo à notória Júlia, a Velha, foram atribuídos apenas cinco amantes nomeados (e só um deles foi executado) –, mas também por sua amplitude. Vécio Valente era um médico renomado; Sulpício Rufo tinha uma escola de treinamento para gladiadores; Junco Virgiliano era senador; Décio Calpurniano chefiava as coortes de vigias noturnos; Mnester era um dançarino de pantomima; e Caio Sílio era o cônsul eleito.

Os romanos acreditavam que desejos pariam novos desejos, e as fontes afirmariam mais tarde que Messalina tinha começado a ansiar não apenas por novos amantes, mas por novas experiências sexuais. Começaram a circular boatos de que ela queria ostentar seus adultérios abertamente; depois, assistir a seus amigos assistindo a suas mulheres dormindo com outros homens; depois, participar de competições de resistência sexual; e, depois, se fazer de prostituta. Finalmente, diziam, a velha emoção do adultério se tornou tão comum para ela que aquele *casamento* (ainda que um casamento bígamo com seu amante Sílio) começou a parecer o último tabu que havia sobrado.

Nos anos que se seguiram à morte de Messalina, as histórias sobre seus feitos sexuais se espalharam por outros domínios, até que ela se tornasse uma exemplificação abstrata do desejo feminino e de todos os temores e fantasias que o acompanhavam. No décimo livro de sua *História natural*, Plínio, o Velho, faz uma digressão ao categorizar sistematicamente as espécies de pássaros: "Há um momento determinado do ano", ele observa, "para o acasalamento de todos os outros animais, exceto os humanos – os homens usam para isso quaisquer e todas as horas do dia e da noite. Todos os outros animais conseguem se saciar de sexo; o homem quase nunca consegue o suficiente".[4] Plínio apresenta uma

---

* A *Apocolocintose* (13) inclui Hélvio, Cota e Fábio em uma lista de vítimas, o resto das quais caiu com Messalina.

única evidência para comprovar sua hipótese: Messalina. A imperatriz, ele afirma com um horror alegre, procurou a prostituta mais notória da cidade e a desafiou para um duelo. Cada uma teve um dia inteiro e uma noite inteira para dormir com quantos homens fosse capaz; Messalina venceu com 25. Plínio comenta em tom impertinente que ela considerou aquela uma vitória digna de uma imperatriz. Menos de três décadas após a morte da imperatriz, sua vida sexual já era notória o bastante para ser apresentada como uma prova científica incontroversa.

As vidas sexuais são de difícil estudo mesmo no melhor dos tempos. Sabemos muito pouco sobre o que nossos amigos – e às vezes até mesmo nossos parceiros – *realmente* fazem ou desejam. Essas coisas são mais difíceis de ser estudadas a uma distância de mais de dois milênios. São ainda mais difíceis de ser estudadas quando foram alvos de fofocas e de mitificações, e poucas vidas sexuais foram tão mitificadas quanto a de Messalina.

As histórias mais disparatadas sobre a vida amorosa de Messalina, incluindo a competição de sexo narrada por Plínio, devem ser descartadas logo de partida, mas a situação fica mais complexa quando se trata das alegações mais prosaicas de adultério. Apesar de todas as acusações de adultério que derrubaram Messalina, em 48 d.C., poderem ter sido politicamente motivadas (como vou argumentar), é difícil acreditar que fossem inteiramente infundadas. As dimensões do boato em si militam contra essa ideia, e, ademais, existe algo no caráter dos detalhes que nos faz duvidar dela. Tácito algumas vezes interrompe o fluxo de nomes dos executados para nos relatar algo sobre o homem ou sobre o caso amoroso, e pouca coisa nesses contos sobre desejo, flerte e capricho cheira a política. De fato, quanto mais cuidadosamente examinamos a lista dos amantes de Messalina, menos plausível parece que essa seja simplesmente uma lista mal disfarçada de inimigos políticos. O jovem e belo Traulo, os equestres não nomeados, o dançarino Mnester e Sulpício Rufo, que dirigia alguma escola de gladiadores, todos parecem candidatos estranhos para o envolvimento em uma séria conspiração no Palatino. Se o conjunto de acusações dirigidas a Messalina não foi construído puramente para destruir a imperatriz e sua facção, precisamos considerar que talvez estejamos diante, ao menos parcialmente, dos vestígios de casos amorosos verdadeiros.

*

Até 18 a.C., o adultério não era considerado uma infração criminal sob a lei romana. Durante mais de setecentos anos de história romana, o engajamento em casos extraconjugais foi visto como uma questão da moralidade privada, algo a ser resolvido no âmago familiar. Esses castigos privados às vezes eram bastante severos: o assassinato de uma esposa flagrada realmente *no* ato parece, sob certas circunstâncias, ter sido considerado uma reação admissível, ainda que malvista. Entretanto, foi só no reinado de Augusto que Roma começou a ver a punição por adultério como um assunto de Estado.

Os romanos encaravam a história essencialmente como um processo de declínio cíclico. Sua mitologia lhes dizia que o mundo começara na Idade de Ouro, que se degenerara nas Idades de Prata, de Bronze e dos Heróis, antes de finalmente desaguar na Idade de Ferro. Os homens que viveram em meados do século I a.C. acreditavam haver testemunhado um ciclo semelhante de declínio no decurso da vida deles, e o atribuíam à mesma causa propulsora: o declínio da República, a exemplo do declínio das idades mitológicas, era atribuído ao vício humano.

Quando Augusto chegou ao poder, prometeu ao povo uma nova Idade de Ouro, um novo começo livre da devassidão, do abandono do dever, dos desvios e do desperdício que se acreditava terem destruído a República. A estabilidade do concerto de Augusto repousava, em grande parte, na promessa de seu líder de devolver Roma a suas raízes tradicionais, às virtudes respeitáveis do *mos maiorum*, ou "costume dos ancestrais". Uma agenda de reforma sexual era central para essa sinalização de valores, e, em 18 a.C., Augusto aprovou a *Lex Iulia de Adulteriis Coercendis* ("A lei Júlia para a contenção do adultério"), que prometia impor a moral antiga com ameaças novas.[5]

A lei definia o crime de *adulterium* inteiramente em referência ao status da mulher envolvida: na Roma de Augusto, "adultério" significava sexo com uma mulher casada de respeito.* Que um homem tivesse seus casos era visto como algo sem consequências, desde que escolhesse

* A acusação de *strupum*, diferente de adultério, que contemplava o sexo com uma mulher respeitável, mas solteira, tinha como objetivo punir o defloramento de virgens e a sedução de viúvas.

suas parceiras com prudência: um homem casado podia transar, impunemente, com uma prostituta, uma cafetina, uma adúltera condenada ou uma escrava, mas um homem solteiro que dormisse com a esposa de outro homem era considerado adúltero. Para uma mulher casada, o status de seu parceiro era irrelevante; seria uma adúltera de qualquer forma.

Augusto estabeleceu um tribunal permanente para julgar aquilo que ele acertadamente previu que seria um fluxo constante de casos. As penas eram atribuídas aos condenados: a mulher perdia um terço de suas propriedades e metade de seu dote; o homem, metade de suas propriedades totais; ambos eram enviados durante algum tempo para ilhas diferentes, distantes da cidade; e ambos eram submetidos a alguma forma de *infamia*.[6] Termo romano legal que significava, literalmente, o estado de estar inteiramente despojado de uma reputação, a *infamia* tirava do indivíduo muitos dos privilégios, marcadores e deveres da cidadania. A *infamia* sinalizava que seu portador era indigno de ser totalmente incluído no Estado e na sociedade. Em muitos casos, o estigma deve ter sido insuportável.

Obviamente, a situação piorava muito se você fosse mulher. Além dos castigos sofridos por sua contraparte masculina, a condenada de adultério nunca mais poderia se casar.*,[7] Nem lhe seria permitido esquecer sua vergonha. Pode ser que se esperasse que a adúltera (ao menos na teoria, pois há pouca evidência de que o costume tenha sido rigorosamente cumprido) renunciasse ao vestido e ao manto da matrona e adotasse a toga.[8] Essa mudança radical de vestimentas tornava a condenação de uma mulher impossível de esconder; seu novo status como adúltera e *infamis* se arrastava, literalmente, atrás dela. Também dizia algo mais específico sobre a natureza de seu crime. A toga era o símbolo quintessencial da masculinidade romana; era a vestimenta que definia o cidadão, adotada pelos rapazes ao chegarem à idade adulta, trajada pelos advogados na corte, pelos senadores na *curia* e pelos magistrados na Rostra. Na adúltera, a toga se transformava de símbolo do orgulho masculino em símbolo da vergonha feminina. A concepção romana de virtude feminina estava enraizada na esfera privada, mas, ao vagar além

* Ao menos não legalmente com um cidadão romano, a não ser que perdoada – como Júlia Lívila e Agripina devem ter sido após serem trazidas de volta do exílio em 41 d.C.

das fronteiras domésticas estabelecidas de seu casamento, a adúltera se tornava, de alguma forma, *pública*. Ela perdia seu papel como esposa e mãe, perdia a proteção de sua casa e de sua família, perdia seu lugar na sociedade respeitável e perdia também algo de sua feminilidade.

Augusto estava determinado a forçar os homens a levar a sério essas medidas drásticas para a moralidade feminina, quisessem eles ou não. Para conseguir isso, incluiu uma cláusula extraordinária em sua lei: todo homem que não se divorciasse de uma esposa adúltera poderia ser processado como cafetão.[9] A mensagem era clara. O adultério não era mais um assunto privado, um crime contra o parceiro e uma coisa a ser resolvida entre o próprio casal. O caso amoroso de uma mulher casada era agora um crime contra o Estado romano em si.

Dizer às mulheres que suas relações sexuais eram um pecado contra o establishment político parece não ter tido muito efeito em refrear desejos ou alterar comportamentos, mesmo dentro da família imperial. Nos últimos anos do século I a.C., começaram a circular rumores sobre a única filha de Augusto, Júlia, a Velha, então em um casamento infeliz com Tibério. Aos 37 anos, era famosa por criar modas e por sua presença de espírito, e, ao cortejar em meio a um grupo devoto de aristocratas romanos, exibia uma autoconfiança que beirava a arrogância. Ela estava em todos os lugares e se falava dela incessantemente. De início, Augusto descartou esses boatos como fofocas sem fundamento, mas, em 2 a.C., o imperador parece ter tomado conhecimento de provas irrefutáveis do mau comportamento de sua filha. Sua reação foi rápida e brutal. Júlia, a Velha, foi banida para a ilha de Pandatária, ao largo da costa da Itália, no mar Tirreno. Ali, cada movimento seu era vigiado e controlado: sem vinho, sem luxos e, certamente, sem homens.[10]

Envergonhado demais para aparecer pessoalmente, Augusto enviou uma longa carta de explicação ao Senado, expondo todas as vulgaridades do caso amoroso de Júlia.[11] Boatos sobre ela continuariam a ser contados, com um prazer mal disfarçado, mais de meio século depois. Em um de seus ensaios morais (escrito depois de ele ter sido retirado do exílio que Messalina lhe impusera), o filósofo Sêneca afirmaria que Júlia, a Velha, tinha dormido com "rebanhos de adúlteros", conduzido noites de luxúria por toda a cidade que culminavam em festas alcoólicas no Fórum Romano e participado de orgias com estranhos na mesma Rostra a partir da qual seu pai propagara as leis contra o adultério.[12] Em 8 d.C., a filha grávida dela – a neta de Augusto, Júlia, a Jovem – também seria acusada de adultério, seguindo sua mãe no exílio.[13]

As leis augustanas de adultério traziam novos riscos para as mulheres imperiais, mas também ofereciam novas oportunidades. Os casos amorosos, os adultérios e as acusações foram transformados por Augusto de matéria-prima para fofocas em pura munição política. Como mostraram as primeiras intrigas de Messalina, o adultério *por si só* era agora suficiente para pôr fim a uma carreira política, garantindo o exílio de uma dama da corte ou de um consular.

Acusações de adultério se tornaram a arma preferencial das mulheres imperiais que quisessem se livrar de rivais. Dois coelhos – ou mais, se você tivesse espírito de aventura – poderiam ser mortos com uma cajadada só. Uma adúltera exigia um adúltero, ou dois, ou três, e, desde que o processo fosse bem-sucedido, todos seriam exilados. Se você jogasse direito, ali estava uma maneira de derrubar toda uma facção. Além disso, era muito mais fácil fabricar evidências de adultério do que de traição ou corrupção. Os escravos dos acusados tinham permissão para fornecer evidências nos julgamentos de adultério e podiam ser facilmente forçados a fazer o tipo certo de declaração sobre as mensagens que levavam e os encontros que tinham tido a oportunidade de vislumbrar. As sementes de uma acusação de adultério podiam ser semeadas *pelas* mulheres – imiscuídas que estavam na vida social e nas conversas sobre a corte – contra quem quer que escolhessem. Diferentemente da maioria dos casos de sedição ou traição, uma pessoa não precisava ser um magistrado ou controlar um exército para ser convincentemente acusada de adultério. De propósito ou não, Augusto criara a ferramenta política perfeitamente adequada à nova política, uma política obcecada pelo pessoal e centrada na corte dinástica. Desde o princípio de seu reinado, Messalina dominou a arte de empregar as leis que cercavam o *adulterium* como arma. Ela usou acusações de adultério contra Júlia Lívila e Sêneca, em 41 d.C., e contra Júlia, em 43 d.C., e voltaria a apelar a essa mesma estratégia em sua campanha contra Popeia Sabina, a Velha, em 47 d.C.

*

Era possível empregar as leis antiadultério para romper o poder político de um rival, mas uma pessoa também podia usar a consumação de um caso adúltero com o objetivo de *criar* poder político para si. Apesar de toda a sua perigosa imprevisibilidade, o sexo era uma ferramenta poderosa de aliança, e, apesar de as fontes gritarem "*Loucura!*", as primeiras incursões de Messalina pela infidelidade podem muito bem ter sido pragmáticas.

Em meados dos anos de 40 d.C., a força da posição de Messalina era tamanha que ela pode ter percebido que se rumores de um caso amoroso se espalhassem, pelo menos dessa vez o parceiro masculino é quem sairia perdendo. Todo mundo sabia que Cláudio era perdidamente apaixonado. Bastava que o imperador visse Messalina durante o jantar ou passasse a noite na cama dela para que qualquer desentendimento entre eles se resolvesse. Os autores antigos juram que o imperador nada sabia sobre os casos amorosos de sua esposa, e talvez estivessem certos. O amor tende a desembocar em cegueira, e poucos na corte teriam tido coragem suficiente para arriscar o pescoço repetindo os rumores sobre as infidelidades de Messalina para o marido dela. Outros fatores mais pragmáticos também estavam em jogo. Os dois filhos de Messalina, herdeiros de Cláudio, ainda eram pequenos. O imperador não estaria muito disposto a tolerar rumores sobre a fidelidade de sua esposa que pudessem encorajar as pessoas a cochichar que seus herdeiros na verdade não eram dele.

Confiante em sua própria segurança, Messalina pode ter começado a contemplar o adultério sob uma nova luz, não como um risco em potencial a sua posição, mas como um meio de conseguir algo que ela desejava politicamente. Casos ilícitos ofereciam oportunidades óbvias de persuasão: Messalina era jovem e bela, e os homens sempre fizeram coisas estúpidas por sexo. Ainda mais importante, um caso podia funcionar como uma garantia de lealdade. Uma vez que um homem tivesse dormido com a imperatriz, seu destino estaria atado ao dela. O adultério com a esposa do imperador era o mais grave dos crimes; um ex-amante não conseguiria lançar um ataque a Messalina sem destruir a si mesmo no processo. Seus amantes estavam ligados a Messalina pelos laços de intimidade sexual, mas também pelos segredos que compartilhavam.

Talvez vejamos esse ímpeto em operação na suposta relação de Messalina com Políbio. Um dos libertos mais poderosos de Cláudio, um tipo de conselheiro literário do imperador, Políbio era altamente instruído, tinha lido as mais diversas obras e era um autor bem recebido por mérito próprio.[14] Embora seu papel não fosse estritamente político, a influência do ex-escravo na corte era imensa e notória: era comum que aparecesse caminhando entre os cônsules, e, uma vez, quando um ator proferiu a frase "Insuportável é o comerciante de estribo que a fortuna elevou",* toda a plateia se voltou diretamente para Políbio.[15] Ele gritou de volta outra citação da mesma peça: "Os que um dia foram pastores de cabra hoje detêm o poder régio". Foi uma resposta extremamente arriscada, e o fato de Políbio não ter sofrido nenhuma consequência demonstra até que ponto chegava o favor de que desfrutava junto ao imperador.

Infelizmente para Messalina, Políbio, com todo o seu poder, parece ter se provado um inimigo difícil de ser vencido. Muito provavelmente, ele serviu Cláudio por alguns anos, talvez desde que ambos eram jovens e seu mestre parecia destinado a uma vida de literatura, bebedeira, história e apostas. Desde então, a vida e as fortunas dos dois homens tinham estado inextricavelmente interligadas. Cláudio concedera a Políbio sua liberdade; Políbio assistira à ascensão de Cláudio e talvez até o tivesse aconselhado no processo. Políbio pode ter conhecido bem a esposa anterior de Cláudio – a mesma Elia Pecina que ele abandonara em favor de Messalina; talvez tenha visto e comemorado o nascimento da filha deles, Cláudia Antônia, em 27 d.C.; e pode ser que não tenha imediatamente simpatizado com a substituta mais jovem de sua antiga senhora.**

Cláudio evidentemente valorizava o julgamento de Políbio o suficiente para permitir a ele certo grau de liberdade de pensamento e de discurso. Quando Sêneca decidiu começar uma campanha para retornar do exílio nos anos 43-44 d.C., recorreu a Políbio, enviando-lhe uma carta bajuladora, em tom autopiedoso e decididamente nada estoico, de "consolação" após a morte do irmão do liberto. A mensagem

---

* Citação extraída do artigo do prof. dr. Fabio Joly "Liberdade e escravidão no pensamento estoico romano: uma leitura da *Consolatio ad polybum*, de Sêneca", publicado na *Revista de História* (São Paulo), n. 176, de 2017. [N.E.]

** Políbio certamente foi libertado pelo próprio Cláudio – Sêneca reforça o total débito dele para com o imperador na carta de consolação que escreveu ao liberto após a morte do irmão deste –, o que implica que eles tenham trabalhado juntos por algum tempo antes de sua ascensão.

rapidamente se dissolvia em um apelo transparente para que Políbio intercedesse por ele junto ao imperador.[16] Para começo de conversa, foi Messalina quem instigou o exílio de Sêneca. A decisão de Sêneca de recorrer a Políbio sugere que ele via no liberto o elo mais frágil no controle que Messalina exercia sobre a corte palatina – o homem mais passível e mais capaz de se opor aos desejos da imperatriz.

Talvez a independência de Políbio parecesse atraente para Messalina – tinha sobrado pouca gente no Palatino disposta a questioná-la –, e ele era certamente um conversador inteligente e espirituoso. Contudo, o caso amoroso entre eles, se acreditarmos na afirmação de Dião Cássio de que isso ocorreu mesmo, pode ter se baseado mais na política do que na química.[17] Messalina queria trazer Políbio para o seu lado, e o sexo pode ter parecido um meio de conseguir isso em pouco tempo. Previsivelmente a coisa toda terminaria mal para Políbio, mas o desentendimento só viria dali a alguns anos, e por ora tudo se impregnara da promessa ilícita de um novo caso sexual. Sêneca não foi chamado de volta e Messalina conseguiu um novo aliado fiel no círculo interno de seu marido.

Outros nomes da lista de adúlteros e cúmplices de Messalina também podem ter sido escolhidos, ao menos em parte, tendo em mente motivações políticas. Caio Sílio era cônsul eleito quando se tornou "segundo marido" de Messalina, e a seu lado surgem generosas pitadas de outros nomes senatoriais. Décio Calpurniano era prefeito dos *vigilles*, a guarda noturna paramilitar; Pláucio Laterano era sobrinho do Pláucio, cujas vitórias britânicas haviam valido a Cláudio um triunfo e a ele e sua família uma posição indiscutível na corte; Suílio Cesonino era filho do temido Públio Suílio, que fazia boa parte do trabalho sujo de Messalina nos tribunais e no Senado.

Esses homens eram aliados úteis, e trazê-los para casos amorosos, ou para ser perigosamente cúmplices ao conhecê-los, talvez tenha rendido a Messalina garantias de lealdade que poderiam muito bem ter sido assinadas com o sangue desses homens. Por mais errado e ilegal que o assunto todo decididamente fosse, em tudo isso Messalina nada exibiu da loucura sexual à qual mais tarde ficaria associada.

Mesmo assim, ninguém consegue ser racional o tempo todo.

XIV

AS ADÚLTERAS SE DIVERTEM MAIS

"Então me beije mil vezes, e então cem,
E então mais cem…"
Catulo V

Uns poucos anos após ser aprovada a legislação antiadultério de Augusto, o poeta Ovídio publicou seus *Amores*. Os cinco livros originais com elegias recolhidas (editados mais tarde em três) foram copiados, encadernados e enviados a amigos para serem lidos em voz alta em salões e jantares. Ele pode tê-los chamado de seus *Amores*, mas, se são cartas de amor a alguma coisa, os *Amores* de Ovídio são cartas de amor ao *jogo* do adultério.

Vem antes do teu marido – mas sei que nada há a fazer se chegares antes.
Mesmo assim eu digo, vem antes. E, quando ele
Se deitar no sofá e tu –
Ora com esse rosto de doce modéstia –
Vieres lhe fazer companhia,
Estende-te e toca meu pé com o teu em segredo.
Assiste-me e muito confidenciarei
Nos meus acenos e na língua dos meus olhos;
Pega meus segredos e devolve-os a mim
Sobrescritos com teus próprios sinais assim:

Minhas sobrancelhas lhe falarão palavras sem seus sons
E lerás as palavras que meus dedos traçarem no vinho.[1]

Esse relato da emoção ilícita de um caso surge perto do início do primeiro livro dos *Amores.* Apesar de o poeta professar o desejo de que seu rival morra – "Teu marido estará presente conosco na festa/ Rezo para que essa ceia seja a última do teu marido" –, o marido é peça fundamental dos jogos de amor de Ovídio. Afinal de contas, não há necessidade de trocar mensagens às escondidas, traçando palavras no vinho, se sua amante for solteira.

Mais adiante, o poeta é mais explícito sobre o que realmente o excita:

Se, tolo, não sentires a urgência ciumenta de guardá-la
Então ainda assim vigia a mim que posso querê-la
O que é lícito sempre começa a me enjoar
Só o proscrito vai tão amargamente me inflamar.[2]

Com suas indiscrições em versos e sua charmosa falta de lealdade, Ovídio surge nos estertores de um breve desabrochar da poesia de amor latina. Escritores como Propércio, Tibulo, Catulo e a poeta Sulpícia construíram uma linguagem do amor que se apoiava em cartas secretas, olhares furtivos e na gratificação postergada da porta fechada. Eles eram jovens, ricos e entediados, belos e bem versados no cânone da literatura grega, com suas elegantes baladas de amor, tragédias advindas da atração malfadada e contos épicos sobre os apetites baixos dos deuses. O mundo político em torno deles estava se despedaçando e se refazendo, mas o dinheiro e os luxos não tinham parado de fluir para a cidade: a velha aristocracia romana nunca tinha sido mais rica ou mais inútil. O senso imprudente de que se poderia morrer amanhã, que permeara os anos de guerra civil, dava lugar a um *ennui* com a segurança augustana: se você apertasse os olhos o bastante, ambos poderiam parecer uma justificativa para um caso amoroso. Esses homens e mulheres tinham tempo e dinheiro para gastar com prazeres sensuais e estavam acostumados com o excesso e a diversidade. O casamento entre as classes superiores era em grande parte um assunto socioeconômico – os amores, as luxúrias e os prazeres que eles desejavam eram necessariamente a matéria-prima do adultério.

Messalina foi dada em casamento a Cláudio nos últimos anos de sua adolescência, quando ele contava cerca de 48 anos. Ele gaguejava e babava, e aceitava as brincadeiras humilhantes de Calígula com uma resignação passiva. É difícil que fosse o homem dos sonhos dela. Contudo, o que quer que ela sentisse por seu marido no nível pessoal, o casamento lançara Messalina bem no meio do turbilhão da corte caligulana. Esse era um mundo definido pela sensualidade, pelos banquetes, pelas barcaças de prazer, pelas esmeraldas e pérolas e perfumes estrangeiros. Calígula era um imperador obcecado por romper fronteiras e testar os limites de seu próprio poder: com sua ponte sobre a baía de Nápoles, ele borrou a linha entre a fantasia e a realidade; com seus trajes, borrou a linha entre homem e mulher; com seu comportamento, borrou a linha entre homem e deus. Ele também se deleitava cruzando barreiras sexuais, exibindo a nudez de sua esposa a seus amigos e corneando abertamente seus cortesãos. Testemunhar tudo isso tão jovem deve ter sido uma experiência arrebatadora e formativa para Messalina.

Após a ascensão de Cláudio, as coisas se acalmaram um pouco em termos de escala, e não por uma reforma radical. Essa era uma corte que se preocupava *seriamente* com o prazer. Cláudio sabia, dadas as circunstâncias incomuns da sua ascensão, que precisaria trabalhar mais duro do que a maioria para ganhar o favor do povo, e embarcou em um programa sem precedentes de diversões públicas.[3] Havia todos os espetáculos que costumavam agradar ao público – lutas entre gladiadores, caçadas de animais selvagens e simulações de batalhas –, além de ofertas mais novas; algumas criadas recentemente, algumas que Cláudio afirmava ter encontrado e reavivado a partir dos arquivos dos antigos. Promoveu corridas de biga em um Circo Máximo enfeitado com grades de mármore e pilares cônicos dourados; importou panteras do Norte da África para serem caçadas por esquadrões montados das Guardas Pretorianas; trouxe cavaleiros do norte das planícies gregas da Tessália para capturar touros selvagens pelos chifres. Um único espetáculo testemunhou o assassinato de trezentos ursos e trezentos leões da Líbia. Após o triunfo na Britânia, Cláudio ergueu reconstruções de cidades britânicas e fez cercos bem-sucedidos a elas para que a população urbana assistisse. Recém-saída de seu papel de destaque na procissão triunfante, Messalina teria comparecido à primeira fileira, visível e cintilante.[4]

Cerca de cinquenta anos antes, *A arte de amar* de Ovídio – um guia poético satírico para a "Arte do amor" (como encontrá-lo, como conservá-lo e, bastante literalmente, como fazê-lo) – ensinara seus leitores a concentrar seus esforços em eventos como esses.[5] O espírito festivo, o gosto pelas multidões, pela música, pelos comes e bebes, as apresentações bem ensaiadas de grandes histórias de amor ou a adrenalina de assistir a homens viverem e morrerem, tudo isso contribuía para o tipo de atmosfera exaltada que lubrificava as engrenagens da sedução. Obviamente, nenhum homem poderia ter se aproximado de Messalina como Ovídio fez de alvos desprotegidos dele, mas a intensidade sensual que auxiliava as atividades sedutoras do poeta teria impregnado também os assentos imperiais – e pode ter permanecido com a pessoa da imperatriz quando ela retornou com o resto da corte ao Palatino.

Esses espetáculos públicos teriam sido acompanhados por festas privadas. Realizadas nos salões mais novos e mais grandiosos do palácio imperial, suas listas de convidados frequentemente ultrapassavam seiscentas pessoas.[6] Nessas noites – de fato elas ocorriam quase *todas* as noites –, os convidados, em togas recém-engomadas ou diáfanas sedas de Quios, se recostavam em sofás com pés dourados ou incrustados. Serviam-se prato após prato em baixelas douradas, enquanto especialistas misturavam os melhores vinhos com as quantidades perfeitas de água, antes de mandar meninos escravos aos salões para garantir que os copos nunca se esvaziassem. As chamas bruxuleavam nos candelabros dourados, nuvens de perfume preenchiam o ar e procissões de músicos e dançarinos abriam caminho por entre as mesas. Não havia ambiente melhor para trocar olhares discretamente e "escrever palavras no vinho".

Se esses eram jogos que Messalina desejava jogar, ela contava com uma vantagem distinta: o célebre amor de seu marido pela bebida. Cláudio encontrara refúgio na bebida desde que era jovem e negligenciado, e seus dias se alongavam livres de qualquer esperança de uma carreira. Então, bebia em tavernas, como um plebeu, ou em casa com grupos de parceiros nocivos, ou nos banquetes no palácio, para amortecer a humilhação das piadas incessantes feitas às suas custas.[7] Esses não eram hábitos fáceis de ser quebrados, e, mesmo depois de sua ascensão, Cláudio ainda encerrava regularmente as noites devolvendo seu conteúdo estomacal ou sendo carregado, inconsciente, de seu próprio salão de banquetes.[8] Mesmo em suas noites mais lúcidas, outras distrações aguardavam o imperador. A fraqueza de Cláudio pelas mulheres era notória, e dizem que Messalina o mantinha abastecido de um fluxo constante de serviçais bonitas para ocupar o lugar dela no leito conjugal.[9] Com centenas de homens entre os quais escolher e seu marido desmaiado – ou transando com outra pessoa –, a imperatriz tinha tanto os meios como o motivo para buscar seus próprios casos amorosos.

Os flertes e os adultérios de Messalina – os que existiram mesmo – provavelmente só começaram de verdade em meados dos anos 40 d.C. Mesmo quando isso se tornou vantajoso sob Nero, ninguém nunca conseguiu lançar suspeitas sérias sobre a paternidade dos filhos de Messalina. A essa altura, a imperatriz havia dado a seu marido – na meia-idade, fisicamente nada atraente e com frequência bêbado além de qualquer serventia – dois filhos saudáveis como herdeiros de sua dinastia. Ela tramou, e até mesmo matou, para dar sustentação à estabilidade do regime, e trabalhou para estabelecer sua posição no Palatino e na consciência pública.

Após tanto esforço, estresse e sucesso, Messalina era ainda uma mulher jovem e bela na casa dos 20 anos. Ela tinha cabelereiros, criadas e fundos infinitos para comprar os tipos de sedas que deslizavam sobre seu corpo e as pedras preciosas de todas as cores que mais combinavam com ela. Seu corpo era macio graças aos banhos diários de vapor, além de depilado e massageado com óleos perfumados. Era dona de uma beleza única e tinha acesso a toda a sensualidade que vem com o luxo. Messalina, com seus deveres e seu marido velho, pode ter começado a sentir que suas próprias paixões haviam sido ignoradas por tempo demais.

Os romanos acreditavam que os desejos sentidos pelas mulheres eram mais poderosos que os experimentados pelos homens. "Nossas paixões mais gentis não são tão cheias de fúria", Ovídio alertou, "o ardor masculino conhece uma fronteira legítima." Bastava olhar para os mitos – magnificações de cada força e fraqueza humana –, com seus contos de incesto, adultério, bestialidade e crimes de paixão. "Todos esses horrores foram provocados pela luxúria das mulheres", o poeta conclui, "mais aguda que a nossa, ela possui mais de loucura."[10]

Esses desejos agudos espreitavam as mulheres de Roma tanto quanto suas irmãs mitológicas. Bem no início de seu primeiro livro de poesia, Catulo cria uma cena repleta de duplo sentido:

Pardal, o deleite da minha garota, com quem ela brinca
E segura no colo e o alimenta com as pontas dos dedos
E o impele a fisgadas cada vez mais fortes
Sempre que uma luxúria suave por mim se demora em seus lábios.
Meu amor, não consigo saber se esse tipo de brincadeira
É agradável, mas acredito que a dolorosa irritação
Atenua o ardor mais vigoroso do amor e dá
À minha garota um alívio passageiro da sua frustração.[11]

Essas distrações insatisfatórias não poderiam durar para sempre, e em pouco tempo o objeto do desejo de Catulo – a casada e aristocrática Clodia – cruzava a soleira de uma casa que um amigo do poeta lhe emprestara para seus encontros secretos.[12] Outro poeta, Tibulo, imagina sua amante tomando iniciativas ainda mais drásticas: enganando seus guardas e destrancando a porta do marido, saindo de mansinho do leito conjugal e evitando as tábuas do assoalho dadas a ranger, enviando sinais a seu amante e fabricando mentiras palatáveis, misturando unguentos herbais para aliviar as mordidas de amor.[13]

Isso é a paixão feminina imaginada por homens esperançosos, mas, muito ocasionalmente, ouvimos uma mulher romana expressar seus desejos em suas próprias palavras. Os poemas do século I d.C. da nobre Sulpícia, recolhidos em meio ao *corpus* de Tibulo, são remanescentes excepcionais. Em seus versos encontramos cada centímetro da paixão expressa por suas contrapartes masculinas:

Queimo mais que qualquer outra, ardo primeiro
Mas me alegro, Cerinto, nesse ardor
Se dentro de ti também prospera e brilha uma chama
Atiçada por meu próprio fogo fulminante,
Que haja um amor compartilhado e igual, eu rezo –

Rezo por todos os nossos prazeres roubados,
Pelos teus olhos e por tua alma.[14]

Sulpícia tem o cuidado de especificar que seu amante (ao menos como ela o constrói poeticamente) não é nem casto nem conjugal. Depois de todo esse fogo, ela escreve outro poema no qual agradece a Vênus por ter lhe trazido seu Cerinto, por tê-lo colocado *fisicamente* em seus braços. Também reclama da pressão das convenções. "Meu pecado agrada", ela proclama, "e estou cansada de usar máscaras por causa da reputação: vou declarar que éramos um, ele cabendo em mim como eu cabia nele."[15]

Sulpícia escreve seus versos, faz suas libações à deusa e aguarda que Vênus lhe traga seu amado. Messalina, acostumada a empregar métodos mais terrenos para conseguir o que queria, não estava disposta a confiar seus casos à intervenção divina.

Traulo Montano era um jovem de uma família boa, mas não tão distinta.[16] Seus pais comodamente equestres talvez esperassem conseguir desfrutar da prosperidade júlio-claudiana sem se enredarem nos perigos da alta política. Tinham tido o cuidado de criar bem seu filho, com boas maneiras e os valores de antigamente, e seus esforços foram bem-sucedidos. Traulo era modesto no comportamento e moderado nos gostos. Tornara-se excepcionalmente, mas também infelizmente, belo.

Ao cair de certa noite, Tácito nos conta, Traulo foi intimado a encontrar Messalina no palácio. Ele foi, é claro, e se viu conduzido diretamente ao quarto dela. Passaram a noite juntos, e ele foi largado antes que o sol nascesse na manhã seguinte. A rejeição sumária de Messalina de sua pessoa e desempenho com certeza não fez bem ao ego de Traulo, mas essa se provaria a menor de suas preocupações: apesar de sua juventude e passividade, Traulo seria executado com o resto dos amantes da imperatriz. Era um preço alto a pagar por uma única noite.

O breve caso de Messalina com Traulo, como Tácito o descreve, foi assumidamente motivado pela luxúria, e não pelo amor. Ele fala de uma atitude perante o adultério que nem sempre era tão séria quanto a expressa tanto na paixão flamejante de Sulpícia como no puritanismo das leis augustanas. Por mais que os antigos moralistas possam tê-lo criticado, parece ter havido a percepção em alguns círculos de que uma postura crítica até mesmo a um pouco de adultério era terrivelmente *burguesa*. Em seus *Amores*, é claro que *inteiramente* sem uma agenda, Ovídio faz troça daqueles chatos que valorizavam a fidelidade conjugal:

> São só aqueles homens rústicos que se importam com o adultério
> de uma esposa
> Os broncos que nunca estudaram, como fazemos na cidade,
> Sobre Rômulo e Remo, fundadores gêmeos formados pelo crime
> de Marte
> Não haveria a preciosa Roma se Ilia nunca tivesse cruzado a linha.[17]

Ficaria aparente que Ovídio não captou muito bem o clima. Essa era agora a idade de Augusto, não de Catulo, e as leis sobre o que era apropriado tinham mudado. Ele foi exilado, em 8 d.C., por "um poema e um erro".[18] O poema era *A arte de amar*; o "erro", provavelmente o adultério, e talvez até mesmo com a neta de Augusto, Júlia, a Jovem, banida naquele mesmo ano. Se Ovídio foi exilado, em parte, por causa de sua *A arte de amar*, o imperador tinha usado a oportunidade para exibir um pouco de humor próprio. No livro três, Ovídio dá um suspiro aliviado por não viver nas brutais montanhas do Cáucaso ou na pouco refinada Mísia, na costa noroeste da atual Turquia, e sim em Roma, onde as moças sabiam como manter as axilas perfumadas e as pernas depiladas.[19] Agora ele se achava confinado em Tômis, um fim de mundo provinciano na costa oeste do mar Negro. Mísia repousava insultantemente ao sul e o Cáucaso se erguia no leste, do outro lado das águas. Ovídio pode ter passado dos limites, mas seu crime estava menos em suas atitudes ou ações e mais em sua franqueza brincalhona e descarada.

Era menos aceitável agora tornar atraente a infidelidade tão abertamente quanto Ovídio o fizera, mas isso não significava que o adultério em si tivesse saído de moda. Longe disso: os temores sobre a frequência da infidelidade feminina estavam crescendo. Por volta da virada do século I para o II d.C., a sátira mordaz de Juvenal sobre a moralidade das mulheres das classes altas romanas incluía Messalina – "a Imperatriz Prostituta" – como um de seus exemplos-chave, mas havia uma série de outros. Épia, que fugiu de seu marido senador para seguir seu amante gladiador ao Egito; a rica Cesênia, que exibia suas cartas de amor perante os olhos do próprio marido; Túcia, Apula, Timele, todas amantes do dançarino de pantomimas Batilo.[20]

Além disso, o novo mundo da corte imperial era regido por um código de regras que se sobrepunham apenas parcialmente à lei. Aqui, onde intrigas secretas e o planejamento dinástico estavam na ordem do dia, o sexo nunca seria simplesmente uma questão de moralidade antiquada. O poder absoluto do imperador também tornava os escrúpulos pessoais uma irrelevância; se o imperador decidisse que queria você, não havia muita coisa que você pudesse fazer sobre o assunto. Isso é particularmente verdadeiro em relação a Calígula. Algum grau de licenciosidade sexual era um aspecto-chave da cultura de corte – sensual, jovem, livre dos "costumes dos ancestrais" – que o jovem tirano estava tentando criar, e, para certa minoria dos cortesãos que, a exemplo de Messalina, tinham chegado à idade adulta sob seus auspícios, o adultério pode ter parecido apenas um aspecto de uma vida social de alta classe e cosmopolita.

Essa certamente parece ter sido a atitude do grupo que se reuniu ao redor da jovem imperatriz. Dião Cássio acusa Messalina de *forçar* suas amigas mulheres a provar sua promiscuidade dormindo com outros homens diante dos olhos de seus maridos. Eram os homens que não se preocupavam nem um pouco, Dião Cássio afirma, com quem as acompanhava.[21] Essas visões de trotes sociais orgiásticos são forçadas, mas a história de Dião Cássio talvez permita um vislumbre da atmosfera prevalente no meio frequentado por Messalina. Conforme esse grupo de jovens nobres – homens e mulheres que se conheciam desde sempre e que tinham sido unidos na adolescência ou aos vinte e poucos anos para cumprir as ambições ou expectativas familiares – ia de festa em festa, gastava seu dinheiro e tentava evitar o exílio ou a execução, os flertes extraconjugais, mesmo que parassem antes da consumação, podem ter entrado na ordem do dia.

Traulo foi um capricho leve e breve, mas em outras ocasiões parece que a experiência amorosa de Messalina envolveu toda a dor e alegria dos poetas.

Mnester surgiu como uma estrela dos palcos romanos pela primeira vez durante o reinado de Calígula. Era um dançarino nas pantomimas, uma forma grega de arte na qual um único homem dançava todos os papéis, masculinos e femininos, se transformando fisicamente de personagem em personagem, no ritmo da música e de uma narrativa às vezes cantada, às vezes declamada. O movimento era expressivo e parecido com o balé, e o assunto era a tragédia e o mito. Certamente ninguém gritava "ele está atrás de você!".*

A pantomima explodiu em popularidade sob Augusto, e suas estrelas conquistaram séquitos imensos e febris. Em 15 d.C., Tibério foi forçado a interceder após uma briga entre dois grupos de fãs terminar na morte de alguns civis, soldados e um centurião.[22] Entre suas novas medidas, o imperador baniu os senadores das casas dos artistas das pantomimas e estipulou que os equestres não deveriam mais se aglomerar em torno deles quando estes aparecessem nas ruas. Essas leis falam de uma preocupação provocada por alguma coisa diferente da arruaça das multidões: Tibério claramente temia que a proximidade dos dançarinos de pantomima pudesse corromper sua aristocracia.

Como a adúltera condenada, o cafetão e a prostituta, o artista profissional do palco era um *infamis*: na melhor das hipóteses um meio cidadão, considerado não confiável o bastante para testemunhar nos tribunais e impedido de se casar com pessoas de status mais alto. A lei romana nutria tamanho desdém por esses homens que se podia espancar um dançarino, talvez até matá-lo, com total impunidade desde que se conseguisse provar justa causa. A *infamia* era uma sentença perpétua: não importava quão alto um dançarino ascendesse, não importava o quanto seus trajes, sua casa ou os convites que seus escravos traziam a cada manhã se parecessem com aqueles dos senadores que ele conhecia, essas eram restrições que o limitariam para sempre.

Apesar disso, as estrelas das pantomimas ainda tinham um glamour perigoso e ambíguo. Trazidos do Leste da Grécia, geralmente escravizados (como Mnester um dia fora), esses dançarinos recebiam nomes de palco românticos e eram transformados em símbolos sexuais. Fortes, mas leves, eles subiam no palco em sedas colantes e pareciam capazes de movimentar cada tendão de seus corpos separadamente, transformando-se

---

* Essa é uma frase tradicional do teatro inglês, dita pelo público quando um vilão entra no palco e se quer avisar o protagonista sobre o perigo. [N.E.]

de herói em vilão, de homem em deus, mesmo de masculino em feminino, tudo ao toque de uma nota. Tinham educação acadêmica e se esperava que tivessem familiaridade com todo o cânone dos mitos gregos e épicos homéricos, assim como com os relatos históricos e a poesia latina que inspiravam os novos libretos. No entanto, quando atuavam, se assemelhavam à própria encarnação da emoção crua. Seus movimentos eram suaves, sensuais e rítmicos – às vezes sugestivamente suaves, sensuais e rítmicos –, mas seus temas eram exaltados: o dançarino de pantomima transformava algo carnal na matéria-prima da tragédia e do mito.[23]

Toda essa ambiguidade tinha algo de perigoso e romântico. No século II d.C., o famoso médico Galeno foi chamado por um marido preocupado para cuidar de sua esposa; ela não conseguia dormir, quase não falava, seu pulso estava desgovernado e irregular. O diagnóstico de Galeno foi claro: a mulher estava doente de amor por Pílades, o dançarino de pantomima.[24] O escritor Luciano de Samósata, do século II d.C., considerava esses homens piores que sereias: as sereias só cantavam, mas o dançarino de pantomima levava sua plateia a um "cativeiro do ouvido e do olho, do corpo e da alma".[25]

Qualquer que fosse a qualidade especial de que um dançarino de pantomima necessitava para cativar sua audiência, Mnester a tinha em abundância. Calígula era obcecado por ele: os dois supostamente foram amantes, e o imperador beijou o dançarino abertamente no teatro. Qualquer um flagrado conversando durante uma das apresentações de seu favorito era arrastado de seu assento e espancado na hora.[26] Messalina aparentemente se apaixonou nessa mesma medida. Dião Cássio especifica maldosamente que foi a aparência de Mnester que enfeitiçou a imperatriz, mas, considerando a intensidade e a aparente longevidade do romance, também deve ter havido algo mais.[27] Talvez tenha sido o raciocínio rápido que ele mais tarde demonstraria às custas de Messalina ou o jeito fácil com que ele preenchia suas conversas com referências à poesia e ao mito. Talvez fosse o fato de saber que todos o desejavam, de ver outras mulheres (e homens) nobres fervendo de ciúme no jantar. Talvez fosse a emoção do proibido, ela uma imperatriz e ele um *infamis*. Talvez fosse a maneira como ele se movia, tão suave e elegantemente – tão *diferente* de Cláudio.

Se acreditarmos nas fontes, dizer que Messalina não se fez de difícil seria o eufemismo do século I d.C.[28] Primeiro ele resistiu a ela (foi o que Mnester afirmou). Apesar de Messalina ser atraente, cornear o governante do mundo conhecido era um risco considerável por uma transa – particularmente para um ex-escravo que só estava tentando prosseguir em sua carreira de ator após o assassinato de Calígula, seu último amante imperial. Além disso, não faltavam opções a Mnester. Ele tinha começado um caso com Popeia Sabina, a Velha. Ela era rica, amplamente reconhecida como a maior beleza de sua época e criticada por sua promiscuidade.[29] Era praticamente tudo o que um homem podia querer – Mnester não precisava se enredar nos riscos e complicações de um caso amoroso com Messalina.

Mesmo assim, a imperatriz não aceitou um "não" como resposta. Ela tentou promessas, tentou ameaças e, por fim, tentou a geralmente menos recomendada das estratégias de sedução: apelou a seu marido.[30] Messalina supostamente se queixou para Cláudio de que Mnester não estava seguindo suas ordens, convenientemente omitindo quais tinham sido essas ordens. Cláudio, sempre ávido por agradar a esposa e sem dúvida um pouco confuso sobre a razão de ser envolvido em um assunto tão trivial, convocou Mnester e ordenou que ele obedecesse às instruções de sua imperatriz sem mais questionamentos. Mnester, sem opção senão obedecer ao imperador, assim o fez. Essa história, apesar do brilhantismo, é farsesca, embora contenha, sim, um grão de verdade: se Messalina queria Mnester, havia pouco que ele poderia fazer para recusá-la. Mais tarde, por ocasião de sua queda, Mnester mostraria as cicatrizes das surras que recebera quando escravo, argumentando que, ao contrário dos amantes senatoriais de Messalina, suas escolhas tinham sido parcas na relação.[31] Foi um argumento que quase balançou Cláudio, e Mnester poderia muito bem ter sobrevivido se Narciso não tivesse interferido.

Conquistá-lo aparentemente nada fez para atenuar a obsessão de Messalina – e esse caso ao menos parece ter durado algum tempo.* Ela

---

* Discussões sobre o caso de Messalina com Mnester surgem em dois pontos diferentes da narrativa de Dião Cássio: 60.22 e 60.28. Os eventos de alguns anos são descritos entre as duas passagens, sugerindo que o caso de Messalina e Mnester pode ter durado algum tempo, ou que isso era o que os boatos diziam.

cobriu seu novo amante de presentes. As pessoas a acusam de ter desviado todas as moedas de bronze caligulanas que Cláudio ordenou que fossem novamente cunhadas (para livrá-las da imagem do antigo imperador) e de tê-las derretido para fazer estátuas de Mnester.[32] Em troca, a imperatriz passou a demandar cada vez mais tempo do dançarino. Ela queria passar com ele todos os minutos, e a presença de Mnester no palácio ficava cada vez mais notória, assim como sua ausência nos palcos ficava cada vez mais evidente.[33] Em uma ocasião particularmente humilhante, Cláudio parece ter sido obrigado a declarar em público que Mnester *não* estava no palácio quando este deixou de aparecer no teatro. Em outra ocasião, consta que Mnester disse à multidão que não poderia se apresentar porque estava preso "à cama com Orestes".[34] A alusão era ao filho mitológico de Clitemnestra e de Agamemnon, membro da condenada casa de Atreu, levado à loucura pelas incansáveis fúrias após matar a mãe para vingar o assassinato do pai. Mnester estava – da forma mais intelectualizada possível – chamando sua namorada de psicopata.

O caso com Mnester parece ter sido diferente daqueles que vieram antes dele. Não teve nada do sigilo cuidadoso dos estratagemas políticos de Messalina e nada da impertinência tranquila de seu caso com Traulo. Ao que parece, a imperatriz estava apaixonada, e aí estava a raiz do problema. Em seu encantamento por Mnester, vemos as sementes de todas aquelas ações que se provariam tão ruinosas por ocasião de seu último caso amoroso, aquele comparado ao qual todos os outros empalideciam: sua ligação com Sílio. Messalina não era louca, mas pode ter sido explícita demais em seus desejos, agressiva demais em seus galanteios, antagonista demais em relação a seus rivais. Era arrebatadora demais em sua afeição, carente demais pela atenção deles; claramente, não aprendeu a encolher e reapresentar suas paixões de maneiras que as tornassem mais palatáveis aos homens. Pior de tudo, era pública demais sobre suas relações – e essa era uma contravenção não apenas das leis, mas também das *regras.*

A situação era humilhante para Cláudio, que aparentemente foi o último a saber, e solapava a inacessibilidade digna, quase inumana, exigida de uma imperatriz que aspirava ao título de "Augusta". Embora a queda por Mnester fosse vergonhosa, a ligação de Messalina com um ator e um *infamis* não era uma ameaça real à estabilidade do regime;

então, os boatos simplesmente continuaram se espalhando. Esses foram os boatos que, após a morte da imperatriz, se transformaram nos rumores sobre a "loucura", a ninfomania, os torneios de sexo de 24 horas, mas eles só trouxeram consequências sérias para a imperatriz em 48 d.C., quando seu caso com Sílio lançaria os dois em uma crise.

XV
UM JARDIM LINDO DE MATAR

> "Dinastias inteiras já foram destruídas pela rendição
> Dos deuses aos desejos dos seus membros"
> Juvenal, *Sátiras*, 10.7-8

Na primavera de 47 d.C., Cláudio assumiu o censorado. Outrora a mais eminente das magistraturas da velha República, o cargo havia ficado suspenso com o surgimento do principado. Agora Cláudio, sempre antiquado, retomava-o após um hiato de cerca de 68 anos.[1]

A tarefa do censor era manter a moralidade pública.* Ele tinha jurisdição sobre as listas de cidadãos, equestres e senadores e o poder de marcar o nome de qualquer homem cuja conduta – pública *ou privada* – considerasse imprópria. Os cidadãos podiam perder o direito de votar; os equestres e os senadores podiam ser demovidos de suas respectivas ordens. Ao final de seus mandatos, os censores conduziam toda a comunidade em um ritual de purificação conhecido como o *lustrum*. Essa era uma celebração do renascimento do corpo político – a madeira morta havia sido cortada, e o veneno da corrupção foi extraído da cidade.

Que Cláudio assumisse esse papel *agora*, com o caso de Messalina e Mnester em pleno andamento, objeto das fofocas que corriam do

* Algumas das outras tarefas originais do censor – por exemplo, a concessão de contratos para obras públicas e a constituição de fileiras do exército – ficaram inteiramente obsoletas devido aos poderes do imperador.

Palatino até o teatro, era terrivelmente irônico. O imperador bem que tentou não cair risivelmente demais na hipocrisia. Quando um homem notório pela corrupção e pelo adultério comparecia diante do tribunal do censor, Cláudio o repreendia apenas para reduzir o número de suas indulgências, ou ao menos para ser mais sutil ao persegui-las. "Pois por que eu deveria saber", dizia o imperador, dando de ombros, "que amante você tem?"[2]

A primavera deu lugar ao verão. Cláudio continuava trabalhando nas listas de cidadãos, e a paixão de Messalina por Mnester não dava sinais de que iria se atenuar. Ela também não conseguia se livrar do ciúme angustiante que nutria pela ex-amante dele, Popeia Sabina. Mas ela tinha outras preocupações na cabeça. Mais cedo naquele ano, ou no ano anterior, Messalina voltou a se envolver em assassinatos. Talvez achasse que já havia se passado tempo suficiente desde a onda de reprovação que seu ataque a Júlia provocara. Ela tinha reforçado suas redes de apoio e agora podia retomar a agenda de eliminação preventiva e sistemática de rivais que seguira com tanta eficiência durante os anos iniciais do reinado de seu marido. Ou talvez uma falta de impulso adiante começasse a atormentá-la. Alguns anos tinham se passado desde o triunfo britânico e as honrarias que o acompanharam, e Messalina sabia que, naquele mundo ultracompetitivo que era a corte palatina, se você não estivesse indo para a frente, só podia estar ficando para trás. A assunção do censorado por Cláudio era uma afirmação de confiança e intenção. Era também a oportunidade perfeita para a concessão de novas honrarias a uma imperatriz; Messalina pode ter sentido que aquele era um bom momento para consolidar sua própria posição.

Um indivíduo que durante algum tempo vinha se tornando uma preocupação séria era Pompeu Magno. Herdeiro do nome de Pompeu, o Grande, o dinasta republicano que fora o último rival verdadeiro de César, Calígula vira ameaça suficiente no honorífico "Magno" para proibir completamente seu uso por Pompeu. Cláudio, como vimos, adotou uma abordagem diferente, devolvendo a ele o "Grande" e casando-o com Cláudia Antônia, filha de seu casamento anterior com Élia Pecina. Isso talvez tenha tornado Pompeu leal a Cláudio, mas para Messalina só intensificou a ameaça que ele significava para seus próprios filhos, tanto para Britânico como para a futura família de sua filha Otávia, que tinha ficado noiva de Lúcio Silano no mesmo ano em que Cláudia Antônia se casara com Pompeu. Com seu nome antigo e sua ligação independente com o imperador, Pompeu não devia a Messalina nenhuma lealdade; ele era o elo mais fraco na rede de controle dinástico da imperatriz e precisaria ser substituído.

Pompeu Magno não se mostrou particularmente difícil de ser derrubado; dessa vez não seria necessário fabricar sonhos. O genro do imperador foi morto a facadas deitado na cama com seu amante.[3] Essa execução sumária foi justificada com base em acusações espúrias de conspiração, embora permaneça incerto se estas foram criadas antes ou depois da concretização do ato.[4] Para sua família, a morte de Pompeu significou a ruína; seu pai (tão estúpido, comenta o autor de *Apocolocintose*, que poderia ter sido imperador) e sua mãe foram assassinados ou obrigados a cometer suicídio. No entanto, para Messalina, essa foi uma oportunidade de reforçar seus laços entre sua família e a dinastia.[5] Sua enteada, Cláudia Antônia, foi imediatamente casada com Fausto Sula Félix, meio-irmão de Messalina, levando a ela, e a quaisquer filhos que os dois viessem a ter, decididamente para a esfera de influência da imperatriz.

Messalina então se voltou para outro alvo, mais sério, tanto nos riscos como nas recompensas. Décimo Valério Asiático tinha nascido em Viena, uma abastada cidade da Gália próxima a Lyon. Ela fora outrora a capital fortificada da tribo dos alóbroges, mas agora se autodenominava Colonia Iulia Augusta Florentia Vienna e ostentava um templo dedicado a Lívia e a Augusto. É provável que, no passado, a família de Asiático tivesse sido uma linhagem de reis ou chefes alóbroges, mas eles astutamente escolheram trabalhar com os romanos, de forma que Asiático nasceu cidadão, e, por sinal, um cidadão rico. Quando jovem, foi enviado a Roma para construir uma carreira pública e transformar um proeminente nome provinciano em um nome reconhecido por todo o império. Dificilmente ele poderia ter sido mais bem-sucedido nessa tarefa. A suas vastas propriedades no Sul da França ele acrescentou posses na Itália e no Egito.[6] Popular, orgulhoso, ousado, inteligente e atlético, Asiático alcançou o posto de senador e depois, em 35 d.C., o de cônsul, tornando-se o primeiro homem da Gália a ocupar o cargo mais alto do Estado.[7]

No momento da ascensão de Calígula, Asiático era proeminente o bastante para figurar entre os associados mais próximos do imperador e correr sérios ricos. Embora o imperador não tivesse colocado imediatamente o nome de Asiático em nenhuma de suas listas de proscritos, ele de fato começou a fazer ataques a sua reputação. Em uma ocasião, durante uma grande festa regada a bebida, Calígula se voltou para Asiático diante da companhia reunida e criticou em alto e bom som o desempenho da esposa dele na cama.[8] Asiático nada disse – afinal, o que haveria a dizer? –, mas dessa afronta ele jamais se esqueceria.

Asiático estava sentado perto de Calígula no camarote imperial no dia de seu assassinato, e, quando a notícia começou a se espalhar, não demorou muito para os dedos começarem a apontar para o cônsul da Gália. Asiático se defendeu das acusações no Senado: não tinha sido ele, disse, mas ele gostaria que tivesse sido. Foi um comentário ousado, porém era isso que o momento exigia; o mundo fora da *curia* estava mergulhado no caos e precisava de um líder. Asiático, aparentemente, estava prestes a se lançar como candidato.

Uma vez seu poder assegurado, Cláudio não tomou nenhuma medida para punir Asiático por seus comentários sobre Calígula ou pelas ambições que eles pareciam implicar. Em vez disso, ele seguiu suas diretrizes usuais e trouxe Asiático para ainda mais perto da órbita imperial. Quando o imperador partiu para a Britânia, Asiático estava a seu lado, e, em 46 d.C., Cláudio o alçou à posição de cônsul pela segunda vez.[9] Era uma honra extraordinária: chegar ao cargo de cônsul uma vez era o apogeu de uma carreira senatorial, ocupá-lo por uma segunda vez era excepcionalmente raro.

Durante a primeira metade de 47 d.C., Asiático pode ter se sentido realmente abençoado. Tinha concluído com sucesso seu segundo consulado, com todos os privilégios e o prestígio que o acompanhavam. Tinha acabado de comprar os vastos jardins de lazer de Lúculo e começava a submetê-los a um extravagante programa de restauração. Dizia-se até mesmo que estaria dormindo com Popeia Sabina, ex-amante de Mnester e a mais renomada beleza da cidade.[10] Ao que parece, Asiático era um homem de muita sorte.

As razões pelas quais Messalina escolheu agir contra Asiático naquele momento, no auge do poder dele, não estão inteiramente claras, mas, no verão de 47 d.C., Asiático foi preso sob acusações de impropriedade sexual e traição, condenado perante um tribunal imperial e forçado ao suicídio. Tácito identifica Messalina como a força propulsora por trás do episódio e atribui a ela dois motivos, nenhum dos quais inteiramente convincente.[11] Primeiro, ele nos diz que a imperatriz atacou Asiático por causa da ligação dele com Popeia Sabina. Havia muito tempo que Messalina tinha inveja de Popeia por sua beleza e seu passado com Mnester. Os novos rumores de que ela estaria cometendo adultério com Asiático ofereciam a oportunidade perfeita para a imperatriz se livrar dela sem implicar Mnester em nada. Em segundo lugar, Tácito afirma que Messalina estaria desesperada para pôr as mãos nos jardins de Lúculo. O termo que ele usa, *inhians*, ou "boquiaberta", tem uma qualidade inescapavelmente sexual.*

Os jardins recém-comprados por Asiático foram criados originalmente nos anos 60 e 50 a.C. por Lúculo, um homem tão famoso por seu gosto pelo luxo e pela extravagância de seus jantares quanto por suas conquistas militares. Os meados do século I a.C. assistiram à moda de plantar vastos jardins de lazer privados, conhecidos ironicamente como *horti*, ou "hortas". Nesses locais – espaços amplos e verdejantes em meio à paisagem urbana –, natureza e artifício se misturavam. Plantas importadas eram cultivadas em canteiros irrigados mecanicamente; áreas inteiras eram desenhadas para criar terraços em degraus pontuados por rochedos e cavernas "selvagens"; cavidades e canais eram escavados e preenchidos com água para criar lagos e riachos artificiais. Os moralistas – ou aqueles que não tinham condições de competir com isso – se queixavam de que esses jardins eram perigosamente não romanos. Eles se apropriavam do espaço público em uma cidade já superlotada, murando lotes imensos sem nenhum outro propósito senão o prazer privado. Também pareciam preocupantemente orientais, parecidos demais com os "paraísos" verdejantes plantados para os sátrapas persas. E eram violações à natureza, com seus terraços suspensos e flores de estufa e cavernas e rios feitos pelo homem; essas eram corrupções da perfeição do paisagismo italiano, alterações que interferiam no *equilibrium* das coisas.

* A expressão "subindo pelas paredes" talvez tenha um sentido semelhante em português.

Ciente de que tinha uma reputação a manter, Lúculo se certificou de que seus jardins estivessem entre os mais luxuosos (e mais criticados) de Roma. Ocupando a encosta do monte Pinciano, perto do cume, eles tinham vista para a cidade e para o Tibre, na direção de Óstia.[12] O topo do monte era coroado por um pátio semicircular, e seus muros eram pontuados de nichos que abrigavam estátuas. Daqui, escadarias monumentais de pedra desciam de terraço em terraço até alcançarem um lago artificial, geralmente sereno, mas largo o bastante para a encenação de batalhas marítimas simuladas para entreter os convivas após o jantar.[13] Seus terraços abrigavam árvores e arbustos esculturais, gramados e plantas silvestres, espécies frutíferas e camas de flores escolhidas para que suas florações se revezassem e os jardins parecessem vivos durante todo o ano.[14] Algumas plantas eram escolhidas por sua beleza, outras, como a verbena e o açafrão, por seu perfume.[15] Algumas eram nativas da Itália, outras eram importações exóticas – Lúculo descobrira a cerejeira ácida durante suas campanhas no Leste, e foi o primeiro a introduzir a planta na Itália.[16] Sementes e estacas não foram as únicas coisas que ele colecionou no curso de suas vitórias: os jardins estavam repletos de obras-primas da escultura grega em mármore e bronze, cuidadosamente situadas para realçar a paisagem circundante ou para interagir umas com as outras em recordações eruditas de histórias mitológicas. Quem via os jardins dizia brincando que Lúculo era Xerxes, o rei persa, de toga.

Asiático se pôs a aprimorar esses jardins renovados ainda mais – fazendo-o, conta-nos Tácito, com *insigni magnificentia*, ou "destacada magnificência".[17] Talvez tenha construído novas futilidades, pórticos e fontes, ou criado novas passarelas, acrescentado mais estátuas colecionadas, plantado novas espécies de árvores e novos padrões de canteiros de flores, ervas e cercas, sobrepondo uma nova camada de excesso imperial sobre o antigo excesso republicano. Escrevendo cerca de cinquenta anos depois, Plutarco observou: "Mesmo agora que o luxo aumentou tanto, os Jardins de Lúculo constam entre os mais dispendiosos dos jardins imperiais".[18]

Se Asiático pudesse ser condenado por alta traição, ele seria executado e todas as suas propriedades, incluindo os jardins, seriam confiscados pelo Estado. De acordo com Tácito, foi o desejo desesperado, quase luxurioso, de adquirir os Jardins de Lúculo – os mesmos jardins onde ela encontraria seu violento fim – que impeliu Messalina a fazer suas acusações. Dião Cássio concorda: aqueles jardins, ele afirma, "mais do que qualquer outra coisa, foram a causa de sua ruína".[19]

Inveja de Popeia ou desejo por um jardim, nem uma nem outra são explicações suficientes para as ações de Messalina em 47 d.C. Se Messalina simplesmente quisesse se livrar de Popeia, ela não precisaria acusar Asiático de traição e de adultério. Além disso, mesmo que os boatos sobre seu caso com Popeia fossem verdadeiros, a popularidade e a posição de Asiático faziam dele um corréu arriscado. Messalina claramente tinha poucos escrúpulos quando se tratava da fabricação de evidências legais, e provavelmente teria achado mais fácil dirigir suas acusações contra um "amante" que fosse insignificante e inocente do que contra um poderoso e culpado. Da mesma maneira, se a imperatriz desejava simplesmente possuir os jardins dele, havia meios mais fáceis e mais legítimos de consegui-los. A instabilidade financeira que havia arruinado os primeiros anos de seu casamento com Cláudio era coisa do passado. Em 47 d.C., Messalina estava no auge de sua influência e tinha o peso do tesouro imperial atrás de si. Asiático certamente poderia ter sido convencido ou coagido a abandonar seu projeto de renovação e vendê-los. Embora os jardins tenham com certeza passado para as mãos da imperatriz com a queda de Asiático, é difícil que eles tenham sido a motivação principal para seu ataque.

A afirmação de que Messalina matou por um jardim de lazer reforçou a narrativa que os escritores homens estavam construindo em torno dela. Jardins sempre incitaram algo de sexual na imaginação romana. Havia uma indulgência no luxo de um jardim de lazer que era objeto de tabu. Seu verde irrigado falava de uma fertilidade úmida; os aromas das plantas, as vistas dos caminhos, os sons das fontes e dos pássaros transmitiam uma densa sensualidade. Esses eram espaços nos quais o lazer podia facilmente se transformar em desejo. A descrição que Tácito faz de Messalina "boquiaberta" por um jardim é bastante condizente com a imagem da imperatriz como uma ninfomaníaca insaciável, impelida puramente pelas demandas imediatas do apetite, o que torna difícil aceitar tal descrição sem questionamento.

No momento de agir em público contra Asiático, a própria Messalina daria, naturalmente, uma justificativa bastante diferente para suas ações.[20] Ela afirmou que ele estaria tramando contra o trono. Rico o suficiente para subornar as tropas, popular no Senado e renomado por todo o império por sua ascensão meteórica, Asiático tinha, ao menos no papel, os recursos necessários para tentar tomar o poder. Então, Messalina afirmava que ele estaria planejando uma visita aos exércitos no Norte. Ele tinha confiança, dizia ela, de que conseguiria convencer essas legiões a apoiá-lo, especialmente porque sua família era dona de vastas faixas de terra ao redor de Viena, onde as pessoas ainda se lembravam da fidelidade que deviam a seus antigos chefes. As outras tribos da Gália também o apoiariam: partilhavam antigos laços e alianças com a família dele e sabiam, em um nível mais prático, que seria vantajoso ter um conterrâneo no trono imperial. Com as forças da Gália a seu lado, Asiático exporia seu caso aos exércitos na Alemanha. Após conquistá-los com uma mistura de carisma, ameaça e promessa, marcharia sobre Roma. Asiático tinha dito abertamente que desejava ter matado o imperador Calígula. Agora parecia que ele esperava preencher essa antiga ambição com Cláudio.

A verdadeira razão para o ataque de Messalina contra Asiático provavelmente está em algum ponto entre esses dois extremos: de um lado, o temor genuíno de uma conspiração, declarado pela própria Messalina; de outro, as invejas comezinhas declaradas por ela pelas fontes.

É improvável que Asiático estivesse mesmo se preparando para tentar tomar o poder por conta própria. Apesar de todo o seu sucesso, ele continuava sendo o Novo Homem de Viena. Foi o primeiro senador de sua família, não tinha uma longa linhagem de cônsules ancestrais à qual recorrer e com certeza não tinha parentesco com Augusto. O império ainda não estava acostumado com a remoção e a substituição regular de dinastias; nunca houvera um imperador que não fosse júlio-claudiano. Além disso, se Asiático estivesse mesmo se preparando para usurpar o controle das legiões do Norte, teria começado se assegurando de que dispunha de uma rede de parceiros poderosos aos quais pudesse recorrer em sua disputa pela supremacia em Roma. No entanto, quando Asiático caiu, somente dois equestres caíram com ele. Se uma conspiração estivesse mesmo acontecendo, jamais poderia ter sido desmontada com tão poucas vítimas.

Embora as circunstâncias do nascimento de Asiático provavelmente o impedissem de buscar o principado para si, elas não impediam que ele fosse uma ameaça. Com sua riqueza, suas conexões no Norte e as relações senatoriais cuja consolidação o ocupara durante seu segundo ano como cônsul, Asiático tinha uma influência considerável, mesmo que jamais pudesse ser o detentor do poder. Seria um aliado poderoso para qualquer pretendente ao principado e, por ter confessado publicamente seu apoio ao último tiranicídio, seria um óbvio ponto de parada durante os estágios iniciais de sondagem de qualquer conspiração nascente. Se o apoio de Asiático a Cláudio, Messalina e seus filhos não fosse sólido, então haveria perigo.

Com o passar de 47 d.C., Messalina pode ter ficado cada vez mais preocupada com a possibilidade de que facções rivais voltassem a surgir na corte. Em algum momento entre 45 d.C. e o início de 47 d.C., o segundo marido de Agripina, Passieno Crispo, morreu.* Crispo era rico, mas leal, e agora sua morte deixava sua viúva perigosamente rica e livre. O momento do falecimento de Crispo era tão conveniente para Agripina que começou a correr o boato de que ela o havia envenenado. Agripina, que ficara notavelmente afastada das intrigas da corte durante os anos 40 d.C., agora voltava à luta.

Os Jogos Seculares estavam programados para ocorrer uma vez a cada *saeculum* – um período de 100 a 110 anos, reconhecido como a duração máxima da vida humana. Como um símbolo da regeneração pós-guerra civil, Augusto os fizera, em 17 a.C., mas Cláudio, com uma precisão acadêmica, estava decidido a celebrá-los novamente em 47 d.C. Tinham se passado apenas 64 anos desde a edição anterior, mas exatamente oitocentos anos desde a data tradicionalmente usada para marcar a fundação original da cidade. Esses jogos estavam repletos de simbolismos de fertilidade, renovação e prosperidade e, o que é interessante, estavam historicamente associados à família de Messalina, a *gens Valeria*.[21] As festividades duraram três dias, e um dos eventos foi uma apresentação chamada de Jogo de Troia, uma disputa a cavalo da qual participavam meninos jovens e nobres. Britânico, de 6 anos, participou, assim como Nero, o filho de Agripina, então com 9. A multidão incentivou os dois

---

* Crispo foi cônsul em 43 d.C., se sua morte tivesse ocorrido na metade final de 47 d.C. (de onde o livro 11 de Tácito retoma) ou depois, não há dúvida de que ela teria sido mencionada.

meninos, mas algumas pessoas acharam que o incentivo a Nero foi um pouco mais alto.[22] Messalina ficou abalada; correu o boato (provavelmente espalhado por Agripina) de que a imperatriz tinha enviado assassinos para estrangular Nero enquanto ele dormia. Segundo esse boato, os assassinos fugiram após se assustarem ao verem o que parecia ser uma cobra deslizando debaixo do travesseiro do menino; quando mais tarde uma pele de cobra foi encontrada no quarto, Agripina a guardou em um bracelete de ouro em forma de serpente para que Nero o usasse no braço direito como amuleto de proteção.[23]

Se Messalina estava preocupada que uma facção pudesse se formar ao redor de Agripina e Nero ou que aquela conspiração senatorial se inflamasse de novo como em 42 d.C., então um Asiático de lealdade oscilante, que pudesse ser convencido a dar seu considerável apoio a um pretendente alternativo, seria um homem perigoso. Foram provavelmente esses temores de que Asiático pudesse agir como um para-raios para a sedição que finalmente levaram a imperatriz a mostrar suas cartas.

Quando a primavera de 47 d.C. deu lugar ao verão, e uma névoa úmida e insalubre desceu as encostas das sete colinas, tomando o Fórum, quem pôde foi embora de Roma. Os mais ricos e na moda foram para Baia, onde vilas com jardins em terraços e praias privadas ladeavam os penhascos ao redor da baía de Nápoles. Asiático estava entre eles, e Messalina aproveitou a oportunidade oferecida por sua ausência para agir.[24]

O fiel e consistentemente amoral Públio Suílio foi recrutado para atuar como acusador, mas antes Sosíbio, o tutor de Britânico, foi enviado para semear dúvidas na mente de Cláudio. Seus alertas foram formulados como uma preocupação amigável. Cláudio faria bem, disse ele, se "tomasse cuidado com o poder e a fortuna hostis ao principado".[25] A palavra em latim que Tácito o faz usar para "poder" – *vis* – tem uma forte conotação de violência física. Depois, Sosíbio enumerou as muitas vantagens de que Asiático desfrutava: sua fama na cidade e nas províncias, sua influência na Gália, sua vasta rede de conexões; a seguir, lembrou Cláudio da disposição que Asiático tinha demonstrado para tolerar o assassinato de outro César, o sobrinho do próprio Cláudio, Calígula. Finalmente, expôs ao imperador o "plano" de Asiático conforme Messalina o construíra: sua intenção de congregar apoio na

Gália, tomar o controle dos exércitos do Norte e finalmente marchar sobre a própria Roma.

Talvez Cláudio tenha acreditado nas acusações expostas a ele em sua totalidade, ou talvez ele também sentisse que a influência de Asiático era um risco e que a eliminação dele viria a calhar; de qualquer maneira, a coisa tinha sido posta em ação. Sem aguardar evidências mais fortes, Cláudio chamou Crispino, prefeito da Guarda Pretoriana, e o encarregou de perseguir e capturar Asiático. O prefeito partiu da cidade à frente de suas tropas como se houvesse uma rebelião a conter. Quando encontrou Asiático, em meio a suas férias de verão na baía de Nápoles, ele o acorrentou como a um criminoso comum e o arrastou de volta a Roma.

Asiático não teve chance de se explicar diante de seus pares no Senado. O julgamento aconteceu no quarto do imperador, diante de Cláudio, seus conselheiros e Messalina. A audiência começou, e as acusações foram apresentadas: traição, incitação ao motim, adultério com Popeia Sabina. Uma acusação final foi acrescentada como bônus: que Asiático assumia o papel passivo em suas relações sexuais com homens, uma diversão ilegal para um cidadão respeitável. Embora menos séria, essa última acusação feriu o orgulho de Asiático: "Pergunte aos seus filhos, Suílio", ele retrucou aos gritos, "eles vão reconhecer minha masculinidade".[26] Esse foi um insulto pueril a Públio Suílio (cujos filhos de fato pareciam ter certa reputação), mas foi também um ataque a Messalina: um dos filhos de Públio Suílio era um amigo próximo da imperatriz e, em 48 d.C., seria indiciado como um de seus associados.*

A audiência logo desembocou em uma farsa ainda maior. Asiático afirmou não conhecer nenhuma das testemunhas apresentadas pela acusação, e, então, se pediu a um dos soldados que tinha sido trazido para testemunhar contra Asiático que identificasse o réu com o qual supostamente ele tinha conspirado. Ele apontou para um careca aleatório que estava sentado próximo – a careca sendo a única característica da aparência de Asiático da qual ele tinha sido anteriormente informado. A corte caiu na risada.[27]

---

* O filho de Públio Suílio recebeu um perdão imperial. Tácito afirma que ele na verdade foi salvo por seus "vícios", antes de dar a entender novamente que sua preferência era pelo papel passivo em relações homossexuais. Tácito, *Anais*, 11.36.

Assim que a ordem foi reestabelecida no tribunal, Asiático passou a fazer sua própria defesa. Afirmou não ter nenhum conhecimento ou associação com os homens que estavam testemunhando contra ele. Falou excepcionalmente bem, tão bem que aparentemente Cláudio começava a amolecer, e mesmo os olhos de Messalina estavam marejados. Talvez a imperatriz tenha ficado genuinamente dominada pela emoção, com alguma mistura de pena e determinação que lhe provocava culpa. Talvez ela estivesse assustada. Se Asiático levasse a melhor, ela ganharia um inimigo mortal em uma posição mais incontestável do que nunca. De qualquer maneira, Messalina sabia que agora não era hora de mostrar fraqueza. Quando a imperatriz deixou o cômodo por um momento, ao que parece para enxugar as lágrimas, puxou seu velho aliado Vitélio de lado e ordenou que ele fizesse tudo em seu poder para garantir uma condenação.

Quando a audiência foi interrompida para deliberação, Messalina voltou sua atenção para seu segundo alvo. Messalina tinha complementado a acusação principal contra Asiático, de traição, com uma acusação de adultério com Popeia. Se Asiático e Popeia *estavam* mesmo dormindo juntos, o acréscimo de uma acusação real teria conferido credibilidade para as acusações fabricadas. Também conferia à imperatriz a oportunidade imperdível de se livrar de uma antiga rival.[28]

Uma beleza que havia brilhado no centro de uma cena social romana específica, Popeia conhecia as regras do adultério. Ela estava perfeitamente ciente de quão ruins as coisas talvez ficassem. Quando Messalina enviou seus homens para descrever os horrores que a aguardavam em uma prisão da cidade e depois em uma prisão em uma ilha ao largo da costa, não demorou muito para que convencessem Popeia de que sua melhor opção disponível era o suicídio.

Ao que parece, Cláudio desconhecia essa parte do plano. Em um jantar no palácio alguns dias depois, ele perguntou ao marido de Popeia, Cipião, por que sua esposa não o acompanhara; Cipião respondeu simplesmente que ela cumprira seu destino. Depois, quando Cipião foi intimado a comentar o assunto perante o Senado, ele respondeu: "Como eu acredito no mesmo que todos vocês sobre a admissão de Popeia, imaginem-me dizendo o mesmo que vocês".[29] A posição de Cipião era impossível, e Tácito considera sua resposta um "elegante meio-termo entre o amor conjugal e a necessidade senatorial".

Com Popeia morta e sua memória veementemente condenada nas arenas mais altas do Estado, o foco deixou o adultério e voltou para a traição. O discurso que Asiático fizera em defesa própria continuava pairando desconfortavelmente no ar enquanto o imperador e seus conselheiros se reuniam para discutir o veredito. Por um momento pareceu que Cláudio estava propenso a absolvê-lo. Por fim, com a ordem de Messalina ainda reverberando em seus ouvidos, Vitélio falou. Tinha sido próximo de Asiático durante anos; ambos eram favoritos da mãe de Cláudio, Antônia, e, apesar de tudo, o filho de Asiático um dia se casaria com a neta de Vitélio. Contudo, já mergulhado até o pescoço nas intrigas de Messalina e com um associado conhecido sendo julgado por traição, Vitélio não estava em posição de ir contra as ordens da imperatriz. Ele chorou ao falar – lágrimas de crocodilo, ou talvez ele se arrependesse de cada palavra. Relembrou sua própria amizade com Asiático e a longa história de bons serviços prestados pelo gaulês ao Estado, e, então, como se aquilo fosse o melhor que mesmo os amigos do acusado pudessem pedir, implorou que, em vez de sofrer a indignidade e a vergonha de uma execução, Asiático tivesse permissão para pôr fim à própria vida. Cláudio concordou misericordiosamente.

Os outros amigos de Asiático não o abandonaram, mas agora, diante de sua situação desesperadora, eles o instavam a considerar uma greve de fome como a opção mais tranquila e indolor. Asiático lhes agradeceu pelo conselho, mas recusou; não desejava uma morte demorada. Em vez disso, fez seus exercícios de rotina, se banhou e jantou de bom humor, comentando apenas que preferiria ter morrido por alguma trama tiberiana ou loucura caligulana a perecer pela traição de Vitélio e a fraude de uma mulher. Quando o jantar terminou, ele inspecionou a pira funerária que havia construído e ordenou que ela fosse movida um pouco para o lado para evitar o risco de queimar algumas árvores próximas. Então, cortou as próprias veias e sangrou até a morte.

Messalina tinha conseguido o que queria – tanto Popeia como Asiático estavam mortos –, mas a fatura total de sua vitória ainda estava por se revelar. A popularidade, o respeito e as conexões que tinham conferido influência a Asiático em vida conferiram influência a ele também na morte. Vários dos companheiros mais próximos de Asiático ficaram a seu lado até o fim. Essa foi uma falha da justiça que eles sentiram pessoalmente.

As reverberações da queda de Asiático foram sentidas além de seu círculo mais próximo de amigos enlutados. Antes de 47 d.C., de modo geral, Messalina havia se restringido a atacar membros da família imperial (Ápio, Silano, Júlia Lívila, Júlia) ou homens de fora dos círculos da elite senatorial (um Sêneca relativamente em início de carreira e o equestre prefeito pretoriano Catônio Justo). Asiático era algo diferente: ele nunca tinha se casado com alguém da família imperial – com todos os riscos bem conhecidos que isso implicava – e parecia ter desempenhado seu papel como senador à perfeição – havia sido cônsul pela segunda vez apenas um ano antes. O ataque preventivo de Messalina a Asiático ultrapassava todas as linhas que ela traçara cuidadosamente para si mesma durante aqueles primeiros anos desafiadores de seu reinado. Se aquilo podia acontecer com Asiático, todos os senadores agora sabiam que podia acontecer com eles também.

A paranoia cresce rápido, se alimenta de si mesma, e parece que o Senado agora começava a temer a imperatriz. É talvez desse período que devemos datar o aparecimento do boato de que Messalina havia envenenado Vinício.[30] O irrepreensível viúvo de Júlia Lívila sobrevivera à queda de sua esposa, em 41 d.C., e, após sua morte de causas aparentemente naturais, cinco anos mais tarde, recebeu um funeral de Estado. Agora as pessoas começavam a cochichar que a morte dele podia muito bem não ter sido natural e que a imperatriz poderia tê-lo envenenado em retaliação por ele ter rejeitado seus avanços sexuais ou porque ele suspeitava de que ela tivesse providenciado a morte da esposa dele no exílio (provavelmente estava correto, mas isso não devia ser objeto de controvérsias). A história é quase com certeza infundada – os motivos, reciclados, não convencem, e o *modus operandi* não é típico de Messalina –, mas o surgimento de boatos revela um nervosismo crescente nos círculos senatoriais. Eles acreditavam que as ações da imperatriz estavam ganhando amplitude, e seus métodos se tornando criminosos – e o que antes era atribuído à ação natural do tempo passou a ser visto como a obra perversa de Messalina.

Ainda mais perigoso, o episódio de Asiático havia semeado a discórdia dentro do próprio círculo de Messalina. Ele dividiu profundamente seus aliados senatoriais. Públio Suílio claramente não tinha nenhum arrependimento de sua participação no caso, mas o choroso Vitélio pode ter se ressentido violentamente do papel que foi forçado a desempenhar na morte de seu velho amigo.[31] Quando chegou o momento de Messalina enfrentar as consequências de suas ações, em 48 d.C., Vitélio adotaria um discurso calculadamente evasivo, mas certamente não se apressaria a defender sua aliada de longa data.

O episódio também pode ter fragilizado a posição da imperatriz junto a sua base mais forte de poder: os libertos imperiais. Curiosamente, não encontramos menções a Narciso, sempre presente em outras situações, no relato dramático que Tácito faz do julgamento. Essa parece ser uma trama da imperatriz da qual Narciso não participou. Talvez ele tenha sentido que os riscos eram grandes demais. Asiático era um homem poderoso, além de convincente. Com sua defesa quase ganhando o dia, Messalina deve ter visto a si mesma diante de uma verdadeira crise. Mesmo agora, após a morte dele, a coisa toda continuava causando controvérsias. E em troca de quê? Da eliminação de um homem que jamais conseguiria poder suficiente para desafiar o trono? Se Narciso sentira que a capacidade de Messalina de avaliar os riscos estava vacilando – que ela estava perdendo de vista as fronteiras do que era capaz de fazer e se safar –, então deve ter sentido que ele mesmo estava em perigo. Estava mergulhado até o pescoço nas tramas da imperatriz. Não podia tolerar que ela perdesse o controle.

XVI
RELENDO UM FIM

"Não ignoro que parecerá ficção..."
Tácito, *Anais*, 11.27

O caso Asiático incomodou o Senado. Tanto que, de fato e pela primeira vez em algum tempo, os senadores decidiram que alguma coisa precisava realmente ser feita. Não estavam em posição de atacar a imperatriz diretamente, mas podiam atacar os agentes dela que faziam parte de sua própria ordem.

Havia uma antiga lei, a *lex cincia*, que proibia os advogados de aceitar pagamento em taxas ou presentes por defender seus casos.[1] Essa estipulação remontava a um tempo em que se esperava que a aristocracia advogasse em nome de seus amigos e clientes puramente em busca de honra e por um senso de dever comunal; a lei, de 204 a.C., tinha caído em desuso muito tempo antes.

Ainda assim, a *lex cincia* permanecia nos livros estatutários, e as ações de Públio Suílio, o mais proeminente dos promotores de estimação de Messalina, certamente a transgrediam. Pouco tempo antes, um importante equestre de nome Sâmio havia se matado a facadas no átrio de Públio Suílio. Ele tinha pagado a exorbitante taxa de 400 mil sestércios pelos serviços de Públio Suílio como advogado para então descobrir que este havia entrado em conluio com a acusação.[2] Agora Caio Sílio, um jovem e glamouroso aristocrata, inimigo declarado de Públio Suílio e estrela em ascensão no cenário político, propunha que a *lex cincia* fosse aplicada.

Públio Suílio e seus associados tentaram recusar a proposta, mas Caio Sílio fincou o pé.[3] Ele os relembrou dos exemplos dados por aqueles antigos oradores republicanos que haviam pedido apenas por honra e fama duradoura em troca de seus serviços. Aquela que antes fora a melhor e mais bela das artes liberais estava, ele disse, sendo manchada pela corrupção de seus representantes. Ele também tinha argumentos mais práticos: se não houvesse lucros a serem ganhos, haveria menos processos judiciais. Da forma como estavam as coisas, "inimizades, acusações, ódio e antigas ofensas eram alimentadas para que a putrefação repugnante do Fórum pudesse trazer lucros aos advogados, da mesma exata maneira que a disseminação e a virulência de uma doença traziam lucros para os médicos".[4]

A opinião ficou do lado de Sílio, e a casa começou a preparar uma moção para trazer os advogados mais corruptos a julgamento sob as leis que regiam a extorsão. Públio Suílio e os senadores que tinham seguido estratégias parecidas começaram a entrar em pânico. Sua culpa era tão óbvia, e as provas, tão abundantes, nos conta Tácito, que eles sentiam que o que estava sendo arranjado não era seu julgamento, mas sim sua *punição.* Em desespero, apelaram diretamente ao imperador.

Os argumentos que escolheram eram pragmáticos. Durante os primeiros anos da República, tinha sido fácil manter a vida de um senador com as receitas de uma propriedade; com o império crescendo e as guerras civis se alastrando, vastas fortunas puderam ser feitas nos campos de batalha. Agora a situação era diferente, e os senadores precisavam de dinheiro para viver. A prática da advocacia consumia tempo, o qual de outra maneira poderia ser gasto com a atenção a assuntos mais lucrativos. Se cada possível recompensa da profissão fosse eliminada, a profissão em si atrofiaria; seria difícil encontrar bons advogados, e aos homens restaria defender a si mesmos contra erros judiciários e os caprichos dos poderosos. Não se fez nenhuma menção, é claro, ao fato de que era mais comum que Públio Suílio e outros como ele ganhassem dando voz a esses caprichos do que protegendo pessoas contra eles. Tácito nos conta que o imperador considerou esses argumentos menos nobres que os apresentados por Sílio, mas viu neles alguma verdade. Talvez ele também tivesse em vista os serviços que Públio Suílio, em particular, prestara a ele e a Messalina. Cláudio chegou a um ponto intermediário:

os advogados poderiam aceitar taxas de até 10 mil sestércios. Qualquer coisa acima disso os deixaria suscetíveis a acusações de extorsão.

Talvez tenha sido o ataque aberto de Sílio a seu aliado senatorial mais próximo que trouxe o jovem para o foco da atenção da imperatriz. Independentemente das circunstâncias, ela evidentemente gostou do que encontrou. Sílio era inteligente, com uma eloquência fluente que ele não tinha medo de dirigir contra aqueles mais poderosos que ele, mesmo contra os agentes da imperatriz. Tinha uma autoconfiança aristocrática inata, do tipo que o abusado Cláudio, apesar de ter berço e a mais alta das posições, jamais possuiria verdadeiramente. Ajudava o fato de ele ser incrivelmente bonito – mais bonito, afirma Tácito, que qualquer outro jovem em Roma.[5]

No final do verão, o caso de Messalina com Mnester parecia estar esfriando. Pode ser que o fato de Messalina ter assassinado a ex de Mnester, Popeia, tenha criado uma tensão na relação; ou talvez, ironicamente, a imperatriz tenha ficado entediada na ausência de uma rival digna do amor dele. Talvez Mnester tenha simplesmente perdido terreno quando Sílio começou a ocupar os pensamentos de Messalina. Qualquer que tenha sido a razão, havia um espaço na cama da imperatriz, e ela estava determinada a preenchê-lo com Sílio.

A decisão de Messalina de embarcar em um romance com Sílio pode ter parecido, de início, pragmática. Com um pedigree impecável, liderança natural e um talento para a fala, Sílio era uma estrela política em ascensão; um dos consulados, de 48 d.C., já havia sido reservado para que ele o assumisse assim que chegasse à idade mínima exigida. Ele havia mostrado disposição para atacar Públio Suílio – o mais poderoso e perigoso de todos os aliados de Messalina – e quase conseguira: se fosse deixado sozinho, poderia se tornar um inimigo perigoso. Se a relação de Messalina com Sílio começou como parte de um plano para manter seus inimigos perto, com o objetivo de atá-lo aos interesses dela por meio de um adultério que funcionaria como uma garantia política, não demoraria muito para que se transformasse em algo muito menos sóbrio. Algo mais parecido com uma obsessão.

Usando uma expressão que evoca cada uma das angústias romanas com a sexualidade feminina, Tácito nos diz que Messalina agora "queimava" com uma paixão que era "recente e beirava a loucura".[6]

A imperatriz havia sido indiscreta com Mnester, mas foi muito pior com Sílio. Messalina estava sempre na casa dele e nunca chegava sozinha e em segredo; em vez disso, arrastava consigo um séquito perpétuo de amigos e companhias. Também era comum vê-la agarrada a Sílio em público, sempre que ele saía e aonde quer que ele fosse. A palavra que Tácito usa – *adhaerescere* – significa, literalmente, estar preso com firmeza.[7] Ela cobriu Sílio de riquezas, honrarias e recursos políticos, assim como tinha feito com Mnester e suas estátuas, mas havia mais coisas a serem dadas a um futuro cônsul do que a um ator. Quando ela terminou, nos conta Tácito, "os escravos, os libertos e mesmo os móveis do imperador estavam em exibição na casa do adúltero".[8] Era como se "a fortuna do imperador já tivesse sido transferida para outro".[9]

Muita coisa havia sido acrescentada à casa de Sílio. Agora, só faltava algo para ser eliminado: Messalina providenciou o divórcio entre seu amante e a esposa, Júnia Silana, uma nobre de linhagem impecável e uma amiga muito próxima de Agripina.[10] Silana foi rapidamente "despejada de seu leito conjugal", nas palavras de Tácito, para que a imperatriz pudesse ter Sílio inteira e perfeitamente para si.[11] Messalina agora havia quebrado todas as regras do adultério polido – não só humilhara seu marido como também destruíra outro casamento aristocrático no processo.

É claro que a participação de Sílio em seu divórcio de Júnia Silana pode ter sido mais proativa do que Tácito está disposto a admitir. Tácito nos conta que Sílio estava bastante ciente dos riscos de sua posição e da extensão do ultraje que estava cometendo contra o imperador, mas recusar Messalina o teria marcado como uma ameaça potencial, e aceitá-la poderia lhe valer recompensas das mais politicamente importantes. Além disso, uma relação com Messalina trazia benefícios mais imediatos, do tipo a ser saboreado: Tácito nos conta que Sílio "se consolava afastando pensamentos sobre o futuro e desfrutando dos prazeres do presente".[12]

Pelo menos na teoria, a paixão de Messalina por Sílio a deixou muito exposta. O descaramento com a qual ela se refestelou na alegria desse novo romance talvez reflita menos "loucura feminina" e mais certo grau de "arrogância masculina". O que Messalina estava fazendo era um crime, e sua vítima era o homem mais poderoso do mundo: ao conduzir esse romance de forma tão aberta, ela estava potencialmente entregando a seus inimigos uma arma com a qual eles poderiam providenciar sua destruição. A única coisa entre ela e essa destruição era a aposta ousada de que apresentar uma acusação contra ela, mesmo uma acusação que fosse irrefutável, seria simplesmente um risco grande demais para qualquer pessoa. Messalina estava confiando em sua própria intocável posição, tanto no coração de Cláudio como à frente de uma rede de aliados poderosos.

Apaixonada e confiando em seu próprio poder após quase sete anos no trono, era um risco que a imperatriz claramente achou que valia a pena correr. Seus aliados entre os libertos de seu marido, Narciso e especialmente Políbio, podem ter discordado. A intensidade inconsequente do caso de Messalina era romântica, mas não trazia nenhum benefício aos libertos. De fato, para Políbio, que um dia havia supostamente ocupado a cama da imperatriz, a coisa toda pode ter sido difícil de assistir. Ainda assim, o *lado negativo* do caso amoroso da imperatriz era potencialmente tão grande para os libertos quanto para Messalina. Acusar a imperatriz de adultério, em especial à luz da contínua paixão de Cláudio por ela, seria um empreendimento perigoso: se alguém – um amigo senatorial de Asiático, talvez – decidisse *mesmo* fazê-lo, provavelmente não a acusariam apenas de adultério. Qualquer promotor em potencial quase certamente também faria outras acusações, como conspiração ou corrupção, destinadas a assustar Cláudio para que ele levasse a sério os boatos sobre a infidelidade de sua esposa. Essas eram acusações nas quais seria fácil implicar os aliados de longa data de Messalina entre os libertos. Se a destruição de Messalina fosse instigada por seus inimigos no Senado ou na família imperial, havia poucas chances de que seus libertos favoritos, sendo Narciso o principal deles, saíssem ilesos.

Os riscos aparentemente aumentaram quando as fileiras de aliados, dos quais dependia a proteção de Messalina, começaram a ficar escassas. Seu ataque a Asiático afastou boa parte do Senado, incluindo, talvez, seu antigo favorito Vitélio. Pode ser que agora as relações com o promotor Públio Suílio, seu outro grande aliado senatorial, também estivessem começando a azedar. Ele não tivera escrúpulos em auxiliar a imperatriz a destruir Asiático, mas o novo romance de Messalina era algo completamente diferente. O novo amante da imperatriz, Sílio, era inimigo jurado dele. O homem mais jovem o havia atacado abertamente no Senado e até mesmo tentara levá-lo ao tribunal por acusações humilhantes e desastrosas de corrupção. Com efeito, Tácito dá a entender que os dois homens talvez tivessem algum tipo de inimizade pessoal, uma inimizade já existente muito tempo antes de Sílio dar a ela uma cara política no Senado. Com o caso amoroso entre Messalina e Sílio ficando cada vez mais sério, Públio Suílio pode ter começado a se sentir não apenas traído, mas também nervoso. Seu maior inimigo havia, no espaço de uns poucos meses, se tornado o homem mais importante na vida da mulher que antes havia sido sua maior aliada. Os laços de lealdade que uniam Messalina e Públio Suílio, como aqueles que a haviam ligado a Vitélio, começavam a afrouxar.

Antes do fim de 47 d.C., ou talvez nos primeiros meses de 48 d.C., Messalina cometeria mais um erro importante. Ela matou Políbio.[13] Dião Cássio nos dá bem poucos detalhes de como ela provocou isso, contando-nos apenas que o fez a sua maneira habitual: com uma acusação falsa. Não sabemos de que Políbio, supostamente ex-amante de Messalina, foi por ela acusado, nem ficamos sabendo o que precipitou a ruptura em seu relacionamento. No contexto do confuso inverno de 47/48 d.C., é possível que ele tenha levantado questões sobre a capacidade de julgamento dela – sobre Asiático, talvez, ou o caso com Sílio. A imperatriz pode ter sentido um perigoso arrepio de ciúme pessoal.

Quaisquer que tenham sido as razões dela, o assassinato de Políbio pela imperatriz foi um erro grave. Os libertos imperiais sempre foram os aliados mais naturais de Messalina – eles a haviam ajudado a extirpar seus inimigos mais perigosos da corte palatina e, de muitas maneiras, haviam ligado seu sucesso, e até mesmo sua sobrevivência, aos dela. Aquele tinha sido um ataque a um deles. Se a destruição de Asiático por Messalina tinha mostrado aos senadores de que nenhum deles estava seguro, o ataque a Políbio mandava a mesma mensagem aos libertos.

Na primavera de 48 d.C., deve ter ficado cada vez mais claro para Narciso que as coisas não podiam continuar como estavam. Sua relação com Messalina agora o colocava em risco em duas frentes: se ela fosse atacada de fora, ele poderia muito bem cair com ela, mas, se ela conservasse seu poder, ele seria forçado, pela primeira vez, a enfrentar a realidade de que um dia ela poderia voltar o poder dela contra ele.

*

Se acreditarmos em Tácito, foi a imperatriz que agiu primeiro. Sílio, talvez percebendo que o poder de Messalina era menos estável do que antes, ficou inquieto. Agora, aparentemente pela primeira vez desde o início de seu relacionamento, ele tinha planos próprios. Ele a incentivou a tomar a atitude mais ousada de todas: romper o que restava de seu disfarce e tentar conseguir o trono imperial, *juntos*.[14] É assim que Tácito reconstrói o argumento dele:

> Eles não tinham chegado tão longe só para ficar sentados aguardando o imperador envelhecer. Planos inofensivos são para os inocentes, a maldade manifesta precisa da audácia para obter ganhos. Eles teriam cúmplices imediatos em todos aqueles que temiam por si, e ele, por sua parte, era solteiro, sem filhos e estava pronto para se casar com Messalina e adotar Britânico. O poder de Messalina continuaria intacto, e ela também teria mais segurança no futuro se simplesmente agisse antes de Cláudio, que era tão cego para tramas bem construídas quanto era propenso à raiva.[15]

Tácito considera duas possíveis razões pelas quais Sílio pode ter proposto um esquema como esse. Ou ele estava cego para os riscos de sua obsessão crescente por Messalina – uma "loucura fatal", como Tácito a nomeia –, ou ele finalmente percebeu a magnitude do perigo em que sua posição o tinha colocado.[16] A situação fora tão longe, pensou, que agora não tinha mais volta: o casal já havia mostrado suas cartas. Jogá-las era arriscado, mas não fazer nada seria uma sentença automática de morte.

De início, Tácito nos conta, Messalina não ficou convencida. Não era por amor ao marido que hesitava, longe disso, nem porque tivesse feito uma avaliação da situação política e julgado o esquema ruim (essa é a Messalina tola, promíscua, quase apolítica de Tácito, afinal de contas). De fato, ela tinha poucas dúvidas sobre o golpe em si; era o que aconteceria *depois* que ocupava sua mente. Se acreditasse em Sílio, se casasse com ele, se o colocasse no trono, ela tinha certeza de que poderia confiar nele? Acima de tudo, Tácito afirma, ela tinha medo de que, uma vez que Sílio conseguisse tudo o que desejava, ele se livraria dela assim que possível. O adultério, que tinha parecido tão tentador e inofensivo enquanto ela era a esposa *de outra pessoa*, pareceria repentinamente repugnante:

"Ele rejeitaria uma adúltera", Tácito imagina Messalina pensando, "porque não demoraria a estimar o preço verdadeiro daquela maldade que ele endossara no calor incerto do perigo".[17]

Contudo, Sílio sabia ser convincente, e, no final, segundo Tácito, a obsessão pervertida da própria imperatriz pela quebra de tabus prevaleceu. Assim como Ovídio achava que "o que é lícito sempre começa a me enjoar", Messalina tinha "começado a desdenhar da tranquilidade de seus adultérios" e agora "se entregava a luxúrias inéditas". Acima de tudo, "ela almejava o casamento – o *nome* matrimônio – em busca daquela magnitude de infâmia que é o último prazer do pródigo".[18] É uma motivação que se encaixa perfeitamente no caráter que Tácito estava criando para Messalina e no lugar dela nessa história de devassidão tirânica e declínio moral. A ideia de que a imperatriz representou o papel de noiva recatada para realizar um tipo de fetiche, e de que ela estava disposta a deixar tudo de lado para isso, resume toda a sua imoralidade e os perigos que ela representava para a ordem tradicional. Essa é uma mulher que se preocupa apenas com o imediato e com o sensorial, uma mulher *tão ruim* que sua compreensão do que é certo e errado foi totalmente pervertida. Messalina transforma o casamento, a cola tranquilizante que estabilizava a sociedade e fazia do sexo algo respeitavelmente destinado à procriação, em uma coisa suja, ilícita, sexy – e não tardaria para que um casamento quase desestabilizasse todo o regime.

Uma vez Messalina decidida a arriscar tudo, a versão de Tácito para a história se desenrola de forma bem parecida com a descrição do primeiro capítulo deste livro.[19] O casal aguardou até Cláudio ser chamado a negócios em Óstia e começou a preparar o casamento que inauguraria seu golpe. Escolheram um dia, um dia auspicioso. Messalina decorou o palácio e ornamentou o divã matrimonial com guirlandas; criou um menu para o banquete e montou uma lista de convidados com aqueles amigos que ela confiava que apoiariam sua tentativa de tomar o poder e que conversariam animadamente. Era outono, então as colheitas tinham acabado de ser feitas e o vinho era bom. Ela se banhou, sua pele foi esfregada com óleos, e permaneceu pacientemente sentada enquanto seu cabelo eram dividido, perfumado, trançado e armado sobre a cabeça. Talvez tenha fofocado enquanto aguardava, ou retocado a maquiagem – um pouco de vermelho ocre nas bochechas, um pouco de delineador nos olhos – na prata polida de um espelho de mão. Quando acabou, ela vestiu o véu amarelo-avermelhado das noivas, do tipo que não usava desde o casamento com Cláudio uma década antes, e partiu.

Tácito afirma que Messalina e Sílio seguiram literalmente as convenções da cerimônia matrimonial. Nada (exceto a bigamia) contrariaria a tradição. As testemunhas pressionavam seus selos na cera no contrato de casamento; Messalina ouviu os discursos e os votos dos amigos que haviam escolhido e ofereceram os sacrifícios costumeiros aos deuses. Agora a parte mais prazerosa da noite podia começar. Messalina tomou seu lugar entre seus convidados, reclinada ao lado de seu novo "marido"; eles se beijaram, publicamente, enroscados um no outro, e desfrutaram de cada centímetro de sua "licença conjugal".[20] Novos tonéis de vinho foram abertos, e Messalina e Sílio dançaram juntos, "jogando a cabeça para trás", as canções lascivas tocadas pelas bandas instaladas em cada um dos terraços do jardim. Foi quando Vécio Valente escalou a árvore e viu a tempestade se armando sobre Óstia.

Na narrativa de Tácito, é só nesse momento, quando as ações de Messalina já haviam "abalado a casa do *princeps*", que Narciso e os outros libertos percebem que não têm escolha a não ser intervir.[21] Não estavam preocupados com a imoralidade de Messalina, nem com sua bigamia, mas sim com o resultado do golpe político que eles sabiam que aquilo pressagiava. Sílio tinha tudo para ser um *princeps* – aristocrata, cônsul eleito, abençoado com um aspecto nobre e um intelecto afiado –, e a celebração de um casamento ia bem além da indiscrição. Esse era um ponto do qual não haveria volta; ele significava tanto uma dissolução do casamento de Messalina e Cláudio quanto uma declaração de insurreição. Esses homens deviam suas posições, sua prosperidade, mesmo sua liberdade, ao imperador; eles tinham muito a temer com o prospecto de uma revolução. Apesar disso, Messalina era uma mulher poderosa, e, no fim das contas, Narciso foi o único que se dispôs a contar ao imperador a verdade: foi sua revelação da conspiração da imperatriz que colocou em ação os eventos que resultaram na queda dela.

Essa narrativa é satisfatória do ponto de vista da contação de histórias – e Tácito é um contador de histórias de primeira categoria –, mas não do ponto de vista histórico. Nos últimos meses de 48 d.C., Messalina faria dez anos de casada e oito como imperatriz. Durante esse tempo, tinha criado uma posição para si bem no centro de um mundo político que fora dominado pelos homens havia quase mil anos. Mantivera essa posição por quase uma década, destruindo seus inimigos políticos mais perigosos em surtos controlados e cuidadosamente planejados. Cometera erros graves de julgamento no ano anterior, mas Messalina mostrara capacidade de previsão e um instinto determinado pela preservação de si e de seus filhos. A ideia de que ela teria arriscado tudo pelo que trabalhara tão duro – arriscado sua própria vida e a de seus filhos – por uma paixão passageira é difícil de acreditar. Talvez seja ainda mais difícil de acreditar que uma mulher que testemunhara as consequências caóticas de um plano longamente planejado contra Calígula tomaria uma atitude tão irrevogável quanto a celebração pública de um casamento – uma atitude que necessariamente era o sinal de uma insurreição – sem um plano aparente para o que viria depois.

Tácito sabe que sua narrativa testa os limites da credibilidade. "Não ignoro que parecerá ficção", ele admite, "mas nada aqui foi fabricado para causar espanto; realmente compartilho apenas aquilo que foi dito ou escrito por meus anciões."[22] A solução proposta por Tácito parece uma tentativa de encaixar as histórias que ele ouviu, histórias adequadas a sua caracterização de Messalina e da época dela, em uma moldura na qual elas simplesmente não cabem. Suetônio registra um boato ainda mais absurdo: Messalina enganara Cláudio para que ele apoiasse o casamento, conseguindo até mesmo que o próprio imperador assinasse seus contratos de dote, ao afirmar que presságios haviam profetizado a morte do imperador e que a única maneira de evitar o desastre seria instalar temporariamente outro homem (Sílio) no trono imperial. Até mesmo Suetônio – que em geral não deixava a credibilidade atrapalhar uma boa anedota – reconhece que essa história "ultrapassa toda a crença".[23]

Então, o que pensar disso tudo? Alguns historiadores defenderam que Messalina se casou *sim* com Sílio, em 48 d.C., como parte de uma trama para derrubar seu marido. Entretanto, ao contrário de Tácito, eles sustentam que o plano foi iniciado por Messalina e motivado pela necessidade política, e não pela loucura do amor. A proeminência de Agripina e de seu filho, Nero, afirmam eles, vinha crescendo desde os Jogos Seculares, e agora Messalina estava apavorada com a possibilidade de Agripina estar tramando para tomar o lugar dela na cama de Cláudio e no trono imperial. A imperatriz estava entrando em pânico e temia por seu próprio poder e pelo futuro de Britânico, e começou a sentir que sua única opção seria se antecipar à sedução de Cláudio por Agripina, instalando Sílio no trono no lugar de seu marido.

Essa teoria é problemática em muitos níveis. Não há evidências que sugiram que Agripina estivesse tentando suplantar a imperatriz antes da queda de Messalina; se existissem, teriam sem dúvida sido exploradas exaustivamente pelos historiadores antigos ávidos por apresentar Agripina como uma conspiradora com uma ambição infinita. Mesmo se Agripina *estivesse* fazendo planos, as ações de Messalina permanecem inexplicavelmente drásticas. É difícil que, em 48 d.C., Agripina estivesse em uma posição de mais poder do que o próprio imperador. Se Messalina estava preocupada com sua própria segurança diante da influência cada vez maior de Agripina, ela teria atacado a própria Agripina rápida e diretamente – como fizera com Júlia Lívila em 41 d.C. ou com Júlia em 43 d.C. – em vez de tentar derrubar Cláudio.

A única forma real de entender os eventos de 48 a.C. é redistribuindo os papéis. *Houve* um golpe, mas Messalina não foi a instigadora: ela foi a vítima. Narciso sabia havia algum tempo que a imperatriz estava se tornando mais um perigo para ele do que um trunfo: o caso Asiático havia mostrado que ela era um risco, e o assassinato de Políbio a fizera parecer uma ameaça de maneira muito mais direta. De início, Narciso e os outros libertos consideraram que algumas ameaças calculadas poderiam convencer Messalina a mudar de curso e pôr um fim a seu caso com Sílio. No entanto, nos primeiros meses do novo ano, estava cada vez mais claro – pelo menos para Narciso – que eles precisariam se livrar dela.

A eliminação de uma imperatriz, mesmo de uma que tinha passado os últimos tempos ocupada em colecionar inimigos, era uma tarefa temerária. Messalina havia construído para si um notável perfil público, e a influência que exercia sobre Cláudio parecia preocupantemente intensa. Ficou decidido que não poderia haver uma última tentativa de convencer Messalina – aparentemente, seu fracasso seria inevitável, e a tentativa serviria apenas para deixar a imperatriz preparada contra o ataque vindouro, ou até mesmo para incentivá-la a atacar primeiro. Narciso precisava escolher com cuidado o momento de agir e, quando chegasse esse momento, manipular os eventos à perfeição.

Os meses entre o assassinato de Políbio e a queda outonal de Messalina devem ter sido de muita tensão no Palatino. Narciso e seus associados estavam avaliando seus apoios. Calisto e Palas, os dois libertos sobreviventes mais poderosos e amigos de Narciso, parecem ter concordado que a eliminação de Messalina era algo desejável. Tácito descreve as discussões exaltadas deles com Narciso (embora diga que elas ocorreram após o "casamento" de Messalina), e os dois homens certamente mostraram prontidão, uma vez ela morta, para assumir de imediato a tarefa de encontrar uma substituta. Contudo, não quiseram se comprometer com realizar a ação eles mesmos. Afinal de contas, não eram tão próximos de Messalina quanto Narciso era ou Políbio tinha sido, e tinham menos a temer tanto com a destruição como com a sobrevivência dela.

Narciso também pode ter recebido cochichos semelhantes de consentimento qualificado de outras partes. Ele recrutou duas das amantes de Cláudio, Cleópatra e Calpúrnia, para darem a notícia pessoalmente; eram mulheres descartáveis que poderiam ser usadas para atenuar o golpe e testar a temperatura da água. Turrânio, prefeito de longa data do crucial suprimento de milho, indicou que poderia estar disposto a confirmar a história de Narciso, assim como Lúcio Geta, um dos prefeitos pretorianos e um homem que provavelmente devia seu emprego às maquinações de Messalina. No entanto, estava claro que só se poderia confiar no apoio dele até esse ponto: temendo que a lealdade dele retornasse à imperatriz após o início da trama, Narciso removeria temporariamente Geta do controle das tropas até que sua antiga protetora estivesse seguramente morta. O velho aliado de Messalina no Senado, Vitélio – ainda ressentido, talvez, com o papel que Messalina o obrigara a desempenhar na derrubada de seu amigo Asiático –, pode também ter dado a entender que não seria um obstáculo a um ataque à imperatriz. Na viagem de volta de Óstia para Roma, o ambiente na carruagem era tenso, e Narciso pressionou Vitélio repetidamente para se manter no curso e condenar Messalina de maneira explícita diante do imperador – Vitélio objetou, preferindo conservar uma posição defensivamente ambígua, mas com certeza nada fez para defender a mulher cujos sapatos um dia ele implorara permissão para beijar.

Narciso sabia que qualquer apoio que pudesse reunir de nada adiantaria, a não ser que conseguisse afastar Cláudio de Messalina. Ela sabia ser convincente, manipuladora até, e Cláudio era apaixonado. Em um nível mais pragmático, o imperador talvez tivesse plena noção do quanto devia a sua imperatriz. De muitas maneiras, os dois haviam construído seu poder dinástico juntos. Messalina havia reforçado a imagem de Cláudio com sua fertilidade, sua juventude e seu glamour; ela havia assumido o risco envolvido na eliminação de inimigos que ameaçavam não só sua posição, mas também a de seu marido; ela dera a ele um filho, boa publicidade e a promessa de um legado – uma linhagem principesca do próprio Cláudio. Essas não eram questões menores, em especial quando combinadas com os atrativos físicos da imperatriz, e Narciso aparentemente estava desesperado para evitar que Messalina se defendesse pessoalmente.

É provável que essa preocupação tenha sido o que determinou a ordem dos eventos. No outono, Cláudio precisava ir à cidade portuária de Óstia para inspecionar os suprimentos de grãos e fazer sacrifícios por sua segurança. Ficaria fora por alguns dias, até mesmo algumas semanas, enquanto Messalina permaneceria na cidade. A distância oferecia a Narciso a oportunidade perfeita para agir; era o cenário ideal para fomentar a desconfiança, e, quando o momento chegasse, ele impediria que a imperatriz fizesse qualquer coisa para influenciar seu marido.

Mas a pergunta persistia: exatamente *do que* Messalina deveria ser acusada? Narciso pode ter adivinhado que somente acusações de adultério, por mais verdadeiras e bem evidenciadas que fossem, não seriam suficientes para derrubar a imperatriz, e parece que ele estava certo. As fontes concordam que foi o medo de um golpe e a humilhação de ver objetos seus dispostos na casa de Sílio que finalmente colocaram o imperador contra sua esposa, e não o caráter imoral das supostas infidelidades dela. Cláudio pode ter sido complacente com os flertes indiscretos dela, mas sempre tivera pavor de tentativas de assassinato. Dada a maneira como ele chegara ao trono, esses temores eram compreensíveis e muito arraigados. Então, se Narciso conseguisse convencer o imperador de que Messalina era uma ameaça a seu governo e a sua própria sobrevivência, ele teria uma chance de derrubá-la.

*

O outono em Roma era sempre uma ocasião propícia para festas. Os aristocratas que passavam seus verões na costa haviam retornado à cidade, as noites eram agradáveis, as uvas colhidas haviam sido trazidas em setembro e festividades antigas que celebravam os dias mais curtos e a segurança das colheitas eram um pretexto tradicional para banquetes. Com Cláudio em Óstia, não sobrava a Messalina muito a fazer a não ser aproveitar ao máximo a ocasião.

A rigor, a festa dada por Messalina no outono de 48 d.C., com seu banquete, música e dança, pode não ter sido mesmo um casamento. Em vez disso, aquela pode ter sido uma celebração em homenagem a Baco, o deus do vinho.[24] Tácito nos conta que a imperatriz transformou o palácio imperial em um concurso de produção de vinho. Uvas eram amassadas diante dos olhos dos convidados, e os grandes tonéis espalhados pela casa dos Césares vertiam vinho da melhor safra. Os convidados estavam vestidos para um bacanal – Messalina principalmente, com seu cabelo solto e agarrada a um tirso (*thyrsus*), o cajado adornado com videiras e encimado por uma pinha, carregado por Baco e seu séquito. Baco era um deus de caráter dual: ele entretinha, oferecia um calor prazeroso, soltava os membros, mas também levava seus seguidores à fronteira de uma loucura violenta e bárbara – e às vezes a atravessava. Até mesmo o tirso que Messalina portava tinha *duas extremidades*: normalmente, segundo a lenda báquica, tratava-se de um cajado de dança, atirado entre as mênades e usado para marcar o ritmo – mas às vezes se tornava uma arma mortal.

Os eventos conspiraram para oferecer a Narciso a oportunidade perfeita para um ataque. O comportamento de Messalina e Sílio vinha causando surpresa havia algum tempo, mas essa última demonstração era uma novidade a ser explorada por Narciso. Ao que parece, as misteriosas festividades de Baco tinham algumas semelhanças com os rituais de um casamento romano, e *essa* pode ter sido a raiz da história implausível do casamento bígamo de Messalina. Se Narciso pudesse afirmar que em Roma se havia celebrado não uma festa que fugiu do controle, mas sim um *casamento*, ele poderia acusar a imperatriz não só de adultério, mas também de conspiração. O isolamento de Cláudio em Óstia tornava-o dependente de Narciso e de seus outros conselheiros para a transmissão dessas informações – "informações" que Narciso agora resolvera fornecer.

Após dar a notícia a Cláudio por meio das amantes do imperador, Calpúrnia e Cleópatra, Narciso apresentou seu caso. Ele começou se desculpando por ter escondido as infidelidades da imperatriz por tanto tempo. Era uma admissão calculada: sendo tão próximo da imperatriz, seria impossível para ele alegar que não sabia de nada, e reconhecer logo de partida uma pequena e contida cumplicidade lhe dava uma aparência de integridade arrependida. Aqueles eram escândalos menores, mas isso era algo inteiramente diferente: uma questão não de adultério, ele reforçava, mas de insurreição. "Você está a par de seu divórcio?", ele perguntou, "porque as pessoas, e o Senado, e os soldados – *eles* todos viram o casamento de Sílio, e, se você não agir rápido, o novo marido de sua esposa deterá a cidade."[25]

O discurso foi composto perfeitamente para afetar Cláudio. Ele sempre tivera uma tendência para a paranoia, e agora, isolado em Óstia, traído pela esposa, longe da cidade que, como sabia muito bem, poderia lhe escapar em uma noite, dependendo de Narciso e sem saber direito em quem podia confiar, seus pensamentos se voltavam imediatamente para o pior. Sílio ainda era seu súdito? O imperador perguntava de novo e de novo. Ele ainda estava no controle do império? Mais testemunhas foram trazidas, entre elas o pretoriano Lúcio Geta, o prefeito do milho Turrânio, e uma reunião dos conselheiros do imperador foi convocada. Eles ratificaram os temores do imperador, como planejado, aconselhando-o a se dirigir diretamente ao Campo Pretoriano e garantir seu controle sobre a cidade.

Narciso permaneceu no controle quando o comboio imperial partiu para Roma. Ele exigiu um lugar na carruagem do imperador e sequestrou a direção da conversa. Pressionou Vitélio a denunciar Messalina explicitamente – como, talvez, ele tenha indicado que poderia fazer nos meses que se seguiram à morte de Asiático –, mas o senador, sensatamente, se recusou a se comprometer. Frustrado, Narciso voltou sua atenção para o problema dos pretorianos. Lúcio Geta tinha sido convencido a falar contra Messalina em Óstia, mas Narciso se preocupava com o fato de que talvez não pudesse contar com sua cooperação – e a de seu colega Rúfio Crispino – uma vez em Roma. Como uma garantia contra o desastre, Narciso convenceu Cláudio a entregar temporariamente o controle das forças pretorianas a ele. Antes de a carruagem de

Cláudio chegar a Roma, Narciso havia conseguido garantir o controle não só sobre o ouvido do imperador, mas também sobre as forças que controlavam a cidade.

Messalina deve ter conservado alguns amigos no círculo de seu marido, porque chegaram mensageiros ao palácio Palatino bem antes de seu marido e de seu comboio. Eles alertaram a imperatriz de que "Cláudio sabia de tudo e de que o imperador logo partiria, pronto para a vingança". A essa altura, o que exatamente Cláudio sabia talvez não estivesse inteiramente claro.[26]

Mais do que qualquer outra coisa, é o que Messalina e Sílio fizeram a seguir que deixa claro que aquilo não foi uma conspiração da parte deles. Eles não fizeram nenhuma tentativa de arregimentar apoio, influenciar o Senado, subornar os pretorianos ou garantir o controle sobre a cidade. Em vez disso, eles se separaram: Messalina fugiu para os Jardins de Lúculo, seu porto seguro no monte Pinciano, enquanto Sílio partiu para o Fórum e retomou suas atividades normais como um cônsul eleito. Claramente ainda estavam confiantes de que o escândalo poderia ser amainado, de que Cláudio poderia ser apaziguado e de que a vida deles poderia voltar ao normal.

No espaço e na tranquilidade de seu jardim, Messalina recalibrou e planejou seu movimento seguinte. Mesmo agora não há evidências de que ela tenha pensado em uma conspiração. No lugar disso, suas deliberações se centraram em como seu marido poderia ser acalmado. Ela preparou uma defesa focada não na política, mas na ótica e na emoção.

Messalina solicitou o apoio de Vibídia. Como a mais sênior das Virgens Vestais, Vibídia podia requisitar uma audiência com o *princeps* sempre que quisesse, mas sua posição também fazia dela a árbitra suprema da castidade feminina. O apoio dela daria a Messalina uma boa aparência. A imperatriz também decidiu enviar seus filhos a Cláudio, Britânico, com 7 anos, e Otávia, com 8 ou 9, lembretes da unidade familiar que eles haviam criado e do serviço dinástico que ela lhe havia prestado.

Por fim, a imperatriz resolveu ir enfrentar seu marido. Ela tinha certeza, Tácito nos conta, de que, se simplesmente o *visse*, ele poderia ser conquistado: era uma estratégia que sempre funcionara. A viagem através da cidade do monte Pinciano para a Via Ostiense foi humilhante. Ela levou Messalina através do Fórum, passando por sua casa no Palatino. A essa altura, ela tinha apenas três acompanhantes e estava viajando a pé – o *carpentum*, a carruagem especial que ela recebera como uma honraria especial após o triunfo de seu marido, estava fora de vista.

Quando ela chegou ao portão que marcava o início da estrada para Óstia, encontrou uma carroça disposta a levá-la. A afirmação de Tácito de que se tratava de uma carroça de lixo de jardim parece ser de um simbolismo certinho demais para ser verdade. Igualmente duvidosa é sua afirmação de que "a vileza dos escândalos dela estava tão bem estabelecida que nenhuma alma tinha pena dela". Messalina passara anos construindo uma imagem pública para si: tinha aparecido ao lado de seu marido no triunfo, no circo e nos jogos; tinha patrocinado banquetes e conduzido as mulheres em procissões nos festivais; tinha feito benfeitorias e sacrifícios; tinha dado ao povo um par de bebês régios; tinha posado para retratos que lhe davam uma aparência glamourosa, mas maternal, casta, mas fértil. A imperatriz tinha cometido erros que lhe valeram seus inimigos, mas esses inimigos estavam no Senado ou no Palatino. Não havia razão para acreditar que ela não continuasse sendo popular nas ruas de Roma.

Conforme sua carruagem se aproximava da cidade, Cláudio vacilava. Às vezes repreendia sua esposa e as traições dela e às vezes se deixava levar pelas lembranças de seu casamento e de sua jovem família. Em parte, sem dúvida pensava em amor, mas também pode ter pensado em política – no trabalho que ela havia feito para estabilizar o regime dos dois e no futuro dinástico que seus filhos representavam.

Foi nesse ponto que Messalina apareceu e, assim que entrou no campo de audição do imperador, começou a se defender, implorando que o marido ouvisse a mãe de seus filhos.

Essa era a eventualidade que Narciso temia, a razão pela qual tinha aguardado até Cláudio estar isolado em Óstia antes de agir. Ele sabia que, a essa altura, o fracasso em manter o controle sobre a narrativa que ele havia criado poderia se provar fatal, e então passou, bastante literalmente, a impedir a imperatriz de ser ouvida, "rugindo", nas palavras de Tácito, sobre seu casamento com Sílio e a conspiração que ele revelara.[27] Narciso se certificou de que tinha também a atenção visual de Cláudio, entregando a ele folhas e mais folhas de evidências para distraí-lo da visão da mulher diante dele na estrada.

A partir daí, Narciso manteve sob seu controle o acesso a Cláudio, quem ele via e que informações recebia. Quando Otávia e Britânico tentaram se aproximar da carruagem do pai, Narciso ordenou que eles fossem imediatamente removidos; quando Vibídia surgiu para solicitar que o imperador desse a sua esposa uma audiência justa, Narciso simplesmente mentiu; Messalina teria uma chance de se defender, ele prometeu. Enquanto isso, ele disse em seguida, de modo sombrio, que Vibídia faria bem em cuidar de seus próprios deveres como Vestal.

Narciso ordenou ao condutor do imperador que seguisse diretamente para a casa de Sílio, onde mostrou a Cláudio os presentes que sua esposa havia dado ao amante – coisas tiradas do palácio imperial, até mesmo heranças da dinastia, que só poderiam ter vindo de Messalina. Ele também tomou o cuidado de apontar para a estátua que Sílio possuía de seu pai – uma imagem ilegal, já que Sílio, o Velho, fora condenado, em 24 d.C., por acusações de corrupção e insurreição. A insinuação era clara: tal pai, tal filho.

Daqui seguiram direto para o Campo Pretoriano, onde Narciso tinha reunido uma assembleia das forças temporariamente sob seu comando. Informado e orientado por seu liberto, o imperador fez um pronunciamento curto, e, então, os réus, já presos e levados ao campo sob ordens de Narciso, foram chamados um por um, começando por Sílio, e executados. Quando o imperador hesitou a respeito de Mnester, que argumentou não estar em posição de recusar os avanços da imperatriz, Narciso foi firme: após a execução de tantos senadores, um ator que havia corneado o imperador não poderia ter permissão para viver. As aparências eram simplesmente ruins demais. Somente dois dos acusados foram perdoados: Pláucio Laterano e Suílio Cesonino. O primeiro provavelmente pela intervenção de seu tio militar junto ao imperador, mas o segundo, talvez, porque seu pai, o temido promotor da imperatriz Públio Suílio, concordara em não apoiar sua antiga aliada contra Narciso. Uma vez concluídas as execuções, Narciso levou o imperador para casa para o jantar.

Após a intervenção de Narciso na Via Ostiense, Messalina havia regressado aos Jardins de Lúculo. Naquela época do ano, na metade do outono, eles deviam estar lindos, com as cores e o peso sonolento que começava a pesar sobre as flores e as folhas. A imperatriz estava em pânico, oscilando entre a esperança e uma raiva indignada, formulando e reformulando apelos ao marido. Sua mãe, Domícia Lépida, estava lá. As duas tinham se afastado – talvez ela tivesse discordado do assassinato de seu marido Ápio Silano em 42 d.C. –, mas ela estava lá para apoiar a filha nessa crise final.

Domícia Lépida defendia que Messalina se suicidasse: o jogo tinha terminado, ela argumentava, e só restava à filha morrer com o tipo de firmeza digna que ficaria bem nos livros de história. Messalina discordava: apesar de tudo, ela tinha certeza de que, se pudesse simplesmente ver seu marido, *falar* com ele, então a situação talvez ainda pudesse ser remediada. Se Narciso não tivesse interferido no último momento, não é impossível que ela estivesse certa. De volta ao Palatino, conforme o jantar avançava, Cláudio ficava mais caloroso e mais suave a cada taça de vinho. Finalmente, ele chamou um serviçal e ordenou que uma mensagem fosse enviada "à pobre mulher"; ela deveria vir no dia seguinte contar a ele seu lado da história.[28]

Esse era um risco que Narciso não poderia correr. Seu sucesso até então tinha se baseado no controle do acesso ao imperador e das informações que chegavam a ele, bem como na precisão de sua coordenação de palco. Tudo tinha sido coreografado a fim de não deixar lacunas para a incerteza, nem para que não fosse apresentada nenhuma versão alternativa de eventos. Messalina era convincente, e, se tivesse a oportunidade de se defender para seu marido – especialmente, é claro, se seu "casamento" com Sílio, com todas as suas insinuações de conspiração, fosse uma invenção de Narciso –, é bem possível que acabasse saindo por cima. Narciso sabia que, se Messalina sobrevivesse, a "ruína", nas palavras de Tácito, "se voltaria contra o acusador".[29]

Narciso saiu discretamente do salão de jantar e conversou com os soldados estacionados na porta. Eles deveriam proceder à execução de Messalina de imediato, ele disse; ordens do imperador. Ele enviou um parceiro seu, o liberto Évodo, para garantir que o serviço fosse concluído.

Messalina chorava, Tácito afirma, quando a encontraram no jardim. Foi só quando ela viu os soldados e ouviu de que forma Évodo, um ex-escravo, falava dela – ela, que era a mulher mais poderosa do mundo havia quase uma década –, que a natureza irremediável de sua situação finalmente a alcançou. Então, tentou o suicídio, levando uma espada à garganta e depois ao peito, mas não conseguiu prosseguir. No final, foi um tribuno que desferiu o golpe que a matou. Tácito considerou essa uma morte covarde, ignóbil e não estoica, evidência de "uma alma tão corrompida pela luxúria que nada lhe restava de honra".[30]

É difícil enxergar as coisas assim agora.

XVII
A IMPERATRIZ PROSTITUTA

> "E quanto àquela que prendeu nossos braços, não faz muito tempo, com vergonha, ... A Rainha-Prostituta do Nilo dissoluto"
>
> Propércio, *Elegias*, 3.11.39

Cláudio ainda estava jantando quando recebeu a notícia da morte de sua esposa. Ninguém disse se Messalina tinha se suicidado ou sido assassinada, e ele não perguntou. Em vez disso, se acreditarmos em nossas fontes, ele se reclinou e pediu mais uma taça de vinho. O imperador permaneceu em um vazio emocional nos dias seguintes. Nada parecia despertá-lo – nem a comemoração dos libertos, nem o luto de seus filhos –, ele não demonstrava nenhum sentimento humano. Tácito chama isso de um "olvido".[1]

Se Cláudio se sentia bem esquecendo, então o Senado se dispôs a ajudá-lo. Eles decretaram que "o nome e as imagens" de Messalina fossem "removidos de todos os lugares, públicos ou privados".[2] Era só a segunda vez na história romana que uma ordem dessas, conhecida como *damnatio memoriae*, era dada oficialmente.[3] Por todo o império, estátuas erguidas nos últimos oito anos foram removidas de seus pedestais.[*,4] Algumas tiveram a cabeça esmagada, outras foram devolvidas às oficinas.

---

* A cidade norte-africana de Léptis Magna, por exemplo, removeu a estátua de Messalina do grupo de representações imperiais que ficava no Templo de Roma e Augusto da cidade, além de apagar o nome dela da inscrição honorífica que adornava o pedestal.

Suas feições seriam reesculpidas até se parecerem com os retratos de Agripina ou Otávia e não fosse mais possível dizer que um dia haviam sido estátuas de Messalina.*[,5] Inscrições também foram alteradas, como grandes inscrições públicas no Fórum em Roma e nos centros urbanos das províncias. No âmbito privado, em uma necrópole romana, "Valeria" foi apagado com o cinzel da tumba de um dos libertos de Messalina.**[,6] O decreto do Senado alcançou até mesmo o bolso das pessoas: na cidade de Trales (na costa oeste da Turquia), o nome da imperatriz foi apagado de cada moeda.[7]

Contudo, mesmo depois de as estátuas dela terem sido esmagadas e seu nome apagado, as pessoas ainda falavam sobre Messalina. A queda de mulheres grandiosas e poderosas sempre foi uma boa matéria-prima para o escândalo, especialmente quando envolvem sexo, e o grande número de homens que caíram com a imperatriz, combinado com as acusações de bigamia, fazia desse um escândalo sem paralelo. Cláudio pode ter garantido a provisão de milho da cidade, mas Messalina a alimentou de fofocas suficientes para atravessar o inverno.

A história foi mudando conforme era contada – elas sempre mudam –, e essa foi contada vezes o bastante para acabar ficando quase irreconhecível. Esta parte do nosso livro não é mais sobre a história de Messalina: é sobre a história de sua reputação.

Foi por volta da virada para o século II d.C. que o poeta Juvenal compôs sua *Sátira seis*, talvez a mais desagradável e mais famosa de suas obras. Ao longo de quase setecentas linhas, o narrador do poema, de uma misoginia desenfreada, aconselha um amigo a nunca se casar, por meio de uma ampla crítica a cada forma da condição feminina e de mulher que ele é capaz de imaginar. Se sua esposa for bonita, vai ser vaidosa; se for feia, não vale nada; se for rica, vai mandar em você; se você a amar, vai torturá-lo; se souber tocar lira, é boa demais com as mãos; se falar grego,

* A estátua de Agripina no grupo de representações imperiais que ficava na basílica da cidade de Veleia, no Norte da Itália, originalmente retratara Messalina. Aqui a cabeça foi removida e substituída, mas a de outra estátua em Napóles foi simplesmente reesculpida até as feições ficarem diferentes o bastante.

** Esse era o túmulo de um barbeiro chamado Antíoco. "Valeria" foi cuidadosamente raspado, mas, curiosamente, o segundo nome da imperatriz, "Messalinae", permaneceu intacto.

é excessivamente emotiva; se gostar de esportes, é masculina demais; se for religiosa, vai se voltar para a bruxaria; e se for inteligente, é claro, vai se revelar um pesadelo absolutamente insuportável. Até mesmo a mulher perfeita – bonita, fértil, rica, aristocrática e virginal – encontra uma maneira de irritar Juvenal. É exatamente a perfeição dela, ele alerta, que vai torná-la orgulhosa, e quem consegue aturar *isso* em uma esposa?

Talvez você possa ser perdoado por assumir que essa é uma lista exaustiva das críticas de Juvenal às mulheres, mas, na verdade, ela exclui sua preocupação mais significativa: a capacidade feminina para a infidelidade. Não havia uma única mulher casta na Roma de sua época, afirma Juvenal – a cidade estava simplesmente mergulhada demais no pecado e na sensualidade para permitir isso –, e Messalina era a pior de todas. Como prova de seu argumento, Juvenal conta uma história espantosa sobre a imperatriz, uma história que ultrapassa em muito as fronteiras do adultério comum.[8]

> Por que te preocupas com que fez Épia numa casa privada?
> Dirige teus olhos às rivais dos deuses. Escuta o que Cláudio
> suportou: quando a esposa julgava que o marido dormia,
> a augusta meretriz, atrevendo-se a vestir um capuz noturno
> e a preferir a esteira de um cubículo ao tálamo imperial,
> deixava-o, escoltada por não mais que uma escrava.
> Depois de ocultar a negra cabeleira com uma loura peruca,
> penetrava um cálido lupanar através de um velho reposteiro
> e, em seguida, até uma cela vazia reservada para ela. Então, nua
> com os mamilos
> guarnecidos de ouro sob a falsa alcunha de Licisca, prostituía-se
> e a todos dava a conhecer, ó generoso Britânico, o teu ventre.
> Branda, recebia os clientes e exigia o pagamento.
> Ao depois, quando o cafetão já dispensava suas meninas,
> triste ela saía, fechava sua cela o mais tarde que podia
> e ainda ardendo pela tensão de sua vulva rígida
> e esfalfada pelos homens, mas não ainda saciada, retirava-se:
> horrenda pela face enegrecida e imunda pela fumaça do candeeiro,
> levava ao leito nupcial o fedor do lupanar.

[Tradução do latim por Alexandre Agnolon da Sátira Seis.]

A história criada por Juvenal é notável. Ela nos leva do palácio imperial para um bordel em um barraco e, então, de volta ao palácio, destruindo, conforme avança, os limites reconfortantes sobre os quais a sociedade romana foi construída: ali, não há separação entre imperatriz e escrava, esposa e prostituta. A passagem também dá a Messalina o epíteto que, talvez, impactaria mais profundamente sua duradoura imagem na cultura ocidental: *meretrix augusta*, a Imperatriz Prostituta. Toda a passagem é notável, mas para entender exatamente quão chocante ela deve ter sido para um leitor romano, vamos precisar fazer uma incursão por Pompeia.

Em algum ano anterior a 79 d.C., você se aproxima de Pompeia pela costa. Passa pelas termas suburbanas e sob a abóbada de berço da Porta Marina, que atravessa as muralhas da cidade, de pé há cerca de setecentos anos. Agora estão obsoletas, mas as fortificações duplas, salpicadas de seteiras, são testemunhas de uma época em que a estabilidade do domínio romano ainda não havia aberto suas asas sobre toda a península, quando a Itália era menos pacífica e menos próspera do que é agora. Hoje em dia essas ricas cidades costeiras de veraneio ao redor da baía de Nápoles não se concentram mais na guerra, mas sim no comércio, no entretenimento e no consumo ostensivo.

Imediatamente à sua direita, quando você adentra a cidade, há um templo consagrado a Vênus, deusa do amor e do sexo e deidade padroeira de Pompeia, cercado por jardins planejados em terraços artificiais que dão vista para o vale abaixo. Mais adiante, você passa pelo santuário de Apolo e pela basílica coberta onde ocorrem as audiências dos casos judiciais. A Via Marina vai se alargando, levando você para o centro da cidade e para o espaço aberto do Fórum.

Atravessando o pavimento de mármore travertino polido e descendo a Via dell'Abondanzza, virando à esquerda nas Termas Estabianas, você chega às ruas laterais menos salubres de Pompeia. Ali as vias são mais estreitas, de modo que os balcões que se penduram nos segundos andares dos prédios bloqueiam boa parte da luz. Na esquina de duas dessas vias – o Vicolo del Balcone Pensile e o Vicolo del Lupanare – fica um prédio irregular, estreito e em forma de cunha, de dois andares e com um terraço que circunda sua fachada como uma proa.

Dependendo da hora do dia ou da noite em que você chegou, a bifurcação na rua ao redor desse prédio pode estar de fato muito movimentada. Homens entram e saem pelas duas entradas do prédio, mulheres se encostam nas portas ou se debruçam no terraço, chamando os passantes. Você chegou a um bordel, que seus companheiros de viagem falantes do latim chamam de *lupanar.* Em português, a tradução seria "covil de lobas".*

Você entra pelo Vicolo del Lupanare e se encontra em um amplo corredor.[9] Afrescos simples – padrões vermelhos, ornamentados com pequenos grifos e cisnes – decoram as paredes. Essas pinturas murais, desenhadas para imitar os tecidos mais luxuosos que costumavam decorar as paredes, encontram um piso de terra batida. Cinco cômodos estreitos se abrem a partir dessa passagem central: alguns não têm janelas, alguns têm janelas no alto das paredes, cada um tem uma reles plataforma de alvenaria encostada na parede dos fundos, decorada com "fitas" vermelhas pintadas e "travesseiros" de pedra. O piso ao redor dos batentes do lado de dentro do bordel é surpreendentemente liso; não há vincos nem buracos, nada que indique a presença de portas. É possível que alguma privacidade fosse conseguida por meio de cortinas, mas também é possível que não se visse a privacidade como algo necessário.

O espaço acima de cada batente é decorado com pinturas eróticas em painéis retratando casais formados por homens e mulheres. As cenas não são particularmente inovadoras, nem as posições particularmente variadas. Ao contrário do que às vezes se sugere, elas não são um "cardápio" das opções sexuais à disposição do cliente. Nenhuma das imagens mostra, por exemplo, sexo oral ou homossexual – embora haja referências a esses dois serviços no grafite que cobre as paredes do bordel. Essas imagens evocam um ideal erótico abstrato, asséptico e íntimo no qual casais bonitos e aparentemente próximos fazem amor em camas ornamentadas, com colchões grossos, travesseiros e lençóis em cores fortes. Basta olhar através dos batentes que ficam debaixo dessas pinturas para entender que elas não se referem de jeito nenhum à realidade de um bordel.

---

* Para os romanos, *lupa*, em latim, remetia tanto às lobas quanto às prostitutas. Além disso, a *lupa* era central na cultura e na mitologia romanas; por exemplo, é uma loba que amamenta Rômulo e Remo, gêmeos protagonistas de um dos mitos fundadores de Roma. [N.R.]

As partes das paredes que não exibem afrescos são cobertas com grafites; nomes, esboços e a ostentação de proezas sexuais. Um rabisco perverte a famosa afirmação de César de que veio, viu e venceu: "Vim aqui, transei e depois voltei para casa". As camadas de grafite, com suas declarações desesperadas de identidade e seus berros de "fulano esteve aqui", nos lembram de que o espaço hoje vazio um dia foi usado com muita constância e energia.

No amplo corredor entre os cômodos, prostitutas nuas exibem seus dotes, clientes examinam o que elas oferecem e a cafetina garante que o pagamento seja feito integralmente. No banheiro dos fundos, as meninas se limpam do último homem, raspam as pernas e se maquiam. Nos cômodos, roupas arrancadas às pressas se esparramam pelo chão; uma taça de vinho está perto da "cama"; se vai ficando tarde, uma lamparina a óleo deixa marcas constantes de fuligem nas paredes; e, na plataforma de alvenaria nos fundos do cômodo, a prostituta e seu cliente se engajam em sua transação financeira.

Não é má escolha tomar o bordel de Pompeia como um modelo do tipo de estabelecimento imaginado por Juvenal para Messalina. O *lupanar* tem os mesmos pequenos cômodos individuais descritos por Juvenal, e podemos imaginar uma esteira como a de Messalina estendida para cobrir a pedra fria das camas-plataformas de Pompeia. Além disso, as camadas de fuligem que caíam sobre o rosto de Messalina vinham provavelmente de uma lamparina a óleo como as encontradas no *lupanar*. Na imaginação de Juvenal, o esconderijo da imperatriz é caracterizado por sua pobreza sórdida e desconfortável e pelo contraste que ele oferece com o luxo material do palácio imperial onde ela passava seus dias. O satirista reforça o fedor e o calor abafado do bordel de Messalina, e, com cinco cômodos mal ventilados sendo usados em um espaço de menos de onze por onze metros, a mesma atmosfera devia impregnar o *lupanar* de Pompeia.

Imaginando Messalina *nesse* bordel, visualizando-a de pé no corredor e transando na plataforma de alvenaria que fazia as vezes de cama, podemos finalmente compreender a intensidade do choque provocado pela sátira de Juvenal. É impossível se afastar mais do palácio, ou da dignidade e da majestade do governo imperial, do que isso.

A aparência física de Messalina muda de acordo com o ambiente. Juvenal a imagina se disfarçando, cobrindo seu cabelo preto com uma peruca loira. O cabelo loiro era uma característica atraente e valorizada na Roma Antiga, mas rara entre a população nativa. Ele era muito mais associado com as cativas do Norte da Europa trazidas da Germânia, ou mesmo da Britânia; essas garotas eram escravizadas, vendidas e muitas vezes forçadas a se prostituir. Mais à frente em sua *Sátira seis*, Juvenal fala de uma "*flava lupa*" – uma "prostituta loira" – que trabalhava a céu aberto, entre as ruínas de túmulos do lado da estrada.[10] Seu recente cabelo loiro fazia Messalina *parecer* uma prostituta, mas, como esposa de Cláudio, isso talvez implicasse outra humilhação. Parece quase uma reversão do triunfo britânico do casal: a Messalina de Juvenal havia se transformado da mulher que encabeçara a procissão em seu *carpentum* adornado com guirlandas em uma das cativas britânicas de pele clara que vinham atrás, acorrentadas. A transformação física de Messalina prossegue ao longo da noite: de manhã, suas bochechas estão completamente "obscurecidas" pelo resíduo sujo da fumaça das lamparinas a óleo baratas que ela usa para iluminar seu trabalho. Ela é uma "coisa hedionda", suja e quase irreconhecível, que volta sorrateiramente para os lençóis do leito imperial.

O nome de uma mulher romana levava consigo a história de sua família, e, em um derradeiro apagamento de sua identidade diurna, a Messalina de Juvenal troca o dela. "Lycisca" é a forma feminina e diminutiva da palavra grega λύκος. Significa algo próximo de "Lobinha". Único nome de origem estrangeira, foi claramente criado para se assemelhar a um nome de escravo. Por causa dos grafites de Pompeia, sabemos que as prostitutas costumavam trabalhar com nomes únicos como esse. Veneria, Fortunata, Successa, Iucunda.[11] Muitos deles tinham conotação sexual, e Lycisca não é diferente.

O mundo romano tinha muito sexo à venda, e a língua latina tinha muitas palavras para os homens e as mulheres que o vendiam.[12] A mais neutra delas – *meretrix* – pode ser traduzida simplesmente como "prostituta". Significava, em sentido literal, uma "mulher que ganha". Se você quisesse ser um pouco mais ofensivo, poderia usar *scortum*, casualmente pejorativa. Essa palavra mais dura era usada para trabalhadores e trabalhadoras do sexo e tinha mais bagagem moral. Em suas conotações, é mais ou menos comparável à palavra "prostituta", mas, traduzida literalmente, significa "couro ou pele animal". As possíveis origens dos termos são obscuras e universalmente desagradáveis. Talvez evocasse a relação entre a pele de um animal e a pele de uma pessoa, objetificando a prostituta como pouco mais que um saco de carne. Alternativamente, o termo talvez reflita a percepção de uma conexão entre o ato de trabalhar o couro – o martelar, bater, enrolar e manusear repetitivos das peles de animais – e o ato sexual, imortalizando uma versão violenta e mecânica de fazer amor.

O ponto mais baixo do espectro do trabalho sexual romano era ocupado pela *lupa*. Significando literalmente "loba", esse era o termo usado para descrever as prostitutas mais socialmente degradadas, mais moralmente devassas e mais acessíveis de todas, mulheres que ficavam nas ruas, garotas desleixadas de bordéis e mulheres que se vendiam nas necrópoles espalhadas às margens das estradas que entravam e saíam da cidade. Era um termo tão usado que deu origem à palavra em latim para bordel: o *lupanar.* O romano de boa educação falava o grego tão bem quanto o latim, e é impossível que possa ter visto o pseudônimo de Messalina, "Lycisca", sem pensar no significado de sua fonte grega. Ao rebatizar a imperatriz de "Lobinha", Juvenal apresenta Messalina como o arquétipo da prostituta e a personificação de uma sexualidade descontrolada, *bestial.*

A prostituta romana corria rotineiramente o risco de objetificação, coerção, violência, roubo e morte, e Juvenal não explica por que a imperatriz arriscaria tudo – seu poder, sua riqueza, seu respeito – para assumir um dos papéis mais degradantes da sociedade romana. Ao silenciar e reforçar as qualidades sensuais do bordel abafado e sórdido, Juvenal parece sugerir que é a degradação material e sexual do local que exerce sobre Messalina uma atração fetichizada.

A história de Juvenal não é crível. É difícil acreditar que a esposa do imperador, tão poderosa como era por direito próprio, teria conseguido se esgueirar, noite após noite, de um complexo palaciano, intensamente guardado por homens que respondiam direto ao marido dela. E se por algum milagre Messalina conseguisse atravessar os muros do palácio e a cidade, e entrar em um bordel, a peruca loira que Juvenal dá a ela dificilmente teria sido o bastante para resguardar seu anonimato. Nos anos 40 d.C., Messalina era a mulher mais reconhecível do mundo. Como imperatriz, a imagem dela provavelmente estava em todos os lugares, capturada nas estátuas de mármore maiores que a escala natural que ficavam em santuários e basílicas, nas pinturas da família imperial que adornavam lojas e átrios, mesmo nas moedas que tilintavam nos bolsos das pessoas e pagavam pelas necessidades da vida. Todos conheciam seu rosto; ela simplesmente não conseguiria escapar dessa.

A sátira se alimenta do reconhecimento, e, por mais implausível que seja a história de Juvenal, reflete uma tradição dominante e persistente que associa a imperatriz com a prostituição. Quando Dião Cássio escreveu, na aurora do século III d.C., esses boatos já haviam assumido a aparência de fato histórico. Ele relata que a imperatriz estabeleceu seu próprio bordel *no interior* do palácio Palatino, trabalhando lá e forçando outras mulheres da corte a fazer o mesmo.[*,13] O boato é repetido na *Epítome das vidas dos césares*, uma coleção de pequenas biografias imperiais escritas no final do século IV d.C. ou início do V, com o autor anônimo acrescentando o detalhe de que Messalina empregava as esposas e as filhas virgens da nobreza e punia os nobres que se recusavam a pagar os clientes.[14] A história de Plínio, o Velho, sobre a competição da imperatriz com uma cortesã é outra variação do mesmo tema. A sobrevivência de três mutações do mesmo boato sugere uma repetição do tipo telefone sem fio.

Messalina não foi a primeira mulher poderosa a ser chamada de prostituta. Menos de um século antes da ascensão de Messalina ao Palatino, o poeta Propércio chamou Cleópatra de "*meretrix regina canopi*" – a Rainha Prostituta do Nilo Dissoluto –, e o eco de Juvenal a essa famosa expressão foi quase certamente proposital.[15] Apesar de essa tendência a associar mulheres governantes com prostitutas tirar proveito de sua capacidade de chocar, ela é bem menos surpreendente do que parece à primeira vista. Para a mente antiga, tanto a prostituta como a mulher política transgrediram a fronteira que dividia a esfera feminina da privacidade doméstica e o mundo masculino da vida cívica. A prostituta

* Curiosamente, uma acusação parecida já havia sido feita contra Calígula.

havia tornado seu corpo acessível à comunidade e a mulher política havia interferido nos negócios do Estado, mas ambas haviam abandonado suas identidades domésticas femininas para embarcar em uma nova vida pública. De certa forma, uma era uma alegoria óbvia para a outra.

As histórias da imperatriz que se faz de prostituta são só um aspecto do processo de mitificação pelo qual a história de Messalina passou após sua queda em 48 d.C. Durante sua vida, Messalina se mostrara uma força política considerável. Construiu para si uma personalidade pública, desenvolveu novos canais para a operação da política de corte e eliminou sistematicamente muitos de seus oponentes, pessoas importantes do Senado e da família imperial que pareciam capazes de ameaçar sua própria posição e o regime de seu marido. Nos anos que se seguiram a sua morte, tudo isso foi tirado dela. Ela foi transformada em uma mulher com desejos sexuais, desejos que coexistiam em paralelo às ambições que nutria para si e sua família, em uma corporificação concentrada do que os romanos temiam na sexualidade feminina. Tudo – os planos, os fracassos, as conquistas, as inovações de Messalina – foi subsumido pela narrativa crescente da "Imperatriz Prostituta".

Como isso aconteceu e por que aconteceu com Messalina? Ela está longe de ser a primeira mulher imperial a ter caído após acusações de imoralidade sexual, então por que foi só o nome dela que virou sinônimo de excesso sexual? A imperatriz era claramente menos casta que o exigido pelo ideal absolutista da condição feminina romana – pode ser que ela tenha acumulado mais parceiros sexuais do que era comum mesmo entre suas amigas da alta sociedade que talvez tivessem mais familiaridade com o adultério, e ela realmente flertava com menos discrição. No entanto, a verdadeira chave para a mitificação de Messalina não está em sua vida, e sim nos anos que se seguiram a sua morte: nas ações e na percepção de sua sucessora, Agripina, e nos julgamentos que passaram a ser feitos sobre o reinado de seu marido.

Após assistir à execução dos amantes e associados de Messalina naquele outono no Campo Pretoriano, Cláudio se voltou para as coortes reunidas e ordenou que o matassem se um dia ele tentasse se casar novamente.[16] Quando o inverno chegou, seus sentimentos já tinham mudado, e, no ano-novo de 49 d.C., ele se casou com sua quarta esposa e segunda imperatriz, sua sobrinha Agripina. Quando se tornou imperatriz, Agripina assumiu uma posição estabelecida na corte de Cláudio, uma posição com um conjunto de privilégios e um grau de influência que Messalina passara quase uma década construindo. Naquele mesmo ano lhe foi outorgado o título de "Augusta".[17]

No início de 49 d.C., a corte de Cláudio, ainda se recuperando da queda de Messalina, estava dividida em facções rivais. Agripina não foi a única candidata a um casamento com Cláudio. Suas reivindicações foram apresentadas com sucesso pelo liberto Palas, mas duas outras mulheres – a ex-esposa de Cláudio, Élia Pecina, e a terceira esposa de Calígula, Lolia Paulina – foram sugeridas, respectivamente, por Narciso e Calisto.[18]

Os filhos de Messalina, Otávia e Britânico, também permaneceram na corte, e aparentemente contando com a simpatia do pai. A lealdade de quaisquer apoiadores da antiga imperatriz seria naturalmente transferida para eles, e até mesmo alguns dos antigos inimigos dela – entre eles, Narciso – mais tarde se revelariam dispostos a apoiar as reivindicações de seus filhos. Provavelmente também havia quem, além do Palatino, permanecesse apegado à memória de Messalina. Muita gente em Roma ficou triste em ver suas estátuas retrabalhadas à imagem de Agripina. Mesmo o próprio Cláudio ainda parecia em conflito. Embora tivesse apoiado publicamente a condenação da memória de Messalina, ele recompensara Narciso pelo "serviço" de eliminá-la – de modo mais parco em comparação à expectativa do liberto.[19]

A insegurança da posição de Agripina nos primeiros anos de seu reinado é refletida no turbilhão de ações destinadas a fortalecer sua própria facção no Palatino. Ela providenciou que Sêneca – um antigo aliado dela e de suas irmãs, e nem de longe um fã da última imperatriz – fosse chamado de volta do exílio que Messalina havia arquitetado para ele em 41 d.C., e fez dele o tutor de seu filho Nero. Ela fez Lolia Paulina, a mais ameaçadora de suas duas rivais pela mão de Cláudio, ser condenada por acusações de feitiçaria (tendo supostamente consultado astrônomos sobre o casamento do imperador), depois exilada de Roma e forçada a se suicidar.[20] Ela acusou Lúcio Silano, noivo de Otávia desde 41 d.C., de cometer incesto com sua bela irmã Júnia Calvina – ele se suicidou no dia do casamento de Agripina com o imperador.[21] Esses eventos deixaram

Otávia livre para ficar noiva de Nero, fortalecendo os elos dinásticos de Agripina com Cláudio.

Dada a exaltação da situação, era crucial prevenir qualquer idealização da última imperatriz que pudesse impactar negativamente a nova. Entretanto, se administrada com cuidado, a comparação poderia ser uma ferramenta útil. Se os defeitos de Messalina, reais ou percebidos – sua suposta promiscuidade, violência e irracionalidade –, pudessem ser exagerados, Agripina poderia reforçar sua própria posição com Cláudio, a corte e o público. Boatos que haviam começado a ganhar força após a queda repentina e escandalosa de Messalina podem ter sido encorajados por sua substituta. Membros do círculo de Agripina também podem ter achado que acrescentar novos exageros às velhas fofocas lhes rendia benefícios no Palatino. Algumas dessas histórias teriam se espalhado boca a boca, tendo sido repetidas até se solidificarem em "fato". Outras podem ter sido escritas. Sabemos das citações em Tácito e Plínio, o Velho, que Agripina escreveu um conjunto de *commentarii* – um "comentário" de estilo memorialístico sobre "a história de sua vida e os infortúnios de sua família".[22] Se, como parece provável, o relato foi escrito em algum momento no final da década de 50 d.C., Agripina deve ter abrangido as tribulações da vida na corte da última imperatriz e os detalhes da queda de Messalina.

É provavelmente à autobiografia de Agripina ou às conversas de seu círculo que devemos atribuir a história duvidosa de que Messalina tentou assassinar o jovem Nero em 48 d.C. É conveniente demais apresentar Messalina como uma maníaca descontrolada e Agripina como uma mãe protetora, associando ao mesmo tempo Nero com aqueles heróis mitológicos (Hércules, Édipo, Rômulo etc.) atacados na infância por inimigos que esperavam impedir sua grandeza predestinada. O círculo pode ter propagado também outras histórias: além de constituírem um bom material para as fofocas dos jantares sociais, relatos de uma promiscuidade descontrolada ofereciam um claro contraste com a imagem de si que Agripina tentaria cultivar após a morte de Cláudio como mãe dedicada, preocupada apenas com o filho, e como viúva casta. Também convinha a Agripina repetir as acusações de Narciso de que Messalina e Sílio estavam indiscutivelmente envolvidos em uma conspiração. A narrativa obscurecia quaisquer lembranças do fato de que a própria

Agripina tinha sido condenada (apesar de depois perdoada) de traição contra Calígula, em 39 d.C., e servia para justificar o assassinato que havia tornado Agripina imperatriz.

A nova imperatriz e seu círculo podem ter espalhado boatos maldosos sobre Messalina, mas, ironicamente, foi a queda da própria Agripina que talvez tenha provocado os danos mais duradouros à reputação de sua antecessora. Agripina foi assassinada, em 59 d.C., pelas mãos de seu filho, quase exatamente uma década após a morte de Messalina, e uma revolta contra Nero pôs fim à dinastia júlio-claudiana, em 69 d.C. Nos anos seguintes, historiadores hostis se esbaldaram com suas caracterizações de Agripina. De fato, ela deu a eles muita matéria-prima: tramou a ascensão de seu filho Nero (um imperador profundamente impopular entre os escritores senatoriais), supostamente mediante o duplo assassinato de Cláudio e Britânico; e, o que é pior, pelo cálculo deles, acabou se colocando no centro da vida política mais abertamente do que Messalina ou qualquer outra mulher romana jamais tinha ousado. Se Messalina havia exercitado seu poder principalmente atrás de portas fechadas no Palatino, Agripina não foi tão reticente: a primeira senha pretoriana do novo reinado foi "a melhor das mães"; foram cunhadas moedas mostrando seu perfil nariz com nariz com o de Nero; ela fez uma aparição em uma capa dourada masculina, de estilo militar, e tentou até mesmo receber embaixadores estrangeiros oficialmente.[23] É nisso que os historiadores se concentram: a Agripina deles é inteiramente definida por sua ambição política implacavelmente obstinada.

Os antigos viam a escrita da história como um exercício de criação literária assim como o registro desapaixonado de fatos históricos. É possível construir argumentos por meio de um cenário, uma estrutura e personagens tão legitimamente quanto por meio da análise – e, no contraste entre as duas imperatrizes de Cláudio, os historiadores romanos encontraram a oportunidade ideal para um exercício de construção literária. Quanto mais ambiciosa, inteligente, racional, astuta e assexuada tornavam Agripina, mais inconsequente, estúpida, irracional, apaixonada e carnal tornavam Messalina. O contraste conduziu as duas personagens a uma definição cinemática, criando extremos que ofereciam aos leitores drama e diversidade, mas também transmitia uma ideia sobre política.

Apesar de tudo o que Augusto havia pregado sobre a domesticidade tradicional, sua criação de uma dinastia hereditária deu às mulheres da *Domus Augusta* um potencial para o poder sem precedentes em Roma, e o desenvolvimento de estruturas para a política de corte nos anos seguintes concedeu a elas novas oportunidades para exercê-lo. Foi uma mudança que apenas se evidenciou realmente sob Cláudio: Lívia ocultara seu poder sob um cuidadoso véu de modéstia antiquada, Tibério governara como um solteiro contumaz e Calígula trocara de esposas com demasiada frequência para qualquer uma delas ter um impacto real. O poder das mulheres que emergiram sob Cláudio – primeiro Messalina e depois Agripina – parecia um desenvolvimento sinistro para os observadores senatoriais que escreveram a história da primeira dinastia: esse poder era um sintoma da nova estrutura política quase monárquica e parecia anunciar uma corrupção perigosa do modo natural das coisas.

No contraste que delinearam entre Messalina e Agripina, esses escritores (Tácito em particular) apresentaram duas visões do poder feminino, opostos no caráter, mas igualmente terríveis nos efeitos. Messalina, de uma sensualidade e paixão hiperfemininas, *afemina* o político, fazendo os negócios do Estado girarem irracionalmente ao redor da luxúria, das intrigas secretas, invejas, sonhos e casos amorosos; em contraste, a Agripina atribui-se uma masculinidade monstruosa e desnaturada devido a sua obsessão por adquirir um poder ostensivamente político. Ao introduzir a nova era de Agripina, Tácito torna essa comparação explícita: "A comunidade de nações foi virada de cabeça para baixo e todo o Estado foi submetido a uma mulher que, ao contrário de Messalina, não brincava com os negócios de Roma por capricho. Essa era uma escravidão controlada e quase masculina: em público havia severidade e com frequência arrogância; em casa não havia imodéstia, a não ser que ela pavimentasse um caminho para a dominação".[24] Entre esses dois extremos, Tácito constrói seu argumento de que o poder feminino – e, por extensão, a dinastia ao estilo júlio-claudiano – seria invariavelmente uma calamidade para o Estado.

Da mesma forma que a imagem de Messalina foi moldada em relação à de Agripina, foi moldada também em relação à de Cláudio. O defeito característico atribuído a Cláudio pelos historiadores que ponderaram sobre seu legado como governante foi a fraqueza. Esse era um homem que sabia ser inteligente e astuto, que sabia agir pelo bem do Estado – e de fato agiu –, mas era fraco: suscetível à influência indevida daqueles que não tinham direito ao poder, seus libertos e suas esposas em especial, e a seu próprio autocontrole falho, sobretudo quando mulheres e vinho estavam envolvidos. Messalina e seu mau comportamento são peças-chave para a criação dessa imagem.

O controle era, talvez, *a* característica definidora do ideal romano de masculinidade. Esperava-se do homem cidadão que exercesse o controle em três níveis: sobre si mesmo, por meio do exercício da moderação racional; sobre sua família, por meio de seu papel como *pater familias*, ou chefe de família; e sobre o Estado, por meio de sua participação política nas eleições ou no exercício de cargos. O adultério feminino interferia nas fundações do segundo nível de controle. Ao atravessar as fronteiras de seu casamento, a adúltera tornava explícito o fracasso de seu marido em manter a esposa na linha; em outras palavras, ela fazia da masculinidade dele objeto de escárnio.

Essas expectativas de uma masculinidade ideal eram redobradas para o *princeps.* Para ele, as fronteiras entre pessoa, família e Estado eram indistintas; sua pessoa e sua família *eram* entidades políticas, e, em um nível simbólico, esperava-se que ele agisse como pai do império. O fracasso em controlar qualquer uma dessas instâncias por parte do imperador era mais do que um fracasso pessoal; era uma crise de Estado.

As histórias mais absurdas sobre Messalina, os extremos de seu adultério e suas incursões pela prostituição explicitam essa obsessão com o controle masculino e os temores quanto à capacidade de Cláudio de mantê-lo. Se o adultério era uma humilhação para o marido enganado, uma esposa se dedicar com avidez ao trabalho sexual elevava essa humilhação a um extremo sequer sonhado. Se o adultério era uma violação dos laços matrimoniais, a prostituição os contornava inteiramente; a prostituta era uma das poucas mulheres da sociedade romana reconhecida por operar fora da estrutura da família, fora do controle de um pai ou de um marido. Quando acusam Messalina de prostituição, as fontes transformam Cláudio em uma espécie de grande corno, totalmente incapaz de manter sua esposa ou sua casa sob um controle masculino adequado. É um argumento explorado nos menores detalhes: na narrativa de Juvenal, a imperatriz literalmente violava as fronteiras do palácio, escapando para a cidade noturna, antes de trazer a sujeira de volta para casa, para seu leito conjugal fisicamente corrupto; no relato de Dião Cássio, ela destrói a santidade do espaço doméstico estabelecendo um bordel na própria *domus* imperial. As histórias também suscitam uma pergunta mais importante: como Cláudio pode governar o Estado se é incapaz de manter sua própria casa em ordem?

Os boatos sobre a prostituição da imperatriz exploravam ainda outra angústia relativa à liderança de Cláudio. A prostituta romana era um símbolo perigoso de mobilidade social: era uma mulher que ganhava seu próprio dinheiro, cuja posição na sociedade não era definida pelo status de um pai ou de um marido. Era uma *infamis* de origem provavelmente escrava, mas podia se relacionar nos termos mais íntimos e sem reservas com os homens da elite mais alta. Ao transformar Messalina em uma mulher desse tipo, os fofoqueiros, os satiristas e, mais tarde, os historiadores acrescentam uma nova dimensão de risco à incapacidade de Cláudio para o controle. Aquilo não só era um mau exemplo, eles sugerem, mas também introduzia um elemento de desestabilização diretamente no coração do Estado.

O período do reinado de Messalina e Cláudio foi impregnado pela sensação intranquila de que as coisas estavam mudando. O establishment romano passou um longo tempo, quase três quartos de um século, tentando fingir que tudo estava como sempre tinha sido; que a revolução augustana não tinha sido uma revolução, mas sim uma restauração, ou talvez uma reforma, e que o imperador era na verdade só o primeiro entre seus iguais do Senado. Entretanto, conforme a dinastia se enraizava, foi ficando cada vez menos importante para os imperadores manter essa ficção e mais difícil para os senadores se obrigarem a acreditar nela. A fachada já começara a ruir no final do governo de Tibério, e, no momento da ascensão de Calígula, ela já era motivo de riso. Ciente do destino de seu antecessor, Cláudio foi mais cuidadoso em bajular a distinção da ordem senatorial, mas não foi mais fundo do que isso, e o poder evidente de Messalina e dos libertos deixava essa hipocrisia completamente às claras.

Os relatos sobre a prostituição de Messalina reforçam constante e inequivocamente as mudanças transgressoras de status. É um tema que ocupa cada linha da passagem de Juvenal: está lá nas referências frequentes ao ambiente sórdido do bordel escolhido por Messalina, em seu novo nome, em sua nova aparência e na sujeira que ela traz de volta para o palácio quando amanhece. A sensação de que Messalina está solapando as hierarquias sociais adequadas também está em Dião Cássio, na especificação de que as outras mulheres recrutadas por Messalina para trabalhar em seu bordel no Palatino também eram nobres; por fim, há o gracejo ácido de Plínio, o Velho, segundo o qual Messalina considerava a vitória sobre uma prostituta "uma conquista triunfante digna de uma imperatriz".[25]

As acusações de prostituição feitas contra Messalina após sua morte não precisavam ser verdadeiras para garantir seu espaço na memória popular da imperatriz; só precisavam explorar angústias já bem difundidas, veladas e em busca de uma forma de expressão. E elas fizeram exatamente isso: alimentaram o medo do adultério e da sexualidade feminina absolutamente incontrolável; reforçaram as caracterizações da fraqueza de Cláudio como homem e como líder; e deram uma forma carnal às angústias contemporâneas relativas à transferência do poder, de senadores para libertos, de homens para imperatrizes.

É um erro da história que aqueles aspectos da imagem de Messalina menos definidos pelas realidades de seu reinado tenham sido os mais duradouros em moldar seu legado. Tanto a imagem criada da garota impulsiva e tola, que contrasta com Agripina, a mulher astuta e inteligente, como a ideia da insaciável "Imperatriz Prostituta", originada como um julgamento crítico à política de seu reinado com Cláudio, são as caracterizações de Messalina que a assombrariam no decorrer dos séculos.

XVIII
A TRAGÉDIA DE OTÁVIA E BRITÂNICO

"Eu restei, na sombra de um grande nome..."
Pseudo-Sêneca, *Otávia*, 71

Em uma noite de janeiro ou do início de fevereiro de 55 d.C., pouco mais de seis anos depois da morte de sua mãe, Otávia e Britânico jantavam, como de costume, no Palatino. Britânico se aproximava de seu aniversário de 14 anos. Esse seria o ano em que assumiria a *toga virilis*, se tudo corresse como planejado, e embarcaria na carreira pública para a qual havia nascido.

Seu pai havia morrido poucos meses antes, em meados do mês de outubro anterior.[1] Morto aos 63 anos, Cláudio até que viveu bastante para um homem que nunca gozou de uma saúde robusta; mesmo assim se falava, aos cochichos, em assassinato. As suspeitas recaíram previsivelmente sobre a madrasta de Otávia e Britânico, Agripina. Os boatos davam conta de que ela havia envenenado seu marido – duas vezes, para garantir. A primeira dose fora acrescentada a um prato de cogumelos, o favorito de Cláudio, mas o veneno agiu devagar e o imperador só ficou parecendo mais bêbado que o normal. Para evitar qualquer possibilidade de erro, uma segunda dose foi besuntada nas longas penas que os médicos do imperador usavam para ajudá-lo a vomitar quando ele comia demais, o que acontecia com frequência. Dessa vez os efeitos foram imediatos.

Quer tenha de fato providenciado ou não a morte do imperador, Agripina certamente controlou os eventos que se seguiram. Seu filho

Nero havia sido adotado por Cláudio pouco depois do casamento deles, no início de 49 d.C., e, nos anos seguintes, o imperador concedeu a seu enteado todas as honrarias que tradicionalmente marcavam possíveis sucessores. Agora com quase 17 anos, ele, ao contrário de Britânico, com 13, era um jovem homem, possivelmente com idade suficiente para assumir o principado.

Agripina administrou perfeitamente a ascensão de seu filho. Escondendo a morte de Cláudio até que tudo estivesse em ordem, ela primeiramente enviou Nero aos pretorianos e de lá ao Senado, enquanto confortava Britânico e Otávia no Palatino. Nero foi aclamado imperador tanto no Campo de Marte como na *curia* em 13 de outubro de 54 d.C., arrebanhando, de uma só vez, todo o poder e as honrarias do principado. O testamento de Cláudio jamais foi lido: seu teor, em especial sobre se ele havia designado Nero e Britânico como co-herdeiros de suas propriedades, já era irrelevante.

Naquela noite do início de 55 d.C., os sofás da sala de jantar estavam ocupados pelo círculo interno da corte imperial: o novo imperador Nero, Agripina, Otávia e Britânico estavam todos lá.[2] Como ainda assumiria a *toga virilis*, e com ela seu lugar pleno na sociedade dos adultos, Britânico estava reclinado sobre uma mesa com outros garotos mais ou menos de sua idade (entre eles seu amigo mais próximo, o futuro imperador Tito), decorada com um pouco mais de parcimônia do que as outras. Isso era uma tradição, e, dada sua posição, a família precisava ser particularmente cuidadosa para não parecer que ele estava sendo mimado. Também por causa de sua posição, Britânico tinha um "degustador", um escravo cujo trabalho era provar cada prato assim que trazido em busca de sinais de envenenamento. Nessa noite, uma taça de vinho foi servida ao príncipe segundo a maneira romana usual, com a adição de água quente à bebida. O vinho foi provado e aprovado como seguro, mas estava quente demais, muito mais do que de costume, e foi enviado de volta para que um pouco de água fria fosse adicionado. Ele não foi testado de novo quando voltou.

Uma vez a taça terminada, Britânico teve algum tipo de convulsão, perdeu a capacidade de falar e começou a respirar com dificuldade. O grupo entrou em pânico; alguns correram em busca de ajuda, mas aqueles de raciocínio rápido entre eles olharam para Nero. O jovem imperador permanecia impassível; disse que Britânico tinha esse tipo de ataque epilético intermitentemente desde bebê e garantiu ao grupo que ele logo recobraria os sentidos. Britânico foi levado da sala, e o jantar prosseguiu.

Apesar das garantias de Nero, Britânico – outrora a "Esperança dos Césares" – morreu antes de a noite terminar. Não houve perda de tempo na preparação do funeral, que foi realizado à primeira luz da manhã seguinte no Campo de Marte. Durante o funeral, caiu uma tempestade de grande violência, conforme Tácito, que, segundo algumas pessoas, devia ser algum tipo de julgamento dos céus.[3] No entanto, o mau tempo foi muito mais do que só um mau agouro. Dião Cássio afirma que, conforme o corpo de Britânico era carregado através do Fórum em seu carro, a chuva pesada removeu uma camada de gesso branco que havia sido aplicada sobre sua pele, revelando uma descoloração lívida e desagradável. Acreditava-se que aquele era um sintoma de veneno, e todos acharam que Nero é quem o tinha administrado.

É perfeitamente possível que o filho de Messalina e Cláudio tenha na verdade morrido de causas naturais, exatamente como Nero afirmou. Britânico pode ter sido morto por um ataque epilético ou talvez por uma infecção de tétano, que teria causado tanto a convulsão quanto a descoloração da pele.[4] Em última análise, as causas verdadeiras de sua morte não importam muito para a história. O status de Britânico como filho de Cláudio sempre fez dele um risco à hegemonia de Nero, e sua iminente assunção à *toga virilis*, com toda a expectativa de uma proeminência pública renovada que ela implicava, significava que esse risco apenas aumentaria.

A partir do momento em que Cláudio se casou com Agripina e adotou Nero, ficou claro que um dos garotos precisaria morrer. Do ponto de vista do imperador reinante, a provisão de dois herdeiros trazia vantagens reais. Roma oferecia aos homens jovens inúmeras maneiras de morrer (como já haviam mostrado as infindáveis dificuldades na sucessão de Augusto). Se o imperador nomeasse um único herdeiro, e esse herdeiro morresse, a aparência de um vácuo de poder por trás do imperador poderia criar um incentivo para o surgimento de facções e até mesmo para o regicídio. Entretanto, o império não podia ser dividido – a degeneração de triunvirato após triunvirato em guerra civil, na República tardia, havia mostrado isso –, e, então, o segundo candidato, apesar de sua utilidade antes de o imperador morrer, precisaria ser eliminado após a ascensão de seu competidor. Essa mesma situação se desenrolou rápida e claramente no inverno de 37/38 d.C., quando Calígula providenciou a morte de Tibério Gemelo (nomeado co-herdeiro junto com ele no testamento de Tibério) sob acusações de conspiração. Naqueles primeiros meses de 55 d.C., se Britânico não tivesse morrido, por envenenamento ou doença, acusações semelhantes provavelmente teriam sido feitas contra ele antes que o ano terminasse.

A partir do momento em que Cláudio se casou com Agripina, em 49 d.C., a única esperança de Britânico teria sido derrotar Nero na conquista do trono e destruí-lo no processo. O fato de Cláudio ter morrido antes de Britânico chegar à maioridade tornava esse desfecho improvável. A conveniência do timing para Nero alimentou os rumores de que Agripina havia providenciado a morte de seu marido para pôr um fim aos planos que ele estava fazendo para a promoção iminente do filho de Messalina. Em Agripina, Nero desfrutava do apoio irrestrito da mulher mais poderosa do Palatino. Desde a morte de sua própria mãe, Britânico não tinha, e nem poderia ter, uma aliada desse porte.

Tendo sido envenenado ou não, o destino de Britânico foi selado por duas tragédias: o fato de sua mãe ter morrido e o momento da morte de seu pai.

A situação de Otávia era menos clara. Como garota, não seria uma competidora direta para Nero, e Agripina sabia que, se fizesse sua jogada corretamente, a filha de Messalina poderia ser uma peça-chave para o sucesso de seu filho.

Quando sua mãe morreu, Otávia, então com cerca de 8 anos, estava noiva de Lúcio Silano havia sete anos. Lúcio Silano era um jovem de origem nobre e um tataraneto de Augusto. Seu noivado com a bebê Otávia havia sido uma das ações de Messalina e Cláudio pela estabilização durante a agitação daqueles primeiros meses de seu reinado compartilhado. Durante esse tempo, Lúcio Silano avançava constantemente, mas sem estardalhaço. Estivera com Cláudio na Britânia e fora escolhido como enviado imperial para informar o Senado da vitória de Roma; se beneficiara do triunfo de Cláudio e recebera insígnias honoríficas triunfantes próprias; antes da morte de Messalina, em 48 d.C., foi pretor e recebeu os direitos e os fundos para armar o tipo de espetáculo grandioso de gladiadores que fazia os homens caírem nas boas graças do povo.[5]

Para Agripina, esse noivado era um impedimento, e ela não perdeu tempo em se livrar dele.[6] Lúcio Silano foi acusado de incesto com sua irmã Júnia Calvina; linda, festeira e "oferecida", a reputação dela acrescentou uma deliciosa pitada de possibilidade às acusações.[7] Júnia foi exilada, e Lúcio Silano se suicidou na manhã do casamento de Agripina e Cláudio.

Agora o caminho estava livre para o noivado de Otávia e Nero. Era uma jogada crucial para o desenvolvimento do status de Nero como um possível sucessor do principado: ele era agora duas vezes herdeiro do imperador, como enteado *e* como genro. Os dois se casaram, em 53 d.C., quando a noiva tinha cerca de 13 anos, e o casamento foi marcado por comemorações públicas, jogos gladiatórios suntuosos e caçadas a animais selvagens no Circo Máximo.[8]

Um ano e meio depois, quando Otávia se sentou para o jantar que terminaria com a morte de seu irmão, se sentou em um lugar que um dia fora ocupado por sua mãe: o de esposa do imperador. Se suspeitava de que seu marido havia matado seu irmão, ela não demonstrou. "Embora inexperiente em anos", Tácito afirma, "ela já havia aprendido a esconder sua mágoa, seu amor e de fato todas as suas emoções."[9]

Otávia pode ter aprendido a disfarçar seus sentimentos, mas não há dúvida de que seu casamento com Nero foi extremamente infeliz. Apesar de sua própria reputação, Messalina criou a filha para ser um modelo de virtude antiquada, "nobre e comprovada em sua honestidade".[10] Ela era amada pelo povo, por sua sogra, Agripina, e pela corte, mas não fazia o tipo de Nero. "Quer por um azar", Tácito observa, "ou porque a atração do ilícito sempre vence no final, ele acabou por abominá-la."[11]

Nos anos que se seguiram ao casamento, Nero embarcou em uma série de casos amorosos apaixonados, primeiramente com a liberta Cláudia Acte e depois com Popeia Sabina, a Jovem, famosa por sua beleza, elegância e manipulações, filha da igualmente atraente Popeia Sabina, a Velha, forçada por Messalina a cometer suicídio por causa de seus supostos casos com Mnester e Valério Asiático.[12] Era esse tipo de mulher que Nero queria: menos "honesta" e mais divertida; menos tolhida por sua moral e pelas expectativas de seu nascimento; menos abalada, talvez, por traumas de infância e pela constante rejeição conjugal. O descontentamento de Otávia era evidente para todos a seu redor. Em uma ocasião, os amigos de Nero tentaram intervir em favor dela, implorando ao imperador que tratasse sua esposa um pouco melhor. Ela era a esposa do imperador, Nero retrucou, isso não deveria bastar para ela?[13]

Apesar de toda a animosidade entre ela e Messalina, aparentemente a afeição de Agripina por Otávia era verdadeira. Ela tomou o lado da nora no início do caso de Nero com Acte, reconfortando-a e colocando sua própria posição em risco ao censurar abertamente o comportamento do filho.[14] O conhecimento da desaprovação de sua mãe pouco fez para esfriar a obsessão do imperador adolescente por sua amante ou para redirecionar suas atenções para sua esposa legítima, o que não chega a surpreender, mas deu a Otávia certo grau de proteção.

Quando Agripina morreu, em 59 d.C., pelas mãos do filho que ela trabalhou tão duro para tornar imperador, Otávia ficou mais vulnerável do que nunca.[15] Nero se sentia encurralado, e, quanto mais impecavelmente Otávia desempenhava o papel de boa esposa e boa imperatriz, mais ele se ressentia dela. Otávia era despretensiosa e modesta e não desejava se intrometer, como sua mãe se intrometera, nos assuntos do Estado; mesmo assim, seu marido se sentia "oprimido", diz Tácito, pela popularidade pessoal da esposa com o povo e pelo nome do pai dela; ele sabia o quanto ele ainda devia a ela pelo poder que possuía, e se ressentia disso.[16]

Suetônio afirma que Nero tentou várias vezes estrangular Otávia até a morte, sem sucesso.[17] No início dos anos 60 d.C., e incentivado por sua nova amante, a ambiciosa Popeia Sabina, a Jovem, Nero aparentemente decidiu se livrar dela por meios mais convencionais e confiáveis.[18]

Dada a frequência dos divórcios em Roma e a autoridade quase totalitária de Nero, é um notável testemunho do renome pessoal de Otávia que sua queda tenha provocado uma crise tão grande. Otávia se divorciou em 62 d.C., inicialmente sob acusações de infertilidade, e Nero logo se casou com Popeia Sabina. No entanto, a jogada caiu tão mal com o público que novas acusações de adultério foram rapidamente maquinadas para remover Otávia da cidade.

De maneira notável, a primeira acusação falhou miseravelmente. Otávia foi acusada de manter um caso com um escravo tocador de flauta alexandrino-egípcio de nome Eucero, mas, mesmo sob tortura, os serviçais de Otávia se recusaram a cooperar. Uma de suas escravas atacou Tigelino, o prefeito pretoriano que a estava interrogando: a vagina da amante dele, ela disse com rispidez, era mais pura que a boca dele. Sem conseguir reunir testemunhas suficientes para levar o caso ao tribunal, o imperador desistiu e forçou Otávia a um retiro "voluntário" em um conjunto de propriedades bem vigiadas na Campânia.

O clamor público foi imediato e intenso, e quando se espalhou o boato de que Nero tinha se curvado à pressão pública e reinstalado Otávia em sua posição de esposa e imperatriz, as comemorações foram igualmente efusivas. O povo lotou o Fórum e o Capitólio, agradecendo aos deuses pelo retorno de Otávia em segurança. Eles derrubaram as estátuas de Popeia Sabina e trouxeram de volta as imagens de Otávia, adornaram-nas com guirlandas de flores, levaram-nas em procissão e, por fim, as instalaram no Fórum e nos templos.

A força da base de apoio de que Otávia desfrutava pode sugerir que o povo conservava algumas lembranças positivas de sua mãe. Otávia só tinha 22 anos, e, em seus sete anos como imperatriz, parece ter conscientemente evitado promover seu próprio poder e imagem. Se o povo romano realmente odiasse Messalina, se realmente a abominasse como a "Imperatriz Prostituta" e acreditasse que sua queda tinha sido merecida, parece improvável que se disporia a ser tão protetor com a filha dela.

As comemorações do suposto retorno de Otávia culminaram em tumultuosas salvas de palmas para Nero e saudações à imperatriz restaurada. Elas foram prematuras. Quando membros da multidão exultante tentaram irromper no palácio imperial, foram impedidos pelos guardas. Logo ficou claro que Otávia não tinha sido chamada de volta e que a imperatriz ainda era Popeia.

Os guardas imperiais tiveram dificuldade para conter a multidão, e então Nero se deu conta de que, enquanto Otávia vivesse, ela continuaria sendo uma ameaça ao regime. Dessa feita ele decidiu não se preocupar com testemunhas. Em vez disso, mandou chamar Aniceto, comandante da frota imperial estacionada perto de Nápoles e homem que teve um papel fundamental na morte de Agripina. Então Nero o chantageou com seu antigo serviço. O imperador exigiu que Aniceto jurasse que havia seduzido Otávia e que os dois haviam tido um relacionamento adúltero, ameaçando executá-lo por assassinato se ele não colaborasse. Aniceto, é claro, concordou com os termos e fez sua "confissão" diante de um conselho de testemunhas. Nero promulgou um édito detalhando as supostas infidelidades de sua esposa e acrescentou a acusação de que o relacionamento havia terminado em gravidez e aborto.

Aniceto foi "banido" para um exílio luxuoso na Sardenha, e Otávia foi enviada à ilha de Pandatária, no mar Tirreno. Apesar de todas as acusações de Nero, Tácito conta que o povo permaneceu do lado dela.

> Nenhum outro exílio jamais causara aos olhos dos observadores uma sensação maior de miséria. Naquele tempo alguns ainda se lembravam de Agripina, exilada por Tibério, e a memória mais recente vira Júlia ser removida por Cláudio: mas essas mulheres tinham a força da idade; haviam conhecido alguma felicidade, e seu amargor presente era aliviado pela recordação de fortunas mais doces passadas. Para Otávia, o dia de seu casamento fora um funeral – levada para uma casa que nada tinha a lhe oferecer exceto tristeza, onde ela vira primeiro seu pai e, então, logo depois, também seu irmão, arrancados dela pelo veneno; e então uma escrava tomada como amante por seu marido, e Popeia Sabina casada para garantir sua ruína; e, por fim, ela foi objeto de uma acusação falsa mais dolorosa que qualquer morte.[19]

O povo que assistiu a sua partida temia não ver Otávia retornar de Pandatária – a ilha-prisão notoriamente estéril que testemunhara a morte de muitas outras mulheres imperiais –, e estava certo. Apenas uns poucos dias de exílio haviam se passado quando Otávia recebeu uma carta de Nero ordenando que ela cometesse suicídio. Ela falou sobre sua queda, seus serviços, seu silêncio, até mesmo sua relação com Agripina; tinha sido infeliz no casamento, ela admitia, mas não estava pronta para morrer.

Foi em vão; a ordem do imperador era bastante clara. Os soldados a amarraram firme com cordas e cortaram as veias de seus braços e, só para garantir, as das pernas também. O sangue, diz Tácito, continuava a fluir vagarosamente – estava "congelado", segundo ele, "pelo medo" –, e, então, encheu-se uma banheira com água quente o bastante para que o vapor acelerasse o processo.[20] Após sua morte, as pessoas dizem que sua cabeça foi cortada e enviada para Popeia Sabina em Roma. Otávia, a primeira filha de Messalina e sua última descendente direta, estava morta aos 22 anos.

Os destinos de outros atores importantes na história de Messalina foram mais variados que os de seus filhos.

Narciso recebeu menos do que havia esperado como recompensa por todos os riscos que ele havia corrido para destruir Messalina. Cláudio concedeu-lhe os ornamentos do questorado (um dos cargos senatoriais mais baixos) em uma demonstração pública de unidade após a queda da imperatriz, mas parece que não lhe agradeceu muito em particular; o caso havia prejudicado a credibilidade política do imperador e destruído sua família. Agripina também não confiava em Narciso; ele tinha se oposto ao casamento dela com Cláudio, aconselhando o imperador, em vez disso, a voltar para sua ex-mulher Élia Pecina, menos ameaçadora.

Os privilégios de Narciso junto ao imperador assim como sua sorte, especialmente em comparação com o liberto preferido de Agripina, Palas, entraram em um declínio lento, mas inconfundível. Em 52 d.C., Palas recebeu a insígnia do pretorado, dois degraus acima do questorado de Narciso no *cursus honorum*.[21] Narciso tinha outros problemas nas mãos. Ele fora encarregado de um dos principais projetos de engenharia de Cláudio: a drenagem do lago Fucino. Quando parte do sistema de drenagem entrou em colapso, a culpa recaiu sobre Narciso, que foi acusado de desviar recursos e, então, tentar destruir as evidências.[22]

Na época da morte de Cláudio, a tensão entre Narciso e Agripina era tamanha que houve quem dissesse que ele considerou apoiar Britânico como herdeiro do imperador contra Nero, apesar de toda a sua inimizade com a mãe do menino e do risco de que Britânico tentasse se vingar dele se chegasse ao poder.[23] No entanto, se o liberto estava planejando outra jogada ousada, ele errou no timing. No outono de 54 d.C., Narciso estava fora de Roma. Para todos os efeitos, ele estava buscando a cura para sua gota, mas a viagem pode ter sido articulada por algum pretexto por Agripina. Quando regressou, Cláudio estava morto e Nero estava no poder. Aliás, a própria decisão de Narciso de regressar foi um erro de julgamento: ele foi preso e, antes do final do ano, executado ou obrigado a cometer suicídio. O último ato de Narciso antes de morrer, pelo que se diz, foi queimar toda a correspondência imperial que estava em seu poder na condição de secretário de Cláudio.[24]

A mãe de Messalina, Domícia Lépida, caiu mais cedo nesse mesmo ano. É verdade que sua relação com Messalina não a deixou em bons lençóis com Agripina, mas os problemas entre as duas mulheres podem ter começado na época do primeiro casamento de Agripina, aparentemente infeliz, com seu primeiro marido, Domício Enobarbo, irmão de Domícia Lépida. Pior de tudo, foi aos cuidados de Domícia Lépida que o bebê Nero ficou durante o período do exílio de Agripina sob Calígula, e ela manteve sua influência sobre o sobrinho, que ela aparentemente adorava e mimava, algo de que Agripina ao mesmo tempo se ressentia e tinha medo.[25]

A imperatriz fez Domícia Lépida ser denunciada por um crime duplo: primeiramente, ela recebeu a acusação de empregar feitiçaria contra Agripina, e, depois, a acusação menos sinistra, porém mais provável, de ter permitido que os enormes grupos de escravos que trabalhavam em suas propriedades na Calábria saíssem perigosamente do controle. Domícia Lépida foi condenada à morte e morreu em 54 d.C., ou executada ou por suicídio.

Os velhos comparsas de Messalina no Senado se saíram um pouco melhor. Vitélio, o homem que beijara seus sapatos, mas depois se recusara a apoiá-la na estrada para Óstia, morreu de causas naturais em 51 d.C. Três vezes cônsul e uma vez censor, ele desfrutou de uma carreira notavelmente ilustre e recebeu a honra de um funeral de Estado. O Senado colocou uma estátua na Rostra do Fórum com uma inscrição que o declarava "Inabalavelmente Leal ao Imperador Cláudio".[26] Mais tarde, depois da queda de Nero, o filho homônimo de Vitélio governaria brevemente o império.

O notório promotor Públio Suílio durou mais tempo. Sobreviveu por uma década após a morte de Messalina com todo o mesmo esplendor e importância de que gozara quando ela ainda era viva. Contudo, em 58 d.C., seu estilo de vida finalmente o alcançou.[27] A Lei Cinciana – a mesma que o amante de Messalina, Sílio, tentara usar contra ele, em 47 d.C. – foi novamente invocada, mas dessa vez seu acusador, o filósofo Sêneca, a combinou com acusações de extorsão. Públio Suílio não aceitou as acusações passivamente; essa não era sua natureza. Tácito diz que ele era um homem "que preferia ser visto como mau a ser tido como fraco".[28] Públio Suílio partiu para a ofensiva: reafirmou as acusações originais de Messalina sobre o adultério de Sêneca com Júlia Lívila, acusou-o de corrupção e escarneceu de seus gostos notavelmente caros para um filósofo.

No entanto, quando as evidências de sua carreira como promotor foram colocadas diante dele, Públio Suílio mudou de tática: disse que estava apenas cumprindo ordens imperiais. Nero o interrompeu, afirmando que os documentos de Cláudio provavam que ele não havia dado aquelas instruções. Não, Públio Suílio esclareceu, as ordens não tinham vindo de Cláudio, mas sim de Messalina. Nesse momento, diz Tácito, "a defesa começou a vacilar". "Por que", perguntou a acusação, "foi a voz de Suílio a escolhida acima de todas as outras para servir àquela prostituta selvagem?"[29] Por fim, Públio Suílio se rendeu à conclusão inevitável de sua condenação. Metade de suas propriedades foi confiscada, e ele foi exilado nas ilhas Baleares, onde, pelo que se conta, o último aliado de Messalina passou o resto de sua vida em um estado de tranquilidade e abundância.

Enquanto Públio Suílio juntava o suficiente de suas vastas propriedades para sustentá-lo confortavelmente nessa aposentadoria imposta pela lei e deixava Roma pela última vez, as palavras da acusação sobre Messalina – "prostituta selvagem" – eram anotadas na ata do Senado.

XIX
EPÍLOGO: AS MESSALINAS

> "A morte foi capaz de pôr um fim às suas depravações,
> mas não consegue apagá-las da memória."
> Francesco Pona, *La Messalina*

A multidão que cruzava a Place du Casino para L'Opéra de Monte Carlo, na noite de 21 de março de 1899, era provavelmente bem diversificada. Aristocratas europeus e novos-ricos americanos, virgens da sociedade e as cortesãs que dormiam com seus noivos, homens que haviam quebrado a banca e homens que pouco tinham a perder. No programa daquela noite estava a estreia mundial de uma nova ópera do compositor inglês Isidore de Lara, intitulada *Messalina* [*Messaline*].

Quando a orquestra começou, as cortinas se levantaram sobre a Roma criada pela imaginação vitoriana. Uma escadaria monumental de pedra era flanqueada por colunas jônicas e arcos eram decorados com tochas douradas, pesadas guirlandas e estátuas despidas. Tudo era excessivo. Até mesmo o coro de garotas escravas vestia túnicas bordadas em cores, colares de três voltas e braceletes dourados. Quando Messalina finalmente surgiu, representada pela renomada soprano belga Mayrianne Héglon, ela não decepcionou: seu vestido de seda ricamente adornado era amarrado sob os seios por uma grossa faixa cravejada de pedras, e um pesado véu de veludo era sustentado por uma coroa de folhas douradas.

O ano supostamente era 45 d.C. – auge do poder de Messalina –, mas os libretistas Silvestre e Morand manipularam a história sem muita fidedignidade. Sua trama se centra em um triângulo amoroso ficcional entre a imperatriz e dois irmãos inventados, o poeta Hares e o gladiador Hélion. Ambos embarcam em casos amorosos com Messalina, antes de Hélion matar seu irmão e se suicidar em um caso trágico de ciúme e identidades trocadas. A imperatriz sai ilesa. Se alguém na plateia da Salle Garnier naquela noite se lembrasse o suficiente de sua educação clássica para perceber a assombrosa falta de precisão histórica de *Messalina*, isso não atrapalhou em nada a diversão. Talvez alguns se lembrassem melhor dela das cópias do livro de Didot de 1798, com suas gravuras pornográficas de Messalina como Lycisca, que teriam encontrado nas bibliotecas de seus bisavós. De uma maneira ou de outra, a ópera oferecia tudo o que eles queriam: decadência romana, depravação sexual e mortes múltiplas.

Logo após as críticas positivas que recebeu em Monte Carlo, *Messalina* abalou a Europa. Henri de Toulouse-Lautrec a assistiu no Grand Théâtre em Bordeaux no inverno seguinte e retornou várias noites seguidas para desenhar. Os seis desenhos baseados em *Messalina* que Toulouse-Lautrec produziu habitam todos a mesma atmosfera estranha, um tanto onírica e vagamente ameaçadora. Os personagens em seus trajes meio romanos, meio Belle Époque, são banhados pela luz verde das lâmpadas de gás que iluminavam o palco. Em cada cena, Messalina se destaca, confiante e altiva em um vermelho chocante.

Messalina também foi apresentada na Royal Opera House de Londres e, em 1901, se tornou a primeira ópera de um compositor inglês a ser montada no Teatro alla Scala de Milão. Em janeiro de 1902, o sucesso de *Messalina* a levou através do Atlântico para a Metropolitan Opera de Nova York.

Entretanto, o sucesso alcançado na Europa do *fin de siècle* não se repetiu em Nova York. A crítica publicada no *New York Times* na manhã de 23 de janeiro de 1902 era inequívoca:[1]

> A produção de uma nova ópera na Metropolitan Opera House pode muito bem ser descrita como um "evento" [...]. O *libretto* de Messalina é calmamente audacioso, francamente impuro. Baseia-se totalmente na paixão agitada de uma mulher de boca suja, inteiramente carnal e degradada [...]. [Os libretistas] fracassaram

> miseravelmente em sua tentativa de envolver os pensamentos dessa Messalina em "poesia". Seus versos não escondem seu próprio significado e esse significado não é agradável [...] a plateia educada que assistiu a ela na noite passada não pôde alegar a ignorância costumeira do espectador de óperas quanto à trama e ao diálogo. Não seria possível se equivocar sobre o significado dessa cena.

O crítico faz alguns contorcionismos para elogiar o desempenho da soprano principal. "É quase desnecessário nesse estágio da história operística de Nova York", ele escreve,

> dizer a qualquer leitor de jornais que Madame Calve tem um talento fatal para a simulação de fascinações sedutoras. Aqueles que viram Carmen – e quem não viu? – sabem que ela compreende inteiramente a natureza daquela classe de mulheres que se aproveita da fraqueza e da loucura dos homens, que coloca em primeiro lugar a satisfação de seus desejos e que abandona à ruína e à morte as vítimas que descarta sem compunção [...]. Mas, se for para ver a Messalina morta ressuscitada em carne e osso, confessemos de uma vez que ela viveu ontem à noite e exerceu sua influência nociva nas ribaltas da Metropolitan.

Claramente ainda não saciado em seu ultraje, o mesmo crítico voltaria a uma segunda apresentação de *Messalina* menos de três semanas depois.

Cerca de oitocentos anos antes de *Messalina* provocar a indignação (e o interesse) do crítico de ópera do *New York Times*, o teólogo do século XII Honório de Autun tinha preocupações de natureza bastante diferente: as freiras, ele pensava, haviam começado a se comportar mal. Honório afirmou que o demônio havia se infiltrado nos dormitórios do convento e estava encorajando as garotas a participar dc todo tipo de devassidão. Essas mulheres, ele disse, não tinham mais a Virgem Maria como seu modelo; seus modelos eram agora a cortesã grega Friné e Messalina.[2] Um milênio após sua morte, Messalina estava sendo transformada em um tipo de anticristo da sexualidade feminina.

Outro milênio depois, em 2013, o diretor dinamarquês Lars von Trier voltaria a mistificar o mau comportamento sexual de Messalina. No início do segundo volume de seu controverso filme em duas partes, *Ninfomaníaca*, em uma versão pervertida da história da transfiguração de Jesus no Monte, uma Joe de 12 anos (a ninfomaníaca do título) tem uma visão de Messalina e da Prostituta da Babilônia durante seu primeiro orgasmo. Messalina surge como na estátua do Louvre, coberta pelo véu e segurando o bebê Britânico. Recontando sua história décadas depois, na casa do solteirão de meia-idade Seligman, Joe menciona que a mulher se parecia com a Virgem Maria. "Bem, não era a Virgem Maria, isso eu posso lhe dizer", retruca o erudito Seligman. "Pela sua descrição deve ter sido Valéria Messalina, a esposa do imperador Cláudio, a mais notória ninfomaníaca da história."

Por mais diferentes que as intenções de Lars von Trier e de Honório devem ter sido, ambos os homens usam Messalina da mesma forma, transformando-a de uma mulher em uma alegoria para o excesso sexual. Messalina é transformada primeiramente em um falso ídolo demoníaco, e depois em uma visão superficialmente santificada, e nesse processo ela é despojada de sua realidade histórica e de quaisquer outros aspectos não sexuais de sua identidade. Tanto o teólogo medieval como o cineasta do século XXI reduzem a complexa história da imperatriz até que ela funcione apenas como um símbolo do desejo feminino descontrolado.

Ao usarem Messalina como um arquétipo, Honório e Von Trier entram para uma longa tradição. A história de Messalina foi usada como um tema na arte e na literatura, e o próprio nome dela se tornou um substantivo, um adjetivo, um alerta, uma piada, um insulto, um elogio e uma referência. "A Messalina" não é uma figura particularmente próxima das histórias específicas contadas sobre Valéria Messalina pelas fontes antigas; na verdade, seu nome se torna uma abreviação para a mulher sexual – e para a mulher *má* de modo mais geral.

Os autores, bem versados nas histórias antigas das aventuras sexuais da imperatriz, voltam a Messalina repetidamente como um modelo da mulher ostensivamente sexual. As mulheres são equiparadas a Messalina quando desejam sexo, quando fazem muito sexo, quando são boas em fazer sexo, ou quando gostam de sexo. Um romance francês, de 1830, descreve "o desejo furioso por prazer que atormenta essas Messalinas".[3]

A cafetina cansada que atua como fornecedora da sociedade secreta de aristocratas no romance *Les Aphrodites* de Andréa de Nerciat, de 1793, se pergunta a respeito de uma de suas clientes: "não forneci a essa certa Messalina até três guardas suíços em um dia? Ela nunca desiste!".[4] Outro romancista do século XVIII, Restif de la Bretonne, exalta a maneira de uma mulher "mover os quadris como Cleópatra e Messalina", e em *Juliette*, do marquês de Sade, um amante promete à heroína homônima que ela "goze como uma Messalina".[5]

A ideia da "Messalina" como uma corporificação do desejo sexual feminino irrestrito também floresceu na Grã-Bretanha. Ainda nos anos 1670, a posição de Messalina como o arquétipo da mulher mais ou menos vadia por excelência estava suficientemente bem estabelecida para ser invertida pelo famoso libertino John Wilmot, conde de Rochester. Em uma carta satírica a Hortense Mancini, a amante francesa do rei Charles II, ele escreve: "A Messalina lasciva foi só um *Tipo de ti*/ Tu o mais alto, o último grau de depravação".[6]

Às vezes "a Messalina" era uma prostituta ou uma mulher meio mundana, mas no mais das vezes era um membro obstinado da sociedade respeitável.[7] Nos anos 1770, a prolífica adúltera Caroline Stanhope, condessa de Harrington, foi chamada de "a Messalina de Stable Yard", em referência ao apelido de sua casa em St. James.[8] Uma década depois, a irmã de sua nora, Seymour Fleming, lady Worsley – cujo famoso julgamento por "conversação criminosa" citou 27 supostos amantes –, seria chamada de "a Messalina da época".*[9] Já em meados do século XX, o duque de Argyll supostamente chamou sua esposa escandalosamente adúltera, Margaret, de "a Messalina da família".

Uma confirmação da associação entre as adúlteras de alta classe e a memória cultural de Messalina vem da publicação de uma carta supostamente escrita por uma anônima "Dama da Alta Sociedade" para

* Referências a Seymour Fleming como uma Messalina aparecem em vários dos versos satíricos populares compostos por volta da data do julgamento. Um deles, que finge ser uma carta de Seymour para seu ex-marido, incluía os seguintes versos: "De que te importa se em cada página sou chamada de/ A Messalina dos dias de hoje/ Seja meu louvor, meu maior prazer, admitir/ De toda a humanidade eu não amo só a ti". Outro, fingindo ser a resposta dele, retrucava: "Ó, tu, que nossos jovens nobres declaram divina/ Sacerdotisa absoluta do templo de Príapo,/ Imortal W—Y, ou se ainda mais caro/ O nome de Messalina recebe teu ouvido".

o *London Courant*, em outubro de 1781, criticando o conceito de casamento monogâmico e elogiando o adultério nos termos mais exaltados. "Seria de supor", pergunta a autora,

> que qualquer mulher de gosto e determinação, profundamente impregnada com os galanteios da idade, é capaz de aceitar a ideia de prostituir todos os seus momentos preciosos a um velho marido tolo e acabado, cujo pulso animado já não possui o latejar quente e amoroso, cujos estímulos moribundos servem apenas para irritar o desejo [...]? [...] Podem estes ser comparados às doçuras dos amores vadios e aos arrebatamentos inseparáveis de uma gama ilimitada no caminho aveludado da leviandade e da devassidão?

O pseudônimo escolhido pela autora é revelador: a carta é assinada por "Messalina".[10]

Apenas dois anos antes de "Messalina" escrever para o *London Courant*, um leitor de outro jornal londrino, o *Morning Post*, também já tinha invocado a imperatriz em seu pseudônimo. Um homem que se identificou como "Anti-Messalina" escreveu ao jornal duas vezes, em 1779, reclamando da existência em geral e do comportamento das mulheres. Sua primeira carta menciona o adultério, mas se concentra principalmente nos luxos e extravagâncias das mulheres, que ele culpa por uma série de falências, assaltos, assassinatos e suicídios. A segunda acusa prostitutas francesas que se fingem de governantas de ensinar a filhas inglesas "leviandade nas maneiras e um comportamento fantástico vazio" e de deixá-las com "o ar masculino de uma amazona, o olhar lascivo de uma Lais* e uma bagatela sem sentido que envergonharia uma camareira".[11] Dado seu pseudônimo, pode parecer notável que pouco da invectiva do "Anti-Messalina" tenha a ver com adultério, mas a essa altura o epíteto "Messalina" já significava não só uma adúltera, mas uma esposa ruim e uma mulher ruim de modo mais geral. Quanto mais crescia a obsessão vitoriana pelo ideal da boa esposa, o "anjo no lar", mais a "Messalina" se transformava em seu oposto. Ao explicar a provação

---

* Refere-se à Lais de Hícara ou à Laís de Corinto – ou, ainda, à possível ambiguidade no uso do nome Lais, já que há confusão em muitas menções a essas figuras históricas. [N.R.]

insuportável de seu primeiro casamento, o sr. Rochester de *Jane Eyre* atribui uma gama de falhas e vícios a sua esposa meio-jamaicana, Bertha. Ele conclui batizando-a de "minha Messalina índia".[12]

A transformação de Messalina em um símbolo do desejo feminino incontido, do adultério aristocrático e de uma feminilidade perigosamente não doméstica faz uso de sua reputação, mas pouco faz para explorar a verdadeira narrativa de sua vida. Entretanto, a partir do século I d.C., peças, poetas, romancistas, compositores, pintores e escultores reconheceram o potencial dramático e simbólico da história de Messalina.[13] Sua interação mais profunda com os detalhes da vida dela não necessariamente confere às representações que esses artistas fizeram da imperatriz mais nuances que aquelas que usaram o nome de Messalina como sinônimo de promiscuidade e prostituição. Em vez disso, esses artistas usam a ascensão e a queda de Messalina para explorar "tipos" femininos eternos: a vítima, a feiticeira, a vilã política, o objeto sexual, a ninfomaníaca e a *femme fatale*.

A história de Messalina estreou nos palcos cerca de 1800 anos antes da estreia da ópera de Isidore de Lara em Monte Carlo. A tragédia *Otávia*, composta perto do momento da queda da dinastia júlio-claudiana e da ascensão de seus sucessores flavianos, conta a história do casamento infeliz da filha de Messalina com Nero, culminando em seu exílio e assassinato.* Messalina está morta antes de a história começar, mas a presença dela paira ameaçadoramente desde a primeira página:

> Devo sempre lamentar minha mãe
> Causa primeira de toda minha má sorte [...]
> Eu, chorando, assisti tuas feridas e vi teu rosto
> Pontilhado com os vestígios imundos do seu próprio sangue.[14]

* A autoria é desconhecida. Ela é às vezes atribuída a Sêneca, mas, embora o autor tome emprestadas várias expressões e atitudes de Sêneca, atualmente isso é considerado improvável tanto por questões de estilo como de contexto. Essa peça é hoje o único exemplo sobrevivente de uma *fabula praetexta*, um gênero de tragédia latina baseada na história romana, e não nos mitos gregos.

Em *Otávia*, Messalina é uma agente da tragédia. Suas ações e sua queda (abrindo caminho, como acabou acontecendo, para a ascensão de Agripina e Nero) fizeram cair uma maldição transgeracional, do tipo tão comum nas tragédias gregas, sobre a casa de Cláudio: essa maldição já havia matado Britânico e Cláudio, e Otávia seria vitimada por ela antes do final da peça.

No entanto, Messalina também é apresentada como uma vítima da própria tragédia. A descrição que Otávia faz do cadáver mutilado de sua mãe "azarada" pede nossa simpatia, e mais tarde na peça o coro lista Messalina entre diversas mulheres inocentes vitimadas pelas tiranias júlio-claudianas. A resposta à pergunta "*De quem* exatamente Messalina foi vítima?" é menos clara. Otávia culpa as maquinações de Agripina, o coro culpa Narciso, mas a sugestão mais interessante e duradoura vem do personagem da ama de Otávia: "Deixa teus lamentos sozinhos agora, seca tuas lágrimas pias/ e não perturba o espírito da tua mãe", ela aconselha, "ela pagou um alto preço por sua loucura".[15] Messalina é ao mesmo tempo culpada e absolvida: sua queda é resultado de suas ações, mas aquelas ações são o resultado de uma "loucura" intrínseca a sua natureza. A sexualidade de Messalina se torna uma "falha fatal" predestinada, tornando sua morte inescapável e adequada, mas também trágica.

É uma ideia recuperada 1.200 anos mais tarde pelo grande humanista italiano do século XIV Boccaccio em seu livro *Sobre os destinos dos homens famosos*. Um dia, sentado em seu escritório, Boccaccio se imagina sendo visitado por uma série de visões de grandes homens e mulheres da história que recontam suas vidas e procuram explicar ou se desculpar por suas condutas. O Livro Sete vê Boccaccio cercado de uma multidão de antigos romanos. Chama sua atenção uma discussão entre Tibério, Calígula e Messalina.[16] Os dois imperadores criticam Messalina por seus adultérios. Ela responde, apresentando sua história como uma tragédia e apontando a hipocrisia de seus acusadores sexualmente devassos. Ela tem vergonha de seus adultérios, admite, mas eles foram provocados por desejos além de seu controle. Quando seu pai procurou a opinião de um astrólogo por ocasião de seu nascimento, ela explica, ele afirmou que todos os signos dos céus da criança convergiam na esfera de Vênus. "Então, eu nasci", ela diz, "sob esse céu que urgia, e por mais abomináveis que meus feitos possam ter sido, ainda assim eles estavam em minha natureza. Qualquer um gostaria, *verdadeiramente* gostaria, de ser capaz de conquistar tal natureza por meio da força de vontade, mas mesmo Hércules perdoará uma garota jovem por seu fracasso [...], pois ele foi vencido pelo poder do amor, exatamente como eu fui." Um manuscrito francês da obra de Boccaccio, iluminado pelo Mestre de Boucicaut por volta de 1415 e hoje no Getty Museum em Los Angeles, mostra Messalina – linda, loira e ricamente vestida ao estilo de uma rainha medieval – ao lado de um Tibério nervoso e de um Calígula já intimidado.[17] Messalina surge notavelmente calma, considerando que as chamas do inferno ultrapassam seus joelhos. Em outra iluminura, produzida por volta de 1400, Messalina é consumida viva por uma besta satânica que, ao que parece, não se interessa por Calígula ou Tibério.[18]

Boccaccio nos convida a simpatizar com Messalina, mas, ao fazê-lo, a exemplo do autor de *Otávia*, despoja-a de boa parte de sua agência. Esses homens nos incentivam a perdoar Messalina porque agir melhor estaria além de sua capacidade. Suas ações, eles afirmam, foram motivadas não pela escolha, mas pelo destino e pela fraqueza de sua feminilidade. Essas construções trágicas de Messalina se apoiam inteiramente sobre sua queda. É só porque sabemos que Messalina foi adequadamente punida por sua sexualidade – com uma terrível morte e, nas interpretações iluminadas de Boccaccio, com sua danação eterna – que podemos nos sentir confiantes o suficiente para perdoá-la.

Messalina também surge como uma vítima trágica nas artes visuais. No alvorecer do século XVIII, Gerolano Canale, aristocrata veneziano e segundo no comando em relação ao doge, encomendou ao famoso artista napolitano Francesco Solimena uma série de pinturas de cenas da mitologia e da história antiga, entre elas a *Morte de Messalina*.* Essa pintura monumental, com mais de 1,80 metro de altura e 2,70 metros de comprimento, retrata o clímax dramático da narrativa de Tácito: Messalina foi encontrada nos Jardins de Lúculo, e um centurião está se preparando para desferir o golpe fatal.

---

* Curiosamente, a série foi provavelmente encomendada para comemorar um casamento. Messalina foi incluída, presume-se, como um exemplo do que *não* fazer. A pintura agora está no Museu J. Paul Getty em Los Angeles (72.PA.24).

Solimena usou todas as armas de seu arsenal para realçar a dramaticidade da cena. O soldado, de costas para nós, avança diagonalmente enquanto puxa para trás o braço direito que carrega a espada. Sua outra mão agarra o pulso de Messalina, os dedos visivelmente pressionando a carne dela, para mantê-la imóvel. A sensação de movimento e a tensão visível em cada músculo seu nos alertam para a força do golpe que está por vir.

No chão abaixo dele e de frente para o observador, Messalina – com um diadema dourado e sedas ricamente coloridas – resiste em vão. Sua mão esquerda tenta afastá-lo, enquanto a direita se estende, com os dedos abertos, vulneráveis e suplicantes em direção ao centurião, mas também em direção ao observador.

Messalina parece jovem, com bochechas redondas e um queixo suave, e apavorada. Sua pele parece quase branco-azulada, especialmente onde toca a pele rosada do centurião, como se o sangue já tivesse sido drenado dela. Sua boca está aberta, suas sobrancelhas franzidas, seus olhos erguidos em direção a seu carrasco e arregalados de medo. Acima de Messalina está Domícia Lépida, com a mão agarrada ao cabelo do centurião, tentando afastá-lo de sua filha. Sua presença fornece ao espectador um modelo de como seria a piedade por Messalina nesse momento.

No entanto, essa pena não é incentivada sem ressalvas. Atrás do grupo principal, em primeiro plano, está uma quarta figura, provavelmente o liberto Évodo, encarregado por Narciso de garantir que o assassinato fosse levado a cabo. De pé, alto, ereto e parado, em contraste com o dinamismo do trio central, ele usa trajes militares e apoia a mão direita com uma dignidade arrogante em um pequeno cajado. Olhando literalmente para baixo na direção da imperatriz caída, sua expressão é impassível. Essa figura, com sua calma certeza, parece nos assegurar de que, por mais trágico e lamentável que o fim de Messalina possa parecer, esse pode ser o único fim adequado para uma mulher como ela.

Outra visão bastante diferente de Messalina como vítima foi produzida, em 1797, pelo pintor real dinamarquês Nicolai Abildgaard.[19] Abildgaard mostra não o clímax do drama taciteano, mas seu desfecho: Messalina está morta, seus assassinos foram embora e apenas sua mãe permanece em luto. O corpo de Messalina se espalha por toda a extensão da parte inferior da pintura. Sua cabeça está jogada para trás, seu cabelo escuro está desgrenhado e sua coroa caiu. Embora seus olhos abertos apontem diretamente para o observador, eles não *olham*; seu rosto se tornou uma máscara mortuária. Sobre Messalina se ajoelha Domícia Lépida, pressionando o dorso da mão no peito da filha como se tentasse sentir os batimentos cardíacos. Velha e vestida com modéstia, ela realmente olha para o observador, apresentando-nos uma expressão de desespero resignado. Não há nenhum movimento violento nem sangue além de uma pequena marca no chão, e o corpo suave e pálido da imperatriz em si parece intocado.

Abildgaard retrata sua Messalina como moral e sexualmente ambígua. Há algo de *Madonna* no vestido branco simples e no manto azul de Messalina, mesmo assim há também subtons de erotismo, na forma como o braço de Messalina está jogado para trás, na exposição de seu peito, em sua expressão quase eufórica com a inclinação tensa do pescoço e a boca aberta. Se prestes a morrer Messalina parecia digna de pena, agora ela está morta e adquiriu uma aura de romance trágico.

As tentativas de apresentar Messalina como uma vítima atingem seu apogeu na peça *Valéria*, de Auguste Maquet e Jules Lacroix, encenada pela primeira vez pela Comédie Française, no final de fevereiro de 1851. Para tornar Messalina palatável para seu público, Maquet e Lacroix dividiram a personagem, literalmente, em duas. Temos a imperatriz "Valéria", inteligente, dotada de princípios, apaixonada e dedicada aos filhos; e sua irmã promíscua, idêntica a ela e há muito perdida, a cortesã "Lycisca". Valéria é adúltera apenas com Sílio: seu trágico caso de amor é apresentado como fiel, romântico e nobre. Todas as façanhas sexuais mais ousadas de Messalina são atribuídas à convenientemente inescrupulosa Lycisca. Ambos os personagens foram interpretados pela mesma atriz, a famosa mademoiselle Rachel, que reinou como a estrela trágica da Comédie Française e cujos amantes na vida real incluíram um conde, um príncipe e um imperador. A verdadeira vilã da peça é a ardilosa Agripina, e, quando Valéria morre (por suas próprias mãos), é na tentativa de proteger sua honra e o futuro de seu filho. O revisionismo de Maquet e Lacroix foi altamente controverso, e se espalharam por Paris boatos de que a Assembleia chegou a pensar em cancelar os subsídios do Tesouro à Comédie após o desempenho ultrajante de mademoiselle Rachel como Lycisca.[20]

*

Poucas representações de Messalina foram tão tolerantes. Na Inglaterra, em meados da década de 1630, a companhia dos "his Majesty's Revels" encenou uma nova peça de Nathanael Richards. Em *The Tragedy of Messallina, the Roman Empresse* (A tragédia de Messalina, a imperatriz romana), encontramos uma Messalina que é tão simplesmente vilã quanto possível. Essa Messalina é *a* "rameira galanteadora de primeira linha, aquela Rameira, bruxa, Gata do inferno; a prostituta mais insaciável que já se colou aos quadris dos Depravados".[21] Ela também é violenta: tortura seus possíveis amantes, mata cidadãos respeitáveis por diversão, exige que Sílio assassine sua esposa e planeja o assassinato de Cláudio. Em determinado momento (caso a mensagem não tenha sido clara o suficiente), Messalina aparece no palco brandindo uma pistola que se pode suspeitar que seja do século XVII.

A peça está saturada de ideologia cristã anacrônica e repleta de referências intermináveis a pecado e santidade, céu e inferno, anjos e demônios. Dentro dessa estrutura, Richards transforma Messalina em uma espécie de Satanás, não apenas se deleitando com sua própria corrupção, mas arrastando outros para o pecado com ela. Na escolha de seus amantes, Messalina tem como alvo os virtuosos, corrompendo-os com promessas, ameaças, seduções, truques e até mesmo, como veremos, o sobrenatural. Ao tocar Messalina, esses homens assinam uma espécie de pacto faustiano, sendo promovidos na corte e recebendo prazeres sensuais, mas colocados em um caminho para a fornicação, o assassinato e, por fim, a morte. A imperatriz não se contenta com a sedução dos homens; também a encontramos buscando debochar dos modelos de castidade feminina. Três virtuosas matronas romanas preferem ser mortas a serem levadas para a corte para serem vestidas com roupas finas e "se deitarem nos leitos felpudos dos romances passageiros".[22] Messalina chega a planejar terminar a celebração do casamento dela e de Sílio com o estupro e o assassinato de cem Virgens Vestais.[*,23]

No entanto, talvez a inovação mais marcante de Nathanael Richards seja a transformação de Messalina em bruxa. "Não tenho a arte da corte para matar meus amantes", reclama a prostituta que Messalina acaba de

* Uma escolha interessante, dado que só existiam seis Vestais por vez.

derrotar no concurso sexual de 24 horas, "nem os atraio com feitiçaria, com encantos *circeanos*."[24] À medida que a peça avança, descobrimos que essas acusações não são feitas à toa. A imperatriz dá a Sílio uma bebida que fica em algum lugar entre uma poção do amor e do sono, que garantirá que, "quando ele acordar, poderá admirar e queimar/ ser louco de amor pelo prazer livre em nós".[25] Mais tarde, buscando alcançar novos patamares de sedução e assassinato, Messalina pede a ajuda do "grande Arquigovernante do Abismo abaixo" (Hades transformado em Satanás) e convoca três fúrias (que, na versão de Richards, são transformadas em espíritos vindos diretamente do inferno). "Aqui, aqui", Messalina incita, "deixa os encantos de Circe e das sirenes, / Derramarem seus feitiços."[26]

O efeito que Messalina exerce sobre os homens parece, de fato, ameaçador e sobrenatural. "Oh, sou todo Chama", Sílio exclama, "Uma chama arrasada, enfeitiçada e queimarei/ Até as cinzas com prazer!"[27] Suas interações com a imperatriz levam Sílio inexoravelmente à autodestruição: "Oh, aquele delicioso beijo fondente prevalece", lamenta ele um momento depois, "Envenena meu sangue e mente, e me torna capaz/ De cometer um ultraje que eu odiaria nomear".[28]

Perigosa para os homens, luxuriosa, aliada do demônio, invocadora de espíritos, a Messalina de Richards é uma bruxa do século XVII – o símbolo máximo da ameaça feminina nos anos que se seguiram à Reforma Protestante.

O público de Richards saberia que sua caracterização de Messalina não era apenas uma interpretação de história antiga, mas também tinha a intenção de ser um comentário sobre a política atual. Em sua religião imprópria e seu controle suspeito sobre o rei, parece que Messalina deveria ser lida como um alter ego da rainha católica contemporânea Henriqueta Maria, esposa do rei Carlos I, que seria derrubada na guerra civil que começaria em 1642, apenas dois anos após a publicação da peça de Richards.

Messalina é uma escolha interessante para um ataque a Henriqueta Maria, famosa por sua relação amorosa, e aparentemente fiel, com o marido. Essa incongruência reflete um impulso permanente de acusar a mulher politicamente problemática de ser uma prostituta. A associação era natural: os homens achavam difícil acreditar que as mulheres pudessem construir esferas de influência política sem recorrer a favores sexuais. Tanto a mulher política quanto a cortesã/adúltera romperam os limites do lugar apropriado à mulher na esfera privada: uma trocando as preocupações domésticas por assuntos públicos, a outra tornando seu corpo acessível "publicamente" a outros homens que não o marido. Messalina, como a "Imperatriz-Prostituta", era a forma perfeita para representar esse tipo de comportamento transgressor.

Em seu argumento de abertura diante do tribunal revolucionário, em 1793, o promotor de Maria Antonieta, Antoine-Quentin Fouquier, inclinou-se para o drama. "À maneira das Messalinas-Brunhildas, Fredegundas e Médicis", ele esbravejou, "aquelas que em outros tempos foram chamadas de Rainhas da França, cujos nomes eternamente odiosos não serão apagados dos anais da história, Maria Antonieta tem sido, desde o início de seu tempo na França, a praga e a sanguessuga dos franceses."[29] Mais tarde, no mesmo caso, Maria Antonieta e sua cunhada Elizabeth são novamente chamadas de "Messalinas", dessa vez no contexto da alegação bizarra de que elas haviam cometido incesto com o jovem Delfim.

A combinação de Maria Antonieta e Messalina na afronta legal vem diretamente de uma cultura maldosa de panfletagem que floresceu nos anos febris que antecederam a Revolução.[*,30] Produzidos em gráficas clandestinas de Paris, Londres, Alemanha ou Amsterdã e distribuídos mais rapidamente do que os agentes reais conseguiam comprá-los e queimá-los, os panfletos que atacavam a rainha alternavam longos trechos de teoria revolucionária com longas passagens de pornografia. Nesses panfletos, o sexo é usado como um meio de expressar o caos, a corrupção e a antinaturalidade do *Ancien Régime*. O corpo da rainha se torna um campo de batalha ideológico. Maria Antonieta é retratada como uma ninfomaníaca, movida por desejos antinaturais e insaciáveis

* Outras mulheres poderosas da época sofreram ataques semelhantes. A irmã de Maria Antonieta, Maria Carolina de Nápoles, foi acusada de ter "reunido toda a luxúria de uma Messalina com os gostos variegados de uma Safo". Mesmo Adelaide de Orléans, que nunca se casou, mas era politicamente influente, recebeu o pseudônimo de "Madame Messalina" de seus adversários da imprensa durante a monarquia de julho. A imperatriz Josefina é associada a Messalina em uma gravura de 1805 de James Gilray.

de todas as formas de devassidão: adultério, lesbianismo, voyeurismo, exibicionismo, sadismo e sexo grupal. Essas "histórias secretas" da vida sexual da rainha são assombradas pelo modelo de Messalina: ela é "uma nova Messalina", "a Messalina moderna", "a Messalina régia", "aquela Messalina desavergonhada". Quando Maria Antonieta foi por fim executada, em 1793, os panfletários certamente não perderam a oportunidade de rimar "Messalina" com "guilhotina".

As longas (e muitas vezes ilustradas) cenas pornográficas que acompanhavam a nomeação de Maria Antonieta como Messalina tinham de fato uma importância ideológica – retratavam Maria Antonieta como corruptora, a aristocracia como devassa, o rei Luís XVI como fraco demais para governar –, mas seus detalhes sensualmente descritivos dificilmente podem ser atribuídos apenas à política. Os homens que escreveram sobre Maria Antonieta descobriram o que Juvenal já sabia no início do século II d.C.: que havia um tipo particular de excitação a obter na prostituição de uma Grande Dama, na remoção das barreiras que a protegiam para torná-la acessível à imaginação do homem comum. O tratamento dado por Juvenal a Messalina em sua *Sátira seis*, com sua ênfase na *sujeira*, tanto física quanto sexual, é uma aula magistral de como escrever uma fantasia desse tipo e abriu Messalina para um futuro de desnudamento literário e artístico.

Em meados do século XVII, o pintor de gênero holandês Nikolaus Knüpfer produziu uma pintura que hoje se acredita retratar o banquete de casamento de Messalina e Sílio.[31] À primeira vista, poderíamos ter entrado em um dos bordéis mais caros dos arredores do estúdio de Knüpfer em Utrecht, no final de uma noite de sexta-feira, por volta de 1650. Uma cama de dossel coberta de seda dourada está encostada em uma parede de um interior do século XVII; uma variedade de taças e uma tigela de frutas de estanho polido estão sobre uma rica toalha de mesa de damasco. Cartas de baralho e um cachimbo caíram da mesa no chão. O grupo está muito bêbado e animado. Uma mulher toca alaúde, um homem cai sobre o banco em primeiro plano e outros dois subiram na mesa para olhar algo do lado de fora da janela. Três figuras se divertem na cama ao fundo, e uma das mulheres ergue o chapéu de penas do homem com seu pé levantado.

Somente após uma inspeção mais minuciosa descobrimos que essa não é uma cena contemporânea: o homem na cama usa uma versão do uniforme militar romano, enquanto o homem em primeiro plano surge em uma recriação seiscentista de uma túnica antiga. Parece ser uma recriação da descrição de Tácito para a festa de casamento de Messalina e Sílio.* Os convidados na janela captam os primeiros sinais da "tempestade" que se aproxima vindo de Óstia, o homem esparramado no banco em primeiro plano desembainha sua espada em uma vã preparação para afastar as forças de Cláudio e o ramo de videira e as garrafas no grande pote de ouro à esquerda da composição fazem referência à celebração da nova safra. Sílio é o soldado bêbado, vestido de vermelho e dourado, esparramado sobre os travesseiros da cama, fazendo um brinde a sua nova noiva. Messalina está sentada ao lado dele, bonita, de bochechas rosadas e loira, inclinada para a frente e rindo de qualquer que seja a piada lasciva que Sílio esteja contando. O artista enfatizou a intimidade entre os recém-casados – estão de mãos dadas e o braço de Sílio está emaranhado nas saias de Messalina – e a disponibilidade sexual de Messalina; seu cabelo dourado cai solto ao redor do rosto, seu vestido não está amarrado com laços e, puxado para baixo, expõe completamente seus seios. Uma maçã vermelha madura rolou pela mesa para descansar sugestivamente em frente a sua virilha. Knüpfer transformou a imperatriz – poderosa, exigente e potencialmente perigosa – em uma prostituta comum, alegre e de fácil acesso.

A representação de Messalina feita por Knüpfer fazia a imperatriz parecer sexualmente acessível ao espectador e a sua imaginação, mas não foi nada comparada à desnudação da imperatriz revelada no Salão de Paris de 1884. A *Messalina* de Eugène Cyrille Brunet, uma estátua de mármore em tamanho maior que o natural, está estendida em um colchão finamente decorado.[32] Ela está totalmente nua, com exceção de um sutiã estreito que escorregou para baixo de seus mamilos, realçando mais do que escondendo. A estátua foi esculpida nas laterais para

* A visão de Knüpfer foi possivelmente filtrada pela lente de uma tragédia contemporânea escrita pelo grande dramaturgo holandês Joost van den Vondel sobre Messalina, mas cancelada antes da publicação – devido à preocupação com possíveis controvérsias políticas – e hoje perdida.

garantir que não haja nenhum ângulo a partir do qual o espectador não tenha acesso visual à imperatriz. Uma perna está esticada, a outra está dobrada atrás dela e levantada para nos dar uma visão que alcança quase o topo de suas coxas ligeiramente separadas. O tronco de Messalina se arqueia para trás, sobre os travesseiros nos quais ela está apoiada, um braço está dobrado atrás da cabeça, a mão emaranhada no cabelo, a outra se estende para trás para se agarrar à lateral do colchão. Sua cabeça está atirada para trás, seu cabelo solto, seu pescoço exposto. Ela parece estar em meio a um orgasmo.

Quase quarenta anos antes, outra obra em mármore havia sido exibida no Salão de Paris de 1847. *Mulher mordida por uma serpente*, de Auguste Clésinger, retratava um nu feminino igualmente esticado e tensionado em êxtase.[33] A modelo era Apollonie Sabatier, jovem amante do industrial belga que encomendou a obra e anfitriã de um famoso salão artístico parisiense. O escultor trabalhou a partir de moldes tirados da modelo e reproduziu os detalhes do corpo de Apollonie até as dobras de carne em sua cintura e as rugas de sua celulite. Uma pequena serpente, enrolada no pulso da estátua, foi adicionada às pressas antes da exposição como uma desculpa para o que era, sem dúvida, uma representação do orgasmo feminino. A estátua causou um alvoroço: "É alarmante", escreveu o compositor Chopin para sua família, "como essa estátua se contorce."[34] A escultura de Clésinger provou ser extremamente influente e é claramente o modelo para a *Messalina* de Brunet. Que o corpo de uma imperatriz pudesse ser tratado da mesma forma que o de uma *demi-mondaine* – e ser recebido com uma controvérsia significativamente menor – é, em parte, testemunho das transformações do Segundo Império, mas também do ponto até o qual Messalina era considerada acessível às explorações artísticas e ao uso da sexualidade feminina.

Messalina não foi apenas exposta em galerias. Ela também foi – e continuou sendo – despida nas páginas dos livros. Em Veneza, em 1633, o polímata Francesco Pona escreveu uma novela histórica que viria a se tornar um dos livros mais populares – e mais proibidos – do século. Pona afirmou que *La Messalina* era uma obra de instrução moral, um conto de advertência destinado a alertar as mulheres para os perigos da promiscuidade. Na realidade, é uma obra de um erotismo flagrante, claramente adaptada ao olhar literário do leitor masculino.

A identidade do verdadeiro público-alvo pode ser percebida quando Pona descreve os atrativos físicos da imperatriz adolescente: "Messalina deu uma cor dourada ao seu cabelo,* que ela penteou com a mais suave onda, corrigindo belamente sua desordem lasciva [...]. Por si só, seu rosto era admiravelmente belo, mas, além da beleza, havia algo deslumbrante que penetrava quando se olhava para ela, olhos brilhantes de uma água celestial".[35] Somos guiados em nosso desejo pelo próprio Cláudio: ele a havia "admirado como uma flor", Pona nos diz, e agora desejava "saboreá-la como uma fruta".[36]

Se as descrições de Pona sobre a aparência externa da imperatriz são calculadas à perfeição para despertar o desejo, sua vida interna é igualmente definida pelo sexo. Naturalmente sexual, filha de pais imorais e apresentada pelo marido às galerias de pornografia do palácio imperial, a Messalina de Pona nasce e é treinada para ser guiada inteiramente por seus desejos. Esses desejos consomem seus pensamentos durante o dia e povoam seus sonhos à noite: "Messalina, virando-se na cama na turbulência de seus pensamentos, não dormiu à noite", escreve Pona, em uma passagem que poderia ter sido escrita para legendar a estátua de Brunet, "e, se dormiu, Morfeu dormiu a seu lado, provocando nela agitações, vestindo e despindo mil imagens que suas fantasias sexuais diurnas haviam sugerido. Quanto mais imundas e repugnantes elas eram, mais atenta ela ficava".[37]

A sexualidade de Messalina não permanece no reino da fantasia. Pona descreve uma série de devassidões, algumas das quais são canônicas, outras recém-criadas. Messalina arranja um amante depois do outro; prostitui-se com quarenta homens em uma noite; assiste à defloração de virgens e promove orgias extravagantes em suas propriedades rurais. As descrições de Pona dessas cenas são detalhadas em seu foco no cenário, nas roupas e nas sensações, convidando o leitor a visualizar a imperatriz, a fantasiar sobre ela e a se imaginar com ela. Quando Messalina passa do palácio para o bordel, por exemplo, Pona a descreve assim: "Ela usava apenas uma camisa de linho muito fino, perfeita para seu prazer – tendo o cuidado de se perfumar com uma essência de âmbar de grande refinamento [...]. Ela deixava visível sob seu manto o círculo de seus

* O cabelo tingido de loiro era uma marca registrada da cortesã veneziana no século XVII.

pequenos seios, sustentados por um pano de ouro".[38] A Messalina de Pona parece ser uma criatura projetada para a fantasia masculina: uma bela mulher que só pensa em sexo e que age incansavelmente com base nesses pensamentos.

Não surpreende que *essa* tenha sido a versão de Messalina que desembarcou em Hollywood cerca de três séculos mais tarde. Às vezes as referências à imperatriz funcionam como um símbolo na câmera exatamente como na página. No semiautobiográfico *Roma*, de Fellini, a esposa promíscua de um químico contemporâneo é reimaginada como Messalina, dançando sedutoramente em uma túnica vermelha transparente, cercada por amantes togados, na traseira de um conversível. Em outras produções, o caráter de Messalina é explorado de forma mais completa, embora não necessariamente com mais precisão. Uma série de filmes criou pretextos para a presença da imperatriz construindo histórias fictícias de casos de amor redentores entre escravas cristãs e seus amantes convertidos, nos quais Messalina poderia interpretar a antagonista.* O contraste entre a castidade inocente do interesse amoroso cristão e a sexualidade pagã da imperatriz deu liberdade aos diretores para que suas Messalinas fossem verdadeiras tentações. As escravas são bonitas, mas é sempre Messalina que é interpretada pela verdadeira estrela e recebe o maior destaque.

Um filme produzido pela Penthouse em 1977, *Messalina, Messalina!*, evita o clichê do romance cristão. O slogan nos diz que estamos prestes a testemunhar "as variadas aventuras amorosas da mais insaciável devoradora de homens". O filme inclui sexo real e nenhum enredo. Messalina também se tornou tema de ficções popularescas. Uma capa a proclama "a mulher mais perversa de Roma"; outra faz dela "filha do demônio, deusa de todo prazer, imperatriz de toda Roma"; uma terceira nos diz que "ela era linda, sádica, tentadora e mortal... do topo de sua cabeça dourada até a ponta de seu chicote prateado".**

---

* Por exemplo, *Messalina* ou *The Fall of an Empress* (A queda de uma imperatriz), de Guazzoni (1923); *Messalina or The Affairs of an Empress* (Messalina ou os casos de uma imperatriz), de Gallone (1951); e *Demétrius e os gladiadores*, da 20th Century Fox (1954).

** Há também um filme brasileiro, *Messalina: a imperatriz da luxúria*, de 1930, dirigido por Luiz de Barros e exibido em várias salas de cinema da cidade de São Paulo entre 1930 e 1935. O filme de Barros foi um dos pioneiros no surgimento de uma tradição, que se

*

Esses livros e filmes nos convidam a fantasiar com Messalina, mas uma e outra vez vemos essas fantasias imbuídas de uma sensação de perigo. "Uma jovem mulher enlouquecida por seus desejos", escreve Pona, "não conhece obstáculos. O mundo pode acabar; eles devem ser satisfeitos. O ardor bulímico de seu desespero absorveria abismos que engoliriam cidades inteiras."[39] Alguns dos protestos de horror de Pona são disfarces mentirosos para o erotismo, mas outros parecem trair um conflito genuíno entre o desejo e o medo. Essa tensão é metade da chave para o desejo de Pona. Messalina incorpora um tipo particular de fantasia: a fantasia da *femme fatale*.

É um papel no qual a imperatriz se encaixa perfeitamente. É sexualmente atraente e intriguista, e destrói quase todos os homens com os quais interage: Ápio Silano e Asiático morrem por sua instigação política; Sílio e Mnester são executados com ela; a credibilidade de Cláudio é destruída pelos adultérios dela. Talvez mais significativo de tudo, as lacunas na história de Messalina dão a ela aquele senso de inacessibilidade misteriosa tão crucial para a construção da *femme fatale*.

Nathanael Richards prefaciou a edição de 1640 de sua *Tragedy of Messalina* com uma citação da Sátira Dez de Juvenal: "Optimus hic et formosissimus idem/ gentis patriciae rapitur miser extinguendus/ Messalinae oculis". "Este Sílio, o melhor, mais belo, de sua raça patrícia, está sendo arrastado para o mais miserável dos fins pelos olhos de Messalina." Nesses versos, Juvenal sugere que Messalina possui em si, em seu *corpo*, algo que é intrinsecamente perigoso para os homens, para o melhor dos homens, e, portanto, para todos os homens; ela é, em outras palavras, uma *femme fatale* natural. É uma visão de Messalina que se torna influente a partir do Renascimento (de fato, já a encontramos na caracterização que Richards faz de Messalina como bruxa), mas que realmente ganha impulso no século XIX, chegando a um espetacular apogeu durante a decadência do *fin de siècle*.

---

estabeleceu no século XX, de figurações de Messalina no cinema. Essa produção emergiu no curto espaço de seis anos após o filme italiano *Messalina*, de 1924, dirigido por Enrico Guazzoni. [N.R.]

Em abril de 1872, um francês de nome Arthur Dubourg assassinou sua esposa adúltera.[40] Denise Dubourg, educada em um convento, dificilmente seria uma Messalina. Ela se apaixonou por um jovem funcionário da prefeitura de Sena antes de seu casamento arranjado pela família com o rico Dubourg. O casamento não era feliz: Dubourg era infiel, Denise tentou se matar, passou algum tempo em um hospital e, ao retornar, reatou com o funcionário. Dubourg a seguiu até o apartamento de seu amante, encontrou os dois juntos e matou Denise ali mesmo. Crimes passionais não eram tratados de modo especial pela legislação francesa, mas pela cultura jurídica francesa do século XIX, sim. Esperava-se que Dubourg fosse absolvido, e sua condenação a cinco anos de prisão incendiou o debate público.

Um dos contribuintes para esse debate foi Alexandre Dumas, filho. Dumas famosamente romantizou e reabilitou a figura da cortesã em seu romance, de 1848, *A dama das camélias* (que serviu de base para a ópera *La Traviata*, de Verdi), mas se revelaria bem menos condescendente com a esposa adúltera. Seu panfleto sobre o caso Dubourg, *L'Homme-femme*, ou *O homem-mulher*, teria 35 edições e venderia 50 mil exemplares nos seis meses que se seguiram à sua publicação.[41] "Desde o caso Dubourg", Dumas inicia, "minha pena coça para escrever."[42] O que se segue é um panfleto (de mais de cem páginas) sobre a natureza do homem, da mulher, do casamento, da sociedade e da religião no qual Dumas apresenta Messalina como o ápice dos males da sociedade pagã perdida – a neta máxima do pecado original de Eva. O panfleto termina com Dumas como um Moisés moderno, apresentando a lei a um filho imaginário em uma montanha imaginária: tente controlar sua esposa, ele aconselha, e, se você não conseguir – se ela tiver nascido tão má que "nada pode evitar que ela prostitua seu nome com o corpo dela" –, então "mate-a!"; é o que você pode, é o que você deve fazer.[43]

O caso Dubourg, afirmou Dumas no início de *L'Homme-femme*, colocou em evidência questões que ele vinha considerando havia algum tempo – questões que, segundo ele nos conta em um lampejo oportunista de autopromoção descarada, seriam exploradas em sua peça seguinte, *La Femme de Claude*. Essa peça, prometia Dumas, seria uma recriação moderna do relacionamento entre Messalina e Cláudio.[44] Algumas coisas seriam mudadas: "Não preciso dizer", diz Dumas, "que meu Cláudio será um Cláudio moderno, consciente, cristão; e não o histórico e imbecil Cláudio que permite que sua esposa seja morta por Narciso". Outras ficariam iguais: "Quanto à mulher, é a eterna Messalina, tanto depois como antes de Cristo".

La Femme de Claude estreou nos palcos parisienses, como prometido, no ano seguinte. O cenário é a grande casa provinciana de Claude, um homem honesto, patriota e virtuoso que recentemente inventou um novo e poderoso tipo de canhão que lhe trará fortuna e honras. A peça começa ao amanhecer, com o retorno sub-reptício da dona da casa – ela esteve ausente por cerca de três meses, entregando-se a adultérios, crimes não identificados e, talvez, à prostituição em Paris. O retorno matinal da esposa de Claude é uma clara referência à representação de Juvenal de Messalina, coberta pela sujeira do bordel, voltando para a cama do imperador. O nome da esposa de Claude também a conecta ao imperador: ela é Césarine – um César feminino.

Como Dumas havia prometido em *L'Homme-femme*, Césarine está totalmente de acordo com a imagem da Messalina como inteiramente corrupta e corruptora, bem estabelecida no século XIX. Filha de uma mãe adúltera (e alemã), Césarine tem "aquela beleza estranha e irritante à qual um homem tem dificuldade de resistir", mas também é "rebelde, frívola, feroz e venal".[45] Ela "não podia ver um homem sem desejar fazê-lo amá-la", é acometida pela "mania do amor".[46] É caprichosa, imprevisível, volátil, irracional e descontrolada: "Sou extrema em tudo", ela alerta o marido, "devo amar ou devo odiar".[47] Ela é um "monstro encantador" e uma "criatura do inferno".[48]

Césarine é fatal para os homens ao redor. Sem consciência e totalmente interessada em si mesma, brinca com as emoções deles, mente, manipula, aprisiona e corrompe. "Ela desonra ou mata", diz o marido, "entre dois sorrisos."[49] Um dia depois de regressar à casa da família, Césarine destrói sua segurança e estabilidade, seduzindo o protegido do marido, que ele adora, e planejando roubar os segredos de sua invenção em nome de um suspeito conglomerado estrangeiro que planeja usá-la contra a França. Por meio de sua sexualidade descontrolada, Césarine – assim como Messalina – põe em risco as duas estruturas patriarcais essenciais: a família e o Estado-nação. A peça termina como deve: com o assassinato de Césarine por Claude.

Ao transpor a imperatriz romana para a França da alta burguesia, Dumas demonstrou o poder duradouro de seu mito. A "eterna Messalina" funciona igualmente bem em uma sala de estar do século XIX e em um palácio do século I, porque expõe os temores do desejo feminino ingovernável e destrutivo, temores estes compartilhados por todas as sociedades patriarcais.

O século XIX adorava as sistematizações, e, na década de 1870, os médicos começaram a tentar classificar a sexualidade humana. Esses médicos distinguiam o desejo sexual "normal", que poderia existir em apenas uma forma (heterossexual, monogâmica e essencialmente procriativa), e o desejo sexual "anormal", que poderia assumir um número qualquer de formas imaginativas, as quais exigiam identificação, definição e tratamento. Cada uma dessas novas classes de patologia sexual precisava de exemplos ilustrativos, e, para uma série de perversões femininas, Messalina se revelou a candidata perfeita.

Em sua obra seminal, *Psychopathia Sexualis*, de 1886, o psiquiatra alemão Richard von Krafft-Ebing cunhou o termo sadomasoquismo. Ele sustentava que o sadismo era uma patologia geralmente masculina, surgindo, de acordo com sua maneira de pensar, quando o papel naturalmente masculino de agressor sexual se intensificava a um extremo imoderado. No entanto, ele observou que havia alguns raros exemplos de sadismo em mulheres. Krafft-Ebing apresenta dois estudos de caso modernos e, em seguida, passa ao exemplo de duas mulheres históricas com "instintos sádicos". "Essas ninfomaníacas", diz ele, "caracterizam-se particularmente por sua sede de poder, luxúria e crueldade."[50] Um exemplo citado por ele é Catarina de Médici, o outro, "a própria Valéria Messalina". Nessa passagem, Krafft-Ebing envolve, na ciência, a visão de Messalina como *femme fatale*.

Na Itália do final do século XIX, outra nova disciplina estava surgindo. A antropologia criminal postulava que o crime resultava da biologia do indivíduo e que as disposições degeneradas dos "criminosos natos" poderiam, portanto, ser identificadas por meio de um estudo das características faciais. Em 1893, dois dos principais expoentes dessa nova "ciência" publicaram um livro intitulado *La donna delinquente, la prostituta e la donna normale*, isto é, *A mulher delinquente, a prostituta e a mulher normal.* O frontispício era o desenho de um busto romano da Uffizi, com a legenda "Messalina". O busto reaparece mais tarde na obra, ao lado de fotos de assassinas, envenenadoras, prostitutas e incendiárias contemporâneas, como um exemplo da "anatomia, patologia e antropometria da mulher criminosa e da prostituta". O retrato da jovem imperatriz pode parecer atraente, explicam os autores, mas revela sinais de delinquência inata: testa baixa e mandíbula pesada, cabelo grosso e ondulado. É mesmo uma pena que, após pesquisas posteriores, o busto em questão tenha sido identificado como uma representação de Agripina.[51]

A Messalina como problema médico não era apenas um perigo para os homens e para a sociedade; ela também era um perigo para si mesma. O desejo sexual feminino "excessivo" é definido como uma doença desde a Grécia Antiga, mas, no século XIX, o antigo diagnóstico de *furor uterinus* (furor uterino) – uma doença que se acreditava surgir da ascensão de vapores do útero para o cérebro ou da possessão demoníaca – foi cada vez mais substituído pelo diagnóstico mais psicologicamente focado de "ninfomania". Desde o início, Messalina foi tomada como uma embaixadora dessa nova tendência médica. Os médicos se referiam regularmente a suas pacientes ninfomaníacas como "Messalinas", e de vez em quando encontramos a própria doença referida como "complexo de Messalina".

A associação de Messalina com a ninfomania se baseava não tanto em seu famoso desejo sexual, mas em sua famosa *insaciabilidade* sexual. "*Lassata viris necdum satiata*", "cansada pelos homens, mas ainda não saciada" – é assim que Juvenal faz Messalina deixar o bordel quando o lugar fecha pela manhã, e esse foi o conceito que definiu a ninfomaníaca do século XIX. Uma mulher que sofresse de "ninfomania aguda", acreditavam os médicos, seria subitamente acometida de um "desejo ilimitado de gratificação sexual, delírio obsceno" que, em poucos dias, resultaria em "morte por exaustão". Essa paciente se torna uma versão extrema da Messalina de Juvenal: sem poder se satisfazer, ela se cansa até a morte. De certa forma, os médicos foram um passo além de Dumas: Messalina não precisava mais ser morta, porque seu próprio desejo a estava envenenando de dentro para fora.

*

Sed Non Satiata. Essa ligeira variação da descrição de Messalina feita por Juvenal intitula um dos poemas da coletânea *As flores do mal*, de Baudelaire, de 1857. Escrito a respeito da amante haitiana do poeta parisiense, Jeanne Duval, "Sed Non Satiata" apresenta seu objeto como exótico, místico, incognoscível e, o mais preocupante de tudo, não passível de satisfação. O poeta descobre que, "no inferno de sua cama", ele é incapaz de "quebrar o espírito" de sua amante ou "encurralá-la".[52] Sentimos que essa é uma mulher que talvez nunca se satisfaça com aquilo que um homem pode oferecer a ela – em termos de sexo, de riqueza, de poder –, e que alimentar seus desejos poderia consumir tal homem antes que ele a saciasse. É essa qualidade "messalínica" que ao mesmo tempo obceca e apavora Baudelaire.

Baudelaire foi o padrinho do movimento artístico – tanto depreciado quanto celebrado como "decadente" – que definiu o *fin de siècle*; um movimento para o qual Messalina se tornaria um emblema e uma obsessão. De fato, a obsessão era tão intensa que, em 1902, levou o crítico literário Ernest-Charles a uma espécie de colapso jornalístico: "Há um excesso desses romances", escreveu ele. "Definitivamente *um excesso*! [...] Há anos é Messalina... De quem é a vez agora? Quem *não* escreveu sobre Messalina?".[53] O assunto pode ter perdido seu encanto para Ernest-Charles, mas é fácil ver o apelo de Messalina como um tema para os escritores e artistas desse período. Esses homens acreditavam (e talvez estivessem certos) que estavam vivendo a longa morte de uma civilização que havia se tornado doce e pesada demais para seu próprio bem.

Em contraste com o movimento romântico, que o precedeu, o movimento decadentista sustentava que a natureza humana não era naturalmente boa. Em vez disso, eles acreditavam que o homem, pecador por natureza, era intrinsecamente atraído pela corrupção, pelo vício e pela morte (embora fosse ao mesmo tempo repelido por eles). Os sucessos do império e da industrialização haviam trazido novos extremos de prosperidade para a sociedade europeia. Nos modernos centros urbanos de Paris, Londres, Viena e Berlim, qualquer luxo ou serviço sexual intoxicante estava imediatamente disponível para quem se dispusesse a pagar. A essa facilidade de acesso se atribuía um tédio que levava as pessoas, naturalmente atraídas pela corrupção, a buscar novos luxos e novos vícios. Esse ciclo de corrupção e decadência, acreditava o movimento decadentista, só poderia ser encerrado com a morte: a morte do indivíduo e, por fim, da própria civilização. O declínio moral e social que surgiu conforme a sociedade se desenvolvia em novos extremos de modernidade exigia novos meios de expressão artística, que privilegiassem a ornamentação, a forma e o simbolismo. Havia beleza a ser encontrada, propunha o movimento decadentista, tanto no processo macabro da decadência em si como no artifício que buscava ocultá-la ou transcendê-la.

A Roma Antiga era citada como o exemplo clássico de "decadência", e a história de Messalina tinha um apelo especialmente emblemático para os artistas do movimento decadentista.* A imperatriz de Juvenal, "*lassata* [...] *necdum satiata*", era um alter ego perfeito para a sociedade decadentista afligida pelo tédio do excesso: cansada, mas insatisfeita. O status de Messalina como um arquétipo de *femme fatale* também contribuiu para seu apelo. A figura da mulher mortal, mas atraente, tinha proeminência na arte decadente: personificava as conexões que o movimento estabelecia entre morte e sexo, beleza e decadência, atração e repulsa. Os detalhes das histórias contadas sobre Messalina encapsulam os principais temas do movimento decadentista. Há o pendor da imperatriz pelos adornos e artifícios; sua capacidade de enganar, seu disfarce, a falsa identidade de Lycisca e sua obsessão pela natureza falsificada oferecida pelos Jardins de Lúculo; e há a combinação de luxo e sujeira que a acompanha do palácio ao bordel e da festa de casamento à carroça de lixo. A descrição de Juvenal de uma imperatriz insaciável e assassina trabalhando em um bordel de classe baixa com um nome falso e usando uma peruca loira, com os mamilos cobertos de ouro, mas com as bochechas manchadas de sujeira é, talvez, a cena decadente por excelência.

O grande ilustrador britânico do esteticismo e da decadência, Aubrey Beardsley, produziu duas imagens de Messalina para edições

---

* Historiadores do século XVIII, como Montesquieu e Gibbon, ligaram em suas análises o declínio moral, artístico, político e imperial à queda do Império Romano. A autodisciplina augustana deu lugar às depravações e luxos dos imperadores seguintes, a contida era de ouro da oratória e do verso latinos foi arruinada por estilos cada vez mais ornamentais, e o ideal do dever social e militar foi solapado até que, defendiam eles, o império desabasse sob seu próprio peso. Os artistas do "movimento decadente" procuravam recuperar esse processo de "declínio" como uma fonte de beleza artística.

especiais das *Sátiras* de Juvenal, encomendadas pelo polêmico editor Lionel Smithers. A primeira, provavelmente criada por volta de 1895, retrata a imperatriz deixando o palácio a caminho do bordel. É noite e ela atravessa um jardim formal; veem-se os contornos de um pequeno grupo de flores caídas e de uma fonte hexagonal em camadas contra a escuridão do fundo. Sua pequena companheira, curvada e parecida com um crânio, olha para nós, mas Messalina não percebe o observador; conforme avança, seu olhar está fixo na direção de seu destino e a boca expressa sua determinação. Beardsley retrata sua imperatriz com um ridículo excesso de adornos. Seu corpete estilo rococó foi puxado para baixo para revelar seus seios, e o capuz de seu manto preto é decorado com penas. Ela usa a famosa peruca amarela, mas Beardsley a empurra para trás, de modo que cachos pretos e grossos escapam ao redor do rosto da imperatriz, revelando a natureza artificial de seu cabelo loiro.

Alguns anos depois, Beardsley produziria uma segunda ilustração sobre o mesmo tema. Dessa vez, Messalina está sozinha e retornando ao palácio. Todos os seus adornos desapareceram: veste apenas uma camisola fina, rasgada até a cintura, e seu cabelo escuro está descoberto e desgrenhado. Claramente teve uma noite agitada, mas sua expressão permanece inalterada. Há bolsas sob seus olhos, porém eles permanecem fixos, sua boca está virada para baixo, seu punho está cerrado ao lado do corpo; essa é uma mulher frustrada, até mesmo vingativa, por não conseguir alcançar a satisfação.

Na época em que Beardsley produziu esse segundo desenho, o poeta belga Iwan Gilkin abordou a "Messalina indomada" em seu poema ironicamente intitulado "Oração", de 1897.

> Tu, o amor eterno, Tu, a mulher eterna
> Devoradora absurda, ignóbil e solene,
> Que suga a vida e esvazia nossos cérebros,
> [...]
> E com seus dentes de lírio, bebeu com crueldade,
> [...]
> E com suas unhas insanas, tingida de vermelho pelas rosas,
> Lacera, conhecedora, com pausas extasiantes,
> [...]

Meus músculos e minhas fibras, eternamente insatisfeitas,
Até aquele dia, Madonna, em que teus lábios sorridentes demais
Vão pressionar, em vão, os lábios das minhas feridas.[54]

A Messalina de Gilkin é a *femme fatale* máxima do *fin de siècle*. Insaciável, sádica e vampírica, ela ameaça destruir o artista – talvez destruir o homem de modo mais geral. No entanto, ao fazê-lo, ela também permite que o poeta encene sua própria fantasia pretensiosamente decadente. Ele pode tomar emprestada a imagem baudelairiana da ferida com lábios, mesclar o sexo e a morte e admitir sua atração masoquista pelo destrutivo e pelo macabro.* Essa Messalina é ao mesmo tempo musa e assassina, mas permanece a serviço do artista.

Em uma das ruas da colina que leva a Montmartre, em Paris, há uma casa um pouco afastada do passeio. Os cômodos do primeiro andar são domesticamente burgueses, pequenos e excessivamente decorados ao estilo no final do século XIX, mas, ao subir para o segundo andar, você emerge em um amplo estúdio de dois andares para artistas. Esse era o estúdio, e agora é o museu, do pintor simbolista Gustave Moreau. Cada centímetro de parede é coberto por suas pinturas de temas bíblicos e míticos, e entre elas há duas representações de Messalina.

A primeira, muito mais bem acabada que a segunda, retrata Messalina no bordel. À direita da composição está uma cama com dossel, seus lençóis brancos amarrotados e a colcha vermelha escorregando para o chão. À esquerda, embaixo de uma estranha criatura semelhante a um morcego, dormem duas figuras amassadas – talvez outro casal, ou dois dos amantes exaustos de Messalina. Acima deles, uma janela dá vista para uma Roma imperial de edifícios monumentais e estátuas equestres. Uma coluna encimada por uma escultura de Rômulo e Remo sendo amamentados pela loba é iluminada pela luz da lua cheia. No interior, uma mulher idosa com os seios expostos, mas com a cabeça inclinada e velada, segura uma tocha fumegante. Ela ilumina o cômodo dentro do bordel, mas seu posicionamento também a faz parecer estar incendiando a vista da cidade do lado de fora. Com uma tesoura pendurada

* Baudelaire usa a imagem dos lábios de uma ferida em "À celle qui est trop gaie" (Àquela que é alegre em demasia).

na cintura, pode ser a criada de Messalina, mas também pode ser uma das moiras [as irmãs determinadoras dos destinos], tecendo o fio da vida de Messalina e se preparando para cortá-lo no momento necessário.

Em primeiro plano, encontramos a imperatriz e um de seus amantes. Messalina está de pé, com um pé em uma escada para a cama e o outro joelho dobrado para descansar no colchão. Está nua, exceto por uma fina tira de tecido branco que se agarra de forma improvável e conveniente entre suas pernas. Seu amante, bronzeado, musculoso e nu até a cintura, está abaixo dela no chão. Ele passou o braço ao redor da cintura dela e inclinou a cabeça para trás para encará-la. Embora a imperatriz apoie uma mão em seu ombro, ela não parece notá-lo. Em vez disso, a cabeça de Messalina, adornada com um penteado elaborado e um diadema, está voltada na direção oposta, sua mão erguida até o queixo, como se estivesse pensando enquanto olha para os recônditos da cama. Moreau fez sua imperatriz se parecer com uma estátua: seu rosto está em um perfil perfeito e clássico, e sua pele tem a brancura lisa do mármore. "Imagino essa filha dos imperadores", escreveu Moreau em uma nota para sua mãe sobre seu último trabalho em andamento, "que personifica o desejo insatisfeito das mulheres em geral, mas também a perversidade feminina, buscando constantemente sua ideia de sensualidade." O amante tem sentimentos por ela e está claramente vivo, corado e desesperado em sua paixão, mas a Messalina de Moreau é impenetrável, não pode se satisfazer e é inalcançável – na verdade, parece já estar morta.

Em 1937, a estrela anglo-indiana do cinema de Hollywood Merle Oberon saiu voando pelo para-brisa de um carro. Oberon estivera recentemente em Londres, filmando o papel de Messalina em uma produção cinematográfica épica de *Eu, Cláudio*, de Robert Graves, um projeto que já experimentava certo grau de dificuldade. Oberon sobreviveu por pouco ao acidente, mas ficou claro que levaria meses até que pudesse voltar a trabalhar. A produção, e especialmente o papel de Messalina, pareciam amaldiçoados. O projeto foi interrompido e nunca foi concluído.

Em vez disso, no outono de 1976, após um silêncio de quase quarenta anos, o romance de Graves foi adaptado para uma minissérie da BBC. A série provocou furor. Meu próprio bisavô, aparentemente, desligava a TV com ar de censura toda vez que os créditos de abertura surgiam, mas ele era, sem dúvida, uma minoria. *Eu, Cláudio* se tornaria uma das produções da BBC mais assistidas de todos os tempos, apresentando a toda uma geração sua visão (não totalmente imprecisa) dos júlio-claudianos como uma máfia real obcecada por sexo. "*Eu, Cláudio* está cada vez melhor", dizia um breve aviso publicado na seção de TV do *Sunday Telegraph* em 14 de novembro de 1976; "ligue a TV cedo se não quiser perder a orgia." Aparentemente, a orgia não decepcionou: na manhã seguinte, o crítico do *Telegraph* a considerou "a primeira orgia decente que tivemos desde o início da temporada". É durante essas mesmas cenas que somos apresentados pela primeira vez à Messalina de Graves. Até agora, havíamos encontrado Messalina principalmente como um símbolo ou um tipo. Era uma vítima da fraqueza da feminilidade e um emblema de seu poder destrutivo, mas raramente era muito humana. Isso mudou, até certo ponto, com a publicação dos romances de Robert Graves de 1934: *Eu, Cláudio* e *Cláudio, o deus, e Messalina*, apresentados como uma autobiografia escrita pelo próprio imperador. Graves nos faz sentir que nada de realmente significativo nos separa das pessoas que caminharam pelos Fóruns. Elas compartilhavam, imagina ele, nossas fraquezas, nossos preconceitos, nossos desejos e nossas emoções.

Encontramos Messalina pela primeira vez em *Eu, Cláudio* como uma vítima de abuso sexual aos 15 anos. Calígula a tirou da casa de seu pai e a levou para o palácio, onde a obriga a aparecer nua diante de seus convidados como parte de um concurso teatral. Após o término do espetáculo, Calígula comenta sobre a beleza da garota e sua virgindade. Ele mesmo vinha pensando em estuprá-la, admite, mas, desde que conhecera Cesônia, perdera o gosto por meninas menores de idade; em vez disso, sugere que Cláudio se divorcie de sua esposa e se case com Messalina.

Cláudio reconhece que grande parte da afeição inicial de sua jovem esposa por ele deriva de seu alívio por ter escapado de Calígula. Dois meses após o casamento, ela está grávida. "Quando um homem de cinquenta anos, não muito inteligente e não muito atraente", observa Cláudio, com o benefício do olhar retrospectivo, ao final do primeiro livro, "se apaixona por uma moça de quinze anos, muito atraente e muito inteligente, geralmente não é nada bom para ele."[55]

É uma previsão que vemos se concretizar no decorrer do volume seguinte, *Cláudio, o deus, e Messalina*. Cláudio nos concede acesso privilegiado ao quarto imperial, e assistimos em tempo real a Messalina ganhar sua confiança e utilizá-la em proveito próprio. Graves faz Messalina se tornar uma auxiliar imperial indispensável, mas que, ainda assim, joga com sua vulnerabilidade feminina quando lhe convém. Ele imagina as conversas que resultam nos assassinatos e exílios políticos relatados por Tácito, Suetônio e Dião Cássio: assistimos à imperatriz misturar conselhos com piadas e flertes e fazer suas insinuações de modo casual ou dramático, conforme a situação exige. Essa Messalina ganha o controle sobre Cláudio não por meio de uma misteriosa magia sedutora, mas pela inteligência, bons instintos e oportunismo. Cláudio admite que sua própria fraqueza tem tanta culpa quanto o oportunismo dela.

A Messalina de Graves é, sem dúvida, uma vilã – ou pelo menos é o que parece para nosso narrador Cláudio. Ela mente, manipula e assassina. É uma esposa ruim e pouco melhor como mãe. Ela humilha e decepciona Cláudio, embora não o destrua completamente.

No entanto, apesar de seu papel como antagonista, e apesar da natureza unilateral do relato de Cláudio, ainda temos a sensação de que a Messalina de Graves é *humana*. Ela é complicada: é ao mesmo tempo inteligente, racional, engraçada e maquiavélica, assim como bonita, sensual e caprichosa. Nós a sentimos menos obscuramente consumidora de tudo do que dolorosamente entediada e desesperada por entretenimento; menos insaciável do que apenas insatisfeita. Graves permite que Messalina seja uma mulher movida tanto pela política quanto pelo sexo, que existe tanto em sua mente quanto em seu corpo.

O fato de a caracterização que Graves faz da imperatriz como má, mas humana, se destacar como peculiarmente sensível diz muito sobre os tratamentos dados a Messalina antes dele. Há dois milênios, Messalina é um emblema de tudo o que diz respeito à feminilidade. Até mesmo as interpretações mais simpáticas, aquelas que nos convidam a ter pena dela no momento de sua queda, baseiam sua compaixão na crença de que a falha de Messalina está em sua *feminilidade* descontrolada, com toda a sensualidade e irracionalidade que isso implica, e na confiança que têm na punição dela. Mais frequentemente, a reação a Messalina era de medo, raiva, excitação – ou os três juntos. Essa era uma mulher que parecia zombar dos homens com seu poder imperial e sua insaciabilidade sexual. Em troca, foi transformada em bruxa, em arma de invectivas políticas, em um objeto sexual desprovido de fala, em *femme fatale*, em caso médico e até mesmo em uma visão da própria morte.

CONCLUSÃO

De muitas maneiras, a história de Messalina é a história da dinastia júlio-claudiana. Ela foi alçada a uma posição de poder pelo nascimento e pelo casamento, e conservou essa posição explorando implacavelmente as hipocrisias matizadas da corte e sua tolerância à violência. Sua preocupação era com a criação e a sobrevivência de sua própria linhagem, e ela tinha total ciência de que o fracasso significaria a morte, para ela e para seus filhos. As mudanças que ela fez na paisagem política não foram abertas e constitucionais, mas consistiram na superação gradual de limites, na abertura de caminhos e na criação de precedentes. Sua vida foi vivida em um tipo de luxo que seria inimaginável até mesmo cem anos antes, em um mundo social profundamente preocupado com as imagens e os espetáculos públicos, com o *teatro* da política. Por todo o império, ela projetou uma imagem de feminilidade ideal e moralidade tradicional, mas sussurravam-se boatos tanto sobre seus adultérios e perversões secretas e corruptas como sobre as coisas que aconteciam a portas fechadas no Palatino e que diziam das perigosas rachaduras nas fundações do Estado. Esses impulsos, angústias e condições definiram a vida de Messalina, mas também definiram a cultura e a política da época: pouca coisa, tanto na história de Messalina como em seu mundo, era o que parecia.

Uma história como a de Messalina nos obriga a interagir com os processos de mitificação que dão forma a toda a história antiga. Sabemos que é realmente impossível que a imperatriz tenha trabalhado como uma prostituta de classe baixa ou tenha esperado entrar em um casamento bígamo com Caio Sílio e sair ilesa; então, nos perguntamos de onde vêm esses relatos, por que se desenvolvem e o que significam. Desfazer esses contos nos ajuda a descobrir a história real de Messalina, mas também revela algo da essência de uma época na qual a distância entre a fachada ideológica e a realidade política alimentou histórias cada vez mais absurdas de intrigas, assassinatos e depravação sexual.

Que esses rumores se centrassem especialmente nas mulheres não é de surpreender. O poder recente das mulheres imperiais era um símbolo do novo sistema dinástico e da nova política de corte; a própria existência de uma "imperatriz" desencadeou todas as angústias que guiaram os processos de criação de boatos. Além disso, as mulheres da família júlio-claudiana viviam a vida delas e faziam suas jogadas políticas mais em privado do que suas contrapartes masculinas, de modo que menos se sabia com certeza ou menos podia ser provado. Havia mais espaço para as fofocas – e nenhuma instância na qual mulheres como Messalina pudessem refutá-las.

Messalina e sua mitificação são um perfeito estudo de caso tanto dos perigos da condição feminina em Roma como do mundo peculiar, sensual e paranoico da primeira dinastia romana. No entanto, isso não significa que ela deva ser abordada meramente como um símbolo. Sua associação com o sexo significa que isso ocorreu com demasiada frequência e por tempo demais.

A sociedade ocidental sempre foi possuída pelo impulso de categorizar as mulheres. Para torná-las mais apresentáveis, mais facilmente consumíveis como objetos ou símbolos culturais; para forjá-las em tipos passíveis de serem descritos sucintamente, para atribuir um valor a cada uma e colocá-las em conflito entre si. É comum que essas categorizações se centrem, como no caso de Messalina, na sexualidade.

Uma garota romana se tornava mulher não com o passar do tempo, mas com seu primeiro casamento e a perda da virgindade. Ela era ou uma *virgo* ou uma *matrona*, e esse status definia seus direitos, o ritmo de sua vida, suas vestimentas, suas atividades diárias e a maneira como era tratada pelos outros. Se transgredisse algum limite sexual, incorria em ainda outras categorias: seria uma adúltera, ou talvez uma prostituta. Seus direitos legais e suas proteções mudavam, e a sociedade passava a tratá-la de modo diferente e se sentia justificada em fazê-lo.

O ímpeto para classificar as mulheres com base em sua sexualidade quase não perdeu força nos anos desde a queda de Roma. Com o advento do catolicismo, a mulher se tornou ou uma "*Madonna*" ou uma "Prostituta". Com o advento do cinema, se tornou "o símbolo sexual", ou "a garota da casa ao lado", ou "a mãe", ou "a bonitinha boba" ou "a vítima de assassinato nua" ou "a *femme fatale*". A atratividade sexual de uma mulher, sua escolha de parceiros sexuais, as circunstâncias nas quais ela faz sexo, o simples fato de ela ter feito sexo, todos esses fatores têm sido usados historicamente para definir a identidade de uma mulher e limitar as fronteiras de sua existência; nunca foi assim com os homens.

A associação de Messalina com o sexo – com a sedução, o desejo e a promiscuidade – contamina cada aspecto da maneira como ela é apresentada. A trajetória da sucessora de Messalina, Agripina, não foi tão diferente daquela de Messalina. Ela buscou políticas semelhantes e, embora tenha sobrevivido um pouco mais, foi uma força política em ascensão durante quase exatamente o mesmo período de tempo. Apesar disso, Agripina entrou para a história como uma mulher notável por sua ambição, racionalidade, progressividade e astúcia política. As fontes antigas podem muito bem fazer dela uma vilã, mas, ao destacar sua masculinidade inatural e imoral, elas traem um respeito relutante por sua inteligência e sucesso. O tratamento que reservam a Messalina é diferente. Embora também seja vilificada, ela não recebe nem parte do respeito com que as fontes tratam Agripina. Até mesmo os historiadores modernos tendem a evitar questões sobre as motivações de Messalina, a ignorar deliberadamente seu impacto sobre a época e a descartá-la como indigna de um estudo sério. A lacuna entre as trajetórias das duas mulheres não é suficiente para justificar o abismo no modo de apresentar cada uma delas. A verdadeira fonte dessa disparidade não é difícil de identificar: a principal diferença entre a caracterização de Messalina e a de Agripina está no sexo.

No caso de Messalina, uma reputação ligada à sexualidade respingou em todos os aspectos de sua história, se sobrepôs a cada uma de suas conquistas e obscureceu todos os seus outros traços de personalidade. A Messalina de nossas fontes é louca e descontrolada em suas paixões; é caprichosa, incapaz de ter um pensamento estratégico e escrava de seus impulsos imediatos e momentâneos; suas ações são inexplicáveis para os homens racionais; ela é impelida apenas pelos desejos sensuais e tangíveis por beleza, dinheiro, luxo e sexo. A reputação sexual de Messalina lançou-a em contos morais renascentistas, melodramas vitorianos e pornôs dos anos 1970. Também afetou as análises de historiadores antigos *e modernos* sobre suas motivações, suas habilidades pessoais e seu valor como objeto de estudo.

Pior de tudo, essas narrativas transformaram Messalina em código para sexualidade, obscurecendo uma história que é mais complexa e mais interessante. Por sete anos na década de 40 d.C., Messalina foi a mulher mais poderosa do mundo. Nenhuma outra havia durado tanto tempo em uma posição de poder tão grande desde Lívia. Ela moldou a paisagem política da sua época e inaugurou métodos inovadores de fazer política na corte – novos modelos para o exercício e a projeção do poder feminino – que durariam por muito tempo após sua morte. Messalina transformou o conceito romano do que significava ser imperatriz, mas não era infalível: sua queda, quando chegou, não foi o resultado de alguma "loucura" sexual; na verdade, ela decorreu de uma série de erros de cálculo políticos e pessoais.

Não podemos chamar Messalina de "boa"; houve traições demais, assassinatos demais. Também não podemos apresentá-la como algum tipo de exemplo de feminismo; ela trabalhou no contexto de estruturas patriarcais e as empregou contra suas inimigas mulheres na mesma medida em que ela própria se debateu contra elas. Contudo, podemos dizer que era poderosa, interessante, ousada, inovadora e inteligente, e que por quase uma década foi bem-sucedida. Nenhuma dessas qualidades entra em conflito com o fato de sua atratividade e sexualidade – nem com a possibilidade de que ela tenha tomado decisões nem sempre sensatas e possuísse desejos nem sempre racionais.

Não peço ao leitor que acredite que Messalina tinha um autocontrole impressionante ou uma moral abnegada, ou que foi irrepreensível em seus relacionamentos, ou intelectualmente infalível, ou totalmente consistente em sua estratégia. Peço apenas que se reconheça que as conquistas de Messalina e seu valor como sujeito histórico podem coexistir com seus erros, seus fracassos e suas imoralidades, exatamente da mesma forma como permitimos que os pecados dos Grandes Homens coexistam com suas glórias.

AGRADECIMENTOS

Em meu primeiro trimestre em Oxford, tentei abandonar o curso pelo menos duas vezes. Nunca tinha estudado História Antiga antes, me sentia irremediavelmente atrasada em relação a meus colegas de classe e tinha muita saudade de minha antiga vida em Londres. Minha tutora, a incomparável professora Christina Kuhn, me disse para aguentar até o Natal, e naquela época de São Miguel Arcanjo ela ministrou um módulo chamado "Tácito e Tibério". Fui fisgada. É a ela e a seus ensinamentos que devo meu envolvimento com História Antiga e minha obsessão pelos júlio-claudianos e sua historiografia.

Foi estudando para um mestrado que na verdade comecei a considerar Messalina mais seriamente, e sou muito grata a minha orientadora, professora Katherine Clarke, por ter levado a sério o tema que propus para minha tese e por me incentivar a abordar a imperatriz por novos ângulos. Suas aulas, perguntas e insights tiveram um impacto enorme sobre o desenvolvimento das ideias que viriam a formar a base deste livro.

Há diversos outros professores e tutores a quem devo muito, entre os quais dr. Thomas Mannack, dra. Claudia Wagner, dra. Anna Clark e o professor Nicholas Purcell. A Juliane Kerkhecker, que me ensinou a não ter medo do latim. A Irene Brooke, minha supervisora no Courtauld, devo a capacidade de olhar obras de arte e uma apreciação pelo visual que transformou minha compreensão da história. Sou também infinitamente grata a minha orientadora de doutorado, a brilhante professora

Jo Crawley Quinn, pelo apoio, incentivo e pela crucial paciência que demonstrou nos últimos meses de produção deste livro.

Tenho uma dívida eterna com Dan Jones e Antony e Nicolas Cheetham, da Editora Head of Zeus, por darem uma chance a Messalina, e com o julgamento e experiência de meu editor, Richard Milbank. Sua edição e insights não só transformaram este livro em algo apropriado para os olhos do público geral, mas também me ensinaram bastante sobre como escrever. Agradeço também a Miranda Ward, a quem coube a tarefa de Sísifo de fazer o copidesque do texto de uma disléxica que nunca aprendeu a usar a vírgula de verdade. E, é claro, a meu amigo Edward Stanley, que uma vez pegou um erro de digitação por cima dos meus ombros e nunca mais me deixou esquecer disso.

Também devo meu agradecimento a toda a equipe da Head of Zeus cujo trabalho duro e habilidade tornaram este livro uma realidade – especialmente Aphra Le Levier-Bennett, Ellie Jardine, Clémence Jacquinet e Dan Groenewald. A minha agente de publicidade, Kathryn Colwell, por seu entusiasmo e energia. A Isambard Thomas, por seu trabalho na produção dos belos mapas de Roma e do Império, e a Jessie Price, pela composição da capa deslumbrante.*

Obrigada também a Clare Wallace, minha agente, que apoiou e incentivou este projeto desde a ideia inicial, e também a Mary Derby, Georgia Fuller, Salma Zarugh e Chloe Davis, da Darley Anderson Agency.

Tive a grande sorte de receber o apoio de diversos historiadores incríveis a cada etapa desse processo. As potências que são Dan Jones e Sara Cockerill estiveram presentes me oferecendo seu apoio e orientação indispensável desde o princípio – este projeto jamais teria acontecido sem eles. A lendária Antonia Fraser, uma inspiração há muito tempo, me deu um generoso subsídio para que eu concluísse minha pesquisa e foi igualmente generosa com seus conselhos e incentivo. Também devo um agradecimento a Robin Lane Fox, que teve a gentileza de dedicar tempo

* Mantivemos o agradecimento da autora, mas o crédito se refere à capa original, diferente da que se tem nesta edição. [N.E]

a lançar seu olhar de expert sobre meu manuscrito e sugerir diversas correções pertinentes.

Finalmente, agradeço a minha família por seu apoio incondicional e aos amigos que me ofereceram infindável incentivo e também infindável distração.

BIBLIOGRAFIA

Uma observação sobre as traduções

Todas as traduções do latim, salvo indicação em contrário, são da própria autora. Todas as traduções do grego, salvo indicação em contrário, foram tiradas das edições Loeb Classical Library. A versão em português brasileiro foi realizada pela tradutora, a partir do original em inglês.

Fontes primárias

Apolodoro, *Discurso contra Neera.*
Aristóteles, *Política.*
Ateneu, *Deipnosofistas.*
Augusto, *Res Gestae.*
Pseudo-Aurélio Victor, *Epítome das vidas dos Césares.*
Catulo, *Poemas.*
Cícero, *Da República.*
Cícero, *Das leis.*
Cícero, *As orações verrinas.*
Cícero, *Em defesa de Célio.*
Cornélio Nepos, *De viris illustribus.*
Dião Cássio, *História romana.*
Dionísio de Halicarnasso, *Das antiguidades romanas.*
Eurípides, *Medeia.*
Fílon, *Da embaixada a Caio.*
Floro, *Poemas.*
Galeno, *Método terapêutico.*

Horácio, *Odes e epodos.*
Horácio, *Sátiras.*
Josefo, *Antiguidades judaicas.*
Juliano, *Digesta.*
Juvenal, *Sátiras.*
Lucano, *A guerra civil (Farsália).*
Luciano, *A dança.*
Macróbio, *Saturnália.*
Marcelo Empírico, *De medicamentis.*
Marco Aurélio, *Meditações.*
Marcial, *Epigramas.*
Ovídio, *Amores.*
Ovídio, *Fasti.*
Ovídio, *A arte de amar.*
Ovídio, *Tristia.*
Ovídio, *Ex Ponto.*
Pseudo-Ovídio, *Consolação a Lívia.*
Paulo, *Opiniões.*
Pérsio, *Sátiras.*
Petrônio, *Satíricon.*
Plínio, o Velho, *História natural.*
Plínio, o Jovem, *Epístolas.*
Plutarco, *Vidas.*
Plutarco, *Sobre a tagarelice.*
Propércio, *Elegias.*
Salusto, *A conjuração de Catilina.*
Sêneca, *Consolação a Políbio.*
Sêneca, *Consolação a minha mãe Hélvia.*
Sêneca, *Questões naturais.*
Sêneca, *Sobre a brevidade da vida.*
Pseudo-Sêneca, *Apocolocintose.*
Pseudo-Sêneca, *Otávia.*
Sorano, *Ginecologia.*
Suetônio, *Vidas dos Césares.*
Sulpícia, *Poemas.*
Tácito, *Histórias.*
Tácito, *Anais.*
Tibulo, *Poemas.*
Tito Lívio, *História de Roma.*
Tito Lívio, *Periochae.*
Ulpiano, *Digesta.*
Valério Máximo, *Feitos e dizeres memoráveis.*

Veleio Patérculo, *História de Roma.*
Virgílio, *Geórgicas.*
Vitrúvio, *Sobre a arquitetura.*
Historia Augusta
Suda

Anônimo, *Vingt Ans de la vie d'un jeune homme* (datado erroneamente de 1789, *c.* 1830). Paris, Éditions Séguier (1996).
Baudelaire, C., *Les Fleurs du Mal* (1857). Trad. R. Howard. Nova York, Everyman's Library, Random House (1993).
Boccaccio, G., *On the Falls of Famous Men* (final dos anos de 1350).
Brontë, C., *Jane Eyre* (1847). Londres, Penguin Classics (2006).
Cossa, P., *Messalina* (1876). Londres, Forgotten Books (2018).
Croze-Magnan, S-C., *L'Aretin d'Augustin Carrache, ou Recueil de postures érotiques, d'après les gravures à l'eau-forte par vet artiste célèbre, avec le texte explicative des sujets.* Paris, Pierre Didot (1798).
Dumas, A. filho, *L'Homme-femme: réponse à M. Henri d'Ildeville* (1872). Trad. G. Vanderhoff. Filadélfia, Nova York e Boston (1873).
Dumas, A. filho, *La Femme de Claude* (1873). Trad. C. A. Byrne. Nova York, F. Rullman (1905).
Gallois, L. (ed.), *Réimpression de l'Ancien Moniteur vol. 18.* Paris, Au Bureau Centrale (1841).
Gilkin, I., *Prayer* (1897). Trad. D. F. Friedman, in *An Anthology of Belgian Symbolist Poets.* Berna, Peter Lang Publishing (2003).
Gorani, J., *Mémoires secrets et critiques vol. 1.* Paris, Chez Buisson (1793).
Graves, R., *I, Claudius and Claudius the God* (1934). Penguin Modern Classics, Londres, Penguin Random House (2006).
Isidore de Lara (libreto Sylvestre & Morand E.). *Messaline* (1899).
Jarry, A., *Messalina* (1900). Londres, Atlas Press (1985).
Maquet, A. e Lacroix, J., *Valeria.* Paris (1851).
Nerciat, A., *Les Aphrodites; ou Fragments thali-priapiques pour server à l'histoire du plaisir* (1793).
Pona, F., *Messalina.* Veneza (1627).
Richards, N., *Tragedy of Messalina, Empress of Rome* (1640).
de Sade, D. A. F., *Histoire de Juliette* (1800). Nova York, Grove Press (1994).
Von-Krafft-Ebing, R., *Psychopathia Sexualis* (1886). Nova York, Arcade Publishing (2011).
Wilbrandt, A., *Arria und Messalina* (1877). Norderstedt, Hansebooks (2016).
Wilmot, J., *Rochester's Farewell* (1680).

Fontes secundárias

Aali, H., *French Royal Women during the Restoration and July Monarchy: Redefining Women and Power*. Hampshire, Palgrave Macmillan (2021).

Adams, J. "Words for Prostitute in Latin", *Rheinisches Museum für Philologie*. vol. 126, n. 3 (1983), pp. 321-358.

D'Ambra, E., *Roman Women*. Cambridge, Cambridge University Press (2007).

Baldwin, B. "Executions under Claudius: Seneca's 'Ludus de Morte Claudii'". *Phoenix*, vol. 18, n. 1 (1964), pp. 39-48.

Baldwin, B. "The 'Epitome de Caesaribus', from Augustus to Domitian", *Quaderni Urbinati di Cultura Classica*, new series, vol. 43, n. 1 (1993), pp. 81-101.

Barnes, T. D. "Review: Epitome de Ceasaribus", *The Classical Review*, vol. 52, n. 1 (2002), pp. 25-27.

Barrett, A., *Caligula: The Corruption of Power*. Londres, Batsford Ltd. (1989).

Barrett, A., *Agrippina: Sex, Power and Politics in the Early Empire*. New Haven e Londres, Yale University Press (1996).

Barrett, A. "Tacitus, Livia and the Evil Stepmother", *Rheinisches Museum für Philologie*, vol. 144, n. 2 (2001), pp. 171-175.

Bauman, R. A., *Women and Politics in Ancient Rome*. Londres, Routledge (1993).

Beard, M., *The Roman Triumph*. Cambridge MA, Harvard University Press (2007).

Beard, M., *Twelve Caesars: Images of Power from the Ancient World to the Modern*. Princeton e Oxford, Princeton University Press (2021).

De la Bedoyère, G., *Domina: The Women who Made Imperial Rome*. New Haven e Londres, Yale University Press (2018).

Bodel, J. "Chronology and Succession 2: Notes on Some Consular Lists on Stone", *Zeitschrift für Papyrologie und Epigraphik*, bd. 105 (1995), pp. 279-296.

Bowe, P., *Gardens of the Roman World*. Los Angeles, J. Paul Getty Museum (2004).

Bowman, A., Champlin, E. e Lintott, A. (eds.), *The Cambridge Ancient History Vol. 10: The Augustan Empire, 43 BC–AD 69*. Cambridge, Cambridge University Press (1996).

Bradley, M. "Colour and Marble in Early Imperial Rome", *The Cambridge Classical Journal*, vol. 52 (2006), pp. 1-22.

Brunn, C. "The Name and Possessions of Nero's Freedman Phaon", *ARCTOS*, vol. 23 (1989), pp. 41-53.

Brunn, C. e Edmondson, J. (eds.), *The Oxford Handbook of Roman Epigraphy*. Oxford, Oxford University Press (2014).

Brunt, P. A. "Evidence Given under Torture in the Principate", *Zeitschrift der Savigny--Stiftung für Rechtsgeschichte. Romanistische Abtheilung*, vol. 97 (1980), pp. 256--265.

Butler, M., *Theatre and Crisis 1632-1642*. Cambridge, Cambridge University Press (1984).

Carlson, D. "Caligula's Floating Palaces", *Archaeology*, vol. 55, n. 3 (2002), pp. 26-31.

Carney, E. D. e Müller, S. (eds.), *The Routledge Companion to Women and Monarchy in the Ancient Mediterranean World*. Londres, Routledge (2020).

Lo Cascio, E., "The Population", in Claridge, A. e Holleran, C. (eds.), *A Companion to the City of Rome*. Hoboken & Chichester, John Wiley & Sons (2018).

Champlin, E. "The Testament of Augustus", *Rheinisches Museum für Philologie* (1989), pp. 154-165.

Chausson, F. e Galliano, G. (eds.), *Claude: Un Empereur au Destin Singulier*. Lyon, Musée des Beaux-Arts (2018).

Chrystal, P., *Women in Ancient Rome*. Stroud, Amberley Publishing (2013).

Claridge, A. e Holleran, C. (eds.), *A Companion to the City of Rome*. Hoboken & Chichester, John Wiley & Sons (2018).

Clarke, J. R., *Art in the Lives of Ordinary Romans*. Oakland, University of California Press (2003).

Clarke, J. R., *Looking at Lovemaking*. Berkeley, Los Angeles e Londres, University of California Press (1998).

Clarke, J. R. e Muntasser N. K. (eds.), *Oplontis: Villa A (Of Poppaea) at Torren Annunziata, Italy*. ACLS Humanities (2019).

Coarelli, F., *Rome and Environs: an archeological guide*. Berkeley, Los Angeles e Londres, University of California Press (2009).

Colin, J. "Les vendanges dionysiaques et la légende de Messaline", *Les Etudes Classiques*, vol. 24, n. 1 (1956), pp. 25-39.

Colls, D., Domergue C., Laubenheimer F., Liou B. "Les lingot d'étains de l'épave Port-Vendres II", *Gallia* (1975), pp. 61-94.

Courtney, E. "The Interpolations in Juvenal", *Bulletin of the Institute of Classical Studies*, vol. 22 (1975), pp. 147-162.

Cryle, P. M., *The Telling of the Act: Sexuality as Narrator in Eighteenth and Nineteenth Century France*. Delaware, University of Delaware Press (2001).

Cursi, G. M. "Roman Horti: a Topographical View in the Imperial Age", in Bartz. J. (ed.), *Public | Private*. Berlim, Winkleman Institute (2019).

Delia, D. "Fulvia Reconsidered", in Pomeroy, S. B. (ed.), *Women's History and Ancient History*. Chapel Hill, University of North Carolina Press (1991).

Dunning, S. B. "The Transformation of the Saeculum and Its Rhetoric in the Construction and Rejection of Roman Imperial Power", in Faure, R., Valli, S-P. e Zucker, A. (eds.), *Conceptions of Time in Greek and Roman Antiquity*. Berlim e Boston, De Gruyter (2022).

Dunning, S. B., *Roman Ludi Saeculares from the Republic to Empire*. Tese, University of Toronto (2016).

Eder, W. "Augustus and the Power of Tradition", in Galinsky, K. (ed.), *The Cambridge Companion to the Age of Augustus*, pp. 13-32. Cambridge, Cambridge University Press. (2005).

Edmondson, J. e Keith, A. (eds.), *Roman Dress and the Fabrics of Roman Culture*. Toronto, University of Toronto Press (2009).

Edwards, C., *The Politics of Immorality in Ancient Rome.* Cambridge, Cambridge University Press (1993).

Fagan, G. "Messalina's Folly", *The Classical Quarterly*, vol. 52, n. 2 (2002), pp. 566-579.

Fant, M. e Lefkowitz, M., *Women's Life in Greece and Rome: A Source Book in Translation.* Londres, Bloomsbury Publishing (2016).

Fantham, E., *Julia Augusti: The Emperor's Daughter.* Nova York, Routledge (2006).

Farrone, C. A. e McClure, L. K. (eds.), *Prostitutes and Courtesans in the Ancient World.* Madison, University of Wisconsin Press (2006).

Ferrill, A., *Caligula, Emperor of Rome.* Londres, Thames and Hudson (1991).

Flory, M. B. "Sic Exempla Parantur: Livia's Shrine to Concordia and the Porticus Liviae", *Historia: Zeitschrift für Alte Geschichte*, vol. 33, n. 3 (1984), pp. 309-330.

Flory, M. B. "Livia and the History of Public Honorific Statues for Women in Rome", *Transactions on the American Philological Association*, vol. 123 (1993), pp. 287-308.

Flory, M. B. "Dynastic Ideology, the Domus, Augusta, and Imperial Women: A Lost Statuary Group in the Circus Flaminius", *Transactions of the American Philological Association*, vol. 126 (1996), pp. 287-306.

Flory, M. B. "The Integration of Women into the Roman Triumph", *Historia: Zeitschrift für Alte Geschichte* (1998), pp. 489-494.

Flower, H., *Ancestor Masks and Aristocratic Power in Roman Culture.* Oxford, Oxford University Press (1996).

Foubert, L. L. "The Palatine Dwelling of the 'Mater Familias'. Houses as Symbolic Space in the Julio-Claudian Period", *Klio: Beiträge zur Alten Geschichte*, vol. 92, n. 1 (2010), pp. 65-82.

Gallivan, P. "The Fasti for the Reign of Gaius", *Antichthon*, vol. 13 (1979), pp. 66-69. Cambridge, University of Cambridge Press.

Gardner, J. F., *The Roman Household: A Sourcebook.* Londres e Nova York, Routledge (1991).

Ginsburg, J., *Representing Agrippina: Constructions of Female Power in the Early Roman Empire.* Oxford, Oxford University Press (2006).

Gorski, G. e Packer, J., *The Roman Forum: A Reconstruction and Architectural Guide.* Cambridge, Cambridge University Press (2015).

Griffin, M., *Nero: The End of a Dynasty.* Londres, Batsford (1984).

Groneman, C., *Nymphomania, a History.* Nova York, Norton & Co (2001).

Grubbs, J. E., *Women and the Law in the Roman Empire.* Londres e Nova York, Routledge (2002).

Grubbs, J. E. "Making the Private Public: Illegitimacy and Incest in Roman Law", in Ando C. e Rupke J. (eds.), *Public and Private in Ancient Mediterranean Law and Religion.* Berlim, De Gruyter (2015).

Hallett, J. P., *Fathers and Daughters in Roman Society: Women and the Elite Family.* Princeton, Princeton University Press (1984).

Harris, C., *Queenship and Revolution in Early Modern Europe: Henrietta Maria and Marie Antionette.* Hampshire, Palgrave Macmillan (2016).

Haselberger, L. et al. (eds.), *Mapping Augustan Rome, Journal of Roman Archaeology, supplementary series 50*. Rhode Island (2002).

Hekster, O. e Rich, J. "Octavian and the Thunderbolt: The Temple of Apollo Palatinus and Roman Traditions of Temple Building", *The Classical Quarterly*, vol. 56 (2006), pp. 149-168.

Heller, W., *Emblems of Eloquence: Opera and Women's Voices in Seventeenth Century Venice*. Berkeley, Los Angeles e Londres, University of California Press (2003).

Hemelrijk, E., *Matrona Docta: Educated Women in the Roman Elite from Cornelia to Julia Domma*. Londres e Nova York, Routledge (2004).

Hersch, K., *The Roman Wedding: Ritual and Meaning in Antiquity*. Cambridge, Cambridge University Press (2010).

Höbenreich, E. e Rizzelli, G. "Poisoning in Ancient Rome: The Legal Framework, The Nature of Poisons and Gender Stereotypes", in Wexler, P., *History of Toxicology and Environmental Health: Toxicology in Antiquity, Vol. II*. Amsterdã, Academic Press (2015).

Holleman, A. W. J. "The 'Wig' of Messalina and the Origin of Rome", *Museum Helveticum*, vol. 32, n. 4 (1975), pp. 251-253.

Jakab, E. "Financial Transactions by Women in Puteoli", in Du Pleissis (ed.), *New Frontiers: Law and Society in the Roman World*. Edimburgo, Edinburgh University Press (2014).

Joshel, S. R., *Work, Identity and Legal Status at Rome. A Study of the Occupational Inscriptions*. Norman e Londres, University of Oklahoma Press (1992).

Joshel, S. R. "Female Desire and the Discourse of Empire: Tacitus's Messalina", *Signs*, vol. 21, n. 1 (1995), pp. 50-82.

Kehoe, D. "Production in Rome", in Claridge, A. e Holleran, C. (eds.), *A Companion to the City of Rome*. Hoboken e Chichester, John Wiley & Sons (2018).

Kerkeslager, A. "Agrippa and the Mourning Rites for Drusilla in Alexandria", *Journal for the Study of Judaism*, vol. 37 (2006), pp. 367-400.

Kokkinos, N., *Antonia Augusta: Portrait of a Great Roman Lady*. Londres e Nova York, Routledge (1992).

Langlands, R., *Sexual Morality in Ancient Rome*. Cambridge, Cambridge University Press (2006).

Laurence, R., *Roman Pompeii: Space and Society*. Oxford, Routledge (1994).

Leiva, A. D., *Messaline, impératrice et putain: Généalogie d'un mythe sexuel de Pline au pornopéplum*. Nice, Du Murmure (2014).

Levick, B., *Claudius*. New Haven e Londres, Yale University Press (1990).

Levick, B., *The Government of the Roman Empire*. Nova York, Routledge (2000).

Levin-Richardson, S., *The Brothel of Pompeii: Sex, Class and Gender at the Margins of Roman Society*. Cambridge, Cambridge University Press (2019).

Lindsay, H. "The 'Laudatio Murdiae': Its Content and Significance", *Latomus: Revue d'Études Latines*, vol. 63 (2004), pp. 88-97.

Ling, R., *Roman Painting*. Cambridge, Cambridge University Press (1991).

Machado, C. "Building the Past: Monuments and Memory in the Forum Romanum". In Bowden, W., Gutteridge, A. e Machado, C. (eds.), *Social and Political Life in Late Antiquity, vol. 3.1.* Leiden, Brill (2006).

MacMullen, R. "Women in Public in the Roman Empire", *Historia: Zeitschrift für Alte Geschichte*, vol. 29, n. 2 (1980), pp. 208-218.

Marshall, A. J. "Tacitus and the Governor's Lady: A Note on Annals III.33–4". *Greece and Rome*, vol. 22, n. 1. (1975), pp. 11-18.

Marshall, A. J. "Roman Women and the Provinces", *Ancient Society*, vol. 6 (1975), pp. 109-127.

McGinn, A. J., *Prostitution, Sexuality and the Law in Ancient Rome.* Oxford, Oxford University Press (1998).

McGinn, A. J., *The Economy of Prostitution in the Roman World.* Ann Arbor, University of Michigan Press (2004).

McGinn, A. J. "Zoning Shame in the Roman City", in Faraone C. A. e McClure, L. K. (eds.), *Prostitutes & Courtesans in the Ancient World.* Madison, University of Wisconsin Press (2006).

MacMullen, R. "Woman in Public in the Roman Empire", *Historia: Zeitschrift für Alte Geschichte*, vol. 29, n. 2. (1980), pp. 208-218.

Millar, F. "The Emperor, the Senate and the Provinces", *The Journal of Roman Studies*, vol. 56 (1966), pp. 156-166.

Millar, F. "State and Subject: The Impact of Monarchy", in Millar, F. e Segal, E. (eds.), *Caesar Augustus. Seven Aspects.* Oxford, Clarendon Press (1984).

Moore, K. "Octavia Minor and Patronage", in Carney, E. D. e Müller, S. (eds.), *The Routledge Companion to Women and Monarchy in the Ancient Mediterranean World.* Londres, Routledge (2020).

Mouritsen, H., *The Freedman in the Roman World.* Cambridge, Cambridge University Press (2011).

Myers, K. S. "The Poet and the Procuress: The Lena in Latin Love Elegy", *Journal of Roman Studies*, vol. 86 (1996), pp. 1-21.

Nappa, C., *Making Men Ridiculous: Juvenal and the Anxieties of the Individual.* Ann Arbor, University of Michigan Press (2018).

O'Neill, J. R. "Claudius the Censor and the Rhetoric of Re-Foundation", *Classical Journal*, vol. 116, n. 2 (2020), pp. 216-240.

Olsen, K. "Matrona and Whore: Clothing and Definition in Roman Antiquity", in Faraone C. A. e McClure L. K. (eds.), *Prostitutes & Courtesans in the Ancient World.* Madison, University of Wisconsin Press. (2006).

Osgood, J., *Claudius Caesar: Image and Power in the Early Roman Empire.* Cambridge, Cambridge University Press (2011).

Pagán, V. E. "Horticulture and the Roman Shaping of Nature", in *Oxford Handbook Topics in Classical Studies.* Oxford, Oxford University Press (2016).

Pappalardo, U., *The Splendor of Roman Wall Painting.* Los Angeles, J. Paul Getty Museum (2009).

Patterson, J. "Friends in High Places: The Creation of the Court of the Roman Emperor". In Spawforth, A. J. S. (ed.), *The Court and Court Society in Ancient Monarchies*. Cambridge, Cambridge University Press (2007).

Plescia, J. "Judicial Accountability and Immunity in Roman Law", *The American Journal of Legal History*, vol. 45, n. 1 (2001), pp. 51-70.

Pomeroy, S. B. (ed.), *Women's History and Ancient History*. Chapel Hill, University of North Carolina Press (1991).

Purcell, N. "Livia and the Womanhood of Rome", *Proceedings of the Cambridge Philological Society*, n. 32 (1986), pp. 78-105.

Rich, J. W. "Drusus and the spolia optima", *The Classical Quarterly*, vol. 49, Issue 2 (1999), pp. 544-555.

Richardson, L. "The Evolution of the Porticus Octaviae", *American Journal of Archaeology*, vol. 80, n. 1 (1976), pp. 57-64.

Richardson, L., *A New Topographical Dictionary of Ancient Rome*. Baltimore, Johns Hopkins University Press (1992).

Richlin, A., *The Garden of Priapus: Sexuality and Aggression in Roman Humor*. Nova York e Oxford, Oxford University Press (1992).

Richlin, A., *Arguments with Silence: Writing the History of Roman Women*. Ann Arbor, University of Michigan Press (2014).

Rose, C. B., *Dynastic Commemoration and Imperial Portraiture in the Julio-Claudian Period*. Cambridge, Cambridge University Press (1997).

Rounding, V., *Grandes Horizontales*. Londres, Bloomsbury Publishing (2004).

Salas, L. A. 'Why Lovesickness is Not a Disease: Galen's Diagnosis and Classification of Psychological Distress", *TAPA*, vol. 152, n. 2 (2022), pp. 507-539.

Santoro, L'Hoir, F. "Tacitus and Women's Usurpation of Power", *The Classical World*, vol. 88, n. 1 (1994), pp. 5-25.

Schaps, D. "The Woman Least Mentioned: Etiquette and Women's Names", *The Classical Quarterly*, vol. 27, n. 2 (1977), pp. 323-330.

Shapiro, A-L. "Love Stories: Female Crimes of Passion in Fin-de-Siècle Paris", *Differences: A Journal of Feminist Cultural Studies*, vol. 3, n. 3 (1991), pp. 45-68.

Shapiro, A-L., *Breaking the Codes: Female Criminality in Fin-de-Siècle Paris*. Stanford, Stanford University Press (1996).

Sherk, R. K. (ed. e trad.), *The Roman Empire: Augustus to Hadrian: Vol. 6 Translated Documents of Greece and Rome*. Cambridge, Cambridge University Press (1988).

Sijpesteijn, P. J. "Another οὐcία of D. Valerius Asiaticus in Egypt' for Papyrus' Relating to Valerius Asiaticus' Holdings", *Zeitschrift für Papyrologie und Epigraphik* (1989), pp. 194-196.

Simpson, C. J. "The Date of Dedication of the Temple of Mars Ultor", *The Journal of Roman Studies*, vol. 67 (1977), pp. 91-94.

Simpson, C. J. "The Birth of Claudius and the Date of Dedication of the Altar of 'Romae et Augusto' at Lyon". *Latomus: Revue d'Études Latines*, vol. 46 (1987), pp. 586-592.

Smallwood, E. M., *Documents Illustrating the Principates of Gaius Claudius and Nero.* Cambridge University Press, Cambridge (1967).

Spawforth, A. J. S. (ed.), *The Court and Court Society in Ancient Monarchies.* Cambridge, Cambridge University Press (2007).

Von Stackelberg, K. T. "Performative Space and Garden Transgressions in Tacitus' Death of Messalina", *The American Journal of Philology*, vol. 130, n. 4 (2009), pp. 595-624.

Steintrager, J. A., *The Autonomy of Pleasure: Libertines, License and Sexual Revolution.* Nova York, Columbia University Press (2016).

Stern, G., *Women, Children, and Senators on the Ara Pacis Augustae: a study of Augustus' Vision of a New World Order in 13 BC.* Berkeley, University of California (2006).

Strong, A. K., *Labelled Women: Roman Prostitutes and Persistent Stereotypes.* Nova York, Columbia University Press (2005).

Strong, A. K., *Can You Tell Me How to Get to the Roman Brothel? Public Prominence of Prostitutes in the Roman World.* Social Science Research Network (2010).

Strong, A. K., *Prostitutes and Matrons in the Roman World.* Cambridge, Cambridge University Press (2016).

Swetnam-Burland, M. "Aegyptus Redacta: The Egyptian Obelisk in the Augustan Campus Martius", *The Art Bulletin*, vol. 92, n. 3 (2010), pp. 135-153.

Syme, R. "The Marriage of Rubellius Blandus", *The American Journal of Philology*, vol. 103, n. 1 (1982), pp. 62-85.

Syme, R. "Neglected Children on the Ara Pacis", *American Journal of Archeology*, vol. 88, n. 4 (1984), pp. 583-589.

Syme, R., *The Augustan Aristocracy.* Oxford, Oxford University Press (1986).

Talvacchia, B. "Classical Paradigms and Renaissance Antiquarianism in Giulio Romano's 'I Modi'", *I Tatti Studies in the Italian Renaissance*, vol. 7 (1997), pp. 81-118.

Treggiari, S. "Domestic Staff at Rome in the Julio-Claudian Period, 27 B.C. to A.D. 68", *Histoire Sociale/Social History*, vol. 6, n. 12 (1973), pp. 241-255.

Treggiari, S. "Jobs in the Household of Livia", *Papers of the British School at Rome*, vol. 43 (1975), pp. 48-77.

Treggiari, S, *Roman Marriage: Iusti Coniuges From the Time of Cicero to the Time of Ulpian.* Oxford, Clarendon Press (1991).

Turner, J. "Marcantonio's Lost Modi and their Copies", *Print Quarterly*, vol. 21, n. 4 (2004), pp. 363-384.

Varner, E. R. "Portraits, Plots, and Politics: 'Damnatio Memoriae' and the Images of Imperial Women", *Memoirs of the American Academy in Rome*, vol. 46 (2001), pp. 41-93.

Varner, E. R., *Mutilation and Transformation, Damnatio Memoriae and Roman Imperial Portraiture.* Leiden, Brill (2004).

Wallace-Hadrill, A., *Houses and Society in Pompeii and Herculaneum.* Princeton, Princeton University Press (1994).

Wallace-Hadrill, A. "Public Honour and Private Shame: The Urban Texture of Pompeii", in Cornell, T. J. e Lomas, K. (eds.), *Urban Society in Roman Italy*. Londres, Routledge (1995).

Wallace-Hadrill, A., *Rome's Cultural Revolution*. Cambridge, Cambridge University Press (2008).

Wardle, J. "Valerius Maximus on the Domus Augusta, Augustus and Tiberius", *The Classical Quarterly*, vol. 50, n. 2 (2000), pp. 479-493.

Watson, L. e Watson P. (eds.), *Juvenal Satire 6. Text and Commentary*. Cambridge, Cambridge University Press (2014).

Weaver, P. R. C. "Slave and Freedman 'Cursus' in the Imperial Administration", *Proceedings of the Cambridge Philological Society* (1964), pp. 74-92.

Weaver, P. R. C., *Familia Caesaris: A Social Study of the Emperor's Freedmen and Slaves*. Cambridge, Cambridge University Press (1972).

Winterling, A., *Politics and Society in Imperial Rome*. Chichester, Wiley-Blackwell (2009).

Wiseman, T. P., *The Death of Caligula: Josephus Ant. Iud. XIX 1-273, Translation and Commentary*. Liverpool, Liverpool University Press (2013).

Wood, S. "Diva Drusilla Panthea and the Sisters of Caligula", *American Journal of Archaeology*, vol. 99, n. 3 (1995), pp. 457-482.

Wood, S. "Messalina, Wife of Claudius: Propaganda Successes and Failures of His Reign", *Journal of Roman Archaeology*, 5 (2015), pp. 219-234.

Woodhull, M. "Engendering Space: Octavia's Portico in Rome", *Aurora: The Journal of the History of Art*, vol. 4 (2003), pp. 13-33.

Woodhull, M. L., *Building Power: Women as Architectural Patrons During the Early Roman Empire, 30 BC–54 CE*. Austin, University of Texas Press (1999).

Woods, D. "The Role of Lucius Vitellius in the Death of Messalina", *Mnemosyne*, vol. 70 (2017), pp. 996-1007.

Wyke, M., *The Roman Mistress: Ancient and Modern Representations*. Oxford, Oxford University Press (2002).

Zanker, P., *The Power of Images in the Age of Augustus*. Ann Arbor, Michigan University Press (1988).

NOTAS

Abreviações

CIL – *Corpus Inscriptionum Latinarum*
ILS – *Inscriptiones Latinae Selectae*
PLondon – Papiros gregos no British Museum
RIC – Cunhagem romana imperial
RPC – Cunhagem romana provincial

Introdução

1 Sobre *I Modi*, ver Talvacchia, *Taking Positions: On the Erotic in Renaissance Culture*. Sobre as evidências sobreviventes das gravuras de Marcantonio Raimondi, ver Turner, "Marcantonio's Lost Modi and Their Copies".

2 Juvenal, *Sátiras*, 6.114-132.

3 Didot, *L'Arétin d'Augustin Carrache, ou recueil de postures érotiques*, 53-56.

4 Gorani, *Mémoires secrets et critiques*, vol. 1, p. 98.

5 Para o discurso de Medeia, ver Eurípides, *Medea*, 214-267. Os versos 230-231 são citados aqui: trad. P. Roche, *Three Plays of Euripides: Alcestis, Medea, The Bacchae* (Nova York, 1974). Para o discurso de Boudica, ver Tácito, *Anais*, 14.35.

6 O melhor exemplo do uso do nome de uma mulher para caluniar seu caráter é talvez o discurso de Apolodoro "Contra Neera" (incluído no *corpus* demostênico, discurso 59). Ver também Schaps, "The Woman Least Mentioned: Etiquette and Women's Names".

7 *Laudatio Murdiae*, versos 20-29: CIL VI 10230 = ILS 8394. Para uma discussão sobre essa inscrição, ver Lindsay, "The 'Laudatio Murdiae': Its Content and Significance".

Prelúdio

1 Tácito, *Anais*, I.1.
2 Tácito, *Anais*, II.27.

I

1 A narrativa de Tácito para esses eventos pode ser encontrada em *Anais*, 11.26-11.38. Ver também o relato bem mais breve de Dião Cássio em 60.31 e de Suetônio, *Vida de Cláudio*, 26.2, 29.3, 36.
2 Tácito, *Anais*, 11.27.

II

1 Para uma visão geral da arquitetura, desenho, decoração e uso do Fórum, ver Richardson, *A New Topographical Dictionary of Ancient Rome*, 160-162. Para uma reconstrução visual de como o projeto se desenrolou, ver Gorski e Packer, *The Roman Forum*.
2 Sobre essa promessa, ver Suetônio, *Vida de Augusto*, 29.2, e Ovídio, *Fasti*, 5.569--578. O Fórum só foi consagrado depois de 2 a.C.: Dião Cássio, 55.10.1-8; Velleius Paterculus, 2.100.2; ver também Simpson, "The Date of Dedication of the Temple of Mars Ultor".
3 Para uma visão abrangente da arqueologia do Foro Romano, ver Coarelli, *Rome and Environs: An Archaeological Guide*, 74-161. Ver também Richardson, *A New Topographical Dictionary of Ancient Rome*, 170-174.
4 Para a estátua de Augusto na Rostra, ver Velleius Paterculus, 2.61.3.
5 Sobre a consagração do templo, ver Dião Cássio, 51.22.
6 Para o *Forum Romanum* como local de criação e preservação da memória comum, ver Machado, "Building the Past: Monuments and Memory in the Forum Romanum". Para um exemplo do uso retórico da paisagem romana repleta de memórias, ver como Tito Lívio imaginou o discurso de Camilo: Tito Lívio, *História de Roma*, 5.51.
7 Sobre as conotações imperiais do mármore policrômico, ver Bradley, "Colour and Marble in Early Imperial Rome". Para um resumo dos materiais usados no Fórum de Augusto, ver Gorski e Packer, *The Roman Forum*, 15-16.
8 Lo Cascio, "The Population", 139-153; ver também Kehoe, "Production in Rome", 443-444.
9 Plínio, *História natural*, 36.24.
10 Sobre as soleiras de Marco Lépido, ver Plínio, *História natural*, 36.8. Sobre as colunas de Escauro (que foram reutilizadas de um teatro contemporâneo notavelmente extravagante que ele tinha erguido), ver Plínio, *História natural*, 36.2.
11 Plínio, *História natural*, 36.7.
12 Políbio, *Histórias*, 38.21.
13 Sobre a definição e o desenvolvimento desse cargo, ver Badian e Lintott, "*pro consule, pro praetore*", no *The Oxford Classical Dictionary*.

14 Sobre os poderes e a imunidade judicial do pró-magistrado, ver Plescia, "Judicial Accountability and Immunity in Roman Law", especialmente as pp. 51-56, em *American Journal of Legal History*, vol. 45, n. 1. Para um exemplo famoso de um pró-magistrado que precisou prestar contas após retornar de sua província, ver Cícero, *In Verrem*.

15 Augusto, *Res Gestae*, 1.

16 Dião Cássio, 51.20.4.

17 Suetônio, *Vida de Augusto*, 22; Augusto, *Res Gestae*, 13.

18 Augusto, *Res Gestae*, 12.

19 Sobre o obelisco, ver Swetnam-Burland, "Aegyptus Redacta: The Egyptian Obelisk in the Augustan Campus Martius"; para uma visão geral sobre o *Ara Pacis*, ver Richardson, *A New Topographical Dictionary of Ancient Rome*, 287-289.

20 A identificação das figuras individuais no *Ara Pacis* é reconhecidamente difícil: ver, por exemplo, Syme, "Neglected Children on the Ara Pacis", e Stern, *Women, Children, and Senators on the Ara Pacis Augustae* para versões alternativas, ambas envolvendo diversos membros da família imediata de Messalina.

21 Augusto, *Res Gestae*, 34; Dião Cássio, 53.2-11.

22 Dião Cássio, 53.12. Ver também Millar, "The Emperor, the Senate and the Provinces".

23 Para um resumo dos acordos de 27 e 23 a.C., ver Crook, "Political History 30 BC to AD 14", especialmente as pp. 78-80 (27 a.C.) e 85-87 (23 a.C.), em *The Cambridge Ancient History Vol. 10*.

24 Suetônio, *Vida de Augusto*, 99.

III

1 Sobre seu papel na revolução, ver Tito Lívio, *História de Roma*, I.58; sobre seu consulado, Tito Lívio, *História de Roma*, 2.2.

2 Syme, *The Augustan Aristocracy*, 147, 164-166.

3 Sobre as *imagines* de família, ver Flower, "Ancestor Masks and Aristocratic Power in Roman Culture".

4 Syme, *The Augustan Aristocracy*, 147, 164.

5 Sobre o consulado de Fausto Sula Félix, ver Syme, *The Augustan Aristocracy*, 164; uma dispensa de cinco anos tinha sido concedida ao marido anterior de Cláudia Antônia; ver Dião Cássio, 60.5.8.

6 Syme, *The Augustan Aristocracy*, 178-179.

7 Syme situa o primeiro casamento de Lépida com o pai de Messalina em 15 d.C. e o nascimento dela cerca de doze anos antes disso: Syme, *The Augustan Aristocracy*, 165-166.

8 Dião Cássio, 60.30.6; Suetônio, *Vida de Cláudio*, 27.2.

9 Tácito, *Anais*, 11.37.

10 Ibid., 12.64.

11 Ibid., 12.64; Suetônio narra as coisas de forma um pouco diferente em seu *Vida de Nero*, 6.3.

12 Para evidências das posses de Domícia Lépida em Fondi, ver Brunn, "The Name

and Possessions of Nero's Freedman Phaon". Sobre a qualidade do vinho feito em Fondi, ver Ateneu, *Deipnosofistas*, 27a, e Plínio, *História natural*, 14.8.

13 Tácito, *Anais*, 12.65.

14 Sobre as posses de Domícia Lépida em Putéolos, ver Jakab E., "Financial Transactions by Women in Puteoli", 123-150.

15 Vitrúvio, *Sobre a arquitetura*, 6.5.

16 Dião Cássio, 61.17.1-2; Suetônio, *Vida de Nero*, 34.5.

17 Para um exemplo dessas vilas luxuosas na baía, ver Clarke e Muntasser, *Oplontis: Villa A ("Of Poppaea") at Torre Annunziata, Italy*.

18 Marcial, *Epigramas*, 1.62

19 Ver, por exemplo, a história talvez anacrônica de Verginia: Tito Lívio, *História de Roma*, 3.44.4, e Dionísio de Halicarnasso, *Das antiguidades romanas*, 11.28.3.

20 Ver Hemelrijk, *Matrona Docta: Educated Women in the Roman Élite from Cornelia to Julia Domna*, para um estudo sobre a educação das meninas da elite.

21 Plutarco, *Vida de Pompeu*, 55.

22 Ibid.

IV

1 Plínio, *Epístolas*, 5.16.

2 Suetônio, *Vida de Tibério*, 7.

3 Ibid., 11.4.

4 Para as mortes de Caio e Lúcio, ver Dião Cássio, 55.10, e Suetônio, *Vida de Augusto*, 64-65.

5 Suetônio, *Vida de Tibério*, 64-65.

6 Tácito, *Anais*, 4.6.2-4. Ver também Suetônio, *Vida de Tibério*, 30-32.

7 Tácito, *Anais*, 3.60-63.

8 Ibid., 3.65.3.

9 Para uma narrativa da morte de Germânico e suas circunstâncias supostamente suspeitas, ver Tácito, *Anais*, 2.69-2.73.

10 Tácito, *Anais*, 3.2-3.6.

11 Ibid., 4.8.

12 Tácito, *Anais*, 4.67. Suetônio, *Vida de Tibério*, 40 também enfatiza os atrativos do isolamento de Capri.

13 Sobre a viagem de Tibério a Capri e a desculpa da consagração dos templos, ver Suetônio, *Vida de Tibério*, 39-41.

14 Tácito, *Anais*, 4.74.

15 Ibid., 4.74; Dião Cássio, 58.5.

16 Dião Cássio, 58.5.

17 Tácito, *Anais*, 4.68-70. Sobre a questão dos sabinos, ver Dião Cássio, 58.1.

18 Tácito, *Anais*, 5.3-5, 6.23, 6.25; Suetônio, *Vida de Tibério*, 53-54.

19 Tácito, *Anais*, 4.18-19.

20 Ibid., 4.18-20.

21 Suetônio, *Vida de Tibério*, 65.

22 Josefo, *Antiguidades judaicas*, 18.181-182.

23 Para a narrativa completa da queda e morte de Sejano, ver Dião Cássio, 58.3-12; Suetônio, *Vida de Tibério*, 65.

24 Para a data do consulado de Fausto Sula, ver Bodel, "Chronology and Succession 2: Notes on Some Consular Lists on Stone", 296; ver também Syme, *The Augustan Aristocracy*, 267. Bodel dá a Sula dois colegas de consulado: Sexto Tédio Cátulo (que serviu de maio a julho) e Lúcio Fulcínio Trião (que serviu de julho a outubro).

25 Sobre o noivado dela, ver Tácito, *Anais*, 3.29; Dião Cássio, 58.11.5. Sobre sua morte, ver Dião Cássio, 58.11-5-6.

26 Tácito, *Anais*, 4.3.

27 Tácito, *Anais*, 4.3, 7-11.

28 Tácito, *Anais*, 4.3.

29 Dião Cássio, 58.11.7.

30 Tácito, *Anais*, 4.2.3.

31 Suetônio, *Vida de Tibério*, 67.

32 Tácito, *Anais*, 4.57.3.

33 Para uma coletânea desses boatos, ver Suetônio, *Vida de Tibério*, 43-44. Para as acusações de que mantinha relações sexuais com garotos nobres, ver Tácito, *Anais*, 6.1.

34 Tácito, *Anais*, 6.1.

V

1 Dião Cássio, 59.9.

2 É Lucano quem se refere ao penteado da noiva romana como uma "coroa alta": Lucano, *A guerra civil (Farsália)*, 2.358.

3 Herschl, *The Roman Wedding*, 65-68.

4 Catulo, 61.75-81.

5 Suetônio, *Vida de Cláudio*, 5.

6 Para uma discussão aprofundada sobre as evidências para o vestido e os rituais nupciais, ver Hersch, *The Roman Wedding*.

7 Suetônio, *Vida de Cláudio*, 1. O epigrama está em grego, trad. Loeb.

8 Simpson, "The Birth of Claudius and the Date of the Dedication of the Altar of 'Romae et Augusto' at Lyon", 586-592.

9 Dião Cássio, 55.1.

10 Tito Lívio, *Periochae*, 142.

11 Para uma coletânea e uma discussão desses fragmentos, ver Kokkinos, *Antonia Augusta: Portrait of a Great Roman Lady*, 68-86.

12 Ibid.

13 Plínio, *História natural*, 9.81.

14 Para essa troca de trajes e as cerimônias que a acompanham, ver Edmondson e Keith (eds.), *Roman Dress and the Fabrics of Roman Culture*, 48-59.

15 Suetônio, *Vida de Cláudio*, 2.2.

16 Ibid., 2.1.

17 Sobre as várias enfermidades físicas de Cláudio, ver Suetônio, *Vida de Cláudio*, 30; Pseudo-Sêneca, *Apocolocintose*, 1, 5; Dião Cássio, 60.2.

[18] Suetônio, *Vida de Cláudio*, 3.2.
[19] Ibid., 3.4.
[20] Ibid., 3.5.
[21] Ibid., 2.2.
[22] Tácito, *Anais*, 13.3.
[23] Suetônio, *Vida de Cláudio*, 31.
[24] Ibid., 38.3.
[25] Ibid., 4.5, 5.1, 33, 40.1; Tácito, *Anais*, 12.49.
[26] Suetônio, *Vida de Cláudio*, 26.
[27] Tácito, *Anais*, 4.22.
[28] Suetônio, *Vida de Cláudio*, 27.
[29] Ibid., 27.
[30] Para o casamento e o divórcio de Cláudio e Élia Pecina, ver Suetônio, *Vida de Cláudio*, 26. Para a proposta de um novo casamento, aventada por Narciso, ver Tácito, *Anais*, 12.1.
[31] Juvenal, *Sátiras*, 10.331-333.
[32] Sobre o direito de uma menina *sui iuris* de contratar seu próprio casamento, ver, por exemplo, Paulo, *Digesta*, 23.2.20, cf. Grubbs, *Women and the Law in the Roman Empire*, 23-24. Sobre a exigência de consentimento de todas as partes para qualquer casamento, ver Paulo, *Digesta*, 23.2.2; Juliano, *Digesta*, 23.1.11.
[33] Suetônio, *Vida de Cláudio*, 30.
[34] Para uma introdução a esse fenômeno na cultura visual romana, ver Clarke, *Looking at Lovemaking*.

VI

[1] Trad. M. Staniforth, *Meditations* (Londres, 2006).
[2] Suetônio, *Vida de Calígula*, 13.
[3] Ibid., 14.1.
[4] Tácito, *Anais*, 1.41, 1.69; Suetônio, *Vida de Calígula*, 13; Dião Cássio, 57.5.6.
[5] Suetônio, *Vida de Calígula*, 15; Dião Cássio, 59.3.5.
[6] Suetônio, *Vida de Calígula*, 15.2; Dião Cássio, 59.6.5. Esses relatos são confirmados por evidências epigráficas: ver Gallivan, "The Fasti for the Reign of Gaius", 66.
[7] Dião Cássio, 59.7.1.
[8] Para o comportamento do imperador como membro da multidão, ver Suetônio, *Vida de Calígula*, 54, e Dião Cássio, 59.5.
[9] Suetônio, *Vida de Calígula*, 17.2.
[10] Sobre as homenagens prestadas às irmãs de Calígula, ver Ferrill, *Caligula: Emperor of Rome*, 97. Para a inclusão delas nos juramentos senatoriais, ver Suetônio, *Vida de Calígula*, 15.3.
[11] Existem vários exemplos desse tipo de moeda no British Museum: ver, por exemplo, R.6432.
[12] Suetônio, *Vida de Calígula*, 17.2. Para a posição de Emílio Lépido nos planos de Calígula, ver Barrett, *Caligula*, 115-116, e Winterling, *Caligula*, 63.
[13] Suetônio, *Vida de Calígula*, 24.1.

[14] Suetônio, *Vida de Calígula*, 23.2; Dião Cássio, 59.3.6.

[15] Sobre o incesto no direito e na cultura romanos, ver Grubbs, "Making the Private Public: Illegitimacy and Incest in Roman Law".

[16] Fílon, *Da embaixada a Caio*, 31.

[17] Ibid., 58.

[18] Suetônio, *Vida de Calígula*, 23.3.

[19] A morte de Drusila está registrada em um calendário inscrito encontrado em Óstia: Fasti Ostiensis, Smallwood, n. 31, versos 29-30, p. 28.

[20] Sobre o luto público após a morte de Drusila, ver Dião Cássio, 59.11; Suetônio, *Vida de Calígula*, 24.2.

[21] Sobre as homenagens prestadas a Drusila após a sua morte, ver Dião Cássio, 59.11, e Wood, "Diva Drusilla Panthea and the Sisters of Caligula".

[22] Kerkeslager, "Agrippa and the Mourning Rites for Drusilla in Alexandria".

[23] Suetônio, *Vida de Calígula*, 24.2. Sêneca condena o processo de luto de Calígula como indigno e não romano: *Consolação a Políbio*, 17.

[24] Suetônio, *Vida de Calígula*, 21.

[25] Ibid., 37.1.

[26] Sêneca, *Consolação a minha mãe Hélvia*, 10.

[27] Plínio, *História natural*, 9.58.

[28] Suetônio, *Vida de Calígula*, 52.1; Fílon, *Da embaixada a Caio*, 79; Dião Cássio, 59.26.6-8.

[29] Suetônio, *Vida de Calígula*, 37; Dião Cássio, 59.2.6.

[30] Para a herança de Augusto, ver Suetônio, que julga que o valor foi uma afronta humilhante: *Vida de Cláudio*, 4.7; ver também Champlin, "The Testament of Augustus", 162. Para a herança de Tibério, ver Suetônio, *Vida de Cláudio*, 6.

[31] Sobre a falência de Cláudio, ver Suetônio, *Vida de Cláudio*, 9. Dião Cássio, 59.28.5, fixa a taxa de entrada em 10 milhões de sestércios.

[32] Sobre os direitos das mulheres casadas de possuírem e administrarem sozinhas suas propriedades se seus pais estivessem mortos, ver Ulpiano, Digesta, 23.3.9.3; e Grubbs, *Women and the Law in the Roman Empire*, 101-102. Sobre o casamento *sine manu*, ver Grubbs, *Women and the Law in the Roman Empire*, 21-22. Sobre a Tutela Mulierum e seus limites, ver Grubbs, *Women and the Law in the Roman Empire*, 25-34. Sobre o dote e a responsabilidade do marido de não fazer uso dele, ver Grubbs, *Women and the Law in the Roman Empire*, 91-98.

[33] Suetônio, *Vida de Cláudio*, 32.3.

[34] Ibid., *Vida de Cláudio*, 8.

[35] Todos esses três casos são mencionados por Suetônio, *Vida de Calígula*, 36.1 Sobre o suposto caso de Calígula com Emílio Lépido, ver também Dião Cássio, 59.11.1; 59.22.6. Suetônio afirma que Calígula beijava Mnester em público: *Vida de Calígula*, 55.1.

[36] Dião Cássio, 59.3.6, 59.11.1, 59.22.6; Josefo, *Antiguidades judaicas*, 19.204. A *Suda*, enciclopédia histórica bizantina do século X d.C., chega a afirmar, implausivelmente (na entrada sobre "Caio"), que Calígula teve um filho com uma de suas irmãs.

[37] Suetônio, *Vida de Calígula*, 33.

[38] Ibid., 36.
[39] Ibid., 25.1.
[40] Ibid., 25.2.
[41] Dião Cássio diz que ela estava grávida de oito meses quando se casou: 59.23.7. Suetônio afirma que a criança já havia nascido e foi legitimada no dia do casamento: *Vida de Calígula*, 25.3.
[42] Suetônio, *Vida de Calígula*, 25.3.
[43] Ibid., 37.2.
[44] Sobre o estudo arqueológico desses barcos, ver Carlson, "Caligula's Floating Palaces".
[45] Relatos sobre a ponte de Calígula são encontrados em: Suetônio, *Vida de Calígula*, 19, 32.1; Dião Cássio, 59.17; Josefo, *Antiguidades judaicas*, 19.5-7; Sêneca, *Sobre a brevidade da vida*, 17.5-6.
[46] Suetônio, *Vida de Calígula*, 19.3.

VII

[1] Dião Cássio, 59.20.
[2] Dião Cássio, 59.21.2; Suetônio, *Vida de Calígula*, 43.
[3] Para relatos sobre a suposta conspiração e sua descoberta, ver Dião Cássio, 59.21-23; Suetônio, *Vida de Calígula*, 24.3.
[4] Esse anúncio, datado de 27 de outubro de 39 d.C., vem de um registro inscrito das atas dos Irmãos Arvais, um antigo sacerdócio reavivado por Augusto e consagrado à adoração de uma deusa nativa italiana da fertilidade: *Acta Fratrum Arvalium*, Gaius. fr. 9-19-21, Smalwood, p. 14.
[5] Tácito, *Anais*, 6.30.
[6] Suetônio, *Vida de Calígula*, 24.3; Dião Cássio, 59.22-7-8.
[7] Suetônio, *Vida de Calígula*, 25.4; Josefo, *Antiguidades judaicas*, 19.11.
[8] Suetônio, *Vida de Nero*, 6.2.
[9] Dião Cássio, 59.23.
[10] Os detalhes que se seguem sobre os cuidados com as mulheres romanas da elite durante o trabalho de parto foram tirados do tratado *Ginecologia*, do eminente médico do século II d.C. Sorano.
[11] Juvenal, Sátiras, 6.594.
[12] Suetônio, *Vida de Cláudio*, 9.
[13] Ibid., 9.1.
[14] Dião Cássio, 59.22.9.
[15] A inscrição fúnebre de Hilária sobrevive: CIL VI.8943.
[16] Para os cuidados de Domícia Lépida com Nero, ver Suetônio, *Vida de Nero*, 6.3; Tácito, *Anais*, 12.64.
[17] Para relatos sobre o estranho comportamento de Calígula na frente de batalha, ver Suetônio, *Vida de Calígula*, 44-48, e Dião Cássio, 59.21, 22, 25.
[18] Suetônio, *Vida de Calígula*, 49.
[19] Fílon, *Da embaixada a Caio*, 181.
[20] Fílon, *Da embaixada a Caio*, 185; Suetônio, *Vida de Calígula*, 49.

[21] Para rumores de que a capital seria transferida, ver Suetônio, *Vida de Calígula*, 49.2; ver também 8.5. Para as listas de pessoas a executar de Calígula, ver Suetônio, *Vida de Calígula*, 49.3; Dião Cássio, 59.26.1, 60.3.2.

[22] Suetônio, *Vida de Calígula*, 40; Dião Cássio, 59.28.8, 59.28.11.

[23] Sobre os protestos contra as taxações e a reação de Calígula, ver Dião Cássio, 59.28.8, 59.28.11; Josefo, *Antiguidades judaicas*, 19.24-19.26. Para a história sobre o toldo, ver Suetônio, *Vida de Calígula*, 26.5.

[24] Suetônio, *Vida de Calígula*, 49.2.

[25] Josefo, *Antiguidades judaicas*, 19.86; Suetônio, *Vida de Calígula*, 26.

[26] Sobre a crença de Calígula em sua própria divindade, ver Dião Cássio, 26-27; Suetônio, *Vida de Calígula*, 22; Fílon, *Da embaixada a Caio*, 74-80, 93-97; Josefo, *Antiguidades judaicas*, 18.306, 19.4-6.

[27] Dião Cássio, 59.27.6.

[28] Sêneca, *Sobre a ira*, 3.18.

[29] Para uma discussão sobre o surto de execuções senatoriais, ver Barrett, *Caligula*, 249-251.

[30] Dião Cássio, 59.16.

[31] Ibid., 59.26.

[32] Josefo, *Antiguidades judaicas*, 19.12-13; ver também Suetônio, *Vida de Cláudio*, 9.2.

[33] Suetônio, *Vida de Cláudio*, 57.3; Dião Cássio, 59.29.3.

[34] Dião Cássio, 59.29; Josefo, *Antiguidades judaicas*, 19.17-69.

[35] Suetônio, *Vida de Calígula*, 56.2; Dião Cássio, 59.29.2; Josefo, *Antiguidades judaicas*, 19.29.

[36] Sobre a ampla aprovação da trama, ver Josefo, *Antiguidades judaicas*, 19.62-63, e Dião Cássio, 59.29.1.

[37] Suetônio, *Vida de Calígula*, 57.

[38] Para relatos sobre o dia do assassinato, ver Josefo, *Antiguidades judaicas*, 19.103-111; as citações nas passagens que se seguem são tiradas da tradução de T. P. Wiseman, *The Death of Caligula* (Liverpool, 2013). Suetônio, *Vida de Calígula*, 57-58; Dião Cássio, 59.29.

[39] Para o debate sobre a questão, ver Josefo, *Antiguidades judaicas*, 19.190-194.

[40] Josefo, *Antiguidades judaicas*, 19.193; trad. Wiseman.

[41] Ibid., 19.199.

[42] Para as mortes de Cesônia e Drusila, ver Josefo, *Antiguidades judaicas*, 19.196-200, trad. Wiseman; Suetônio, *Vida de Calígula*, 59; Dião Cássio, 59.29.

[43] Para relatos completos da ascensão de Cláudio, ver Suetônio, *Vida de Cláudio*, 10; Dião Cássio, 60.1; Josefo, *Antiguidades judaicas*, 19.158-273.

[44] Suetônio, *Vida de Cláudio*, 10.2.

[45] Josefo, *Antiguidades judaicas*, 19.159, trad. Wiseman; ver também Tácito, *Anais*, 11.1.

[46] Suetônio, *Vida de Cláudio*, 10.3.

VIII

[1] Para esse epitáfio, ver: CIL VI.15346.

2 Para esse epitáfio, ver: CIL VI.11602. Grifo do original.

3 Para uma discussão geral sobre Fúlvia, ver Delia, "Fulvia Reconsidered", especialmente as pp. 203-206 para o papel dela na Guerra Perusina e sua mitificação posterior.

4 Dião Cássio, 49.38.1

5 Para uma discussão sobre o surgimento do conceito de "Domus Augusta" como entidade pública, ver Wardle, "Valerius Maximus on the Domus Augusta, Augustus, and Tiberius", 479-483.

6 Suetônio, *Vida de Augusto*, 58. Grifo do original.

7 Esse grupo de estátuas foi erigido no Circus Flaminius. Ver Flory, "Dynastic Ideology, the Domus Augusta, and Imperial Women: A Lost Statuary Group in the Circus Flaminius", 287-306.

8 Sobre as contribuições de Otávia para a imagem do regime de Augusto, ver Moore, "Octavia Minor and Patronage".

9 Sobre o Pórtico de Otávia e seu significado, ver Richardson, "The Evolution of the Porticus Octaviae"; Woodhull, "Engendering Space: Octavia's Portico in Rome".

10 Suetônio, *Vida de Calígula*, 23.2.

11 Para a casa de Lívia de modo geral, ver Treggiari, "Jobs in the Household of Livia", 48-77. Para o incrustador de pérolas, ver ibid., 54-55.

12 Marcelo Empírico, *De medicamentis*, 15.6, 35.6-9.

13 Ver Flory, "Sic Exempla Parantur: Livia's Shrine to Concordia and the Porticus Liviae".

14 Sobre a reconstrução do santuário de Bona Dea por Lívia, ver Ovídio, *Fasti*, 5.157-158. Sobre sua restauração do culto da Fortuna Feminina, ver Valério Máximo, *Feitos e dizeres memoráveis*, 1.8.4, uma passagem confirmada pela inscrição: CIL VI.883. Sobre seu possível envolvimento com a reconstrução dos templos à Castidade, ver Flory, "Sic Exempla Parantur: Livia's Shrine to Concordia and the Porticus Liviae", 318-319.

15 Ovídio, *Fasti*, 1.649-650.

16 Ovídio, *Ex Ponto*, 3.1.115-118.

17 Tácito, *Anais*, 5.1

18 Para essa inscrição, de Anticária, na província da Hispânia Bética, ver CIL 2.2038.

19 Sobre a combinação de Lívia de inovação e tradição na construção de seu poder, ver Purcell, "Livia and the Womanhood of Rome".

20 Tácito, *Anais*, 5.1.

21 Sêneca, *Da clemência*, 1.9.

22 Pseudo-Ovídio, *Consolação a Lívia*, 349-356.

23 Ovídio, *Ex Ponto*, 3.1114-144.

24 Para uma discussão do uso, desenvolvimento e conotações desse termo clássico, ver Balsdon e Griffin, "*princeps*" no *The Oxford Classical Dictionary*.

25 Para um resumo dos termos do testamento de Augusto, ver Barrett, *Livia*, 74-75.

26 Sobre o significado da adoção de Lívia, ver Barrett, *Livia*, 147-155.

27 Dião Cássio, 56.46.

28 Dião Cássio, 57.12.

29 Tácito, *Anais*, 1.4.

[30] Ibid. 1.5.

[31] Para a história do papel de Tanaquil na ascensão de Sérvio Túlio, ver Tito Lívio, *História de Roma*, 1.41; Dião Cássio, 2. fr. 9-10.

IX

[1] Suetônio, *Vida de Cláudio*, 27.2.

[2] Valério Máximo, *Feitos e dizeres memoráveis*, 4.4.

[3] Juvenal, *Sátiras*, 6.594-597.

[4] Tácito, *Anais*, 2.43.

[5] Macróbio, *Saturnália*, 2.5.3-4. Grifo do original.

[6] Dião Cássio, 60.12.5.

[7] Ibid., 60.12.5.

[8] Esses jogos foram realizados no aniversário de Antônia, 31 de janeiro: Dião Cássio, 60.5.1. Para uma discussão mais profunda sobre as honrarias concedidas a Antônia, ver Kokkinos, *Antonia Augusta: Portrait of a Great Roman Lady*. Essa obra também compila inscrições e moedas de todo o império que se referem a Antônia usando o título de "Augusta", evidenciando tanto a concessão como a ampla disseminação da honraria.

[9] Suetônio, *Vida de Cláudio*, 11.2; Dião Cássio, 60.5.2. A deificação de Lívia também é celebrada nas moedas cunhadas por Cláudio, como RIC I2 Claudius 101.

[10] Uma cópia dessa carta de Cláudio à cidade de Alexandria sobrevive em um fragmento de papiro hoje na British Library: P. London, 1912.

[11] Sobre a identificação do tipo de representação de Messalina, ver Wood, "Messalina, Wife of Claudius: Propaganda Successes and Failures of his Reign", 222-225; 227-234.

[12] Sobre essa iconografia divina, ver Wood, "Messalina, Wife of Claudius: Propaganda Successes and Failures of His Reign", 225-226.

[13] Sobre a natureza e causa provável da condição da peça, ver Wood, "Messalina, Wife of Claudius: Propaganda Successes and Failures of His Reign", 219-222, 226.

[14] Tácito, *Anais*, 13.45.

[15] Para uma discussão dessa iconografia, ver Wood, "Messalina, Wife of Claudius: Propaganda Successes and Failures of His Reign".

X

[1] Suetônio, *Vida de Augusto*, 72-73 oferece a descrição mais completa da casa de Augusto. Ele reforça a modéstia dos tecidos e da decoração da casa. Para um sumário dos resquícios arqueológicos da casa, ver a entrada de Varinlioğlu's "Domus: Augustus" em *Mapping Augustan Rome*, 104-106.

[2] Suetônio, *Vida de Augusto*, 72.1.

[3] Nenhuma das fontes menciona explicitamente a construção por Tibério de uma nova residência no Palatino, mas a principal residência imperial é continuamente chamada de "Domus Tiberiana", sugerindo que ela foi estabelecida por Tibério e ampliada pelos imperadores posteriores. Para um resumo de sua arqueologia, ver Richardson, *A New Topographical Dictionary of Ancient Rome*, 136-137.

[4] Sobre esses cômodos na chamada "Casa de Lívia" no Palatino e seu contexto artístico, ver Ling, *Roman Painting*, 37-38. Para mais descrições e ilustrações vívidas, ver Pappalardo, *The Splendor of Roman Wall Painting*, 100-103.

[5] Ver, por exemplo, Fílon, *Da embaixada a Caio*, 363-365, e Plínio, *História natural*, 100-103.

[6] Os cômodos decorados por Calígula teriam sido decorados no então em voga Quarto Estilo.

[7] Augusto, *Res Gestae*, 21; Dião Cássio, 49.15.5. Sobre o significado simbólico desse projeto e sua ligação com o palácio, ver Hekster e Rich, "Octavian and the Thunderbolt: The Temple of Apollo Palatinus and Roman Traditions of Temple Building".

[8] Dião Cássio, 59.28.5.

[9] Sêneca, *Sobre a ira*, 2.33.2. Ver também Osgood, *Claudius Caesar*, 39.

[10] Levick, *Claudius*, 53. Sobre a natureza da corte julio-claudiana, ver Paterson, "Friends in High Places: The Creation of the Court of the Roman Emperor".

[11] Dião Cássio, 60.3.2.

[12] Josefo, *Antiguidades judaicas*, 19.272, trad. Wiseman.

[13] Suetônio, *Vida de Cláudio*, 11.1; Dião Cássio, 60.3. Para a posição e o suicídio de Sabino, ver Josefo, *Antiguidades judaicas*, 19.273. Para a proteção dada por Cláudio ao cônsul Quinto Pompônio, ver Josefo, *Antiguidades judaicas*, 19.263.

[14] Suetônio, *Vida de Calígula*, 49.

[15] Para o tratamento dado por Cláudio ao Senado, ver Suetônio, *Vida de Cláudio*, 12.

[16] Ver o exemplo no British Museum: RI874,0715.4.

[17] Suetônio, *Vida de Cláudio*, 27.

[18] Ibid., 12.

[19] Ibid., 35-37.

[20] Ibid., 35.

[21] Para o casamento de Cláudia Antônia e o noivado de Cláudia Otávia, ver Dião Cássio, 60.5.7-9. Para o casamento de Domícia Lépida, ver Dião Cássio, 60.14.2-3.

[22] Para a linhagem de Pompeu Magno, ver Syme, *The Augustan Aristocracy*, 277.

[23] Para uma discussão desses papéis e de sua hierarquia, ver Weaver, "Slave and Freedman 'Cursus' in the Imperial Administration"; para um estudo mais abrangente, ver Weaver, *Familia Caesaris. A Social Study of the Emperor's Freedmen and Slaves*.

[24] Suetônio, *Vida de Cláudio*, 28.

[25] Plínio, *Epístolas*, 7.29. Ver também Suetônio, *Vida de Cláudio*, 28, sobre a fortuna e as honrarias concedidas aos libertos.

[26] Plínio, *Epístolas*, 7.29.

[27] Plínio, o Velho, *História natural*, 36.12.

[28] Para Valéria Cleópatra, ver CIL VI.4468. Para Amoenus, ver CIL VI.8952. Sobre o papel do *ab ornamentibus*, ver Treggiari, "Jobs in the Household of Livia", 53; "Domestic Staff at Rome in the Julio-Claudian Period, 27 bc to ad 68", 244-245.

[29] Para Valéria Hilária, ver CIL VI.8943. Para Filócrates, ver CIL VI.4459.

[30] Para Idaeus, ver CIL VI.44. Lúcio Valério era provavelmente um liberto de Messalina que mais tarde foi registrado trabalhando como arquivista ligado ao escritório de finanças de um procurador provincial. Colls, Domergue, Laubenheimer e Liou, "Les Lingots d'Etain de l'Épave Port-Vendres II", 70-74.

[31] Para Sabbio, ver CIL VI.8840. Sobre o papel do dispensator, ver Treggiari, "Jobs in the Household of Livia", 49-50; cf. Verboven, "Dispensator" na The Encyclopedia of Ancient History.

[32] Para uma reconstrução abrangente da casa de Lívia com base em evidências epigráficas, ver Treggiari, "Jobs in the Household of Livia", 48-77.

[33] Macróbio, *Saturnália*, 2.5.6.

[34] Dião Cássio, 60.2.7.

[35] Sêneca, *Questões naturais*, prefácio ao Livro IV: O Nilo, 15.

[36] Suetônio, *Vida de Cláudio*, 33.2.

[37] Ibid., 28-29.

[38] Tácito, *Anais*, 11.3.

[39] Ibid., 13-43.

[40] Suetônio, *Vida de Vitélio*, 2.5.

[41] Dião Cássio, 60.12.4-5.

[42] Dião Cássio, 60.8.5.

[43] Relatos da queda, exílio e morte de Júlia Lívila são encontrados em Dião Cássio, 60.8.4-5, Suetônio, *Vida de Cláudio*, 29.1.

[44] Tácito, *Anais*, 13.42; Dião Cássio, 61.10.1; Pseudo-Sêneca, *Apocolocintose*, 10.

[45] Tácito, *Anais*, 13.42.

[46] Sêneca, *Consolação a Políbio*, 13.

[47] Sêneca, *Questões naturais*, prefácio ao Livro IV: O Nilo, 15.

[48] Dião Cássio, 61.10.

[49] Tácito, *Anais*, 6.15; Dião Cássio, 60.27.4.

[50] Ver também Levick, *Claudius*, 56, 61.

[51] Pseudo-Sêneca, *Apocolocintose*, 14; Suetônio, *Vida de Cláudio*, 20. Ver também Baldwin, "Executions under Claudius: Seneca's 'Ludus de Morte Claudii'".

XI

[1] Sobre a revolta e o medo que ela causou em Cláudio, ver Suetônio, *Vida de Cláudio*, 35-36; Dião Cássio, 60.15-16.

[2] As principais fontes sobre a invasão britânica são de Dião Cássio, 60.19-23 e Suetônio, *Vida de Cláudio*, 17. Ver também Levick, *Claudius*, 137-148, para um resumo convincente e uma reconstrução dos eventos.

[3] *História Augusta*, Adriano, 16.

[4] Dião Cássio, 60.21.5.

[5] Ibid., 60.21.2.

[6] Sobre a possível presença do grupo imperial na consagração desse monumento, ver Levick, *Claudius*, 168. Sobre as celebrações na foz do rio Pó, ver Plínio, *História natural*, 3.16.

[7] Dião Cássio, 60.22.1-3.

[8] Ibid., 60.22.2.

[9] Ibid., 60.22.1. Suetônio, *Vida de Cláudio*, 17.1, argumenta que o desejo de um triunfo foi a principal motivação da invasão de Cláudio à Britânia.

[10] Ver, por exemplo, as descrições do famoso triunfo triplo de Pompeu em 61 a.C. encontrada em Plutarco, *Vida de Pompeu*, 45.

[11] Para relatos do triunfo de Cláudio, ver Dião Cássio, 61.23.1; Suetônio, *Vida de Cláudio*, 17.2-3.

[12] Pérsio, *Sátiras*, 6.43-47.

[13] Plínio, o Velho, *História natural*, 15.39-40.

[14] Sobre o papel das mulheres no triunfo romano, ver Flory, "The Integration of Women into the Roman Triumph".

XII

[1] Tácito, *Anais*, 11.26.

[2] Augusto, *Res Gestae*, 34.

[3] Suetônio, *Vida de Cláudio*, 29.

[4] Dião Cássio, 60.2.

[5] Relatos da queda de Silano são encontrados em Dião Cássio, 60.14; Suetônio, *Vida de Cláudio*, 37.2. O papel de Narciso no caso também é mencionado em Tácito, *Anais*, 11.29.

[6] Dião Cássio, 60.15.1.

[7] Suetônio, *Vida de Cláudio*, 37.

[8] Dião Cássio, 60.14.3.

[9] Sobre seu consulado, ver Syme, *The Augustan Aristocracy*, 164. Sobre a acusação de *maiestas*, ver Tácito, *Anais*, 6.9.

[10] Para seu relato sobre o comportamento de Messalina e dos libertos após a rebelião, ver Dião Cássio, 60.15-16

[11] Sobre a amizade de Árria e Messalina, ver Dião Cássio, 60.16.6. Para relatos da devoção e coragem de Árria após o indiciamento de seu marido, e para a morte dela, ver Plínio, *Epístolas*, 3.16, e Dião Cássio 60.16.6.

[12] Plínio, *Epístolas*, 3.16.

[13] Essa citação foi registrada tanto por Plínio como por Dião Cássio: Plínio, *Epístolas*, 3.16, e Dião Cássio, 60.16.

[14] Dião Cássio, 60.16.7; Levick, *Claudius*, 60.

[15] Tácito, *Anais*, 1.29.

[16] Para a queda de Catônio, ver Dião Cássio, 60.18.3.

[17] Dião Cássio, 60.18.3.

[18] Pseudo-Sêneca, *Apocolocintose*, 13.

[19] Sobre a nomeação de Pólio, ver Josefo, *Antiguidades judaicas*, 19.267-268; Wiseman argumenta que Catônio Justo foi provavelmente nomeado na mesma época: *The Death of Caligula*, p. 97.

[20] Para a queda de Júlia, ver Dião Cássio, 60.18.4; Suetônio, *Vida de Cláudio*, 29.1; Tácito, *Anais*, 13.32, 13.43.

[21] Para esse primeiro casamento, ver Tácito, *Anais*, 3.29.

[22] Para o segundo casamento de Júlia, ver ibid., 6.27.

[23] Syme, "The Marriage of Rubellius Blandus", 75.

[24] Esses escravos forneceram evidências sob tortura. Só os casos de traição traziam a mesma brecha. Ver Brunt, "Evidence Given under Torture in the Principate".

[25] Para o papel de Suílio no caso, ver Tácito, *Anais*, 13.32.

[28] Para o protesto de Pompônia, ver Tácito, *Anais*, 13.32.

[27] Para o casamento, ver Barrett, *Agrippina*, 84-85.

[28] Barrett, *Agrippina*, 222, inscrição n. 22.

XIII

[1] Trad. Staniforth, 1964, 14.

[2] Tácito, *Anais*, 11.35-11.36.

[3] Tácito, *Anais*, 11.36; outra referência ao caso de Pláucio Laterano com Messalina pode ser encontrada em Tácito, *Anais*, 13.11.

[4] Plínio, *História natural*, 10.83.

[5] Para uma introdução às leis de adultério de Augusto e suas conotações políticas, ver Edwards, *The Politics of Immorality in Ancient Rome*, 34-62.

[6] Paulo, *Sententiae*, 2.26.14.

[7] Ulpiano, *Digesta*, 48.5.13.

[8] Ver Olsen, "Matrona and whore: clothing and definition".

[9] Ulpiano, *Digesta*, 48.5.30.

[10] Suetônio, *Vida de Augusto*, 65.

[11] A carta não sobreviveu, mas era bem conhecida na Antiguidade; ver, por exemplo, a menção de Plínio a ela: *História natural*, 21.6.

[12] Sêneca, *De Beneficiis*, 6.32. Ver também Tácito, *Anais*, 1.53.3 para alegações menos chocantes de adultérios mais comuns.

[13] Suetônio, *Vida de Augusto*, 65; ver também a menção de Tácito ao caso: *Anais*, 3.24.

[14] Sobre o papel de Políbio na casa de Cláudio, ver Suetônio, *Vida de Cláudio*, 28. Sobre os interesses intelectuais do próprio Políbio, incluindo a tradução de Homero para o latim e de Virgílio para o grego, ver Sêneca, *Consolação a Políbio*, 7-8.

[15] Para a influência de Políbio sobre os cônsules e seu aparecimento junto a eles, ver Suetônio, *Vida de Cláudio*, 28. Para o incidente no teatro, ver Dião Cássio, 60.29.

[16] Sêneca, *Consolação a Políbio*.

[17] Dião Cássio, 60.31.2.

XIV

[1] Ovídio, *Amores*, 1.4.

[2] Ibid., 2.19.

[3] Sobre os espetáculos de Cláudio, ver Suetônio, *Vida de Cláudio*, 21, e Dião Cássio, 60.6-7, 13, 23, 27.

[4] Suetônio, *Vida de Cláudio*, 21; Dião Cássio, 60.7.

[5] Ovídio, *A arte de amar*, 1.89-228.

[6] Suetônio, *Vida de Cláudio*, 32.

[7] Suetônio, *Vida de Cláudio*, 5, 40.1. Suetônio cita uma carta na qual Augusto expressa desaprovação à escolha de amigos de Cláudio: Suetônio, *Vida de Cláudio*, 4.5.

[8] Sobre a continuidade dos antigos hábitos de Cláudio até o final da vida, ver Dião Cássio, 60.34.2.

[9] Dião Cássio, 60.18.

[10] Ovídio, *A arte de amar*, 1.281-341.

[11] Catulo, 2.

[12] Ibid., 68a.

[13] Tibulo, 1.2 e 1.6.

[14] Sulpícia, 6 (preservado no *corpus* de Tibulo).

[15] Sulpícia, 13 (preservado no *corpus* de Tibulo).

[16] Sobre o breve caso de Messalina com Traulo, ver Tácito, *Anais*, 11.36.

[17] Ovídio, *Amores*, 3.4.

[18] Ovídio, *Tristia*, 2.207.

[19] Para a queixa de Ovídio sobre os padrões da aparência feminina no mar Negro, ver *A arte de amar*, 3.193-196.

[20] Juvenal, *Sátiras*, 6.60-113.

[21] Dião Cássio, 60.18.

[22] Tácito, *Anais*, 1.77.

[23] Sobre a pantomima na Antiguidade e seus dançarinos, ver o tratado do século II d.C. do escritor Luciano de Samósata, *A dança*.

[24] Galeno, *Sobre o prognóstico*, 6. Para uma tradução dessa passagem e uma discussão do estudo de caso em seu contexto, ver Salas, "Why Lovesickness is Not a Disease: Galen's Diagnosis and Classification of Psychological Distress".

[25] Luciano de Samósata, *A dança*, 3, trad. H. W. Fowler e R. G. Fowler, *The Works of Lucian of Samosata, vol. 2* (Oxford, 1905).

[26] Suetônio, *Vida de Calígula*, 55.

[27] Dião Cássio, 60.28.5.

[28] Para relatos sobre o caso amoroso de Messalina e Mnester, ver Dião Cássio, 60.22, 60.28, e Tácito, *Anais*, 11.35.

[29] Tácito, *Anais*, 13.45.

[30] Dião Cássio, 60.22.3-5.

[31] Tácito, *Anais*, 11.36.

[32] Dião Cássio, 60.22.3-4.

[33] Ibid., 60.28.

[34] Ibid., 60.28.5.

XV

[1] Sobre o simbolismo ligado à assunção desse cargo de Cláudio, ver O'Neill, "Claudius the Censor and the Rhetoric of Re-Foundation".

[2] Suetônio, *Vida de Cláudio*, 16.

[3] Ibid., 29.2.

[4] Dião Cássio, 61.29.6.

[5] Pseudo-Sêneca, *Apocolocintose*, 11.

[6] Sobreviveu um papiro datado de 50-51 sobre terras previamente pertencentes a Valério Asiático perto de Filadélfia e Eueméria: Ann Arbor University of Michigan

Library P.Mich.876v. Citado por Cogitore, em *Claude: un empereur au destin singulier*, 126-127. Ver também Sijpesteijn, "Another οὐςία of D. Valerius Asiaticus in Egypt", para o papiro relativo às propriedades de Valério Asiático.

7 Para um resumo da carreira e sucesso de Asiático, ver Tácito, *Anais*, 11.1. Sêneca se refere a Asiático como um "*ferocem virum*", o que poderia ser traduzido como "ousado", "orgulhoso", "arrogante" ou mesmo "feroz"; *Sobre a constância*, 18.2. O próprio Cláudio se referiu a Asiático como um "prodígio" atlético ao criticá-lo em um discurso de 52 d.C. que sobrevive em uma inscrição encontrada na Gália: ILS, 212, col. 2.14-17, Smallwood, n. 369, 98.

8 Sêneca, *Sobre a constância*, 18.2.

9 Sobre a presença de Asiático na Britânia, ver Tácito, *Anais*, 11.3. Sobre seu segundo consulado, ver Dião Cássio, 60.27.1.

10 Tácito, *Anais*, 11.1.

11 Ibid., 11.1.

12 Cursi, "Roman Horti: A Topographical View in the Imperial Era", 125, fig. 1.

13 Bowe, *Gardens of the Roman World*, 7.

14 Para uma descrição poética de um jardim romano ideal, ver Virgílio, *Geórgicas*, 4.130-146.

15 Pagán, *Horticulture and the Roman Shaping of Nature*. Para o açafrão, ver Virgílio, *Geórgicas*, 4.109. Para a verbena, ver ibid., 4.130–146.

16 Plínio, *História natural*, 15.30.

17 Tácito, *Anais*, 11.1.

18 Plutarco, *Vida de Lúculo*, 39.2.

19 Dião Cássio, 60.31.

20 Tácito, *Anais*, 11.1.

21 Sobre o simbolismo político dos Jogos Seculares, ver Dunning "The Transformation of the Saeculum and Its Rhetoric in the Construction and Rejection of Roman Imperial Power". Para a associação entre os Jogos Seculares e a *gens Valeria*, ver Dunning, *Roman Ludi Saeculares from the Republic to Empire*, esp. 26-36, 46-47.

22 Tácito, *Anais*, 11.11; Suetônio, *Vida de Nero*, 7.

23 Suetônio, *Vida de Nero*, 6; ver também Tácito, *Anais*, 11.11.

24 Relatos da queda de Asiático são encontrados em Tácito, *Anais*, 11.1-3 e Dião Cássio, 60,29.4-5.

25 Tácito, *Anais*, 11.1.

26 Ibid., 11.2.

27 Para esse episódio, ver Dião Cássio, 60.29.5-6.

28 Para a queda de Popeia, a Velha, ver Tácito, *Anais*, 11.2.

29 Ibid., 11.4.

30 Dião Cássio, 60.27.4.

31 Woods, "The Role of Lucius Vitellius in the Death of Messalina".

XVI

1 Ver Candy, "Lex Cincia on Gifts", em *Oxford Research Encyclopaedia of Classics*.

2 Tácito, *Anais*, 11.5.

[3] Para um relato desse debate, ver Tácito, *Anais*, 11.5-7.
[4] Ibid., 11.6.
[5] Sobre a boa aparência de Sílio, ver Tácito, *Anais*, 11.12; Juvenal, *Sátiras*, 10.331--332.
[6] O relato mais completo do caso amoroso de Messalina com Caio Sílio pode ser encontrado em Tácito, *Anais*, 11.12, 11.26. Juvenal também destaca o desejo de Messalina por Sílio, *Sátiras*, 10.329-333.
[7] Tácito, *Anais*, 11.12.
[8] Ibid., 11.12.
[9] Ibid., 11.12.
[10] Para a amizade de Júnia Silana com Agripina, ver Tácito, *Anais*, 13.19.
[11] Ibid., 11.12.
[12] Ibid., 11.12.
[13] Dião Cássio, 60.31.
[14] Para a proposta de Caio Sílio e sua consideração por Messalina, ver Tácito, *Anais*, 11.26.
[15] Tácito, *Anais*, 11.26.
[16] Ibid., 11.26.
[17] Ibid., 11.26.
[18] Ibid., 11.26.
[19] Os relatos do casamento bígamo de Messalina e de sua queda são encontrados em Tácito, *Anais*, 11.26-38; Dião Cássio, 61; Suetônio, *Vida de Cláudio*, 26.2, 36.
[20] Tácito, *Anais*, 11.27.
[21] Ibid., 11.28
[22] Ibid., 11.27.
[23] Suetônio, *Vida de Cláudio*, 29.3. A história é retomada por Robert Graves em *Cláudio, o deus, e Messalina*.
[24] Colin, "Les Vendanges dionysiaques et la légende de Messaline".
[25] Tácito, *Anais*, 11.30. Suetônio também reforça que foi o medo de Cláudio de um golpe e não sua raiva pela esposa que motivou sua reação. *Vida de Cláudio*, 36.
[26] Tácito, *Anais*, 11.32.
[27] Ibid., 11.34.
[28] Ibid., 11.37.
[29] Ibid., 11.37.
[30] Ibid., 11.37.

XVII

[1] Tácito, *Anais*, 11.38.
[2] Ibid., 11.38.
[3] O primeiro decreto oficial do Senado também foi contra uma mulher, Lívila. A destruição de imagens, do mesmo modo, acontecia mais informalmente, sem um decreto do Senado, como nos casos de Calígula e Cesônia. Varner, "Portraits, Plots, and Politics: 'Damnatio memoriae' and the Images of Imperial Women", 41-42.

4 Sobre a estátua removida de Léptis Magna, ver Varner, "Portraits, Plots, and Politics: 'Damnatio memoriae' and the Images of Imperial Women", 64-65.

5 Sobre o reaproveitamento de estátuas em Veleia e Nápoles, ver ibid., 65-67.

6 CIL 4474.

7 Varner, *Mutilation and Transformation*, 95-96. Ver um exemplo no Museu Ashmolean: RPC 2654.

8 Juvenal, *Sátiras*, 6.114-132.

9 Sobre a arqueologia do Lupanar, ver Levin-Richardson, *The Brothel of Pompeii*.

10 Juvenal, *Sátiras*, 6.15-16.

11 Sobre o uso de "nomes de palco", ver Levin-Richardson, *The Brothel of Pompeii*, 118-119.

12 Sobre os termos em latim para prostituição, ver J. Adams, "Words for Prostitute in Latin".

13 Para a história de Dião Cássio sobre Messalina, ver 60.31.1. Para uma história com uma estranha semelhança contada sobre Calígula, ver Dião Cássio, 59.28.8-9; Suetônio, *Calígula*, 41.

14 Pseudo-Aurélio Victor, *Epítome das vidas dos césares*, 4.5. Sobre esse texto, ver Baldwin, "The 'Epitome de Caesaribus', from Augustus to Domitian"; ver também Barnes, "Review: Epitome de Ceasaribus", especialmente pp. 26-27.

15 Propércio, *Elegias*, 3.11.39.

16 Suetônio, *Vida de Cláudio*, 26.2.

17 Sobre o significado da outorga desse título, ver Barrett, *Agrippina*, 108-109.

18 Tácito, *Anais*, 12.1-2.

19 Narciso recebeu apenas os ornamentos do questorado: Tácito, *Anais*, 11.38; ver também Levick, *Claudius*, 69.

20 Tácito, *Anais*, 12.22; Dião Cássio, 60.32.4.

21 Para os rumores de incesto, ver Tácito, *Anais*, 12.3-4; Pseudo-Sêneca, *Apocolocintose*, 8. Para o suicídio de Silano, ver Tácito, *Anais*, 12.8; Dião Cássio, 60.31.8; Pseudo-Sêneca, *Apocolocintose*, 10-11.

22 Tácito, *Anais*, 4.53; Plínio, *História natural*, 7.8.

23 Sobre a senha pretoriana, ver Tácito, *Anais*, 13.2. Para essas moedas, ver um exemplo no British Museum: R6509. Para o surgimento de Agripina vestida com uma capa militar, ver Tácito, *Anais*, 12.56; Dião Cássio, 60.33. Para a tentativa de Agripina de receber embaixadores estrangeiros, ver Tácito, *Anais*, 13.5.

24 Tácito, *Anais*, 12.7.

25 Plínio, *História natural*, 10.83.

XVIII

1 Relatos sobre o assassinato de Cláudio e a ascensão de Nero são encontrados em Tácito, *Anais*, 12.66-69; Dião Cássio, 60.34-61.1; Suetônio, *Vida de Cláudio*, 43-46, *Vida de Nero*, 8.

2 Relatos sobre a morte de Britânico são encontrados em Tácito, *Anais*, 13.15-17; Dião Cássio, 61.7.4-5; Suetônio, *Vida de Nero*, 33, *Vida de Tito*, 2.

3 Tácito, *Anais*, 13.17.

4 Barrett, *Agrippina*, 170-172.

5 Para o envolvimento de Lúcio Silano na campanha britânica, ver Dião Cássio, 60.21.5. Para seus ornamentos triunfantes, ver Dião Cássio, 60.23.2, 60.31.7. Para seu pretorado e os jogos gladiatoriais, ver Dião Cássio, 60.31.7.

6 Tácito, *Anais*, 12.3-4, 12.8; Pseudo-Sêneca, *Apocolocintose*, 8, 10-11. Dião Cássio, 60.31.8.

7 Sobre a beleza e o caráter de Júnia Calvina, ver Tácito, *Anais*, 12.4; Pseudo-Sêneca, *Apocolocintose*, 8.

8 Suetônio, *Vida de Nero*, 7.

9 Tácito, *Anais*, 13.16.

10 Ibid., 13.12.

11 Ibid., 13.12.

12 Sobre Acte, ver Tácito, *Anais*, 13.12. Sobre os atributos de Popeia, a Jovem, ver Tácito, *Anais*, 13.46.

13 Suetônio, *Vida de Nero*, 35.

14 Tácito, *Anais*, 13.18-19.

15 Relatos sobre a queda de Agripina são encontrados em Tácito, *Anais*, 14.3-9; Dião Cássio, 61.12-14; Suetônio, *Vida de Nero*.

16 Tácito, *Anais*, 14.59.

17 Suetônio, *Vida de Nero*, 35.2.

18 Relatos sobre o divórcio e a morte de Otávia são encontrados em Tácito, *Anais*, 14.60-64; Dião Cássio, 62-13; Suetônio, *Vida de Nero*, 35.

19 Tácito, *Anais*, 14.63.

20 Ibid., 14-64.

21 Ibid., 12.53.

22 Tácito, *Anais*, 12.57; Dião Cássio, 60.33.

23 Tácito, *Anais*, 12.65.

24 Ibid., 13.1; Dião Cássio, 60.34.

25 Para a queda de Domícia Lépida, ver Tácito, *Anais*, 12.64-65.

26 Para o funeral público e a estátua de Vitélio, ver Suetônio, *Vida de Vitélio*, 3.

27 Para a queda de Públio Suílio, ver Tácito, *Anais*, 13.42-43.

28 Ibid., 13.42.

29 Ibid., 13.43. Grifos meus.

XIX

1 Para a primeira crítica, ver *The New York Times*, quinta-feira, 23 jan. 1902, 8. O crítico voltou uma segunda vez, e seu texto foi publicado no sábado, 8 fev. 1902, 8.

2 Honório de Autun, citado em Leiva, *Messaline, impératrice et putain*, 42.

3 Anônimo, *Vingt Ans de la vie d'un jeune homme*, 61.

4 Nerciat, *Les Aphrodites*. A citação está na p. 94 da edição de 1864. Trad. A. Winckler.

5 Restsif, *L'Anti-Justine*, 1798, 374, citado em Cryle, *The Telling of the Act*, 283. De Sade, *Juliette*, 9.44; citado em Cryle, *The Telling of the Act*, 283.

6 Wilmot, *Rochester's Farewell*, 144-145. Grifos meus.

7 Um texto francês de 1790 se refere às prostitutas como "todas Messalinas doadoras

de doçura": *Ordonnance de police sur les filles de joie*, 1790, 6:400, citado em Cryle, *The Telling of the Act*, 285-286. Na Grã-Bretanha, propagandas das memórias da cortesã dublinense "Kitty Cut-A-Dash", na década de 1780, anunciam-na como "a Messalina da Hibérnia": por exemplo, aquela publicada em *The World*, Londres, quinta-feira, 11 out. 1787.

8 Ver, por exemplo, a publicação de 1771 "The Stable-Yard Messalina; The Hostile Scribe" em Yale's Lewis Walpole Library: 771.01.01.06.

9 *An Epistle from L-y W-y to S-r R-d W-y, Bart*, publicada por P. Wright, 1782, 2. *The Answer of S-r R-d W-y, Bart. to the Epistle of L-y W-y*, publicada por T. Lewis, 1782, 1.

10 *The London Courant*, terça-feira, 23 out. 1781.

11 A primeira carta foi publicada no *Morning Post* na segunda-feira, 19 jul. 1779; a segunda carta foi publicada no mesmo jornal na segunda-feira, 26 jul. 1779.

12 Charlotte Brontë, *Jane Eyre*, vol. 3, cap. 1.

13 Para um levantamento abrangente sobre a recepção de Messalina após a Antiguidade, ver Leiva, *Messaline, impératrice et putain: Généalogie d'un mythe sexuel de Pline au pornopéplum*.

14 Pseudo-Sêneca, *Otávia*, 10-20.

15 Ibid., 270-272.

16 Boccaccio, *On the Fates of Famous Men*, 7.3.

17 Getty: Ms. 63 (96.MR.17), fol. 218v.

18 Bibliothèque de l'Arsenal, Paris: Ms 5193.

19 Atualmente essa pintura está no Statens Museum for Kunst, em Copenhague.

20 *Reynolds Newspaper*, domingo, 16 mar. 1851, 9.

21 Nathanael Richards, *The Tragedy of Messalina*, ato 5, cena 2.

22 Ibid., ato 2, cena 1.

23 Nathanael Richards, *The Tragedy of Messalina*, ato 4, cena 3.

24 Ibid., ato 1, cena 2.

25 Ibid., ato 1, cena 2.

26 Ibid., ato 2, cena 2.

27 Ibid., ato 2, cena 2.

28 Ibid., ato 1, cena 2.

29 Leonard Gallois (ed.), *Réimpression de L'Ancien Moniteur*, vol. 18 (Paris: Au Bureau Centrale, 1841), 122: citado e traduzido em Harris, *Queenship and Revolution in Early Modern Europe*, 39.

30 Sobre Maria Carolina de Nápoles, ver Gorani, *Mémoires secrets et critiques, vol. 1*, 98. Sobre Adelaide de Orléans, ver Aali, *French Royal Women during the Restoration and July Monarchy*, 185-191. Para a publicação de James Gilray sobre a imperatriz Josefina: BM 1851,0901.1162.

31 Essa pintura está atualmente no Rjiksmuseum, Amsterdã: SK-A-4779.

32 Essa escultura está atualmente no Musée des Beaux-Arts, Rennes.

33 Essa escultura está atualmente no Musée d'Orsay, Paris: RF A16.

34 Citado e traduzido em Rounding, *Grandes Horizontales*, 107.

35 Pona, *La Messaline*, traduzido para o francês por Lattarico, 53.

36 Ibid., 54.

[37] Ibid., 57.
[38] Ibid., 71.
[39] Ibid., 56.
[40] Para um relato do "Affair Du Bourg", ver Gildea, *Children of the Revolution*, cap. 13.
[41] Shapiro, "Love Stories: Female Crimes of Passion in Fin-de-siècle Paris", 60-61.
[42] Dumas, *L'Homme-femme*, 187, editado e traduzido por G. Vandenhoff (Nova York, 1873).
[43] Ibid.
[44] Ibid.
[45] Dumas, *La Femme de Claude*, ato 1, trad. C. A. Byrne (Nova York, 1905).
[46] Ibid.
[47] Ibid., ato 2.
[48] Ibid., atos 1 e 2.
[49] Ibid., ato 1.
[50] Krafft-Ebing, *Psychopathia Sexualis*, 4.i, trad. F. Klaf (Nova York, 1965).
[51] Wyke, *The Roman Mistress: Ancient and Modern Representations*, 328-330.
[52] Baudelaire, *Les Fleurs du Mal*, trad. W. Aggeler (Fresno, 1954).
[53] Citado em Leiva, *Messaline, impératrice et putain*, 202.
[54] Trad. Friedman, *An Anthology of Belgian Symbolist Poets* (Nova York, 2003).
[55] Graves, *Eu, Cláudio*, 378.

Acreditamos
nos livros

Este livro foi composto em Adobe Garamond Pro e impresso pela Lis Gráfica para a Editora Planeta do Brasil em janeiro de 2025.